我心归处是敦煌

樊锦诗自述

樊锦诗——口述

顾春芳——撰写

译林出版社

图书在版编目（CIP）数据

我心归处是敦煌：樊锦诗自述 / 樊锦诗口述；
顾春芳撰写.—南京：译林出版社，2019.10（2022.10重印）
ISBN 978-7-5447-7954-8

I.①我… II.①樊… ②顾… III.①樊锦诗－自传
IV.①K825.81

中国版本图书馆 CIP 数据核字（2019）第 176614 号

我心归处是敦煌：樊锦诗自述　樊锦诗 / 口述　顾春芳 / 撰写

责任编辑　陈　叶　陆晨希
装帧设计　韦　枫
封面摄影　孙志军
内封题签　沈　鹏
校　　对　戴小娥　蒋　燕
责任印制　单　莉

出版发行　译林出版社
地　　址　南京市湖南路 1 号 A 楼
邮　　箱　yilin@yilin.com
网　　址　www.yilin.com
市场热线　025-86633278
排　　版　南京展望文化发展有限公司
印　　刷　南京爱德印刷有限公司
开　　本　652 毫米 ×960 毫米　1/16
印　　张　30.75
插　　页　12
版　　次　2019 年 10 月第 1 版
印　　次　2022 年 10 月第 25 次印刷
书　　号　ISBN 978-7-5447-7954-8
定　　价　68.00 元

目　录

第五章 敦煌在中国,敦煌学在世界

第十三章　莫高窟人和"莫高精神"

自 序

以往有不少记者采访过我，写过关于我的报道，也有不少人提出要为我写传记。我都不假思索，一一婉拒，我觉得自己没什么可写的。后来，我的一些同行、同事、朋友也希望我写一部回忆录，出版社和媒体的朋友也都主动约我写口述历史。于是我不得不认真考虑他们的建议。

我想，大家之所以反复建议，是因为我是莫高窟发生巨变和敦煌研究院事业日新月异的亲历者、参与者和见证者。我今年八十一岁，已经在敦煌工作五十七年了。以我在敦煌近六十年的所见所闻，为莫高窟的保护事业，为敦煌研究院的发展留史、续史，是我不能推卸的责任。可是，我过去从未想过要写自传，上了年纪就更没有精力去写，真的要写不知会写到猴年马月。

真是天意！2014年，北京大学有几位教授来莫高窟考察，我和艺术学院的顾春芳老师一见如故。我翻阅过她的书和诗集，知道她主要从事美学、艺术学、戏剧学的教学和研究。古人说文如其人，她博学多才、能文能诗，学术造诣深厚，天赋悟性很高，治学严谨，才思敏捷，文字透出才气和灵气。之后通过几次交流和接触，对她有了更深的了解，我越发感到这是一位值得信赖的学者，我们结下了真挚的友情。所以，当她说希望访谈我的时候，我欣然接受。

这本书的基础是我们俩长达十天的访谈内容。因我特别信任她，访谈时完全处于放松状态，问什么就说什么，敞开心扉毫无保留。北京和敦煌相隔遥远，见面不容易，我就想利用有限的时间多提供给她一些材料。为了保证我所说的关于敦煌历史、敦煌艺术、藏经洞文物、壁画保护等内容的准确性，她后来又去查阅了大量敦煌学的论著、画册、文集，包括《敦煌研究》等文献资料，下了极大的功夫。

顾老师的教学和研究工作十分繁忙，她之前也并非从事敦煌学研究的学者，为了这本书，她要补充敦煌学方方面面的材料，其难度和工作量之大可想而知。有一回我到她的办公室，看到了一大堆关于敦煌的书籍和资料，令我非常感动。当我看到顾老师撰写完成的初稿时，我感到这本书已经大大超出了我最初的想象，令我既感到惊讶，又十分佩服。我觉得她很辛苦，我有责任配合她做好书稿的校对工作。

顾老师深知我与敦煌是不可分的，我一生的事业以及我绝大部分的时间都在敦煌，写樊锦诗这个人如果脱离了莫高窟的保护、研究和弘扬，而只是简单重复网上多次发布的那些报道，就写不出一个真实而又完整的樊锦诗。为此，她设计了一个合理又系统的框架，深挖莫高窟的重要价值和敦煌研究院的重大事件，把我个人的命运同敦煌研究院的发展变化结合起来，把我个人和我为之奋斗一生的事业结合起来，把我对于文物保护事业的所思所想真实地表达了出来，甚至说出了我想说而说不出的话。

这本自述的完成，要感谢顾老师，如果没有她的出现，也许迄今为止我都未曾想过要写一本关于我自己的书，也不可能有摆在读者面前的这本书。

捧起书稿，让我无限感慨，许多往事历历在目。

回想1962年，我第一次到敦煌参加实习，好像就在昨天，可一晃我已经八十一岁了。我的身体每况愈下，思维和行动也越来越迟缓，我不知道自己还能陪伴莫高窟多长时间，还能为她做多少事情。我的记性大不如从前，很多事情都忘记了，但是我忘不了几代国家领导人对莫高窟保护事业的关心；我忘不了那些北大的师长，北大的学习时光影响了我的一生；我忘不了以常书鸿、段文杰为代表的老一辈莫高窟人在大漠戈壁的艰难条件下筚路蓝缕、含辛茹苦地开创了莫高窟保护、研究、弘扬的事业；我也忘不了许许多多国内外的机构和朋友的深情厚谊，他们一次次伸出援手，帮助和支持莫高窟的保护事业。在这本书即将出版之际，我要感谢所有长期关心支持我的朋友们。

还要感谢我的家人，我的两个孩子，感谢他们对我这个不称职的母亲的理解和宽容。希望他们读了这本书之后，能够更加懂得守护莫高窟是值得奉献一生的高尚的事业，是必然要奉献一生的艰苦的事业，也是需要一代又一代人为之奉献的永恒的事业。

特别要感谢我的同窗、我的终身伴侣彭金章。没有老彭对我的爱和理解，就没有今天的樊锦诗，我根本不可能在敦煌坚持下来，也不可能全心全意去做敦煌的工作。我一直想等退休之后陪他到敦煌以外的地方走走看看。万万没有想到，我什么都还没有做，老彭却离我而去，留给我无限的悲伤，无限的愧疚，无限的遗憾！现在，我时常觉得老彭没有走，他还在我身旁，和我一起守护着莫高窟，他依然在支持我，给我力量！我们俩曾经的誓言是："相识未名湖，相爱珞珈山，相守莫高窟。"

我们用爱和生命践行了这样一个神圣的誓言。

樊锦诗

2019 年 8 月 24 日于敦煌

第一章　人生的不确定性

初见人世

我的祖籍是浙江杭州。1938年7月9日我出生于北平。

那年北平已经沦陷，日军司令部就设在铁狮子胡同。但是华北之大，日军根本无法控制。日本政府决定"以华制华"，在占领区扶植各种傀儡政权，以达到征服中国的目的。为了掠夺中国的资源，日军接管并垄断了华北的交通、邮电、钢铁、煤炭、电力和纺织等行业，还强行发行了联银券。华北的粮食、棉花等物资被运往日本，导致食品奇缺，物价飞涨。[1]

在我很小的时候，我们一家就去了上海。北平沦陷后，绝大多数北平文化教育界的著名人士都拒绝与侵略者合作，宁愿抛弃优越的生活条件，到大后方为抗战尽力。由于种种原因走不了的，也宁可隐居起来，过着清贫的日子。在这种情况下，我父母决定带着全家去南方谋生。

我出生的时候，家里已经有了一个大姐，我和二姐是双生子。按照家谱，我们姐妹是樊家的梅字辈，大姐的名字中就有个"梅"字。但是父亲希望女孩子也要饱读诗书，于是分别以"诗""书"为名，给我们姐妹俩取了名字。我的双胞胎姐姐叫"樊锦书"，我叫"樊锦诗"。

我是在协和医院出生的。我和姐姐是早产儿，出生的时候才六个半月。听祖母说，我们生下来的时候，大腿就只有她大拇指那么粗。由于我们严重不足月，医院不让出院，需要放在暖箱里观察。现在想想，如果不是在协和医院，以当时一般的医疗条件，估计我们早就没命了。

因为有两个孩子，母亲的奶水又不足，等我们出院的时候，她就雇了一个奶妈。姐姐由母亲亲自喂养，我就交给奶妈喂养。因为奶妈的奶水很好，很快我各方面的指标都超过了姐姐。过了一阵子，我们到协和医院做检查，医生说这两个小孩，怎么一个胖一个瘦，是不是妈妈偏心。其实并非妈妈偏心，而是奶妈格外偏爱我，照顾我特别细心。

但我和姐姐毕竟是不足月的早产儿，又是双生子，从小体质就比较弱。特别是我，小时候多病多灾。因为先天不足，背也有点驼，就是一个"丑小鸭"。

我父亲名叫樊际麟，他毕业于清华大学，是个工程师。

父亲大学毕业后就在北平的工部局工作，后来我们举家搬到南方，他一度改行经商。他的外语特别好，非常热爱中国古典艺术和文化。因为我很小就离开了北平，因此对小时候在北平的那一

父亲樊际麟

段生活并没有特别的印象。

南下上海之后，因为家里孩子多，母亲就在家操持家务，全家只有父亲一个人工作。我们家本来已经有了三姐妹，后来又陆续有了两个弟弟，一共姐弟五个。因为家里还有爷爷奶奶，父母的负担比较重。于是，母亲把我和双胞胎姐姐放在外婆家里寄养，我们就和外婆住在上海愚园路的一幢公寓里。外婆家的生活条件很好，她会做西餐，我很小就会吃西餐。

父母带着大姐和弟弟住在舅舅家一个石库门的房子里。那个房子位于现在的静安区新闸路。后来我们全家又搬去了虹口区，租住在一个租界时期的西式房子里，家里还有壁炉。不过到了"文化大革命"的时候，全家人都从那里给轰了出去。

老人的观念比较陈旧，外婆总说女孩子念什么书，将来能识字，能看丈夫的家信就行了。所以我弟弟六岁就能去读书，而我和姐姐直到八岁才进正式的学堂。幸亏我父亲没有重男轻女的思想，他觉得女孩们也应该去上学，于是说服了外婆。正是由于父亲，我才有机会进学校读书。

我先后上过三个私立小学。我的第一个学校是愚园路的彼得小学，那是一个教会学校。二年级的时候我从彼得小学转到了当时的求德小学，第二年又转到了海宁路的善导小学。我们家有五个孩子，要供五个孩子读书，父母的负担可想而知。直到后来公私合营，中学都是公立学校，没有私立学校了，这时候我才进了公立学校读书。

每逢新学期开始，我和姐姐们领了新书回家后，父亲总要和我们一起包书皮。那时候不像现在,有现成的漂亮包书纸。当时就是找些干净的牛皮纸,把课本的封面包上。之后,父亲就会用楷书工工整整地在书封写上"樊锦诗"三个字。父亲练过书法,字写得非常漂亮,他对孩子们也是言传身教,要我们从小练书法。他还找来颜真卿、欧阳询的字帖让我们临摹。我小时候也喜欢模仿父亲的字,潜移默化地,我的字和他的很像。

受我父亲的影响,我从小喜欢听评弹、看戏,特别喜欢跟随家人去听戏,因为到了戏院就可以吃到许多点心。我现在还喜欢评弹和昆曲,最喜欢听刘天韵的《林冲踏雪》。

路有冻死骨

我从小目睹过什么是"十里洋场",也目睹过城市贫民和无家可归的流浪人群。抗战期间,上海沦为"孤岛",市区绝大部分地方都是日军侵占的沦陷区,还有英法等其他国家控制的租界。大家都害怕日本人,有时候小孩子哭闹,只要大人一说:"日本人来了!"小孩子连哭都不敢哭。所以我们小时候对日本人的恐惧是根深蒂固的。我记得每家每户的玻璃窗上都贴着米字格纸条,怕轰炸声把玻璃震碎了,我的印象中连窗帘都是黑的。

在我的记忆里,大人们会给孩子们讲文天祥、岳飞、戚继光的故事,当时的儿童读物主要是这样一类历史故事书,连积木上也印了这些个英雄人物。在家人的呵护下,我们姐弟小时候受到了很好的教育。我的印象中,父亲还时常教我们背诵《古文观止》,带我们去看电影。静安寺愚园路附近有一个百乐门影院，我就在那里看过美国好莱坞电影《出水芙蓉》和《绿野仙踪》，后来还看过苏联电影《第三次打击》。

听家里人说，就在我出生那年的年初，也就是1938年1月，因为寒潮入袭上海，有上万人被冻死、饿死。据说到了1939年，情况更加严峻，大多数市民的生活也变得格外艰难，原因是米价疯涨。上海人主要的粮食是大米，由于通货膨胀、筹备军粮，还有游资的囤积和政府的限价，导致了米荒。[2] 1949年前的上海街头，经常有要饭的乞丐，我至今还记得在上学路上亲眼看到过路边饿死的难民。一天早上我看见有个经常在同一地点要饭的人，就倒在了那里。很多乞丐都是从外省逃难来的。淮河地区经常闹水灾，安徽一带的难民就逃难到上海来，但是在上海这样的地方也没有他们的生路。

那段时期还听说了一件令我终生难忘的事情。上海米价疯涨，买不到米，而对生了小孩的家庭来说，最好的营养品就是用大米熬的粥，普通市民都想尽办法出去弄米。听说，有一家的月婆子出去买米，可是出门后一连几天也没有回来。家人十分着急，以为她去乡下什么地方买米了，但是没想到其实是被日本人抓去了，从此再没有了音讯。这实在是童年记忆中一件令我感到震惊、恐惧而难忘的事情。

还有一件令我无法忘怀的往事，就发生在我们和外婆居住的公寓楼里。有一天晚上，我听到外面有日本兵的叫喊声和汽车声，瞬间就感到特别恐惧。楼道里非常吵闹，大人说有日本兵正在搜查。这种吵闹声持续了很长一段时间，后来荷枪的日本兵从楼里押着一批人往外走。透过门缝，我注意到被抓的全都是高鼻子的外国人。日本兵把他们塞到停在公寓门口的卡车里，就扬长而去。我当时并不知道日本兵为什么要来公寓抓人，年幼的我不懂也不会问。很多年以后，我才明白过来。很可能是"珍珠港事件"以后，太平洋战争爆发，美国向日本宣战。那天晚上日本兵的突然袭击，应该是来抓捕和我们住在一栋楼里的美国人。

1945年8月抗战胜利，日本无条件投降。这个消息传来，上海各界组织了各种庆祝活动。那一刻，整个上海兴奋得不得了！中国胜利了！上海人简直高兴得都狂热了！我那时候已经七岁了。在这七年里，我虽然年幼无知，但受到大人的影响，和所有人一样有一种非常强烈的信念："绝不当亡国奴！"现在敦煌研究院和日本方面合作的项目很多，我们也能合作得很好，有些日本学者确实非常热爱敦煌艺术，也为莫高窟的保护做了很多切实的贡献。但是我有时想起小时候的这些事情，还是觉得不能完全释怀。

当然，这只是一个孩子当时的感受。如今回过头来看，这种爱国的感情，和大人的教育是分不开的。我们当时看的书，看的图片，听的故事，虽然也有白雪公主、美人鱼，但更多的是精忠报国、抗击倭寇。这些教育对我影响至深。

一个崭新的上海

新中国成立前的上海，物价飞涨。特别是1947年，上海出现粮食供应不足、米价飞涨的情况，一般市民无力购买，那一年的5

月还出现了抢米的风潮。其他生活物品的价格也是疯涨。据说1949年初天气寒冷，但是煤运相继断绝，存户居为奇货。工厂囤积商品的现象也比较普遍，加之各种投机活动、特务活动和帮会活动，那时的上海比较混乱。

最严重的通货膨胀发生在新中国成立前夕，几乎每个月物价都在涨，手里有的钞票很快就贬值了，市民非常恐慌。所以一般市民每月一领到工资就全部用来购买生活必需品，这就导致物价继续急速飙升，市场价格一抬再抬。那时候听到弄堂里的大人们叽里呱啦，一般就是在抱怨柴米油盐太贵，薪水太少，日子难过。

当时上海有很多失业人口、城市游民，还有救济机构的老弱病残及妇孺，人数众多。城市游民没有正当职业，有的就以偷盗、抢劫、诈骗、赌博等不正当的方式谋生。

上海的文化事业一向是比较发达的，报纸、杂志、广播和各类娱乐场所也比较多。就报纸而言，有《申报》《新闻报》《大公报》等，日发行量逾十万份，其他各类报纸也很多。那时候还有很多电影院和剧院，收音机的使用也比较普及。

但是，上海的公共事业基本上是被外商垄断的，比如美商开办的电力公司控制着上海电力的供应，开办的电话公司控制着上海旧公共租界、法租界及沪西越界筑路区的电话；英商开办的自来水公司、电车公司控制了公共租界的自来水供应和电车交通；法商开办的电灯电车公司控制了法租界的电灯和电车交通；上海的对外交通也几乎都被外商垄断。[3]

上海市民对于解放是拥护的。在解放前夕，就有市民在街头打出"欢迎人民解放军解放上海"的横幅。我小时候常常听到街上传来欢迎解放军渡江解放大上海的口号，比如"中国人民解放军大举渡江，上海人民翻身的日子到了！""欢迎解放军渡江，拯救人民，解放京沪杭，解放全中国！""保存国家元气，避免人民损失，要求按照北平办法实行上海的真和平"等。

解放军进城之后是非常强调纪律的，部队在南下时早就强调过，良好的入城纪律就是给市民的见面礼。所有部队机关一律不准驻扎在工厂、医院、学校和教堂；还要制定适合城市生活习惯的制度和规则。解放军战士为了不干扰市民的正常生活，晚上就露宿街头，这让上海的老百姓非常感动。

新中国成立前的上海街头，还有饿死的乞丐，之后就看不到类似的事情了。起初也出现过粮食紧张的情况，因为洋米不能进口，加上水稻收成不好，还有商人的投机活动，上海也一度出现过粮食危机。当时中央就调集东北、华中地区的大米到上海，缓解上海的粮食危机。不仅如此，上海市政府还为失业人员发放了救济粮，不仅有工厂工人，还有街道的清扫工、推小车的苦力，还有码头和车站上扛货的脚夫、水手、堂倌、店员、女工，以及开电车的、开火车的、三轮车夫、邮差等过去靠出卖劳动力谋生的底层劳动者。

新中国成立后，原来大街上的城市游民、扒手、妓女、骗子、流氓几乎都看不到了，偷盗、抢劫、敲诈、乞食、赌博、卖淫这些事情也没有了。所以，我感觉那时候上海人普遍比较阳光积极，大家都有一种建设新中国的信念。那时的人就是爱国。抗美援朝的时候，动员大家捐献飞机大炮，大家都积极响应，我也参加了捐赠。总的来说,那时城市面貌焕然一新,人们的精神面貌也焕然一新。大家热情高涨,整个社会给人欣欣向荣的感觉。在这样的一种社会风气下,国家需要你去哪里,你就愿意去哪里。上海过去有一些著名的布店、建筑公司,说是需要支援西北,很快就搬到西北去了。

1949年后,父亲回到了上海食品工业设计院工作。他本来做事就认真,工作起来格外卖力,到设计院之后就更加投入了。因为他的英文好,水处理工作需要参考外文资料,于是他就给单位翻译了很多外文资料。他的专业是土木工程,我的印象中,他下班回家老在那儿弯腰画图纸,所以落下了腰疼的病,有时候患着病也还要坚持弯腰画图。

差一点死于小儿麻痹症

和其他孩子不一样,我小时候特别爱吃肥肉,吃饭的时候就愿意挑肥肉吃。因为爱吃肥肉,所以长得比较胖,家里人都叫我"小胖"。

我平时不怎么爱说话,但是特别喜欢笑,见人就笑。据家里人后来回忆说,突然有一天,我的脖子肿起来,发烧生病了。但是为了不吃那种病人吃的炒米粥,我就说自己没有病,这样就可以继续吃我喜欢的肥肉。这一吃就吃坏了。

医生诊断后说要每天打针,但是根本不管用。医生说要等肿块软了以后再开刀。我从小体质比较弱,母亲怕我承受不了,更何况这么小的女孩子脖子上开一刀多难看,于是就想办法托人找了个有名的中医。医生给开了外敷和内服的药，不打针也不开刀。这个病拖了很长时间，在中医治疗下我才慢慢好起来。从此以后，我再也不爱吃肥肉了，但是我相信了中医。

还有一次生病更突然，也更危险。我当时在海宁路上小学三四年级，早上刚到学校时还挺正常，突然感到走路特别艰难，浑身发热，说不出的难受，但我还是咬紧牙关，扶着墙蹭到了教室。

那天早上，我坐在教室里，根本什么也听不进去，脸上滚烫，浑身不舒服，汗珠子一颗一颗从额头上冒出来。老师发现我有些不对劲，就让班里的一个高个子同学把我送回家去。为了不耽误同学上课，才走到我家楼梯口，我就让同学赶紧回去。同学一走，就发现自己已经不能走路了，勉强爬着上了三楼。等快到家门口的时候，两条腿已经完全不听使唤了，连步子也跨不出去。我只能趴在门上，拼命捶门，还使劲喘气。家人一开门，见我在地上趴着，吓得不轻。再一看这个孩子两腿无力，浑身滚烫，赶紧扶进屋子让我躺下休息，当时以为是营养不良得了软骨病。

其实，我得的根本不是什么软骨病，而是脊髓灰质炎，也就是小儿麻痹症。这是一种严重的病毒性传染病，在当时的医疗条件下，小孩子一旦感染上这种病，一般很难逃脱瘫痪甚至死亡的命运。但是家里人当时根本没有这个意识，也不太知道这种病。我很快从不会讲话发展到神志不清，全家人急坏了，以为这个孩子没救了。我烧得迷迷糊糊的，就感觉我的祖母在烧纸"叫魂"。

在我卧床的那几天，恰好有一位给我祖父看病的医生来家里出诊。当时祖父得了黄疸病。等这位医生看完了病，家人就特意请他到另一个房间看看我。医生用小锤子在我的腿上敲了几下，我却毫无感觉。医生就说这个小孩得的可能是小儿麻痹症，这是个传染病，情况很危急，必须尽快隔离，立刻送医院治疗。

当时根本没有可以医治这种病的药，后来才有了防治脊髓灰质炎的糖丸。医生只是给了家人一个名单，上面列的都是得过这种病而后来康复的小孩。为什么要给这个名单呢？就是要我们想办法联系上他们，因为这些挺过来的小孩，虽然多多少少都落下了些后遗症，但是他们的体内已经有了抗体，如果能输他们的血，也许有得救的希望，就可以救我的命。结果联系了一圈下来，没有一家愿意输血给我。那怎么办？医生说还有一个办法，那就是有血缘关系的家人给我输血，因为家人跟我住在一起，实际可能也感染上了，只是抵抗力好，没有犯病而已。大家决定就让双胞胎姐姐给我输血，我这才被救了回来。

过了一段时间，我的腿有了知觉，也慢慢能走路了。每当回忆起这件事情的时候，我常常感慨自己非常幸运，因为病愈后我依然可以正常说话，正常走路，基本没有什么后遗症。这不能不说是一个发生在我身上的奇迹。

记得当时，上海有一个神经科的著名大夫叫粟中华，他说自己看过很多小孩患上这种病都没有治愈。他见我恢复得特别好，还能正常走路，格外高兴，于是就对我说："你长大后结了婚，一定不要忘记请我吃喜酒。"只是我后来再也没有见过这个著名的神经科专家。听说他在"文化大革命"中受到冲击，最终也没能参加我的婚礼。

我对自己的这段经历记忆犹新，因为这是我人生中第二次逃过死神的手掌。我曾离死亡那么近，却奇迹般地痊愈了。不过我总觉得自此以后，我的腿就不是特别利落，尤其到了老年，好像走路越来越不稳健，摇摇晃晃的。但就是这两条瘦弱的腿，命运却安排我用它们从上海这座大都市走到了北京，又从北京走到了大西北，走到了那么远的敦煌，走过荒漠和戈壁，走过许多常人难以想象的坎坷的道路，这一走就是五十多年。

我的兴趣所在

我就读的中学是上海市新沪中学。我自小比较懂事，学习没让家里费过心，成绩不错。父母对我的学习很放心，唯一不放心的就是我的身体。上小学和中学的时候，我经常会上着课就慢慢感到老师的声音越来越遥远，然后就失去了知觉。后来才知道我有低血糖的病。再后来到了敦煌，我也常常因低血糖而昏倒，所以父亲特别不放心我这个女儿。

我读书其实不是最用功，平时也不怎么爱说话，但是只要成绩过得去，每次考完试成绩单拿回家就交账了。所以父母对我管得比较松，我也可以有时间看一些闲书。我特别爱看小说，《水浒传》《西游记》《七侠五义》，什么都看，尤其爱看侦探小说，《福尔摩斯探案》都被我翻烂了。在我的印象里，我们那时候的学生就爱看苏联小说，《钢铁是怎样炼成的》《静静的顿河》这些书我也都看。我还看了很多其他国家的小说，比如《牛虻》《基督山恩仇记》《茶花女》《悲惨世界》《包法利夫人》等。我也读了一些19世纪批判现实主义的小说，记得小说批判了"拜金主义"。当时也不知道什么叫"拜金主义"，后来才慢慢知道。我看书比较杂，古典的、现代的，西方的、中国的，什么都看，也没有什么系统，反正就是瞎看。

居里夫人的影响

小时候，我最崇拜的人是居里夫人。我很小就知道居里夫人发现镭的故事，觉得她太伟大了，以至于我曾经一心就想学化学。

记得我读书的时候，上海小学很多，中学不多，特别是高级中学就更少。有的学生小学毕业、初中毕业就参加工作了。当时小学毕业比较容易，因为是义务制教育。但是初中毕业是个坎，如果成绩不好，考不上好的学校的话，就要去参加工作，继续念高中的人并不多，更不用说考大学了。印象很深的是我们当时初中有13个班，一个班有60多个人，总共约800人。到了高中就只剩下三四个班，一个班30人，总共120人左右。我没有参加考试就直升了高中。其实我的学习成绩不算拔尖，但是我的兴趣广泛，很喜欢历史，也喜欢外语，特别喜欢化学。我觉得化学很奇妙，各种溶液在试管里倒来倒去，居然能变出其他东西，还能做出很多新的材料，所以很有兴趣。如果当时考大学真的填了这个志愿，或许就考上华东化工学院了。

我想学化学还因为我也曾想当一名医生，这是我最初的理想。我觉得医生很神圣。我小时候生病，要不是医生把我看好了，就不会有未来的人生。在我心中，医生救死扶伤，这个职业非常神圣。

但是，有人私下里对我说："就你这个身体还想学医？恐怕不行，到底谁给谁看病？"我一想也有道理，于是我后来就选择了学历史。考大学前需要填报志愿，老师来动员我考师范，我并不是特别有兴趣。为什么？因为我特别不爱说话，可是如果当老师，就需要在讲台上一个劲儿地讲。我这么一个不爱说话的人怎么能当老师？根本没有这份自信。

别无选择

高中毕业的时候，我没有征求父母的意见，就自作主张填报了高考志愿。思忖再三，还是觉得想上北大，所以我大胆地在志愿表上填写了北京大学。我选择的是北京大学历史学系。当时考大学可以同时填报九个志愿，可我只填报了三个，第一志愿是北大，第二志愿还是北大。虽然并不想当老师，但也不能不尊重老师的意见，我的第三志愿就填报了华东师范大学。大家都觉得学历史的人就是看书，也不需要什么体力，所以就报历史吧，何况自己也很喜欢历史。我报考历史学系，一开始也没有想到自己会选择考古。

我之所以选择北京大学，是因为我早就从父亲那里知道北大是中国最好的大学，北大历史学系是最好的历史学系，北大有最好的教授，我当然想选择北大。直到高考结束，父母也不知道我的选择。那时高考不像现在，父母不怎么过问。有一次父亲突然问起我的学业，我说："我已经高中毕业了。"父亲当时非常惊讶："你都高中毕业啦？"我又说："我已经考大学了。"父亲接着问："你考大学啦？那你考的哪所大学？"我就回答："我填报了北京大学，但还没发榜，不知道能不能考上。"父亲一下子非常高兴。他是清华毕业的，还曾经在北大当过两年讲师，所以他非常满意我的选择。

等待录取通知书的过程非常紧张。到了发榜的日子，邮递员送来一个信封。我当时十分忐忑，不知道是录取了，还是没有录取，拿着信封不敢拆——拆出来，万一没有被录取可怎么办？最后一个人躲起来拆了信封。我看到通知书上写着：北京大学历史学系。我被北大录取了。

我的两个姐姐和弟弟都没有能考上大学。大姐读了师范专科。二姐喜欢画画和书法，很可惜没有上成艺术类学校，初中毕业不久就参加了工作。我的父亲在"文革"中受到冲击，大弟的就业也受到影响。一直到"文革"之后，父亲得到了平反，大弟才得以子承父业，在父亲原来的单位接班，做父亲生前做过的工作。他和父亲一样喜欢工程，喜欢钻研，很快就成了工程师。

---

〔1〕北京大学历史学系《北京史》编写组编：《北京史》，北京出版社1998年版。

〔2〕黄苇、夏林根编：《近代上海地区方志经济史料选辑（1840—1949）》，上海人民出版社1984年版。

〔3〕上海市档案馆编：《上海解放》，中国文史出版社2017年版。

母亲与大姐和小弟合影

1957年7月2日，樊锦诗（右）与樊锦书于上海合影

第二章　神圣的大学

在北大历史学系抄文稿

我是一个人坐火车去北京大学报到的,那是1958年9月。

我坐的是特慢车,从上海到北京要三天三夜。列车上的设备非常简陋,坐的就是木条凳,靠背很低。列车上没有餐车,也没有地方买吃的,出门的时候家人给我准备了干粮和水。火车每到一个站,都要停很长时间。从窗户望出去,觉得许多城市和上海比起来差距太大了。

我动身去北大报到前,并不知道那一年北大入学报到的时间推迟了。为了这件事,《人民日报》还特意登出了一个通告,但是我没有看到,也没有任何人告诉我。结果我到了北京火车站之后,发现既没人接也没人管。我感到很纳闷,怎么北京大学都没有迎接新生的安排?只能自己想办法摸到了北大。我记得找到了当时的16斋,准备办理报到手续。但是人家说这里不是报到的地方,让我去27斋问问。结果27斋也根本没有人办理报到手续。

那怎么办？总不见得再回上海吧。我就一个人在燕园里走走看看。第一次见到北大，很是兴奋激动。我觉得这个学校太大了，很怕自己迷路。因为我的行李还没有寄到，那天晚上我就只能在27斋一间宿舍的木板床上将就睡了一晚。结果着凉了，半夜就发起高烧。可是人生地不熟，在北京我一个人也不认识，只能硬撑。好不容易挨到第二天，遇到历史学系一位高年级的同学才知道，原来是报到的时间推迟了。那位学长看我的字写得还可以，就让我帮他抄文稿。于是，在等待报到的日子里，我就每天到历史学系办公室给他们抄文稿，抄的都是北大学长写的文章。我看见书架上放了许多线装书，边抄边想，这些大哥哥大姐姐学问太大了，文章写得真好。抄着抄着，我和一些高年级的同学就熟了。听他们说起考古专业，觉得很神秘。有同学告诉我考古很好玩，可以经常到野外去游山玩水。对人生懵懵懂懂的我，其实还没有什么远大志向，只是希望未来不要整天抱着书本。如果考古真像他们说的那样，那不正是我想选择的专业吗？能够饱读诗书，还能游遍名山大川，这自然是天底下最有意思的事了。

我在上海读中学时，受父亲的影响，特别喜欢到博物馆看文物展览，知道许多精美的文物都是经过考古发掘出土的。所以，我对考古专业充满遐想，觉得考古工作一定很有意思。入学不久就要分专业，我不假思索就报了考古专业。现在想起来，其实我对考古工作究竟要干什么是一无所知，后来才知道其实并没有多少人愿意去学考古，因为太苦了。我就这样稀里糊涂地选择了考古专业。

未名湖畔留影

兼容并包的学术风气

1958年我入学之际，全国正在开展"大跃进"运动，北京大学也在开展"双反"运动，进行教学改革。我所仰慕的张政烺先生被调离了北大，马寅初校长也遭到了批判。

令我感到幸运的是，在教学改革的风潮中，北大的很多师长依然坚持一丝不苟的教学，依然有同学照常勤奋学习。我依然可以感受到北大特殊的学习氛围，感受到爱国、进步、民主、科学的传统和勤奋、严谨、求实、创新的学风。我记得历史学系当时还建立了统一的图书室和阅览室，经过1959年到1961年的逐步扩充，资料室形成了比较完整的规模，给师生的教学科研带来极大的便利。后来历史学系还协助中文系筹办了"古典文献专业"，设置这个专业的目的是培养整理古典文学、史学、哲学方面文献的人才。

虽然有这样那样的运动，但是整个50年代北大的校园氛围中，洋溢着为共和国现代化建设而奉献的热情，几乎所有年轻人都毫不怀疑地相信，一个中国历史上从未有过的新时代正在走来。在这样一个激情燃烧的年代里，刻苦学习、努力成为国家所需要的人才，是当时北大学子共同的理想。

我记得当时在上海的街上已经没有多少人穿打补丁的衣服了，但是北大有不少学生的衣服上还打着补丁。当时大学生的生活条件普遍比较艰苦，但大家也没有苦的感觉，普遍比较乐观和积极。艰苦的生活条件没有影响到北大学生的学习热情，图书馆里总是人满为患，晚到的同学根本没有位子。有时候图书馆门前还会排起长龙，等到门一开，同学们就蜂拥而入抢占座位。后来因为图书馆的座位实在满足不了所有想读书的学生，只能实行分配制度。图书馆给各系各班分配了座位号，拿不到号的同学只能站着读书。这就是那时候的学习氛围。每个人的粮食也有定量，食堂的甲菜是一角，乙菜是八分，都是荤菜；丙菜六分，丁菜四分，没有肉，全是素的。刚到北方，吃惯了米饭的我，一开始不习惯吃面食。当时一个大学生每月生活费也就十来块钱，戴得起手表的学生很少。如果某个同学戴着手表，大家就说他是"有表阶级"。

入校之后，我们58级学生因分专业早，参加田野考古机会较多。我们1959年参加陕西省华县发掘工地的"认识实习"；1960年参加怀柔抢救性发掘；1961年参加正式的生产实习——昌平县雪山发掘，发掘了雪山文化遗址，还发现了西周燕国墓葬、汉代墓葬和辽代居住遗址。这么多实习机会给了我们这些学生很好的锻炼。1961年到1962年新开的专业课是旧石器时代考古和新石器时代考古，分别由吕遵谔和严文明两位老师讲授；1962年到1963年新开的专业课是秦汉考古，由俞伟超老师讲授。

50年代的北大学生内心充满了对知识的渴求，当时有不少专家名人来北大讲演，大大激发了学生们学习和创作的热情。苏联作家波列伏依、卡达耶夫，印度作家库玛尔，日本作家藤森成吉、青野季吉，奥斯特洛夫斯基的夫人，苏联电影大师邦达尔丘克，还有我国学者李健吾、陆侃如、刘大杰、吴祖光，相声大师侯宝林，电影演员赵丹、白杨、黄宗英、孙道临等，都曾经到北大与学生们交流。[1]

我对艺术是发自内心的喜欢。有一次我们几个同学一起去王府井北京人民艺术剧院看《雷雨》，当时要坐332路公交车到动物园站，再坐103路电车到北京人艺。我们从剧院回来时错过了最晚的班车，于是就三五成群地唱着歌，从王府井一路走回校园，到学校时已是凌晨四点了。这样的精神恐怕只能出现在那个年代。当时的北大人就有那样一种朝气和热情。

在去北大的前夕，父亲曾和我有过一次长谈。父亲说："你考上了北大，未来的人生将会是另外的一个天地，你将会有更加广阔的视野。"果然，我一到北大，就不断听周围的人说北大有多少名师，有多少图书，北大过去出过多少人才。这确实是一个学术的圣地。

50年代的北大，有一批出色的教授。历史学系大家云集，其他系也是一样，比如中文系有著名的"三巨头"：吴组缃先生、林庚先生、王瑶先生。三位先生在为人处世、治学方法各方面都各有特点。学生可以同时接触不同治学风格的老师，最大限度地吸取不同老师的长处。学生在主要受某个教授的影响的同时，又可以吸收其他教授的长处，这是一种有利于培养人才的健全的教学格局与学术生态。

文理交融、兼容并包的学术风气也是北大精神传统中重要的方面。在北大的学术传统中，一直有着继承全人类所有文化遗产的眼光和气魄。对于多元的中国文化，对于新的现代文化，对于西方文化，都鼓励学生培养一种开阔的世界视野。北大的精神传统在某种意义上就是追求独立的人格，自由的思考，奋力开辟新的领域，投身国家和民族最为需要的事业。

群星灿烂的历史学系

20世纪20年代，以田野考古为标志的近代考古学传入我国。20世纪中国档案界"四大发现"，即殷墟甲骨文、敦煌藏经洞文书、北京故宫内阁大库档案、居延汉简的发现，推动了国内的许多学者加入近代考古学研究的行列。利用考古学重建中国古代史的学术体系，这是现代中国考古学的开端。

早在1922年，北京大学就在研究所国学门（后改名为文科研究所）成立了以马衡先生为主任的考古学研究室。1934年后，由胡适兼任考古学研究室主任。1946年，又成立了以向达先生为主任的文科研究所古器物整理室，聘请梁思永、裴文中先生为导师，开始招收研究生。

1952年，根据中华人民共和国中央人民政府的统一部署，全国高等院校进行了院系调整。调整后的北大史学系也随校从城内沙滩迁到西郊燕园，组成新的机构，名称由原来的史学系改为历史学系。调整后的历史学系有原属北大的教师，也有清华和燕京大学并入的教师。过去北大、清华、燕京三足鼎立，50年代后就融为一体了。翦伯赞先生担任系主任，他在三校融合的过程中起到了重要的作用，邓广铭先生就称赞他能够巧妙地把三校历史学的老师团结起来，通力合作，消除门户之见。新的历史学系集聚了一群学术大家，除了翦伯赞、向达等先生，还有杨人楩、齐思和、邓广铭、邵循正、周一良、王铁崖、苏秉琦、张政烺、邓之诚等海内外知名的学者。[2]

　　院系大调整期间，在文化部和中国科学院的积极支持下，为抢救全国各地大规模建设工程中所发现的文物，培养考古文物工作人员，在北京大学历史学系设立了考古专门化教研室，把考古所、北大和文物图书三部分力量集中起来，连续办了四期考古学培训班。这件事情由苏秉琦等先生发起，后来由郑振铎出面，郭沫若牵头，由北大作为主办单位，负责颁发聘书和毕业证书。培训班的授课教师都是当时历史和考古领域的大家。郭沫若讲奴隶社会史，尹达讲原始社会史，翦伯赞讲封建社会史，裴文中讲旧石器考古学。四期考古学培训班奠定了后来考古学学科教学和人才培养的基础。[3]

　　1952年，北京大学正式将考古学学科专门化，设立考古专业。当时的考古专业设在历史学系，由中国科学院考古研究所的苏秉琦先生兼任考古教研室主任，聘请郑振铎、裴文中、夏鼐、梁思永、林耀华、郭宝钧诸先生兼任教授。原北京大学文科研究所古器物整理室、北京大学博物馆以及燕京大学史前博物馆合并成为考古教研室文物陈列室。北京大学考古专业是新中国的首个考古专业。[4]北大正式成立考古系是在1983年，由北京大学校长办公会议决定，考古专业从历史学系分出，独立建系，由宿白先生担任考古系首任系主任。

　　50年代的北大历史学系，云集了当时顶尖的历史学家、考古学家。当时给我们这个班授课的师长，都是我国历史、考古学界的一流学者，如周一良、张政烺、田余庆、商鸿逵、张广达、苏秉琦、宿白等先生。我比较熟悉的是给我们考古专业学生讲授考古学课程的各位师长，如教授旧石器考古的吕遵谔先生，教授石窟寺考古和中国考古学史的阎文儒先生，教授新石器时代考古的严文明先生、李仰松先生，教授商周考古的邹衡先生，教授战国秦汉考古的苏秉琦先生、俞伟超先生，还有教授三国至元代的各代考古的宿白先生等，他们都是为新中国考古工作的开启和考古学学科的建设做出过重大贡献的开拓者。

很多先生的学识和风度给我留下了深刻的印象。周一良先生那时不过四十岁上下，他上课的时候风度翩翩，简洁明快，重点突出，流畅清晰，从不照本宣科，既严谨又轻松，听他讲课是一种享受。邓广铭先生是宋史专家，对古典文学和宋词也有精深的研究。他比周一良先生大几岁，圆圆脸，身材微胖，为人非常谦和，说话带一点山东口音，他的博学和严谨令人难忘。

考古专业的老师们授课，都亲自编写教材，精心备课，有材料、有分析、有研究、有观点，视野开阔，让人体会到他们对考古事业的热爱和执着。教授商周考古的邹衡先生，素有"商周考古第一人"之称，在国际学术界享有极高声誉。苏秉琦先生教授战国秦汉考古，他本人曾经在陕西省的渭河流域从事田野调查，并参加了宝鸡斗鸡台遗址的发掘。他写的《斗鸡台沟东区墓葬》(1948)考古报告，对周秦文化的面貌进行了分析，提出了先周、先秦文化的问题。他对东周墓葬的分期研究，为建立中原地区东周墓葬的断代标尺奠定了基础。就中国新石器时代文化的区域分布的格局、系统等问题，苏秉琦先生的研究方法和观点，在考古学界也有着广泛的影响。严文明先生那时还很年轻，他不仅给我们开设了新石器时代考古的课程，还开设了中国考古学、田野考古学、考古学导论和考古学理论与方法等课程。他长期从事学术研究与田野考古，曾经参与主持了河南洛阳王湾、邓州八里岗、山东长岛北庄和江西万年仙人洞等数十处考古发掘项目，发现了中国最早的陶器和稻作农业遗存，揭示了新石器时代和青铜时代多种类型的聚落遗址，为复原中国史前和早期历史提供了丰富的实物资料。

宿白先生教我们三国至元代的各代考古。我最喜欢魏晋南北朝隋唐的这段历史，所以宿白先生的课我特别喜欢。宿先生告诉我们石窟考古怎么去做，怎么利用佛教典籍结合考古资料做研究。宿白先生曾运用类型学方法，对魏晋南北朝隋唐墓葬做过全面的分区分期研究，从而为研究这一时期墓葬制度的演变、等级制度和社会生活的变化奠定了基础。他还是我国佛教考古的开创者，曾多次主持石窟寺遗迹的考古实习，对国内许多石窟都做过测绘或部分测绘，进行过记录和研究。1959年，他还参加了对西藏文物的调查。

考古虽然属于历史学科范畴，但因为考古的研究对象是古代留存的各种遗迹和遗物，所以它的方法和手段同历史学研究主要运用历史文献的方法有所不同，必须采用科学的田野调查、发掘，并对发掘揭示的遗址和遗物进行记录、整理和研究。没有野外考古的实践和锻炼，就谈不上学会了考古。因此田野考古实习和专题考古实习是考古专业学生必不可少的基础功课。

北大考古专业留给我最深刻的印象，就是教考古的老师和学生的关系非常特殊，和历史学系的其他师生之间的关系不一样。考古专业的师生常常一同外出考察，所以学生和老师走得很近，感情自然更加深厚。那时候的考古专业真是名师云集，现在想想自己实际上并没有很好地利用当时的条件，没有抓住机会更多地向老师们请教。我现在才明白，当年老师们教学的用心和苦心。比如讲旧石器考古，就一定要引经据典，从许多外国考古专家讲起，从斯文·赫定讲到其他的考古学家，原来这就是在讲考古的学术史。

现在我回北大，考古系的老师告诉我，当年教我的老先生的学生都退休了，现在的老师我几乎都不认识了。随着前辈大师一个个离开，这个校园也渐渐地从熟悉到陌生。现在我还会时常想念当时的这些老师，也想念当时读书的氛围。

回忆苏秉琦先生

苏秉琦先生治学非常严谨，博闻广识，他给我们开设的战国秦汉考古的课程对我的影响很大。苏先生为人谦和热情，他是那种一看就让人感到亲切可敬、如沐春风的人。他是新中国考古学的开拓者、奠基人之一，也是北京大学考古专业的主要创办者之一。他毕生从事考古学研究，培养了许多考古学的人才，取得了许多具有开拓意义的学术成就。

苏先生曾经参加、主持和领导过许多重要遗址和墓葬的发掘与研究。比如30年代他参加了宝鸡斗鸡台遗址的发掘，这是我国考古学初期的一项重要发掘工程。50年代他曾经协助夏鼐、郭宝钧主持新中国成立后首次大规模进行的辉县发掘，亲自发掘结构复杂的固围村2号战国大墓。他亲自主持西安附近考古调查，首次辨识客省庄二期文化遗存，并判定其与当地仰韶文化和西周文化的相对年代。他还曾主持洛阳附近考古发掘，勘查东周时代的"王城"遗址，建立中原地区东周墓葬的断代标尺。

据说就在宝鸡斗鸡台遗址考古发掘的过程中，在回填墓土的时候发生了一起事故，有一位民工不幸被砸身亡。[5]善后工作完毕后，经费所剩无几，如果没有钱的话，发掘工作就没有办法进行下去。苏先生就写了一封信，让他非常信任的好友，也是考古队成员白万玉从宝鸡到西安，向自己的哥哥苏秉璋筹款。原来苏家是华北地区开纺织厂的有名的实业家，在西安还有自己家的棉纺厂，家族企业是由苏先生的哥哥苏秉璋打理的。信送到后，苏秉璋就立刻准备了五百现大洋，让白万玉带回了宝鸡。斗鸡台遗址的发掘工作当时是由北平研究院史学研究所[6]负责的。对于自筹经费用于考古发掘的事情，苏先生自己只字不提。也是因为这件事情，大家才知道苏先生原来有如此显赫的家族背景。他给大家的印象，就是一个读书、考古、埋头写文章的知识分子，从来不提及自己的家事和背景。

"卢沟桥事变"之后，北平沦陷，他所在的北平研究院史学研究所一度经费断绝。在这种情况下，他和当时的一些研究所人员将重要的研究资料秘密装箱转移到其他地方妥善保管，后来又统一运往昆明。这批资料包括斗鸡台遗址发掘的全部田野记录、图纸、稿件、卡片和照片；还有关于北平庙宇的调查资料和响堂山石窟寺的调查资料，包括大量文字记录、测绘图、照片和拓片。他后来在昆明的研究工作，就是集中编写《斗鸡台沟东区墓葬》考古报告。这本考古报告在1948年出版，大16开本，正文289页，约20

万字，100多幅插图。报告总共印了400本，很多照片都没有刊印出来。

苏先生有一个"绝活"：闭着眼睛摸陶片，摸得特别准。他在考古发掘现场，反复强调做考古的人要亲手摸陶片，这给学生们留下了很深的印象，觉得他太神奇了。摸陶片已经成了他的一种习惯爱好。他对陶器有很深的研究，摸了一辈子的陶片，看陶片的功夫到了出神入化的地步。牛河梁发现五千年前的玉猪龙之后，有一个当地文化馆的负责人想起从前出土的一件玉器，就取出来请他鉴定。苏先生摸过后，判定这是一件红山文化的碧玉龙。这种功夫都是长年在野外考古实践中锤炼出来的。考古一定要有野外实践的经验，考古的功夫不是光躲在书斋里做学问就可以练成的。

苏秉琦先生曾经考察了东山嘴红山文化遗址、兴城遗址、姜女石秦宫遗址，他还多次到牛河梁红山文化遗址进行考察，为这一震惊中外的文化遗址的发掘和研究，倾注了大量的心血。他的《燕山南北地区考古》《辽西古文化古城古国》《文化与文明》《象征中华的辽宁重大文化史迹》《玉龙故乡·文明发端——谈查海遗址》等著作、学术报告和论文，对于建设中国考古学学科理论体系，把中国考古学推进到一个新的时期意义重大。他的早期著作《斗鸡台沟东区墓葬》及《瓦鬲的研究》是考古学的基本文献。

苏秉琦先生在1965年发表的《关于仰韶文化的若干问题》一文，是我国考古学发展的又一个里程碑，使探索中华文化和中华文明的起源向前迈进了一大步。苏先生最大的学术贡献是他运用类型学的研究方法，结合谱系研究，论述考古学文化的区系类型问题，提出我国人口密集地区的六大文化区系。这个观点是在1975年《关于考古学文化的区系类型问题》的论文中提出来的。当时"文革"还没有结束，所以这篇论文直到1981年才公开发表。这篇论文提出中国文化起源和中国文明起源的"多元论"，对原有的"中原中心论"是一个挑战。他通过考古学文化的谱系，研究中华民族多元一体格局，以及中国作为以汉族为主体的统一多民族国家的形成过程，有着重要的学术价值。80年代中期，他提出了具有开拓意义的"中国文明起源多中心论"，指导了中国考古学体系的发展和完善，阐明了我国超百万年的根系，上万年的文明起步，五千年的古国，两千年的中华一统实体的社会发展史实。他的"多元一体论"，即中国文明起源与形成的"古文化、古城、古国"，以及"多源一统论"，即中华民族国家形成和发展过程"古国、方国、帝国"的学术理论，对中国考古学和历史学产生了广泛而又深刻的影响。[7]

他生前出版的最后一本专著《中国文明起源新探》，是具有指导性的系统理论著作。费孝通称赞这本书是承前启后的世纪之书："代表了我国学者对中国文化发展历程实事求是研究的传统，这是一本人文科学研究的成果，是中国人对自己文化的自觉。他用古代遗传的实物来实证中国五千年的文明发展的过程，在中国人面临空前大转型的时刻在学术方面集中了考古学界几代学者的研究成果……"在这本书的前言里，苏先生提出了关于学术界存在着"两个怪圈"的问题。"第一个怪圈"涉及中华文化的大一统观念，以及那些被视为正统和普遍适用的理论。他用考古学研究所得的证据批驳了相关的谬误。他认为历史文献的记载和表述需要给予新的解释，黄河中游地区也不应再被视为中华文化的唯一发源地。"第二个怪圈"涉及对马克思、恩格斯的历史发展观的片面理解。他认为，以往世界史学界对于希腊、罗马和日耳曼的发展史研究，不能照搬过来说明中国的历史沿革。他不同意那种总是把前朝贬斥为异邦的观点，中国的现代文明在他看来，是融合六大地区各自独立发展的文化的结果。苏先生始终认为考古学必须正确回答"中国文化的起源、中华民族的形成、统一多民族国家的形成和发展"等问题，由此，考古研究才能上升为历史研究。[8]

苏先生还较早利用类型学的方法，成功地进行周秦墓葬和瓦鬲的分期研究，提出周文化渊源等问题。他根据楚墓中具有鲜明特征的，并有自己一脉相承的发展序列的陶鬲，将其列为认识楚文化的典型器物。他认为这些携带楚文化特点的"楚式鬲""鼎式鬲""斝式鬲"的基本结构和特征，与流行于中原地区的"殷式鬲""周式鬲"不同，自成体系。他不仅对楚文化的形成发展有独到见解，而且对晋文化研究也有系统的理论。"晋文化"的概念就是由他率先提出的。关于晋文化，他还有一首诗："华山玫瑰燕山龙，大青山下斝与瓮。汾河湾旁磬与鼓，夏商周及晋文公。"苏先生很谦虚，自嘲为"四句歪诗"，但其实这四句诗简明清晰地概括了晋文化的来龙去脉。他认为晋文化是北方、中原两大文化区在文化汇合点上相互撞击裂变而成的，指出晋文化的研究不要受"曲村—天马、上马、侯马"这"三马"的束缚。他认为"周代到平王东迁已经名存实亡，东周几百年重心，特别是政治上最稳定的力量，已经转移到晋国"[9]。苏先生开创的区系类型学理论，把中国考古工作推向了一个新的阶段。

90年代初，苏秉琦先生还提出了"中国史前史"的目标，他说史前史不等于史前考古学，而应当是把考古学、历史学、人类学合为一体的研究。这样的理想其实是把古今文化连成一体来探究中华民族的灵魂和精神，这是考古学的根本价值所在。他认为考古学的根本任务在于对中国文化、文明的起源与发展，中华民族的形成与发展，统一的多民族国家的形成与发展做出正确回答，并以此为核心、框架，来系统复原中国历史的真实轮廓与发展脉络。他曾在《如何使考古工作成为人民的事业》一文中说：

> 假如我们不肯甘心永远处于落后的境地……像我们的先民一样，继续对于人类的文明生活有所贡献，我们就需要好好地保护我们先民留给我们的这份珍贵遗产，从这里边去吸取经验，看他们是如何地发明和改进了农业和陶业，征服了森林，驯养了家畜，发明了文字、指南针、印刷术、火药，以及笔墨纸砚，看他们又是如何地由活剥生吃到煎炒烹调，由山洞土窑到楼台亭榭，从树叶兽皮到锦绣衣冠，由轮子的发明到机械的使用，然后我们再看这一切物质生活方面的发明和改进对于当时经济和社会、政治和意识形态种种方面所产生的影响，这就是研究中国物质文化史的任务。[10]

苏秉琦先生主持北大考古专业工作历时三十年。他参与了考古专业的创建，从无到有，建设起了一套完整的考古教学计划，还参与主持了考古学培训班。苏先生还领导北京大学考古专业师生进行邯郸涧沟[11]和龟台、华县泉护村和元君庙、洛阳王湾等项目的发掘实习。苏先生有非常敏锐的科学头脑，思考问题总是高屋建瓴，总览全局，还能够抓住重点，所以每次听他讲课都能给学生们莫大的启示。苏秉琦先生一生桃李满天下，对于学生提出的问题总是循循善诱，耐心教诲，他非常乐于帮助他人排忧解难，为人光明磊落、可亲可敬。

苏秉琦先生的遗嘱是回归自然，他希望自己的骨灰撒在渤海湾。他说自己一生只做了一件事情，那就是考古。

宿白先生的为人与为学

宿白先生是我的授业老师，同时也是对我的人生影响极大的一位先生。

我们58级考古专业的学生，一至三年级有三次野外考古实习。课堂上侃侃而谈考古学知识的师长们，大多经过了长期野外考古实践磨砺，是有着丰富野外考古经验的考古学家。在考古工地上，他们从测量、开方、挖土、敛平地面、分辨土色、划分地层，到用小铲清理发掘、刷陶片、拼合、简单地修补、整理、绘图、拍照、文字记录等，对我们这一个班的同学进行耐心而严格的指导，手把手地教给我们野外考古的方法和技能，为我们这些人日后参加考古工作打下了扎实的基础。

宿白先生1944年毕业于北京大学史学系，是中国历史时期考古学学科体系的开创者和成就者，也是中国著名的考古学家。20世纪50年代，由他主持的河南禹县白沙镇北三座宋墓的发掘，以及根据此次发掘的考古资料撰写出版的考古报告——《白沙宋墓》(1957)，是我国考古报告的经典，在考古界曾引起过巨大的反响。宿白先生在城市考古、墓葬考古、宗教考古、手工业遗存考古、古代建筑、版本目录和中外交流等多个领域均有开创或拓展，已为学术界所公认。中国佛教石窟寺考古学，也是由宿白先生开启的一个研究分支。自50年代以来，他身体力行，长期坚持对全国各地的石窟寺做全面系统的实地勘测和记录，特别着力于云冈石窟和敦煌莫高窟的考古。

宿白先生最初学的是历史，因为参加了向达先生的考古组，后来改做考古研究。这个事情还要从当年北大恢复文科研究所考古组说起。当时的考古组主任向达一时招不到人，向北大史学系冯承钧先生偶尔说起此事，冯承钧先生马上向他推荐了宿白。冯先生非常赏识宿白先生，之前已经把他推荐到了北大图书馆。这样一来，宿白先生就一边在图书馆整理文献，一边参加文科研究所考古组的工作。1952年北大院系调整时，宿白先生就正式被调到了历史学系。

对于宿白先生的智慧、才华和博学，我一直佩服得五体投地。宿白先生是学历史出身的，他转向考古之后特别重视文献。当时有不少搞考古研究的人对文献并不是很重视，现在有不少考古专业的人好像还有这个问题。宿白先生希望自己的学生不仅要研究实物，也要精通文献，因为文献掌握不好会影响一个人未来学术的发展。

宿白先生自己的历史文献功夫有口皆碑，这与他转益多师的学术背景有很大关系。他大学毕业之后，在北大文科研究所考古组做研究生，这段时间他到文史哲各个系听课，历史系冯承钧先生的中西交通、南海交通和中亚民族，中文系孙作云先生的中国古代神话，容庚先生的卜辞研究、金石学、钟鼎文，哲学系汤用彤先生的佛教史、魏晋玄学，他都一一听过。此外，他自己还兼学版本目录，在古籍版本目录学方面也有着极深的造诣。1947年，宿白先生在整理北大图书馆善本书籍时，从缪荃孙的国子监抄《永乐大典》天字韵所收《析津志》八卷中，发现了《大金西京武州山重修大石窟寺碑》（以下简称《金碑》）的碑文，这是云冈石窟研究史上尚不为人知的重要文献。没有深厚的文献功底，是不可能发现并确定这篇文献的重要价值的。他所撰写的《〈大金西京武州山重修大石窟寺碑〉校注》（1951年撰写，1956年发表），是研究云冈石窟历史的力作，也是他本人佛教考古的发轫之作，开启了他个人的石窟寺研究。

后来根据《金碑》记述与实地考察，宿白先生写成《云冈石窟分期试论》一文，发表在《考古学报》上。在此以前，有日本学者一直关注云冈的问题，宿先生对日本学者的分期方法提出了质疑。日本学者长广敏雄发表《驳宿白氏的云冈分期论》，对宿先生的研究进行了激烈的反驳，甚至质疑宿先生所用文献的真实性。后来，宿先生又发表文章，答复了日本学者的质疑，对《金碑》的真实性做出了论证，长广敏雄也不得不承认宿白先生的分期论。

宿白先生转向考古之后，特别重视考古资料和历史文献相结合的研究。他认为考古学不能离开田野考古，田野考古是考古生命力之所在，历史时期考古不同于史前考古，每一个历史时期的研究都伴随着丰富的历史文献资料。研究考古出土资料，包括石窟寺遗迹的各种社会历史问题，离不开历史文献的引用和佐证。在他看来，从事历史考古研究的人，不仅要研究考古材料，也应精通历史文献，考古的学生应具备史学和文献学的基本功。为此，他专门为从事佛教石窟寺考古的研究生开设了汉文佛籍目录课程，就是要求学生掌握汉文佛籍的查阅方法，从中学习佛教考古的知识。

此外，由于考古课程需要给学生提供考古实物的图像资料，宿白先生备课时就在讲义上亲自画图，讲课时也当场在黑板上画图。无论是古建筑结构，还是天王、力士塑像，他都能画得惟妙惟肖，令同学们赞叹不已。1988年，西藏文管会邀请宿白先生去参加一个活动，他发现西藏的很多寺庙在"文革"期间被毁掉了。回来后，他就开始整理当年的材料，亲手绘制了好多幅插图，给未来的复原工作提供了参考图像。宿白先生的绘画功力来自他的素描功底。绘图是考古调查、发掘和研究必不可少的一项技能，所以宿白先生也十分重视培养学生在现场绘图记录遗迹遗物的技能。

宿白先生看的书多，看的速度也快，常常是学生半天也看不明白的材料，他看一眼就明白了。有一回期末提交论文，我本来打算随便写一写交差了事，以为老师只是翻翻而已。没想到宿白先生逐页批阅，一条一条意见都清清楚楚地写在一张台历纸上，然后拿给我说："你回去好好修改吧。"遇到这样的老师，学生根本没有空子可钻，只能老老实实地学，踏踏实实地做。

宿白先生的学问深厚，视野宽广，在学术研究上非常有见地。1962年，他受邀在敦煌文物研究所[12]做《敦煌七讲》的学术报告。这次学术报告，他不仅讲考古，讲敦煌的历史，还从佛教史的角度，指出佛教文献资料的研究如何跟考古结合起来，顺便还介绍了如何阅读和把握佛教的史集和经籍。与此同时，他还介绍了西方和日本是怎么做敦煌研究的，深入浅出地介绍了敦煌的学术史。

宿白先生的《敦煌七讲》，从理论和方法上为建立中国石窟寺考古学奠定了基础。他的创见在于，一般的石窟寺考古都会从图像入手，而宿白先生不仅对实物和图像的研究非常深入，而且格外重视石窟学术史料和考古的结合。对于佛教石窟考古，他提倡把佛籍所提供的信息和考古资料结合起来进行综合研究。佛教考古涉及的研究面很广，包括断代研究、社会历史研究、佛教史研究、艺术史研究以及综合研究和各种专题研究等。宿白先生认为从事石窟寺考古研究的人可以从事各类研究，但首先必须做好两项基础研究，即"分期断代"和"考古报告"，否则无法开展石窟寺考古的深入研究。

只要看看宿白先生的《白沙宋墓》考古报告，就知道宿先生的学问有多大了。白沙宋墓是北宋末年赵大翁及其家属的三座墓葬。自1951年起，宿白先生开始带队在此进行田野调查与发掘工作，报告也由宿白先生编写，题目就叫"白沙宋墓"。在北宋末期流行于中原和北方地区的仿木建筑砖雕壁画墓中，白沙宋墓是保存较好，结构最为复杂，内容最为丰富的一处。宿白先生当时才三十岁出头，就写出了这部中国田野考古纪实的奠基之作。翻开《白沙宋墓》，印象最深刻的是后面的注释，涉及宋史，包括宋代的政治、经济、文化、艺术和社会习俗等。宿白先生凭借自己深厚的

80年代,宿白先生(右二)考察莫高窟,左二为樊锦诗

1985年,与宿白先生在新疆考察途中

文献功底，查阅大量历史文献，与第一手考古资料相结合，对墓葬的年代、墓主人的社会地位、宋代河南家族墓地中流行贯鱼葬的习俗等进行了深入分析，生动地刻画了宋人的生活图景。

当时，国内历史考古学尚处草创时期，考古学家在撰写发掘报告时大都限于对墓葬形制、出土遗物的记录，很少深入讨论相关的重要历史现象、历史问题。《白沙宋墓》颠覆了学术界对考古报告的认识，除了体现出考古报告应有的实证功夫之外，还展现了浓郁的学术气息和人文精神。尽管已出版六十余年，《白沙宋墓》作为考古报告的典范，至今仍在学界有重要影响。这本书里的学问太大了，按照现在都可以评一个高级教授了，可是当时宿白先生在北大只评了一个副教授，直到带我们这批学生的时候也还只是个副教授。但宿白先生总是说："大浪淘沙，你不要看现在。一二十年之后，谁能沉得下心，谁才能够做出大的学问。一个社会一定要有人潜心做学问。"

对于从事考古研究的人来说，一生有没有可以录入考古史的重大发现是一回事，更重要的是有没有留下一部经得起时间检验的考古报告。考古学研究的基本方法就是田野调查和发掘，考古报告就是对田野考古发掘出来的遗迹和遗物进行全面、系统、准确的记录。科学的田野考古和田野考古报告的出现，使考古学正式成为一门学科，成为历史科学的重要组成部分。考古报告在推动考古学这一学科的发展方面有重要作用，考古报告绝对不能"造假"。无论发掘的对象是古代遗址或墓地，均具有不可再生性，因此一部理想的考古报告，应讲究科学性和客观性，无论是发掘、整理、编写都要力求全面、系统、准确，这样才能为日后人们了解古代社会信息提供准确的参照。这就是宿白先生的为人与为学教给我的对待考古工作的态度。

　　然而，我愧对先生的是，莫高窟的石窟考古报告迟迟没有做出来。当年分到敦煌文物研究所，宿白先生寄予我的厚望就是做好莫高窟的考古报告。"文革"一来，什么都放下了，任何建树都没有。"文革"之后，我又被任命为研究所副所长，被日常事务占据了大量时间，根本没有时间和精力搞业务。考古工作不是一个人能完成的，需要一个得力的团队，而研究所当时人员匮乏，根本不具备做石窟考古报告的条件。当然这些只是客观原因。最核心的问题是，很长一段时间以来，我自己还没有真正想明白这个报告该怎么做。虽然毕业多年，但是自己觉得仍然没有把宿白先生的学问学透。我知道这项工作迟早都要做，而且必须完成，还要完成得好，经得起时间的检验。

北大的精神传统和学术氛围

　　北大的精神传统对我自己最大的影响就是坚持做人做事的准则。一个人做任何事都要严谨诚实，你做不出来就是你做不出来，绝对不能糊弄人，不能还没做事情就乱忽悠。做人不仅要严谨诚实，还要有定力，有责任担当，不能乱跟风，要走在自己的路上。只有看清楚重要的是什么，才能在关键时候不糊涂。

　　我后来担任敦煌研究院的院长，在工作中也坚持着北大的精神传统。就管理一个单位而言，当然每个部门都重要，后勤重要，总务也重要，问题是你怎么理解。研究院最核心的工作是什么？首先是业务。你这个研究院如果没有优质的研究团队和研究成果，那还是个研究院吗？但是这样说，并不意味着漠视其他部门，只是要摆好关系，懂得理解和尊重。别看一个小小的食堂，那也是众口难调，吃饭这个事永远是会有矛盾的，一方面要尽力做好，另一方面当然不要太在意。我们介绍敦煌研究院的时候，主要是说研究院完成的业务和成果，肯定不能光介绍食堂工作做得多么多么好。

正是北大教给了我做人做事的严谨和担当。我曾经碰到过一件事情。有个年轻人面临博士毕业，他的论文要评优秀论文，找我来评议。看了论文后，我说你既然叫我老师，那我就有义务给你提醒几个事。你的博士论文内容还有些问题，文字也不够好。如果这样的博士论文也能评优，其实是把你给害了。北大的这种学术精神，让我一辈子都没有办法讲假话，为此我也得罪过不少人。

梅贻琦先生说："所谓大学者，……有大师之谓也。"北大的光荣与骄傲来自北大历史上各个院系的大批学者，他们以渊博的知识、人格和精神的力量，感召和吸引着全国乃至世界的学子。

在北大，最活跃和富有生机的就是学生，他们也是北大精神传统的接受者、继承者和传播者。然而，他们又不是单纯被动地接受，他们也在不断为北大的精神传统注入新的血液，一代又一代北大学子更新、创造、发扬和传递着北大的精神传统。在这种精神传统中有着一种关于个性的自由发展和创造力的自由发挥的信念，它渗透于每一个北大人的追求和情怀。与那种"见小利，忘大义，存私心，急近功"的格局和心态不同，我总感觉北大学子普遍具有超越性的情怀和思维。因此，在他们身上常常自觉地承担着一种胸怀天下的使命。

北大之所以在全民族心目中成为一个精神圣地，具有一种不可替代的崇高地位，在我看来正是源于这种精神传统。北大的精神传统中还包含着一种立足中国大地，对于社会、历史、民族的使命感和责任感。无论做任何事情，研究或是教学，都把自己的生命融入进去，和自己所做的事业融为一体，在自己所做过的每一件事情中，让个体生命不断得到新生和升华，而自己也从中体会到生命的意义和价值。北大人往往痴迷于自己的事业和工作，痴迷到"傻"，常人把这样的人称为"书呆子"，但是在这样的调侃中其实是怀着对这样一群人的敬意，因为他们在事业中倾注了自己全部的生命。

在国人的心目中，北京大学在任何一个时代都是担当社会变革和历史进步的希望所在。北大能够在任何时候都肩负着民族的历史使命，自觉承担对于民族和国家的发展使命，坚持科学的理性精神，这也是北大重要的精神传统。

---

〔1〕 参见《论北大》，广西师范大学出版社2008年版。

〔2〕 郭卫东、牛大勇主编：《北京大学历史学系简史（初稿）》，北京大学历史学系，2004年。

〔3〕 北京大学考古学系编：《北京大学考古学系四十年（1952—1992）》，北京大学考古学系，1992年。

〔4〕北京大学考古专业的培养目标包括考古研究人员、文物工作干部和考古教学师资。一至三年级上课，四年级上学期田野考古实习，下学期完成论文。设有相关的专业课程和教学小组。夏鼐主讲《考古学通论》《考古方法》，梁思永、郭宝钧、苏秉琦是该教学组成员；林耀华主讲《人类学通论》，陈永龄、沈家驹是该教学组成员；郭宝钧主讲《中国历史考古学》，杨钟健、夏鼐、佟柱臣、安志敏是该教学组成员；向达主讲《中国考古学史》，张政烺、夏鼐、苏秉琦、阎文儒是该教学组成员；张政烺主讲《古文字学》；郑振铎主讲《中国美术史》，张珩、王逊、启功、莫宗江、阎文儒、徐邦达是该教学组成员；韩寿萱主讲《博物馆学通论》，王振铎、傅振伦是该教学组成员。1952年之后还开设了一些新的课程，内容有政治经济学、中国史、世界史、中国美术史、中国近代史、史前考古学等。北京大学考古专业还和中国社科院举办过四期考古学培训班，先后培训了346名学员。

〔5〕苏恺之：《我的父亲苏秉琦：一个考古学家和他的时代》，生活·读书·新知三联书店2015年版。

〔6〕北平研究院史学研究所设在中南海的西四所，位于怀仁堂左侧。研究所下设考古组和历史组，考古组由徐旭升负责，聘请何士骥和苏秉琦加入工作；历史组聘顾颉刚为主任，聘请人员里有吴世昌、吴丰培、刘厚滋、张江裁、陈垣、冯家升、白寿彝、顾廷龙、王振铎等人；1948年后，徐炳昶、陈垣、陈寅恪、顾颉刚、姚从吾、张政烺、董作宾、汤用彤、李俨等都曾是学术委员会的成员。

〔7〕宿白主编：《苏秉琦先生纪念集》，科学出版社2000年版。

〔8〕宿白主编：《苏秉琦与当代中国考古学》，科学出版社2001年版。

〔9〕山西省考古研究所侯马工作站：《缅怀考古学宗师苏秉琦先生》，《文物季刊》1997年第4期。

〔10〕苏秉琦：《如何使考古工作成为人民的事业》，载《苏秉琦考古学论述选集》，文物出版社1984年版，第277页。

〔11〕通过涧河西岸的发掘，以及涧河东岸的钻探，考古学家发现了东周王城的北墙和西北、东北两个城角。

〔12〕敦煌文物研究所是敦煌研究院的前身。

第三章　敦煌是我的宿命

幻想在现实中苏醒

我常说自己几次想离开敦煌都没有离成，敦煌是我的宿命。

现在想起来，我和敦煌的关系开始于年少时的一种美丽的幻想。我小时候曾在中学课本上读到过一篇关于莫高窟的课文。那篇课文说莫高窟是祖国西北的一颗明珠，有几百个洞窟，洞窟里面不仅有精美绝伦的彩塑，还有几万平方米的壁画，是一座辉煌灿烂的艺术殿堂……我对这篇课文的印象很深，后来就比较留意和敦煌有关的信息。特别是念了大学以后，凡是和敦煌有关的展览，包括出版的画片和明信片，我都格外关注。因此，我早就知道常书鸿、段文杰这些人，始终很向往那个地方。敦煌是我少年时代的一个梦，我把她想得特别美妙。

我与敦煌的结缘始于我的毕业实习。如果1962年的毕业实习，宿白先生没有选我去敦煌，也许就不会有后来我在敦煌的命运。

那一年敦煌莫高窟南区要进行危崖加固工程，首先就要动窟外地面下的地基。当时常书鸿先生任所长，他非常重视文物保护和考古研究。他意识到莫高窟外的地基绝对不能随便挖一挖了事，一定需要考古工作人员的介入。因此，常书鸿先生就希望北大可以调一些考古专业的学生来进行莫高窟外的考古发掘。我被选中了。

正是1962年的这次实习改变了我的命运。

记得在去敦煌的路上，我一直想象着常书鸿和段文杰这两位传奇人物，他们一定是风度翩翩的艺术家。在此之前，我读过徐迟的《祁连山下》，这篇报告文学的主人公就是以常书鸿为原型的。我觉得这个人太了不起了，留学法国，喝过洋墨水，居然放弃了优渥的生活，跑去西北荒漠守护莫高窟。在我的想象中，敦煌文物研究所也应该是一个充满艺术气息的很气派的地方。可是等我一下车就立刻傻眼了，这里完全不是自己想象中的样子。研究所当时的工作人员，一个个面黄肌瘦，穿的都是洗得发白的干部服，一个个都跟当地的老乡似的。

这到底是怎么一回事？传说中的敦煌怎么会是这样一种情景？

原来，从1959年开始，我国经历了持续三年的困难时期，全国上下粮食和副食品短缺，甘肃当时是重灾区。到了敦煌，我才真正感觉到这个地方的贫穷和落后。虽然当时全国范围最困难的时期已经过去，但是甘肃敦煌地区依然食物紧缺，很多人只能打草籽充饥。

我记得当时即便想吃一粒瓜子，连瓜子壳也找不到，最渴望的就是吃水果。可是水果长在人家的树上，又不能去偷。最后只能眼巴巴地等到水果成熟，几个同学可以分到一脸盆。我得到我的那一份后，一个晚上就全吃光了。哎！那真是我这辈子吃到的最好吃的东西了！后来我回到敦煌工作，每年都有水果吃，但都不能和那一天晚上的水果相比。可想而知，当时的物资匮乏到什么程度，敦煌人的生活困顿到什么地步。好在到了第二年，情况就略有改善，我们可以到县城去购买糖块和鸡蛋了。

在莫高窟的毕业实习

1962年，是我大学生活的最后一学年。按照北大历史学系考古专业的惯例，毕业班学生可以选择洛阳、山西和敦煌等若干文化遗产地参加毕业实习。当时有不少同学都想选择敦煌，因为莫高窟在大家心目中是中国佛教石窟寺遗迹的典型。对我而言，敦煌同样是内心格外向往的地方，敦煌那么远，如果能趁着毕业实习的机会去看一看，正好可以了却一桩心愿。所以我也梦想着去敦煌参加实习。

最终系里决定我和另外三个同学去敦煌，当时别提有多开心了。我把敦煌之行想得格外美妙，那些敦煌的图片为我勾画了一个格外美好的世外桃源。结果没想到跑到敦煌一看，除了令人震撼的石窟艺术，其他各方面都难以尽如人意。尤其是当地的生活条件，对来自北京、上海的我们而言，简直是想象不到的艰苦。

但最吸引我们的还是窟内的壁画和彩塑。

我们一到敦煌就迫不及待地想进洞参观，负责给宿白先生和

1962年10月，莫高窟北大实习同学合影

我们几个讲解的是大名鼎鼎的史苇湘先生。史先生是四川人，说着一口四川话，我听不太懂。但是史先生讲起敦煌来，非常有激情，很吸引人。洞中的温度远比我想象的要低，我感到有一股刺骨的寒气从地层蔓延上来。然而看着洞窟四壁色彩斑斓的壁画，我就忘记了寒冷。

整整一个星期，史苇湘先生带领我们几个远道而来的北大青年学生，攀缘着被积沙掩埋的崖壁，一个洞窟一个洞窟地看过去。从北凉、北魏，到隋唐的山水、人物、建筑，从伏羲、女娲到力士、飞天，随着洞窟一个一个在我们面前敞开，我们忘记了疲惫，空气也好像变得温暖了。我们仿佛置身于一个华美的圣殿，完全沉浸在了衣袂飘举、光影交错的壁画和塑像艺术中。

1962年也是敦煌历史上的一个重要时刻。

正是这一年，周总理批示拨出巨款，启动敦煌莫高窟南区危崖加固工程。为配合1962—1966年的大规模加固工程，需要在窟前进行考古遗迹的发掘清理，可当时的敦煌文物研究所没有专业考古人员。常书鸿先生向正在敦煌莫高窟带着学生毕业实习的宿白先生提出，希望北大考古专业可以推荐四名参加实习的学生今后到敦煌工作。这四名学生，除我之外，还有马世长、段鹏琦和谢德根。到了毕业分配的时候，宿白先生向常书鸿推荐了我和马世长两人，我们俩被正式分配去了敦煌。马世长后来也是著名的佛教考古专家，回到北京大学考古文博学院教书，从事中国佛教考古的教学与研究，他主要的研究领域是中国石窟寺考古研究、敦煌文书研究、佛经版本校勘等。2013年，马世长因病去世了。最终留在敦煌的，就我一个人。

那次实习没有结束，我就离开了敦煌，最后的实习报告也是在上海的家里整理写出来的。

为什么我会提前离开敦煌？原因是敦煌白天晚上温差大，气候干燥，我的体质本来就差，根本无法适应敦煌的天气。严重的水土不服，加上营养也跟不上，我几乎每天晚上都失眠，经常到三四点钟就醒了。上洞实习的时候，也经常走不动路。宿先生怕我出事，让我提前离开敦煌。所以，还没到三个月，我就只能带着实习考察的资料回了上海。

"李广杏"，如此人间好杏

敦煌这个地方没有什么物产，但是水果长得特别好。当地有一种叫"李广杏"的杏子，是别的地方所没有的。

我从小最不爱吃杏子。南方的杏子摘下来的时候都是青的，又硬又酸，想起来都让人感到牙齿发软。"李广杏"和南方的不一样，只有敦煌才有，简直是人间美味。

"李广杏"在每年六七月间成熟，即便在敦煌，每年也只有不到一个月的时间能品尝到这种杏子。"李广杏"这个名字，据民间传说与汉代"飞将军"李广有关。传说当年李广率部西征，夏日炎炎，将士焦渴难耐，忽然闻到一种奇香，李广看见有彩绸从云中飘下来。于是他就策马追赶，拔箭射落了其中一匹彩绸。彩绸飘落，即刻化成一片果实累累的杏林。但因为是苦杏仙子所结，所以杏子是苦的。后来王母娘娘有意帮助李广，就让甜杏仙子施展法术，在苦杏树桩上接上甜杏树枝，终于结出了清香甘甜的黄杏，敦煌人就叫它"李广杏"。

我刚来敦煌工作的时候，当地普遍比较穷，就是水果好吃。敦煌这个地方的水果长得特别好，原因是敦煌日照时间特别长，昼夜温差大，便于形成糖分。当地除了杏子，还有西瓜、葡萄等水果，都长得很好。每到夏天，我就买很多瓜，床底下全部塞满了。有一年，上海朋友来看望我，因为敦煌的饮用水碱性大，我怕客人喝不惯，就说："索性你们别喝水了，就吃瓜吧。"我把瓜从床底下搬出来，一开就是四五个。客人连忙说不要一下子开这么多——他们是怕敦煌这么个穷地方，气候又干燥，水果肯定很贵，觉得我太阔气了，一下子就开四五个。我就对他们说："在上海探望个病人，有时候只带半个西瓜去，因为上海水果贵。这儿不贵，你们放心，放开吃。"敦煌的西瓜之所以这么甜，是因为不上化肥。敦煌当地人把刚长成的西瓜的瓜秧周围的土扒开以后，塞上一把苦豆子，这样结出的西瓜就会又大又甜。等到成熟后，切开的瓜瓤看起来不怎么红，但是水分特别多，十分香甜。

"李广杏"上市的时间前后只有一个月，每年我就赶在水果落市之前买上一大筐，拿个梯子爬到房顶上，把吃不完的杏子全部倒在房顶上，几天就晒干了。这种杏子的糖分高，晒干了也不会变硬，拿个口袋收起来，等到回上海时就给家人分着吃。大家都说这个挺好吃的，放在嘴里有一股自然的香甜。上海那边卖的果脯很多都是用糖腌制的，而这是纯天然的。

我第一次吃到这种杏子的时候，简直不敢相信，这样好吃的杏子居然生长在戈壁荒漠里，还居然有"李广杏"这样一个响亮的名字。李广这个人多么悲苦，当年他"终不能复对刀笔之吏"，最后"引刀自刭"——他大概不会想到在两千多年后的敦煌，居然有一种以他名字命名的水果。

我被分配去了敦煌

我其实并没有想到，最后的毕业分配，把我分配去了敦煌。

实话实说，我当时并不想去敦煌。第一次去敦煌实习，我就出现了水土不服，实习没有结束就走了。最后怎么会定下又让我去敦煌呢？我现在还记得1963年毕业前，学校和系里对毕业班学生进行毕业教育，鼓励北京大学考古专业的毕业生，服从分配，报效祖国，到祖国最需要的地方去。记得我们那一届考古专业的学生特别多，有三十多个。毕业分配的会议在北大第一教学楼举行，宣布分配名单的时候，我听到了自己和马世长的名字。

马世长的母亲听到儿子被分配到敦煌的消息之后，号啕大哭。她所有子女里，只有马世长是男孩，其他都是女孩。后来，马世长的母亲来火车站送别马世长和我的时候，哭得像个泪人儿，特别嘱咐我们要互相照顾。

我在毕业分配会后才被告知，为了我和马世长到敦煌的分配，整个分配方案的宣布，推迟了两三天。宣布会后，系里的领导找我谈话。系里知道我的体质很差，而且也已经知道我有了男朋友，但还是希望我能够去敦煌。因为敦煌急需考古专业的人才，希望我和马世长先去，北大今后还有毕业生，过三四年再把我替换出来。就是这个理由让我看到了一点希望。

分配方案宣布之后，我给父亲写了一封信，告知自己分配的去向。没想到，父亲很快回信给我。这封信很厚，打开一看，信里夹带着另一封写给学校领导和系领导的信，是嘱我转呈的。父亲的来信我还记得，信是竖着写的，工工整整的小楷字。信里讲了很多事实和实际的困难，主要是说"小女自小体弱多病"等诸如此类的问题，希望学校改派其他体质好的学生去。

但是，我看完父亲的信就想，这能交吗？仔细再一想，不行，绝对不能交。为什么？因为当时系里对毕业生进行毕业教育的时候，鼓励学生学雷锋，学雷锋就要看行动。当时的大学生奉献国家和人民的思想是根深蒂固的，是发自真心的。国家需要我们到什么地方去，我们就到什么地方去。我自己已经向学校表了态服从分配，如果这时候搬出父亲来给自己说情，会给院系领导造成言而无信的印象，这样的做法很不妥当。所以这封信我没提交。到了"文革"期间，因为怕惹麻烦，我把这封信和其他父亲写给我的信全给烧了。

那个时候，我和许多年轻的大学生一样，异常天真和单纯。只要是国家需要，就愿意无条件地服从，何况学校承诺让我去敦煌工作三四年，之后就可以调到武汉去，这不是很好嘛。再说自实习回来后，我也一直念念不忘敦煌石窟里的壁画和造像，在潜意识里我是非常喜欢敦煌、喜欢莫高窟的。所以我心想，说不定这就是天意，是命运要我以这样一种方式补偿上一回考古实习的半途而废。我暗下决心，这一次去敦煌，一定要取得真经再回来，绝不能中途折返。想到这里，我就释怀了，从心理上，做好了再赴敦煌的准备。

苏秉琦先生的一次召见

毕业离校前，发生了一件令我很难忘的事情。

有一天，苏秉琦先生突然派人来找我，专门把我叫到他在北大朗润园的住处。苏先生当时是北大历史学系考古教研室主任，是与夏鼐先生齐名的考古学界的泰斗，为新中国考古学做出了杰出的贡献。在我们这一代学生心目中，苏秉琦先生是考古学界的一个重要人物。那苏先生找我究竟有什么事呢？

在校期间，我虽然没有很多机会向苏先生请教，但心里一直对苏先生充满敬意。此次苏先生专门找我去，令我既倍感幸运，也有点忐忑。到了苏先生的住处，他很客气地请我坐下，亲自为我冲了一杯咖啡，慈祥地对我说："你去的是敦煌。将来你要编写考古报告，这是考古的重要事情。比如你研究汉代历史，人家会问，你看过《史记》没有？看过《汉书》没有？不会问你看没看过某某的文章。考古报告就像二十四史一样，非常重要，必须得好好搞。"我突然意识到学校把我分配去莫高窟，其实是要赋予我一项考古的重任，那就是完成对敦煌石窟的考古研究。苏先生临走前的这一番叮咛，现在回忆起来我才真正明白其中的分量。

每每回忆此情此景，我总忘不了苏先生和蔼可亲的鼓励和语重心长的教诲。和他的那次会面，好像就在昨天，让我倍感亲切，又觉得这个使命沉甸甸的。但是我并不知道，自己究竟有没有能力完成这个使命。在步出朗润园的那个时刻，我是恍惚的，我反复问自己："我能完成吗？"我没有想到这一去，就是半个多世纪。我更没有想到，敦煌石窟考古报告的任务，我竟然长期未能交卷。经过曲曲折折，反反复复，历经近半个世纪，我才得以完成其中的第一卷。我想象不到敦煌石窟考古报告是何其重要，而又是何其艰巨浩大的工程，也是很少有人能够坚持下去的历史重任。我更想象不到，有一天敦煌研究院会让我走上领导管理岗位。之后，我把自己有限的生命和精力，几乎全都倾注到了敦煌石窟的保护、研究、弘扬和管理工作中。

但是，母校和老师们的这份嘱托我忘不了，完成莫高窟石窟考古报告的使命我忘不了，北大的精神传统我忘不了，作为北大学子胸怀天下、报效祖国的志向我忘不了，敦煌石窟保护事业的重大责任我忘不了，我知道必须为此竭尽全力。

去敦煌前，我回了一次家，在上海度过了大学时代的最后一个暑假。父亲那时候已经知道了我的决定，他也就不再多说什么，但是我感到他的心情很沉重。最后我要动身的时候，他只对我说了一句话："既然是自己的选择，那就好好干。"我掉眼泪了。我知道父亲的心里是不舍的，所以后来无论条件怎么艰苦，无论遇到什么困难，我从不和家里说，我怕他们担心。每次我回家探亲，家人都会给我带点饼干，带点上海的奶糖。他们不多问，不忍心问；我也什么都不说，不忍心说。

父亲的那一句话，让我彻底长大了。一个人必须对自己的选择无怨无悔。另外支撑自己的还有一个美好的希望，那就是三四年以后，学校会分配新的考古专业毕业生来敦煌，我一定会回到南方，和我的家人，和老彭在武汉团聚。

但是，我没想到的是，这一去就是一辈子。

"文革"之后，马世长考上了北大的研究生，他离开了敦煌。而我当时正在干校，错过了北大的考研，也再一次错过了离开敦煌的机会。当年，父亲的求情信没有用上，后来那个"三四年后调离敦煌"的许诺，也没有实现。因为之后"文革"爆发了，北大的很多领导和老师都受到了冲击，他们哪里还有能力来保护我们，学校哪里还有能力顾及我们？而我自己呢，一再错失离开敦煌的机会。

所以我说，我这个人命中注定，这一辈子就交给敦煌了。

重回莫高窟

第一次去敦煌是1962年8月，我跟着宿白先生和几个同学一起去做毕业实习。第二次去敦煌，就只有我和马世长两个人。我心里知道，这一次去敦煌就不是在那里待几个月了，而是要长时间在那里生活。

火车行驶在河西走廊，经过武威、张掖、酒泉，在茫茫的戈壁中偶尔可以看到远处的绿洲，越接近敦煌就越感到荒凉寂寥。

我记得经过三天三夜的长途跋涉，火车抵达了柳园这个地方。当时敦煌没有火车站，离敦煌最近的就是柳园火车站。从柳园到敦煌还有一百三十多公里的路程。这段路没有火车，只能坐汽车，路途颠簸。记得第一次去敦煌的时候，也途经柳园。这一次到了柳园后，我们坐上敦煌文物研究所拉煤的卡车沿着公路继续往南，一路上只能看见一望无际的沙丘和戈壁。

卡车开进一个南北长两千多米、东西宽三百米左右的山谷时，就接近了莫高窟。等到了敦煌文物研究所的时候，我已经是两腿发麻，两眼发晕，几乎是摇摇晃晃地下了车。这两次去敦煌，是截然不同的心情。唯一相同的是再次来到莫高窟时，我还是急切地想进洞看看洞窟里的壁画。

那时我刚步出校门，学的又是考古专业，对佛教艺术还是知之甚少。史苇湘先生第一次给我们介绍洞窟的印象还留在我的记忆里，那些早期壁画狂放热烈的土红色调，唐代金碧辉煌的经变画和青绿山水，那各种各样的极富想象力的构图造型，斑斓瑰丽的色彩光影，这都是在北大上考古课时，从来没有见到过的。只要我一想到，迄今为止只有少数人才能够看到这么多不同朝代的壁画和塑像，我就感到一种莫名的兴奋和喜悦。

第45窟的塑像精美绝伦，那是整个莫高窟最精美的菩萨造像。站在这些塑像前，你会感到菩萨和普通人面前的那道屏障消失了。菩萨像的表情温柔而亲切，就像是一位美好而又纯真的少女，梳着双髻，秀眉连鬓，微微颔首，姿态妩媚，面颊丰腴，双目似看非看，嘴角似笑非笑。菩萨像袒露上身，圆领无袖的纱衣，在肩部自然回绕下垂，纱衣上的彩绘花朵，色彩依旧鲜亮如新，一朵朵点缀在具有丝绸般质感的衣裙上。菩萨赤足站于圆形莲台，和那些天龙八部、金刚罗汉不同，他们仿佛就是有血有肉、有世俗感情的人。

第112窟的《反弹琵琶》，这是大家都知道的敦煌的标志性壁画，是最能代表敦煌艺术的图像。以前在画册上看到过，现在近在咫尺，感觉完全不同。画面表现的是伎乐天神态悠闲雍容、落落大方，一举足一顿地，一个出胯旋身凌空跃起，使出了"反弹琵琶"的绝技，仿佛能听到项饰臂钏在飞动中叮当作响的声音……这一刻被天才的画工永远定格在墙壁上，整个大唐盛世也好像被定格在这一刻，时间和空间也仿佛被色彩和线条凝固起来，成为永恒的瞬间。

我第一次看到《反弹琵琶》时非常惊讶。这幅壁画远比我想象的要小，但是也远比从前在图片上看到的要更加生动。这是中唐时期的壁画，是世界上绝无仅有的瑰宝。一千多年来，它就一直在那里，虽然窟外是自然条件恶劣的戈壁沙漠，但正是因为壁画的存在，让这个仅容得下两三人的小小洞窟显得富丽堂皇。这就是我当时的感觉。我从一开始就觉得整个莫高窟好像是一个人类幸存的博物馆，而命运的安排，让我置身于这些伟大的艺术面前，这里的一切完全向我敞开。

这个反弹琵琶的舞女表演的是唐代的乐舞，这是最生动的一个瞬间，一个高潮的段落，少女的体态丰腴、自在优美、肌肤似雪、神情专注，轻柔的腰肢和胳膊体现了那种西亚地区女性特有的含蓄和奔放。画工的技艺高超，站在壁画前，仿佛感觉有音乐从墙体里流出来。再凑近一点看，好像能够触摸到她浑身肌肉的弹性，感受到她细微的呼吸。我们很难知道，当初是否真的有个能歌善舞、风姿绰约的胡姬作为模特，或是全凭画工离奇的想象和天才的创造。"反弹琵琶"成为大唐文化一个永恒的符号。历经几个世纪，唐代宫廷的伎乐和舞蹈凝固在了这一瞬间。还有一个个散花的天女，婀娜多姿的飞天，让我忘记了自己正身处距离北京千里之遥的大西北。

有一段时间，我特别喜欢在黄昏时分去爬三危山。三危山正好面对鸣沙山崖体上的石窟，在那里可以望见整个莫高窟。我第一次看到崖体上的莫高窟的时候，那些密集的洞窟像蜂房一样错落地分布在崖面上，就好像成百上千双眼睛，每一双眼睛里都充满了沧桑和神秘。敦煌的天格外蓝，这种蓝和北京的不同，它更纯粹，更辽阔，更浓烈，不到大漠是不会知道世上有这样幽蓝幽蓝的天空的。我有时候一坐就是半天，太阳还没有落下，月亮就不知不觉升起来了，就能看到日月同辉的景象。

在莫高窟这样的自然环境里，我常常会想到李商隐的一句诗："天意怜幽草，人间重晚晴。"夕阳还是那样的夕阳，只是人已不再是昨日之人，有多少人早已消失在历史的苍茫之中。人其实是很渺小的，人一生中能做的事情非常少，我们都只是过客。

初到莫高窟的时候，我常常想，为什么在被世人遗忘的沙漠里会产生如此辉煌的石窟艺术？为什么敦煌仿佛被遗弃在此长达几个世纪？这些由壁画和彩塑营造而成的佛国世界曾经是什么面目？在这里曾经发生过什么事情？在这个丝绸之路曾经的重镇，莫高窟担负着什么使命？那些金碧辉煌的壁画和彩塑，究竟是如何被创作出来的？那些精美绝伦的壁画是什么人画的？这些洞窟最初是谁建立的？以后又是怎样发展起来的？她又是怎样湮没在了历史的记忆中？一千多年前的画工究竟是怎样一笔一笔创造出这样一片绚烂的佛国世界的？第275窟的那尊坐于双狮座上的交脚弥勒菩萨，半裸上身，三珠宝冠、三角靠背的形制分明是犍陀罗艺术的风格；第272窟赤足踩莲的胁侍菩萨面相丰圆，胸部夸张，这俨然是印度的造像艺术风格；第407窟的藻井图案是八瓣重层的大莲花，圆形莲花中心有三只旋转飞奔的兔子，这究竟来自何方？……这些问题每天都萦绕在我的心头。

　　所有种种，都在向我传递着一种强烈的信息，那就是敦煌的空间意义非同凡响，这里封存的是丝绸之路上东西方文化交流的奥秘，这里是一个独一无二的人类艺术和文化的宝库。也许，我倾注一生的时间，也未必能穷尽它的谜底。

第四章　千年莫高窟

石窟艺术圣地

敦煌,位于中国甘肃省河西走廊西端,北有北山(马鬃山),南有南山(祁连山),是一个冲积而成的绿洲,由南山流来的古氏置水(今党河)泛滥所造成。敦煌是个盆地,党河冲积扇带和疏勒河冲积平原,靠积雪融水和地下水的滋润,在这里形成了一块宝贵的沙漠绿洲,绿洲周围多戈壁和沙丘。它的地理位置十分重要,东接中原,西邻新疆,自汉代以来,一直是著名的丝绸之路上的重镇。

关于敦煌最早的神话出现于《山海经》,那里面讲:"三危之山,三青鸟居之。是山也,广员百里。"三青鸟在传说中是为西王母取食的神鸟,栖息在三危山。三危山因西王母神话而具神奇色彩。现在的三危山景区位于敦煌东南,主峰在莫高窟对面,三峰危峙,所以叫"三危山"。

早在距今约四千年前,就已经有先民在敦煌地区活动了。两千多年前，汉王朝就在此设立了敦煌郡的行政建制。公元前138年和前119年，汉武帝两次派遣张骞出使西域，连接欧亚大陆的丝绸之路得以全线贯通。汉唐时期敦煌处于丝绸之路的十字路口，向东经过河西走廊可到长安、洛阳，继续向东延伸，可到朝鲜和日本；向西经过古代西域，翻过帕米尔高原，可进入中亚、西亚和南亚诸国；经西亚，继续向西，还可远达地中海，到达南欧的古希腊、古罗马和北非的古埃及。所以，史书上称敦煌是丝绸之路上的一个"咽喉之地"。

敦煌总扼两关，控制着东来西往的商旅，成为东西方贸易的中心和中转站。敦煌作为丝绸之路战略要地，伴随古丝绸之路兴盛和繁荣的一千年，东西方文明长期的荟萃交融，催生了公元4—14世纪的莫高窟艺术和藏经洞文物的硕果。

敦煌历来既是东西方贸易的中转站，也是宗教、文化和知识的交汇处，莫高窟就是古代中西文化在敦煌交汇交融的见证。汉代悬泉置驿站遗址出土的简牍表明，敦煌在两汉时期，曾接待过安息（今伊朗）、大月氏（今咸海、阿姆河流域）、康居（今乌兹别克斯坦撒马尔罕）、大宛（今费尔干纳，在乌兹别克斯坦、塔吉克斯坦、吉尔吉斯斯坦三国交界处）、罽宾（今克什米尔）、乌弋山离（今阿富汗西南）等二十多个亚洲国家的使节。汉末三国至唐宋，对于东来传教的西亚、中亚的著名高僧安世高、支谦、康僧会、竺法护、鸠摩罗什等，以及西行求法的中国高僧法显、玄奘等，敦煌是他们的必经之地。

从汉武帝起，汉朝的版图扩大到河西，汉王朝采取"列四郡、据两关"的举措,行政上在兰州以西,自东向西设武威、张掖、酒泉、敦煌四郡;军事上在四郡北面修筑长城,敦煌西面设置玉门关、阳关,并征召大量中原士兵在此戍边和屯田。两关设立后,敦煌成为汉王朝和西域往来出入的西大门。与此同时,汉王朝还对敦煌采取了开发边疆的措施,即从内地向人口稀少的河西走廊和敦煌移民。移民给敦煌带来了中原先进的农耕和灌溉技术,以及以儒家思想为主的汉文化,改变了当地的游牧经济和文化。

公元前6世纪至前5世纪,释迦牟尼(公元前565—前486)在古印度创建了佛教。原始佛教没有偶像崇拜,没有佛教造像艺术。约公元前1世纪,印度大乘佛教发展起来,掀起了神化佛陀的造神运动,将佛陀变成神圣偶像。出于大乘佛教的需要,还出现了许多佛和菩萨的偶像。公元前1世纪末,贵霜王朝在印度西北部(今巴基斯坦)兴起。早在公元前334年希腊马其顿国王亚历山大东征时期,就曾经占领过这个地区,并使该地区濡染了希腊文化。贵霜王朝受希腊文化的影响,逐渐在印度西北部的犍陀罗(今巴基斯坦白沙瓦地区)和北部的马图拉,首创了受希腊文化影响的犍陀罗和马图拉佛教艺术,这两种佛教艺术对中国北方地区石窟寺的佛教艺术产生了较大的影响。

关于佛教的传入,中国古籍中有很多记载,学术界一般认为其在西汉末、东汉初传入中国。南梁慧皎《高僧传·摄摩腾传》中记载了"汉明感梦,遣使求法"的故事。汉明帝梦见一个金人,便召集群臣来释梦,其中一位无所不知的大臣告诉他,这是西方的"佛",汉明帝就派遣蔡愔等人前往天竺寻访佛法。蔡愔一行行至今阿富汗一带时，恰逢摄摩腾尊者与竺法兰尊者从天竺国东来，于是蔡愔邀请两位尊者来大汉朝弘扬佛法。两位印度高僧和东汉使者一起，用白马驮载大量佛经和佛像回到了洛阳。后来，为纪念白马驮经，汉明帝敕令在洛阳西雍门外三里御道北修建了僧院，取名"白马寺"。这是关于佛教艺术传入最早的记载。西域地区的于阗（今和田）、龟兹（今库车）、疏勒（今喀什）、鄯善等地都保存有约公元3—4世纪的早期佛教遗迹和遗物。在今内蒙古、山东、江苏、四川等地，也发现了许多东汉魏晋时期的佛教艺术遗迹和遗物。

莫高窟创建于公元366年，迄至14世纪，其间连续建造时间达千年之久。莫高窟是世界上现存规模最大、保存最好的佛教石窟艺术圣地，至今在1700米长的断崖上保存了735个洞窟（包括南区和北区），45000平方米壁画，2000多身彩塑。此外，1900年在莫高窟藏经洞出土了公元4—11世纪初的50000多件文献和艺术品。敦煌西千佛洞保存了公元5—14世纪的22个洞窟，818平方米壁画，56身彩塑。安西榆林窟保存了公元7—14世纪的43个洞窟，近5200平方米壁画，200多身彩塑。世界上没有另一处佛教遗址能如莫高窟般绵延千年持续建造，又保存有如此丰厚博大的艺术和文献珍宝。

敦煌地区素来有西王母崇拜、女性崇拜、月神崇拜、树神崇拜的神话传统，为佛教艺术在敦煌的生发，准备了绝好的温床。敦煌的石窟艺术原本与弘扬佛法有关。为了向不识字的民众宣扬佛教的教义，僧众和画师通过艺术的形式来图解和传播教义。千年之后，曾经的佛教圣地衰落了，而这些古代工匠留在莫高窟的珍贵艺术保留了下来，展现给世人一部立体的绘画史、雕塑史和佛教史。

莫高窟位于宕泉河西岸，开凿在一面长长的石壁上，就像蜂房一样密密麻麻的石窟群规模浩大，蔚为壮观。但是因为风沙侵蚀，当年常书鸿他们来的时候，已经年久失修的莫高窟显得破败不堪，像穿了一件破破烂烂的袈裟。因为敦煌本地的石窟里有"千佛万佛"，当地老百姓对此又有"万佛峡"（榆林窟）、"千佛洞"（莫高窟）、"西千佛洞"等称呼。

莫高窟的艺术是以中国文化为基础吸收了印度文化、希腊文化、波斯文化和中亚地区的文化而融汇成的多元文化艺术宝库。敦煌艺术虽然与佛教的宣扬有极大关系，图像和塑像呈现的也是净土、佛和菩萨，但实则不离真实的世俗生活，呈现了人们对于理想世界的憧憬。

敦煌不仅是佛教艺术圣地，也是一部辉煌的人文史，是一部在戈壁包围的绿洲营造人类精神家园的历史。《西方净土变》既表现了世人对于尘世物质享受的难以舍弃，对尘世等级制度禁锢的难以摆脱，又表达了中国人对一种能够真正实现社会公正和个人尊严的自由境界的向往。

乐僔和尚与敦煌第一窟

关于莫高窟的初创，唐代圣历元年（698）的《李克让修莫高窟佛龛碑》（又称《圣历碑》）有比较清晰的记载。此碑文大意说，东晋十六国前秦政权的建元二年，即公元366年，一位名叫乐僔的僧人，从中原远游到敦煌。

因为天色已晚，旅途劳顿，乐僔和尚打算就地歇脚过夜。正当他掸去僧袍上的尘土，准备躺下休息的时候，不经意地抬头向三危山的方向望了一眼。这一望，他立刻被眼前的景色惊得目瞪口呆。只见那对面的三危山上，金光万道，璀璨光明，仿佛有千佛化现，乐僔被这庄严的佛光盛景惊呆了。

他想，这不正是自己苦苦寻觅的西方极乐世界吗？他深信这个地方是非常神圣的，是佛给自己降下旨意，自己应该在此坐禅修行。于是他发心在此开凿了第一个洞窟，在洞窟中禅修。乐僔之后又来了一个叫法良的高僧，莫高窟的营建就从这两个人开始，此后连续十个世纪，从未间断建窟、塑像、绘画的佛事活动。这些虔诚的僧人委身于逼仄的洞窟中，依靠苦修与冥想，在一片荒芜中试图证得终极意义上的解脱，以达到不生不死的永恒之境。那我们今人是怎么知道的呢？就是因为有上面提到过的《圣历碑》，据碑文记载：

> 莫高窟者，厥初秦建元二年，有沙门乐僔，戒行清虚，执心恬静。尝杖锡林野，行至此山，忽见金光，状有千佛，遂架空凿险，造窟一龛。次有法良禅师，从东届此，又于僔师龛侧，更即营造。伽蓝之起，滥觞于二僧。复有刺史建平公、东阳王等，各修一大窟。
>
> ……

爰自秦建元之日，迄大周圣历之辰，乐僔、法良发其宗，建平、东阳弘其迹；推甲子四百他岁，计窟一千余龛；今见置僧徒，即为崇教寺也。

多年之后，僧侣、画师、商贾云集敦煌，从皇族宗亲、世家显贵到移民敦煌的普通百姓频繁开窟，历经千年营造，从无到有，从不毛之地成为万佛之国。一切在世人看来最艰难的所在，一切人迹罕至的地方，其实是命运对于意志达成最彻底的考验之处。一切在世人看来最不可能有生之意义的地方，恰恰可以唤起生命极大的力量和信念，并且创化出常人所难以企及的奇迹。

我曾见到过莫高窟的佛光。那是1995年夏天的一个雨后的傍晚，因莫高窟前的宕泉河突发洪水，为保护洞窟，我带领警卫队战士在宕泉河边抗洪。在垒沙包过程中，忽见宕泉河东面的三危山上空出现了一大片金灿灿的光，金光照射不到的山丘黯然变成黑色。一会儿金光不见了，湛蓝的天空中又出现了两道相交的长虹。这是我从未见过的神奇景色。这种佛光大概就是乐僔和尚曾经看到过的，并因此生发出禅修的无限信心。这样的佛光很多人一辈子都没有见到过，我也只见到过唯一的这一次。

苦难孕育的灿烂文明

古代敦煌有"华戎所交一都会"之称，西域胡商与中原汉族商客在这里从事各种交易，货品丰盛，有中原的丝绸瓷器、西域的奇珍异宝、北方的骆驼马匹与当地的粮草食物等。与此同时，自汉代东西交通和贸易畅通以来，中原文化不断传播到敦煌，在这里深深扎了根。地接西域的敦煌，较早地接受了发源于印度的佛教文化。西亚、中亚文化随着印度佛教文化的东传，也逐渐传到了敦煌。中西文化在这里汇聚、碰撞、交融。

著名的敦煌学者季羡林先生指出："世界上历史悠久、地域广阔、自成体系、影响深远的文化体系只有四个：中国、印度、希腊、伊斯兰，再没有第五个；而这四个文化体系汇聚的地方只有一个，就是中国的敦煌和新疆地区，再没有第二个。"季先生的话充分说明了敦煌在世界文化史上的重要地位。

敦煌历来就是连通西域和中原的战略要地，秦汉之前，居住着月氏、乌孙等游牧民族。西汉初，漠北的匈奴赶走月氏，占领敦煌。汉武帝对这个地方非常看重，他之所以两次派遣张骞出使西域，为的是联合西域各国共同抗击匈奴，打通通向西域的道路，增进汉王朝同西域各国的经济文化交流。

莫高窟第323窟留下了张骞出使西域的珍贵图像。张骞两次出使西域，第一次在公元前139—前126年，第二次出使是在公元前119—前115年，他到过大宛、康居、大月氏、大夏、安息、条支、身毒等地区。其中大宛、安息、大夏、条支以及身毒的一部分（西北部）都是深受希腊文化影响的地区。

张骞回来之后向汉武帝报告时提到，他在大夏见到了产自中国西南地区的邛竹杖和蜀布，这证明了以中亚巴克特利亚为中心连接西亚、南亚、东亚地区的商贸网络的存在。张骞之行标志着

"丝绸之路"的全线贯通。西域的信息也随之传到了内地中原，具有希腊化风格的犍陀罗佛教艺术也随着丝绸之路的贯通逐渐传到了中原内地。这是敦煌之所以有犍陀罗艺术影响的原因。

张骞出使西域，为的是建立汉朝和西域各国的关系。但河西地区时常有匈奴人的把持和扰乱，这一段通向西域的路如何打通？元狩二年（公元前121）左右，霍去病的第一次河西之战，打败河西匈奴，敦煌与河西走廊归入西汉王朝版图。霍去病从陇西郡出发，越乌戾山，渡黄河，转战千余里，摧枯拉朽般地击溃了河西地区的一些小国和部落。最终在皋兰山迎击匈奴，匈奴精锐全军覆没，甚至匈奴部族的圣物"祭天金人"都成了汉军的战利品。

第一次河西之战胜利后，汉武帝又命令霍去病第二次率军出击河西地区。第二次河西之战，霍去病独自率领所部骑兵深入匈奴境内两千余里，向匈奴的侧背发起猛攻，再一次取得了决定性的胜利，从此切断匈奴与羌人的联系。元鼎六年（公元前111），汉武帝在河西地区先后设立四郡，加上两关，敦煌自此成为中原通西域的门户和军事重镇。为了巩固敦煌的战略地位，当时政府从内地移民来此定居，调遣士兵屯田戍守。西汉王朝对敦煌的经营与开发，确立了敦煌在历史上的重要地位。

先后历经东汉王朝与曹魏政权，敦煌在较长时期内保持相对稳定，成为丝绸之路上一处重要的商品交易中心和粮食生产基地。中原文化在这里生根和发展，儒家思想得到传播。产生于印度的佛教文化也被传到了敦煌，西晋时号称"敦煌菩萨"的译经大师竺法护及其弟子在此译经传教。

十六国时期，先后由前凉、前秦、后凉、西凉、北凉五个政权统治敦煌。此时中原大乱，河西地区相对太平。中原与河西走廊的百姓避乱在此，中原汉晋文化在敦煌与河西走廊得以保存和延续。敦煌地区曾经有一批著名儒家学者，他们设馆讲学，著书立说。与此同时，敦煌又是西行求法与东来传教的佛教僧人的必经之地，佛教在此得以发展。此后，北魏宗室东阳王元荣、北周贵族建平公于义先后出任瓜州（敦煌）刺史，信奉佛教，莫高窟的开窟造像活动逐渐发展兴盛起来。

北魏时期，敦煌一度被当作屯兵的基地，后来北魏分裂，这期间敦煌又发生过叛乱，敦煌又归属西魏。北周取代西魏后，敦煌再次处于消极防守突厥、吐谷浑的局面。一直到隋代，隋炀帝出兵击破吐谷浑，西突厥被迫投降之后，敦煌才得到安宁，丝绸之路也再次得以畅通。隋文帝和隋炀帝倡导佛教，令天下各州建造舍利塔，瓜州也在崇教寺（莫高窟）起塔，宫廷写经也传至敦煌。短暂的隋代，在敦煌大兴开窟之风。

唐王朝前期遏制了对西域威胁最大的西突厥的进犯，在西域设立安西都护和安西四镇。为加强军事防卫，在敦煌和河西走廊设立豆卢军、墨离军、玉门军、赤水军、建康军等河西十军，使敦煌经济得到稳步发展，丝绸之路全线畅通，出现了"伊吾之西，波斯以东，朝贡不绝，商旅相继"的局面。敦煌石窟的营造达到了极盛，敦煌文化进一步融汇了来自中原的汉文化，以及来自印度、西亚、中亚的文化。这时，敦煌再次成为中原王朝的边防重镇，中西文化交流、绿洲农业的发展、佛教及佛教艺术及道教的发展，都达到空前的水平。

　　敦煌的兴衰与朝政的兴衰密切相关。天宝十四年（755），安禄山叛乱，西北边防削弱，吐蕃趁机攻唐，贞元二年（786）的时候控制了敦煌，自此敦煌进入吐蕃统治时期。这就是为什么我们现在可以看到莫高窟有藏传佛教的壁画内容。吐蕃统治时期，敦煌经济的发展虽然受到很大影响，但因为文成公主进藏传播了佛教，所以吐蕃信奉和扶持佛教，佛教在这个时期依然得到了很好的发展。敦煌地区寺院僧侣数量众多，寺院还招收俗家弟子，在寺庙里教授佛学和儒家经典。

　　到了会昌二年（842），吐蕃内乱，沙州大族张议潮率军在咸通二年（861）攻克了吐蕃控制的凉州。张议潮东征西讨，收复了大量唐朝的失地，驱逐了吐蕃统治者，结束了吐蕃长达六十年的统治，开始了归义军长达两百多年的统治时期。

　　北宋景祐三年（1036）和南宋宝庆三年（1227），敦煌先后为党项羌和蒙古占领。西夏和元蒙统治者也笃信佛教，敦煌莫高窟作为佛教要地，依然受到重视，仍有建窟活动。但随着海上丝绸之路的发展、陆上丝绸之路的衰落、元蒙疆域的扩大，敦煌失去了中西交通中转站与西域门户的重要地位，莫高窟就此衰落。

　　所以，莫高窟开窟和造像的历史，是一部贯通东西方文化的历史，也是一部佛教发展和传播的历史，更是一部中华民族谋求自由和强大的历史。敦煌在历史上有着战争的苦难背景，同时也有着宗教信仰的背景。越是在苦难的时候，越需要有信仰，也许这就是敦煌能够在苦难中孕育出如此灿烂文明的历史根源吧。

张议潮与归义军

在敦煌，张议潮是个妇孺皆知的英雄，这个人很了不起。张氏世为州将，其父张谦逸官至工部尚书。张议潮格外崇敬在平定"安史之乱"中被宦官边令诚陷害的著名将领封常清，亲笔抄录《封常清谢死表闻》。他有感于吐蕃残暴统治下的民不聊生，十七岁就读寺学时，还手抄一首《无名歌》，对百姓的疾苦寄予深深的同情。

张议潮"誓心归国"，所以在起义军成功占领沙州之后，就决定派遣使者团向长安传达沙州收复的讯息，以告之朝廷他的归国心意。自文成公主入藏之后，佛教虽然在吐蕃人中得到广泛传播，但是河西走廊地区的僧侣大多心向大唐。因此替张议潮送信的人中，僧侣占了很大的比例，其中就有一位当时的高僧，名叫悟真。

据说张议潮率敦煌军民起义之前"朝朝秣马，日日练兵"。最终历经百战，驱逐了吐蕃，先后收复沙州、瓜州、伊州、肃州、鄯州、甘州、河州、廓州、岷州、兰州和凉州等十一州，自此，陷没于吐蕃百年的河西地区重新回到唐朝的版图。从古至今，河西陇右从来就是中央政府打击或防御北方游牧民族的重要基地，是通向西北最重要的门户。失去这片地区，长安就会直接面临异族骑兵的威胁。这个地区还是当时最重要的养马基地之一。所以张议潮的义举得到唐宣宗的大力嘉奖。张议潮被先后封为归义军节度使、凉州节度使。

张议潮的后人为了彰显他驱蕃归唐、收复河西的丰功伟绩，就在他的功德窟莫高窟第156窟的南壁绘制了《河西节度使张议潮统军出行图》，画中旌旗猎猎、马鸣萧萧、鼓角喧天、舞乐骈阗的场面，充分表现了张议潮统军出行抗击吐蕃、收复河西的雄壮气势。段文杰先生还曾经临摹过这幅壁画。

可惜第156窟的墙壁上，有多处烟熏火燎的痕迹，破坏很严重。那是在20世纪20年代，一部分沙俄残军因为战争而逃亡到中国，被收容在了敦煌莫高窟。由于这些士兵根本不懂得这些壁画的意义，不仅在洞里生火做饭，而且人为破坏壁画，甚至还刮走了墙上的金箔。所幸，洞窟四壁低处的《河西节度使张议潮统军出行图》被完整地保存了下来。

艺术和文化是国家气象的反映

后梁乾化四年（914），沙州另一大族的曹氏家族中的曹议金接替张承奉政权，在瓜沙二州六镇地区重建归义军政权，一直保持与中原王朝的密切来往，接受中原王朝封号。由于这个家族同周边少数民族的关系处理得好，同中原王朝也保持了统属关系，所以创造了一个相对稳定的政治环境，曹氏主政期间，中西交流也得到了较好的发展，为敦煌佛教艺术继续发展创造了条件。

唐代以后，莫高窟出现了很多供养人的洞窟，曹氏家族是敦煌地区一个非常重要的家族，这个家族修建的洞窟规模很大。曹氏归义军政权，一方面控制着佛教发展的方向，使佛教活动为维护曹氏政权服务；另一方面，也比较重视通过建窟来宣扬佛教文化和佛教思想。我们现在从洞窟的壁画中也可以考察出从曹议金到曹延禄，曹氏家族历任节度使在莫高窟或榆林窟从事洞窟新建或重修的活动。

陆上丝绸之路原本有着非常重要的地理位置和战略位置，正是因为地理位置的重要性，敦煌才成为一个东西方贸易和交流的重镇。然而，唐中期一直到宋代，中国的经济中心从北方转移到了南方，海上丝绸之路逐渐代替了陆上丝绸之路，敦煌及其周围一些城市随即衰落。到了宋代，中国出口的产品多为瓷器，航海和造船业的发展，直接促成了海上丝绸之路的发展。陆上丝绸之路的衰落，导致敦煌失去了作为中原与西域地区文化和贸易中心的重要性，莫高窟也就逐渐淡出了历史的视野。

敦煌石窟艺术的演变发展保留了清晰的历史印迹。元代是敦煌石窟艺术繁荣的最后阶段，也是敦煌石窟艺术走向衰败的最后阶段。至元代，莫高窟依然有开窟和造像的活动。元代开的洞窟现存三十多个，只是除了第600窟和第465窟堪称精美绝伦之外，绝大多数的洞窟壁画题材比较散乱。但是元代出现了藏传佛教的壁画内容，这在莫高窟是很有时代特色的。元代以后，敦煌就停止了开窟。莫高窟逐渐荒废。

到了明嘉靖七年（1528），嘉峪关闭关，敦煌的百姓东迁到了关内，莫高窟遂被彻底遗弃。之后的四百年间，莫高窟长期处于无人管理、任人破坏偷盗的境况，这个曾经的佛教艺术圣地逐渐沦为破败不堪、满目疮痍、病害频生的废墟。

虽然在清康熙、雍正年间，甘肃各州移民来到敦煌屯田，重修沙州城，但是莫高窟破败的情况一直持续到1900年敦煌藏经洞的发现。从藏经洞出土的佛教经卷、社会文书、刺绣、绢画、法器等五万余件文物，震惊了世界。敦煌石窟作为人类文化的重要遗产，重新回到历史的视野。

　　不幸的是，在晚清政府腐败无能、西方列强侵略中国的特定历史背景下，藏经洞的这批文物未能得到妥善保管。不久之后，英国人斯坦因、法国人伯希和、日本人橘瑞超、俄国人奥登堡等外国探险家接踵而至，以并不光明正大的手段，从王道士手中骗取大量藏经洞文物，致使藏经洞文物惨遭劫掠，流散世界各地，分藏于英、法、日、俄、印、土等十多个国家的三十多个博物馆、图书馆等机构，仅有少部分保存于国内，这是中国文化史上的一次空前浩劫。

　　1944年，敦煌艺术研究所成立，敦煌艺术才开始得到持续的保护和管理。

藏经洞文书的发现与流散

　　1900年，发生了两件中华民族历史上堪称耻辱的大事。一件是八国联军入侵北京，慈禧和光绪仓皇避难，北京陷落；另一件就是敦煌藏经洞的发现和被盗。在我看来，藏经洞的发现，与其说是一个历史事件，不如说是一个寓意深刻的象征，这一发现象征着我们这个多灾多难的民族曾经的辉煌和近代以来的耻辱，同时也呈现了中华文化强大的生命力。

　　藏经洞（现编莫高窟第17窟）位于莫高窟第16窟甬道北壁。

提到藏经洞，总是不得不提一个名字——王圆箓。王圆箓是湖北人，光绪初年在肃州，也就是今天酒泉地区的一个巡防营当兵，后来当了道士。1900年6月22日，敦煌莫高窟道士王圆箓在清理今编第16窟的积沙时，发现了藏经洞，从洞内出土了公元5世纪至11世纪初的宗教经卷、社会文书、中国四部书、非汉文文献、绢画和刺绣文物等共计五万余件。

王道士本人很可能并不确定这件惊天动地的事情究竟是怎么发生的，所以他编造了一些离奇故事。一种说法是，五月二十六日这天清晨，因为听到天炮震响，山体突然开裂，出现了一个孔洞，里面仿佛有光，他沿着裂缝用锄头那么一挖，就发现了藏经洞。他把这次发现看成上天对他的虔诚礼佛所给予的回报。他的弟子还把这稀奇古怪的故事写入了他死后的碑文。但是，法国人伯希和的回忆不是这样。王道士曾经对伯希和说，自己是佛的忠实弟子，并且得到了佛的认可，于是佛示意他去挖掘一个价值连城的密室。遵照佛的旨意，他果然发现了藏经洞。

围绕着藏经洞，上演了一幕幕惊心动魄的戏剧。有学者说："藏经洞，中国人是偷，外国人是抢。"

据说王道士发现藏经洞之后，先是把它翻检一遍，目的是寻找一些值钱的东西。然而他并没有发现自己所期待的金银财宝，于是他所关心的问题就变成了可否把这些经卷变成钱财，用来修复洞窟。

发现藏经洞之后，王道士请敦煌当地的士绅来参观，可是这些士绅并不真正懂得这些文献的价值，于是他只能报官，希望得到官府的赏赐。他报官的方式是，直接给敦煌县令汪宗翰搬去两箱经卷，还有许多绢画拓片。汪宗翰是第一个到达藏经洞的官员，他也像王道士一样，漫不经心地翻阅一遍后，随身带走一两卷自己喜欢的。

光绪三十年（1904）三月，甘肃布政使命敦煌县令汪宗翰就地封存藏经洞文物。汪氏责令王道士严加保管，不许外流。

汪宗翰为了自己的升迁，为了能够早日离开敦煌这个蛮荒之地，希望能够用这些经卷取悦上司。他把王道士送给他的两箱经卷分赠给了甘肃的一些官员，其中就包括叶昌炽。叶昌炽是清朝著名的金石学家，对金石碑帖很有研究，他当时担任甘肃学政。敦煌县令把藏经洞的佛经送给叶昌炽之后，发现藏经洞的消息就不胫而走，官员们闻讯纷纷前来索取藏经洞文献，藏经洞文献开始迅速在甘肃省内流失，这些在叶昌炽的日记中有记载。

发现藏经洞的消息很快被往来于中国新疆和中亚地区的探险家们获悉。第一个来到藏经洞的是英国人斯坦因。斯坦因是出生于匈牙利的犹太人，自幼精通德语，还懂拉丁语、希腊语、法语、英语、梵语、波斯语等多种语言，他主要研究东方语言学和考古学。斯坦因本来在印度到中国新疆沿线进行考古和发掘，在得知藏经洞的消息之后，他觉得这件事情非同小可，迅速转道敦煌。斯坦因先后三次拜访王道士，并且通过自己的师爷，一个名叫蒋孝琬的人和王道士反复周旋，终于打动了王道士。

斯坦因和蒋孝琬很快发现王道士根本不懂佛学，对佛教也知之甚少，但是对唐僧非常崇拜，于是这个蒋孝琬就利用王圆箓的信仰，谎称斯坦因是从印度踏着玄奘的足迹来到中国的，为的是完成玄奘交给他的一项神圣使命。什么使命呢？就是玄奘委托他把当年从印度取回的经书再重新带回印度，如果王道士成全，必然功德无量。这个荒谬的故事居然赢得了王道士的信任，他为斯坦因打开了藏经洞的大门。

斯坦因在后来的回忆中反复提到他看到藏经洞被打开时的兴奋和激动。他看到藏经洞内的景象时，简直不敢相信，里面堆满了古代的经文。斯坦因用七个晚上的时间充分翻检了藏经洞的经书，最后共运走二十四箱敦煌写经卷本，五大箱绢画和丝织品，总计一万多件，足足雇了四十多头骆驼才运走这些宝贝。斯坦因决定立刻结束他的探险，取道印度折返伦敦。王道士同斯坦因和蒋师爷约定，绝不能向任何人透露此事，当然斯坦因并没有忘记施舍给这位"恩主"一些"功德钱"，据说只是区区四锭马蹄银，合二百两白银。王道士意识到此举可能是在犯下滔天大罪，但是他给自己找到了一个说得过去的理由，那就是"斯坦因是唐僧的使者"，以此减轻内心的罪恶感。

不久之后，也就是1908年，法国探险家伯希和步斯坦因的后尘到达了莫高窟。伯希和是法兰西远东学院的研究员，他在乌鲁木齐考察期间，从一个名叫载澜的人那里偶然间听到了藏经洞的消息，同时也看到了载澜随身带着的藏经洞经卷。于是他立刻改变了原计划，马不停蹄地扑向藏经洞。到达敦煌之后，他以区区五百两白银得到了王道士的允许，如愿以偿地进入了藏经洞。面对已经被斯坦因翻检过的经卷，伯希和心有不甘，为了把精品全部挑出来,伯希和夜以继日,整整用了三个星期,以每天一千卷的速度迅速翻看了藏经洞中的每一部经卷,甚至每一片纸。最后,伯希和精心挑选了六千多卷精品经卷,两百余幅绢画,装了满满十辆车,浩浩荡荡地离开了敦煌。

发现藏经洞的消息传到北京之后,举国震惊。

据说当时把发现藏经洞的消息传递出去的并非中国人,而是伯希和本人。伯希和在把敦煌文物悉数运回巴黎之后次年返回北京。这一年恰是光绪皇帝去世,接着慈禧太后去世,举国大伤,谁也无法顾及西北沙漠中这个十余立方米的小洞窟了。

当伯希和将他所劫获的一部分藏经洞的精品文书炫耀给中国学者看的时候,这些经卷震惊了两个人——罗振玉和王国维。正是这两个人对中国敦煌学的研究产生了重要的影响,给藏经洞文献的命运带来了一丝转机。宣统元年(1909),当罗振玉看到伯希和所获敦煌藏经洞敦煌写卷,其中包括《老子化胡经》《尚书》等写本时,简直无法相信。又得知藏经洞仍有数千卷文书,他随即力促清廷学部电令甘肃将劫余写卷解送京师。

罗振玉在抢救、保护古代文物和文献上做出了巨大的贡献。在他的努力下,清内阁大库文档和被誉为"世界上最有价值的考古珍宝""世界四大著名石刻之一"的唐景教碑都得到了妥善的保护。在抢救和保护敦煌藏经洞文书方面,他也是十分重要的人物。光绪三十四年(1908),他发表《敦煌石室书目及发见之原始》一文,首次向国人介绍了敦煌藏经洞发现的情况。在他的努力下,学部命甘肃布政使查封了敦煌藏经洞,将敦煌遗书悉数解送京师。

王道士得悉后，又私藏若干敦煌文书。学部派员在押解沿途，亦偷盗其中的一些精华写卷。直到宣统二年（1910）秋天，剩余的敦煌文书才运到北京京师学部，后来又移藏到了北京图书馆。可以说，敦煌遗书至今还能有大批的保存，罗振玉功不可没。

民国元年（1912）十月，日本大谷光瑞探险队的吉川小一郎等到莫高窟，用白银三百五十两，从王道士手中购得写经四百余卷。

1914年，斯坦因又来到莫高窟，用白银五百两，从王道士处再次骗购五百七十余卷经卷。

1914—1915年，俄国科学院院士奥登堡组织考察队，亲任队长，带领多人到莫高窟，窃取洞窟中彩塑、壁画、绢画、麻布画、纸画、幡画、工艺品等文物三百余件。

1924年，美国哈佛大学福格艺术博物馆东方部主任华尔纳到莫高窟，在十天时间里，用涂有黏着剂的胶布片敷于壁画表层，剥离莫高窟第320、321、323、329、335等唐代洞窟的十余幅壁画，窃取第328窟唐代彩塑供养菩萨一身。

今天回顾敦煌的这段历史，我强烈地感到，艺术和文化与国力有着紧密的关系，艺术和文化是国家气象的反映。盛唐时期的莫高窟和没落的莫高窟，在艺术的创造和文化的传承中，呈现的是截然不同的两种气象。

藏经洞文书的价值

藏经洞其实是一座只有十余立方米大小的小石室。它原来只是第16窟的一个侧室，这个侧室是高僧洪䛒的纪念堂。洪䛒是晚唐时期的高僧，他精通汉语和藏文，是一位佛经的翻译家。他去世之后，他的弟子就辟出这个侧室作为他的纪念堂。现在我们在藏经洞还可以看到他的塑像：结跏趺坐，身穿袈裟，若有所思，背靠的洞壁上绘有两株枝叶交叉的菩提树，树上悬挂着净瓶和布袋。东边的菩提树下有一位慈眉善目的比丘尼，西边的菩提树下站着一个持杖托巾的侍女，壁画上的两位人物和洪䛒一起默默守护了藏经洞数百年。后来张大千还用毛笔在藏经洞的墙上题过字。

很多人都想知道，为什么会出现这样一个藏经洞，它是从什么时候开始有的？藏经洞有什么特别的地方？为什么这个石窟要集中存放这么多价值连城的佛教经卷和佛教圣物？关于藏经洞的作用和封闭的原因，学界有不同的观点。

"避难说"是大家认为比较可靠的一种推测。一种推论认为藏经洞的封闭应该与重大的政治变乱有关，而这个变乱最有可能是西夏占领瓜、沙、肃诸州期间。因西夏入侵敦煌时，当地人并不知道这个民族也信仰佛教，仓促之间将各寺的写经都集中起来，收藏在一窟之内，并将窟门封闭。藏经洞内的确尚未发现任何有西夏文的文书。

另一推论是为了避黑汉王朝东侵。北宋景德三年（1006），信奉伊斯兰教的黑汉王朝一举灭掉了于阗佛教王国，这个消息让沙州地区的佛教势力极感恐慌。在这种情况下，为了避免灭佛事件的发生，莫高窟的一些寺院将重要的经卷、佛像、幡画等集中起来，统一收藏在今天编号为第17窟的洞窟中。

敦煌莫高窟藏经洞内景　孙志军/摄影

　　"废弃说"认为，有了印刷术之后，产生了印本的佛经，以前的写本佛经就废弃了。可是书写的佛经代表佛教三宝之一的佛法，是圣物，不能随便丢弃，必须集中保管，所以藏经洞应是专门存放各寺剔除下来的经卷、文书、旧幡画、佛像的地方。最后封闭洞口，并做了必要的伪饰。当事人去世之后，藏经的事情可能就不为后人所知了。当然这也只是一种推测。

　　"供养说"认为，正如"废弃说"指出的，藏经洞保存的佛教文献从表面上看，大都是残破不全的。但实质上，这属于在古代中国广大地区曾存在过的"经像瘗埋"现象，就是在佛教三宝供养（特别是法宝供养、佛宝供养）的思想指导下，佛教徒对于残破的、过时的佛教经典和造像予以有计划地、礼仪性地收集瘗埋，使之长久住持供养的一种特殊的佛教仪轨制度和佛教历史文化现象。[1]

　　当然，藏经洞封闭的原因是千古之谜，以上几种说法都是从不同角度展开的合理推论，不能说就是最后的结论。此问题还需要学者们继续进行深入探讨。

　　藏经洞的特别之处，一是有独一无二的新资料。很多读书人的研究用书都是印刷的，很难见到写本，藏经洞里面大多是失传的写本，特别珍贵。二是资料"方面异常广泛，内容无限丰富"[2]，是古代社会文化的原始记录，反映了古代社会多方面的真实面貌，是名副其实的文化宝藏。

　　藏经洞发现的文献，为研究敦煌的历史提供了珍贵的资料。藏经洞里最多的就是宗教典籍和文献。其中佛教典籍和文献占九成，《法华经》就有五千件，可见佛经之多。这些佛经除了与传世的《大藏经》能对上以外，还有一些佛教经典，比如说中国禅宗的经典《六祖坛经》。除了佛教经卷，还有中国道教经典《老子道德经》《老子化胡经》。《老子道德经》现在被翻译成许多国家的文字广为流传。

除了有中国佛教和道教文献以外，敦煌还发现了其他宗教的文献。比如基督教有一派叫聂斯托利派，也就是景教，这是唐太宗年间传入中国的。敦煌出土了十字架，以及景教的汉译经典，如《大秦景教三威蒙度赞》，这是景教徒在举行宗教仪式时唱颂的赞美诗。再比如祆教（即琐罗亚斯德教），认为世界由善、恶两神创造，视圣火为最高善神的化身，所以又被称为"拜火教"。还比如摩尼教，唐代写经《摩尼光佛教法仪略》，就是其教徒奉唐玄宗之命，介绍该教起源、教主摩尼著作、教团组织、核心教义的解释性文献。还有历史地理方面的书，如《史记》《汉书》《三国志》等，以及全国地理文献《贞元十道录》、敦煌地方志《沙州都督府图经》等。

敦煌文献中还有很多官方和私人文书。据说古代衙门把这些文书保存到一定期限以后就作废了。但因为纸张很珍贵，寺庙就用这些废弃文书的背面来抄写佛经。这些文书当时的人可能不在乎，在今天就格外珍贵。比如敦煌研究院所藏341号《唐景云二年张君义勋告》，这是一份任命书抄本，张君义是人名，勋是功勋，告是告身，也即委任状。此文书是由朝廷下发的委任状，文书上列了以张君义为首的两百多人的授勋名单，以及授予他们的勋职。又比如说P.3964号文书《塑匠都料赵僧子典儿契》，文字内容显示这是一份五代时期私人间订立的契约文书。内容为塑匠赵僧子因为家中淹水，他没有钱修理，只好把他的亲生儿苟子典给他亲家，然后写了一份签字画押、担保债权的契约。这种契约文书，对研究古代法律、经济非常有价值。

中国战国时期已初步形成古代天文学体系。藏经洞出土的《全天星图》绘制于唐代，描绘了当时人们肉眼可以观测到的星官。《全天星图》的画法是，赤道区从十二月开始，按照太阳每月所在的位置，分十二段，把赤道带附近的星星画出来，用不同的颜色表示。此图共有1359颗星，是世界上现存最古老、星数也较多的一份星图，说明了中国古人在天文学上的智慧。

还有医学。隋唐五代时期的医学、药学已相当发达，文献记载了很多医书、药书，可是宋代以后散失了。藏经洞保存有多达七十余种隋唐的医书、药书典籍，比如唐代的针灸治疗专著《灸法图》。还有《食疗本草》，这是世界上现存最早的食疗专著，作者孟诜不仅记录了药的名字，还记录了药性、功效和禁忌。

印刷术是中国人发明的，过去只知道雕版印刷是中国发明的，但是缺乏实证。藏经洞发现一部《金刚般若波罗密经》印本。我在大英博物馆看到过这部印本，全长488厘米，纸高30.5厘米，有"咸通九年四月十五日王玠为二亲敬造普施"题记，扉页上雕刻了人物、狮子、器物等图像，刻画精美，刀法圆熟，墨色浓厚匀称。中国古代就能刻图章，所以做雕版印刷很自然，这部印本证明唐代就有雕版印刷。

敦煌文书里保存了不少文学作品，最被学者看好的，不是传统的诗歌总集《诗经》，也不是文学总集《文选》，而是失传已久的通俗文学作品。古代向民众普及佛教教义，除了采用经变画形象地描绘外，受盛行于佛教仪式的歌呗影响，还产生了一种特殊的文学——变文，就是把佛经内容转化为便于说唱的通俗文词。比如有篇《大目犍连变文》，讲的是佛陀的弟子目犍连，他的母亲因为不虔诚，死后就下了地狱，目犍连通过虔诚修行，救出了在地狱受苦的母亲。敦煌藏经洞发现的变文，包括讲唱佛经故事和世俗故事两类。这些变文的内容既传播了因果报应等佛教教义，又宣扬了儒家的忠君孝悌思想。敦煌藏经洞发现失传千年之久的变文，这也是文学史上的一件大事。从敦煌藏经洞的变文还有讲经文、词文、因缘、话本、诗话等通俗文学作品中，可以看出后来的评话、小说、戏曲等中国俗文学的渊源。

藏经洞的发现意义重大，这里秘藏着几个世纪以来有关中国古代政治、经济、军事、天文、历史、地理、文学、艺术、医药、科技以及中西文化交流等各个领域的文献，其中大部分是印刷术使用之前的手写珍品。这些文书的书写时间不等，除汉文、藏文外，还有大量已不再使用的古老文字。

可以说，藏经洞藏着一部中国古代的百科全书，是研究中国古代学术的一个浩瀚的海洋，具有极高的学术价值。然而藏经洞的不幸在于，它的发现正值中国最为动乱和萧条的一个历史时期，发现它的人居然是那个不识字也没什么文化的王圆箓，他根本不知道藏经洞对于中华文化的意义，敦煌又远在大漠之中——所有的这一切造成了藏经洞文献流失的历史悲剧。

敦煌文书在运回北京的过程中，又经历过一次劫难。王道士把最好的一部分经卷藏匿在一个桶里,目的是日后可转卖给外国人。此外,因为负责押运的差官监守自盗,经卷严重流失,几乎每到一处就失窃一部分,被人拿去求官、卖钱或是私藏。等到运回北京时,其中的精华多已流失。

所以,陈寅恪曾说:"敦煌者,吾国学术之伤心史也。"[3]

季羡林先生认为,敦煌和新疆地区,是中国、印度、希腊、伊斯兰四大文化体系的汇聚之地。因此,谁得到了敦煌及西域的文书文物,谁就能有机会复活中国及世界许多被遗忘的往事。藏经洞的价值,不仅仅是精美的文书和艺术珍品,而且仅是文物当初的收藏、保存方式,对于历史研究也具有重要价值。但是这个洞窟的生态全然被破坏了,并且不可复原,许多历史遗留的线索就这样,永远都无法再接续起来了。

---

[1] 张先堂:《古代佛教法供养与敦煌莫高窟藏经》,《敦煌研究》2010年第5期,第1—11页。

[2] 参见周一良为王重民著《敦煌遗书论文集》所作序。

[3] 参见陈寅恪为陈垣编著《敦煌劫余录》所作序。

第五章　敦煌在中国，敦煌学在世界

敦煌学在海外 [1]

敦煌藏经洞文献在发现后不久，就被西方探险家所攫取，流散于英、法、俄、日等国的众多公私收藏机构，吸引了西方许多汉学、藏学、东方学等领域的学者竞相研究，特别是法国、英国、俄国和日本等国产生了一批在国际学术界有影响力的敦煌学研究成果，使敦煌学成为一门世界性学问。过去曾有一种说法：敦煌在中国，敦煌学在外国。

斯坦因劫掠敦煌藏经洞出土的文献数量最多，有一万多件，其中有汉文和梵文、藏文、于阗文、粟特文、回鹘文等各种文字。英国学者在整理敦煌藏经洞文献方面做了一些工作。20世纪50年代，大英博物馆的汉籍保管员翟林奈整理了斯坦因所获汉文文献，但遗留下许多残片，到90年代由我国的敦煌学学者荣新江、方广锠对残卷重新编目。著名汉学家魏礼对斯坦因所获的五百余件绢纸绘画做了整理编目。1931年，大英博物馆与印度政府联合出版了《斯坦因敦煌所获绘画品目录》。因印度政府和英国政府共同出资支持斯坦因中亚探险，故印度政府也从斯坦因所劫获敦煌资料中分得一部分。比利时佛学家瓦雷·普散为765号敦煌藏文佛教文献编了目录。印度事务部图书馆馆长托马斯负责整理敦煌藏文非佛教文献。剑桥大学的贝利整理了于阗文写本。

在敦煌学研究方面，20世纪五六十年代，魏礼研究了唐五代敦煌地区祆教的流行情况、敦煌变文的译注、敦煌的民谣与故事。英国的崔维泽教授利用敦煌官制、法制、经济、氏族的资料发表了一系列研究唐史的文章。汉学家麦大维、杜德桥、巴瑞特等也利用敦煌材料，研究唐代儒学、礼法、小说、道教、民间宗教等。伊朗语言学家恒宁及其继承人博伊丝、麦肯吉、辛姆斯—威廉姆斯是粟特文的重要解读者和研究者。在20世纪八九十年代，除了著名学者韦陀教授对敦煌绢纸绘画做了比较深入的研究外，英国有关敦煌研究的成果甚微。

值得注意的是，近三十年来英国对于敦煌学的贡献，是附设在大英图书馆的"国际敦煌项目"（The International Dunhuang Project，简称IDP）上的，从20世纪90年代开始致力于英国乃至全世界所藏敦煌文献的数字化工作。现在全世界的学者都可以在该项目的官网（http://idp.bl.uk）上，看到斯坦因从敦煌和新疆所获部分文书的清晰照片。这个项目的实施，不仅有利于敦煌文献原卷的保护，也便于各国学者对敦煌资料的使用。项目在"通过国际合作以促进敦煌文化遗产的研究和保护"的主旨思想指导下，从

1993年以来，联合世界各国收藏敦煌吐鲁番文献的单位，在伦敦、巴黎、柏林、圣彼得堡、敦煌等地，陆续召开了多次以敦煌和中亚写本的保护为主题的小型会议，对于敦煌写本的保护和研究都产生了推进作用。[2]

　　法国也是国外整理、研究敦煌文献方面学者辈出、成果丰硕的学术重镇。伯希和凭借其深厚的汉学功底在敦煌藏经洞挑选了最有价值的材料，整理了他所获取的部分汉文写本目录，编著了《敦煌石窟图录》。从20世纪50年代开始，法国汉学家谢和耐、吴其昱、苏远鸣等利用伯希和及中国著名敦煌学者王重民的目录草稿，重新编纂法国国立图书馆藏敦煌汉文写本目录。1973年法国国立研究中心和高等实验学院第四系联合组成的483研究小组是西方唯一的敦煌学专门机构，其宗旨是编写法国国家图书馆所藏伯希和敦煌汉文写本目录，指导和推动敦煌写本的研究。他们在20世纪80年代陆续出版了《法国国家图书馆藏伯希和敦煌汉文写本目录》《伯希和敦煌石窟笔记》《法国国家图书馆藏伯希和敦煌写本丛书》。著名汉学家马伯乐受斯坦因之托，整理了斯氏第三次中亚探险所获汉文文书。拉露完成了敦煌藏文编目。哈密顿整理了回鹘文文献。

　　在敦煌文献研究方面，马伯乐利用敦煌文献研究道教和汉语音韵，他找出的南朝道士宋文明所著的《道德义渊》，非常重要。苏远鸣主编了三册《敦煌研究论文集》，发表了他领导的敦煌研究小组专家们的敦煌学研究成果，包括道教、道教史、民间宗教和占卜等。第二次世界大战后，法国学者的敦煌学研究有了进一步的发展。其中最有影响的是著名汉学家戴密微，他在利用敦煌文献研究汉学方面取得了丰硕的成果。他对敦煌文献中的禅宗文献的价值十分重视。他与中国著名敦煌学者王重民经常探讨敦煌文书中有关汉地和印度僧人在吐蕃争论"顿渐"问题的材料，出版了《吐蕃僧诤记》，此书拓展了敦煌禅宗文献研究的范围。他在汉藏佛教史、汉藏关系史等许多方面都有所贡献。戴密微也研究通俗文学作品，如变文、曲子词、通俗诗及童蒙读物等。谢和耐和童丕利用敦煌文书开创了社会经济史研究，借助敦煌契约文书研究敦煌的借贷问题——中国中古时代的物质生活与社会。1998年，以利用敦煌材料研究"书籍考古学"著称的戴仁教授就任法国远东学院（EFEO）院长后，大力推动法国乃至欧美敦煌学的发展。他一方面邀请有成就的美国、日本、中国的敦煌学研究者到巴黎讲学，一方面编辑出版敦煌学专题研究文集。1999年，戴仁主编的《敦煌绘画论集：伯希和与斯坦因收集品中的纸本白画与绘画研究》由法国远东学院出版，其中收录了苏远鸣、胡素馨、戴仁、太史文、艾丽白的论文。2000年，法国远东学院的刊物《远东研究纪要》第11卷由戴仁任特邀主编，作为"纪念敦煌藏经洞发现百年敦煌学新研"专号出版，集中发表了苏远鸣、戴仁、穆瑞莲、童丕、茅甘等学者的八篇敦煌学论文，涉及敦煌绘画的供养人、早期印刷术、佛教对道教"厨"观念的吸收和利用、西北地区的占卜、藏文史书等方面。[3]

　　20世纪末以来，法国华裔敦煌学者、远东学院教授郭丽英女士的研究颇引人注目，她是藏学家石泰安的爱徒，获得法国汉学最高奖"儒莲奖"，获奖专著为《5—10世纪中国佛教的忏罪与悔过》。她对敦煌的密教文书，特别是《金刚峻经》用力甚勤，发表多篇论文。法国远东学院的青年学者牟和谛关注敦煌石窟中保存的《提谓波利经》《佛说净度三昧经》《佛说十王经》等疑伪经和疑伪经图像，借此考察疑伪经及图像在佛教中国化、世俗化过程中的作用。法国汉学界在敦煌学研究中一直与中国学者保持着密切联络的态势。

奥登堡是最后一个到敦煌劫取敦煌文献、莫高窟彩塑和壁画的探险家。俄罗斯的敦煌收集品有一万八千多号，其中多为佛经的残片，直到20世纪60年代才开始敦煌学研究。孟列夫主编了三千号的两卷《苏联科学院亚洲民族研究所藏敦煌汉文写本注记目录》，出版了一系列敦煌通俗文学作品研究论著。丘古耶夫斯基主要研究敦煌经济文书，1983年出版以研究民籍、账簿、赋役、寺院经济文书为主的《敦煌汉文文书》第一卷。20世纪90年代开始，俄罗斯和中国上海古籍出版社合作编辑出版了《俄藏敦煌文献》15卷，其中有《王梵志诗集》《历代法宝记》等敦煌文学、佛教文献；编辑出版了《俄藏敦煌艺术品》5卷，为研究敦煌艺术提供了资料。

日本是海外最大的敦煌学研究基地。日本学者从1909年开始敦煌学研究，不少学者到英法等国收集材料，带回日本整理，刊布出一批珍贵文献。藤田丰八、矢吹庆辉、羽田亨、那波利贞、仁井田陞、松本荣一等学者开始了对佛教文献、中国古籍、历史文化、社会经济、法制文书、石窟壁画和藏经洞绢纸画等多方面的研究。特别是松本荣一的《敦煌画的研究》对敦煌壁画内容的解读，基于20世纪20年代出版的法国伯希和《敦煌石窟图录》的图片资料，通过经文和壁画的对读，解读出《法华经变》《报恩经变》《华严经变》《劳度叉斗圣变》《西方净土变》等大量壁画内容。他的研究对于我们后来深入了解敦煌壁画、敦煌石窟图像很有启发。

50年代至70年代，日本敦煌学研究达到新的高度。这个时期他们找回了大谷探险队收集的敦煌吐鲁番文书；又从英国、中国、苏联得到了丰富的敦煌文献的新材料。此时以敦煌文献研究为主，也有对敦煌石窟艺术的研究。日本涌现了塚本善隆、山本达郎、藤枝晃、池田温、上山大峻等一大批敦煌学学者。出版了日本引以为荣的两项学者集体合作完成的重大项目：一项由石滨纯太郎成立的"西域文化研究会"，集合一批专家，研究找回的大谷文书，汇为六卷本《西域文化研究》；另一项是敦煌文献研究委员会编纂的《斯坦因敦煌文献及研究文献中业经引用介绍的西域出土汉文文献分类目录初稿》。此外，产生了敦煌佛教史、经济史、敦煌历史、中晚唐以来的敦煌佛教社会及文学等方面的一大批优秀研究成果，还有秋山光和、东山健吾、百桥明穗等学者在敦煌石窟艺术研究方面的成果。[4]

80年代以后，随着各国敦煌资料的陆续公开出版，日本朝着专一化研究和集体综合研究两方面发展。某一种文献的集大成著作纷纷产生，如知名敦煌学专家池田温的《中国古代籍帐研究》，分概观和录文两部分。概观部分是对中国古代籍帐的全面详细的研究。录文部分共收录敦煌、吐鲁番出土的籍帐、差科簿文书三百多件，在文书的汇集、缀合、校录方面优于前人。池田温的《中国古代写本识语集录》，是敦煌、吐鲁番等地写本文献中的跋文题记的汇辑，是敦煌写本的集大成之作。竺沙雅章的《中国佛教社会史研究》是利用敦煌文献研究中国佛教史的重要著作。在专精的研究方面，以《敦煌吐鲁番社会经济史文书集》丛刊为其典范。综合研究方面成果更多，日本成立了"青年敦煌学者协会""吐鲁番出土文物研究会"等，以团体形式开展集体综合研究，代表了敦煌学发展的方向。1980—1983 年编纂出版的十三卷本《讲座敦煌》是一项规模更大的集体合作项目，代表了当时日本敦煌学的水平。2000 年，日本《亚洲学刊》出版了"敦煌吐鲁番专号"，展示了他们为百年敦煌学研究做出的贡献。其中收录了四篇论文：百桥明穗对莫高窟早期洞窟的探讨，森安孝夫有关沙州回鹘与西回鹘王国关系的新认识，高田时雄谈敦煌的多语言使用问题，吉田丰报告日德两国学者合作研究吐鲁番出土伊朗语写本的初步结果，即利用对写本汉文一面的比定结果，来帮助缀合考释另一面的粟特文、中古波斯文文献。

近些年来，日本仍有一批中青年学者，如八木春生、大西磨希子、滨田瑞美、荒见泰史、菊地淑子、赤木崇敏、岩尾一史、岩本笃志、坂尻彰宏、松井太、荒川慎太郎等，持续从事有关敦煌的石窟艺术、文学文献、历史文献、胡语文献（如回鹘文、西夏文）等方面的研究，显示了日本学者对敦煌学研究的持续热情和发展后劲。

美国没有很多的敦煌材料，没有专门研究机构，也没有太多研究者。他们受到法国和日本的敦煌学研究的影响。20 世纪 80 年代比较突出的有梅维恒对通俗文学的研究，出版有《绘画与表演：中国看图讲唱及其印度起源》《唐代变文：佛教对中国白话小说与戏剧兴起的贡献之研究》，还有研讨经变的《劳度叉斗圣变》。一些学者对早期禅宗史、华严宗、密宗也有研究，赖华伦与兰卡斯编有《汉藏两地的早期禅宗》《北宗与早期禅宗的形成》。太史文所著《十王经与中世纪中国佛教的炼狱观念之形成》，是用宗教学的理论方法，来解析敦煌的疑伪经问题。司马虚把法国道教研究引入美国。美国还有一些学者注重佛教艺术，尤其关注以敦煌为代表的佛教石窟艺术研究，如高居瀚、方闻、巫鸿、胡素馨、汪悦进、王静芬等学者都曾发表过有关敦煌石窟研究的论著。

罗振玉、王国维与中国敦煌学的发轫

我国的敦煌学研究，有罗振玉、王国维、陈寅恪、向达、姜亮夫、王重民这些重量级的敦煌学学者，他们开拓了中国敦煌学的许多研究领域，为此后敦煌学的发展打下了坚实的基础。

罗振玉在整理刊刻敦煌遗书方面做了很多工作。他和王国维等人，把伯希和从敦煌购买的十多种藏经洞文书编为一集，以《敦煌石室遗书》为名刊行，在国内外产生了很大影响。后来，他又整理出版了《鸣沙石室佚书》和《鸣沙石室佚书续编》，收录了《大云无想经》《老子化胡经》《摩尼教经》《景教三威蒙度赞》等各类宗教经书。1918年，罗振玉把自己历年整理敦煌遗书所写的序、跋编成《校刊群书叙录》二卷。他从日本回国后，还编写、出版了一系列敦煌学的论文和著作，如《敦煌零拾》《敦煌石室碎金》《古写本隶古定尚书真本残卷》《敦煌写本毛诗校记》《补唐书张议潮传》《瓜沙曹氏年表》等。

王国维协助罗振玉做了很多敦煌藏经洞整理的工作，他对敦煌学的贡献主要是考证了古代经济、政治制度（如均田制、古代官制），纠正了史籍中的史实讹误，同时补证了西北民族如回鹘、于阗的历史，对汉代长城、丝绸之路及一些古城遗址进行了考证。王国维是最早对敦煌写卷曲子词予以关注、介绍和辑录的学者。1913年，他在《唐写本春秋后语背记跋》中首次介绍了敦煌写卷曲子词《云谣集》的情况，这也是敦煌曲子词研究的开端。1912年，日本学者狩野直喜游历欧洲时，在大英图书馆抄录了多种敦煌写本，王国维见到其中一篇载有"内库烧为锦绣灰，天街踏尽公卿骨"的诗文残卷，立刻断定这是失传已久的《秦妇吟》。之后他致信伯希和，希望对方可以寄来《秦妇吟》的写卷照片。1920年，他在《敦煌发现唐代之通俗诗及通俗小说》一文中，首次发表了《秦妇吟》残卷录文。

陈寅恪对中国敦煌学的贡献 [5]

20世纪初，陈寅恪在法国巴黎大学留学期间，曾经拜访过伯希和。他还去伦敦游学，是第一个看到国外敦煌资料的中国学者。陈寅恪开创了敦煌学研究的风气，他的贡献在我看来有以下几点：

首先，他第一次提出了"敦煌学"学科概念。1930年，陈垣先生在《敦煌劫余录》一书中整理公布了北平图书馆收藏的敦煌藏经洞文献。陈寅恪先生为此书写了一篇序，在序中第一次提出了"敦煌学"这个学科概念。他在序中还最早指出"敦煌学者，今日世界学术之新潮流"，号召学者使用好遗留的敦煌文书，做好敦煌学的基础研究，并指出中国敦煌学研究存在的问题，这是非常有眼光的。陈寅恪最早全面肯定北平图书馆所藏敦煌劫余文献在摩尼教文献、唐代历史、佛教文义、小说文学史、佛教故事、唐代诗歌之佚文、古语言文学、佛经旧译之别本、学术之考证等九个方面的珍贵价值。其次，是他对敦煌文献研究的开拓性贡献。陈寅恪的敦煌学研究在一定程度上受到王国维的影响，他的研究成果很多：撰有《大乘稻秆经随听疏跋》《忏悔灭罪金光明经冥报传跋》《有相夫人生天因缘曲跋》《须达起精舍因缘曲跋》《韦庄〈秦妇吟〉校笺》《〈西游记〉玄奘弟子故事之演变》《莲花色尼出家因缘跋》等多篇论文；还在《敦煌石室写经题记编序》《元白诗笺证稿》等论著中，利用敦煌资料补史、证史。大多数敦煌学论文收入《金明馆丛稿》《金明馆丛稿二编》等书中，在其他著作中也使用了一些敦煌资料。陈寅恪在研究唐代民族关系史、中古史、佛教教义的文献等方面，都提出过独到的见解，贡献过很多敦煌学研究的开拓性视角。比如关于变文到话本再到小说的文学史发展，陈寅恪在1930年《敦煌本维摩诘经文殊师利问疾品演义跋》中就有过精彩的论述。还比如他指出在汉文经卷中有很多是对中亚古文的翻译，其中不仅有意译，还有音译，这对于中亚古文的研究是极其重要的资料，是对世界学术发展的一大贡献。他对敦煌学的价值的认识涵盖了宗教、历史、地理、文学、艺术、语言文字、哲学等许多方面，提出了许多新的思考和研究方向，不仅有传统的学术继承，也有西方的方法借鉴，几乎囊括了敦煌学研究的所有重要问题。

陈寅恪既能够看到未来中国学者在敦煌学研究方面的空间和作为，也能够看到我国对敦煌学研究的不足和差距，他强调学术不能闭门造车，应当和世界接轨。后来，敦煌学作为一门独立的学科蓬勃发展起来，很多学者投身这个领域的研究，中国的敦煌学研究也逐步与世界学术潮流相融合。

张大千和向达在敦煌

有人问张大千到敦煌去干什么，他说宋代的画我都看过真迹，我要到敦煌去看六朝和隋唐的壁画。为什么张大千要跑来敦煌看六朝和隋唐的壁画呢？汉晋两代出过许多大画家，这些名家现存的作品少之又少，在敦煌却留下了那个时代艺术家的真迹。山水画最盛是两宋到元代，唐代也有山水，最著名的就是青绿山水画。唐代青绿山水画是李思训跟他的儿子李昭道一起创造的。要想看唐代青绿山水的真迹，只有在敦煌。

据说张大千刚住下，就迫不及待地带着手电和蜡烛进了洞，当他迎面看到壁画上的仕女图的时候，惊得目瞪口呆。他曾说："人物画到了盛唐，可以说已达到了至精至美的完美境界，敦煌佛洞中有不少女体菩萨，虽然明知是壁画，但仍然可以使你怦然心动。" [6] 他边欣赏边赞叹，如痴如醉。张大千在《临摹敦煌壁画画集序》中说："莫高窟，诚千百年来之灵岩静域也！大千流连绘事，倾慕平生，古人之迹，其播于人间者，尝窥见十之九，求所谓六朝隋唐之迹，乃类于寻梦！石室壁画，简籍所不载，往哲所未闻，丹青千壁，遁光莫曜，盛衰之理，吁其极矣！今石室所存，上自元魏，下迄西夏，代有继作，实先迹之奥府，绘事之神皋也！"

所以，张大千一来索性就不走了。在1941年至1943年间，他率领弟子门生和一些工匠住进了莫高窟。在为时两年多的时间里，他不间断地在敦煌莫高窟、安西榆林窟临摹壁画，共临摹了十六国、北魏、西魏、北周、隋、唐、五代、宋、西夏、元代等历代壁画精品约三百幅。张大千离开敦煌后不久，先后在兰州、成都、重庆举办了"张大千临摹敦煌壁画展览"，引起社会各界的广泛关注，形成"敦煌热"，为弘扬敦煌石窟艺术做出了积极贡献。

张大千通过临摹，对敦煌壁画艺术有了更深入的认识。他曾在《对江兆申话敦煌》中说："在艺术方面的价值，我们可以这样说，敦煌壁画是集东方中古美术之大成，敦煌壁画代表了北魏至元一千年来我们中国美术的发达史。换言之，也可以说是佛教文明的最高峰……我们的敦煌壁画早于欧洲的文艺复兴约有一千年，而现代发现尚属相当的完整，这也可说是人类文化的奇迹……敦煌壁画所绘之人物，可以考究隋、唐之衣饰制度，可以补唐末五代史书之阙文，我认为其历史考证之价值，重过艺术之欣赏！盖敦煌文化，不仅为中国文化，且为世界文化！"

张大千在敦煌临摹之余，通过调查研究完成了长达二十余万字的《敦煌石室记》手稿（后更名为《张大千先生遗著莫高窟记》，

1985年由台北故宫博物院出版），对他所重新编号的309个洞窟的结构、大小、内容做了文字说明和年代推断。20世纪70年代，他又发表了一篇万余字的画论《谈敦煌壁画》，深入解析了敦煌壁画对中国绘画的影响。

张大千对国立敦煌艺术研究所的成立也是功不可没。1941年10月5日，国民政府监察院院长于右任来到敦煌莫高窟，会见了张大千。张大千谈起对莫高窟的现状与前景，极为痛心与担心，他向于右任提议，国家应赶快把莫高窟等收归国有，并立即建立起一个保护机构。于右任非常赞同张大千的提议，很快向国民政府递交了提案。[7]

向达先生是我国著名的历史学家、考古学家、中西交通史和敦煌学专家。他治学严谨，成就卓越，堪称一代宗师。[8]他的《唐代长安与西域文明》《史料目录学引论》《伦敦所藏敦煌卷子经眼目录》《汉唐间西域及南海诸国古地理书叙录》《关于三宝太监下西洋的几种资料》都是历史学和考古学的重要著作。

向达先生早年翻译《斯坦因西域考古记》时就与敦煌结缘。1935年秋，他被派往欧洲调查和研究流散的敦煌文书。他先是到英国影印及研究大英博物馆所藏的敦煌写经，在收藏了许多东方善本书籍的牛津大学鲍德里图书馆考察。考察期间，他克服种种困难和刁难，先后调查了五百多卷敦煌文书，并做了大量的摘抄和笔记。他还到巴黎、柏林的博物馆抄写敦煌吐鲁番文书。从1935年到1938年，他把所能看到的敦煌文书都用工整秀丽的小楷做了详细的抄录，写成目录提要，累计抄写了数百万字，对重要的卷子还拍了照片。向达先生带回的抄录资料，为后来国内敦煌学的发展提供了极为珍贵的第一手资料。

向达先生不仅是历史学家，还是敦煌俗文学的拓荒者，[9] 他利用敦煌卷子所做的研究，为敦煌俗文学研究打下了良好的基础。沈从文特别提到过向达先生对俗文学研究的贡献，他说向达先生的研究对唐代白话小说发源于讲经中"俗讲"一说，做出了开拓性的贡献。他的一生也为敦煌学做出了不朽的贡献。

向达先生曾在20世纪40年代初两次赴西北、敦煌考察。这两次实地考察以及此前的赴欧考察敦煌文献，使得向达先生与敦煌、敦煌学结下了不解之缘。这段时间也恰好是张大千在莫高窟临摹的时期。1941年，中央研究院组织西北史地考察团，其中的历史考古组由中央研究院历史语言研究所、中央博物院与北京大学联合组成，向达代表北京大学参加并担任历史考古组主任。考察团于1942年10月9日到达敦煌，次日向达就率团考察了莫高窟。他还在给友人曾昭燏的信中描述了他第一次见到敦煌石窟艺术的激动，以及目睹石窟受到自然破坏的担心。他后来在给李济、傅斯年、曾昭燏等人的信中反复呼吁加强敦煌石窟的保护。他还曾撰文呼吁将敦煌石窟的保护和管理收归国有，由学术机构进行管理和开展研究工作。

1942年，向达先生返回重庆后，很快写出了《论敦煌千佛洞的管理、研究及其连带的几个问题》这篇文章。文章经傅斯年的推荐，以"方回"为笔名，首先在重庆《大公报》上连载发表，引起强烈关注。现在我们说到国立敦煌艺术研究所的成立，大家都知道国民政府监察院院长于右任的建议之功，而实际上，向达先生对社会的呼吁，也起到了不可忽视的重要作用。他在文章中提出的关于保护和管理的具体建议，被后来成立的敦煌艺术研究所采纳，成为敦煌石窟保护和管理的参照。向达提出的"不可轻易剥离壁画"的主张，也是敦煌研究院几十年来在壁画保护和管理中一直恪守的纪律和原则。

向达先生可以说是真正做到将敦煌文献研究与石窟实地调查、考古调查相结合的第一人。他的两次敦煌之行都亲自实地考察石窟，并对石窟做了美术史分析、敦煌文献考释，同时还调查了石窟周围的古遗址。他创造了将敦煌文献与石窟实地调查、考古调查相结合的研究方法。陈寅恪曾经为向达赋诗："吾有丰干饶舌悔，羡君辛苦缀遗文。""傥能八十身犹健，公案他年好共参。"可见向达先生当年的学问、风采和影响力。

向达先生精力过人。他两入敦煌，第一次到敦煌之前，他考察过武威、张掖、酒泉等地的古遗址，到敦煌后实地考察了莫高窟、西千佛洞、榆林窟，还考察了敦煌寿昌城城址、南湖古董滩、汉长城沿线的大小方盘城遗址、敦煌西南五里的岷州庙，还在岷州庙发现了六朝经幢，以及安西破城子遗址。第二次考察中，他先后考察了酒泉文殊山石窟、酒泉金塔县汉代烽燧遗址，发掘了敦煌佛爷庙古墓群，并再次详细考察了敦煌莫高窟。他的第二次敦煌考察，本来计划发掘第一次考察期间所勘查过的古墓群，希望能够在敦煌文书、藏经洞之外，发现并开辟出敦煌学的新领域。但由于这些古墓群多数被盗掘，考察结果不尽如人意。无论是敦煌地区的石窟艺术，还是敦煌和西域考古,向达先生都贡献卓著。[10]他的一些文章后来被收录进了《唐代长安与西域文明》一书中。

向达先生拥有百折不回的坚忍品格和世界性的学术眼光。正是这种可贵的人格和深厚的学术造诣,才使他在那样艰苦的条件下为敦煌学的发展做出了令人叹服的学术贡献。[11]

遗憾的是,1966年"文化大革命"爆发,向达和许多北大学者一样被下放劳动,身患尿毒症却不能得到及时治疗,在"坐飞机"之后,还要接受无休止的劳改、批斗和折磨。北大历史系邹衡教授记下了向达先生惨遭批斗、备受凌辱的惨状:他被剃光了头,被迫在三院二楼外晒得滚烫的房檐瓦上"坐飞机",一跪就是几个小时……非常不幸,那样强壮的一个人,过了不久就去世了。

常书鸿先生与国立敦煌艺术研究所、
敦煌文物研究所

常书鸿先生是敦煌文物保护研究事业的开创者和奠基者,是敦煌研究院的前身——成立于1944年的国立敦煌艺术研究所的首任所长。

但国立敦煌艺术研究所的成立,与于右任先生有很大关系。

于右任是国民党的元老,威望很高。他本人出生于陕西三原,母亲是甘肃静宁人,所以对甘肃这个地方很有感情。他出任国民政府监察院院长期间,来甘肃视察,了解政情并参观一些名胜古迹。于右任于1941年10月5日,抵达莫高窟参观,在参观了洞窟之后，挥毫题写"莫高窟"三个大字。我刚到敦煌时，还在敦煌艺术研究所北侧大门的门楣上看到过这三个大字。

他到敦煌莫高窟的那天正好是中秋节，在莫高窟临摹壁画的张大千邀于右任去他的临时住所吃饭赏月。席间，他们就谈起了莫高窟的文物破坏严重，长期得不到重视与保护，不断遭到掠夺和破坏的问题。大家都深感有必要成立一个研究保护机构。于右任在后来写的八首《敦煌记事诗》中，表达了他当时的急切心情。在敦煌巡视数天后，10月13日，于右任又兴致勃勃地去了距离敦煌一百多公里的安西榆林窟，还写下了《万佛峡纪行诗》四首。

1941年12月15日，于右任完成西北考察之后，返抵重庆。1942年1月12日在第七十五次国防最高委员会常务会议上，他提交了"请设立敦煌艺术学院，交教育部负责筹划，招容大学艺术学生就地研习，以期保存千佛洞（莫高窟）等处壁画"的议案。会议决定"原则通过，交教育部"。这一建议还以《建议设立敦煌艺术学院》为题，发表在了1942年《文史杂志》的第二卷第四期。

于右任起初的想法就是在莫高窟成立一个艺术学院，然后聘请一批艺术家担任教员，教授学生学习壁画艺术。于右任的这一倡议很快引起了社会各界的强烈反响。虽然当时太平洋战争已经爆发，中国正在对日作战，财政支出非常困难，但是于右任的建议还是得到了国会的通过，通过以后就交给行政院落实，行政院责成教育部负责此事，当时的教育部部长是陈立夫。

教育部认为要成立艺术学院，那肯定要有教师和学生，可是一时半会儿哪里去找这么多老师和学生？这个方案实施起来有难度。但是莫高窟这个地方又太重要了，保护的工作刻不容缓，所以决定先不要成立学院，而是搞一个保管所，然后慢慢招一些懂艺术的青年学生过去。1943年，教育部将于右任提议成立"敦煌艺术学院"的名称，改为"敦煌艺术研究所"，并成立国立敦煌艺术研究所筹备委员会，聘定陕甘青监察使高一涵为主任委员，常书鸿为副主任委员，王子云为秘书，张庚由、郑通和、张大千、窦景椿等人任委员，共同筹备组建工作。

1944年1月1日，国立敦煌艺术研究所正式创立，这是我国成立最早的研究敦煌学的专门机构，教育部任命从法国回来不久的画家常书鸿担任首任所长。至此，敦煌莫高窟收归国有，它标志着敦煌莫高窟四百多年无人管理、任凭破坏和偷盗的历史的结束，敦煌石窟的保护、研究和弘扬翻开了新的一页。

常书鸿先生是个艺术家，是喝过洋墨水的，有思想有水平。他1927年留学法国，在油画艺术上有深厚的造诣，曾在里昂和巴黎的沙龙展中获奖。常先生是在一次偶然的机会看到了伯希和的《敦煌石窟图录》后萌生了对莫高窟的向往。他1936年回国后，先是担任了北平艺专的教授，"卢沟桥事变"后随校南迁。40年代初期，常先生参加了国立敦煌艺术研究所的筹备活动，他被任命为敦煌艺术研究所首任所长后，举家迁居敦煌。

掌管敦煌艺术研究所之初，常书鸿先生不断给远方的友人和学生写信，希望他们推荐和招聘愿意来敦煌工作的年轻人。很快董希文、张琳英、乌密风、周绍淼、潘絜兹、李浴等一批年轻的艺术家陆续来到了敦煌，他们当中很多人是常先生的学生。常先生还从重庆招聘了一批学者，如史岩、苏莹辉等。1945年抗战胜利之后，这些人大多又离开了。1946年后，常先生又招募范文藻、段文杰、凌春德、霍熙亮、孙儒僴、欧阳琳、史苇湘等人先后来到莫高窟，他们成为第一代莫高窟人。这一代人在风沙肆虐、荒凉寂寞的大西北戈壁沙漠中，面对破败不堪的石窟，以及土屋土桌、无电、无自来水、无交通工具、经费拮据、物资匮乏、信息闭塞、孩子不能上学等种种困难，毫不畏惧，以对敦煌文化艺术的无限热爱和倾情保护之心，扎根大漠，含辛茹苦，筚路蓝缕，初创了敦煌石窟保护、研究和弘扬的基业。

常书鸿先生克服了人员和资金短缺的困难，在极其艰苦的工作条件下，白手起家，一边抓保护，一边抓艺术。他带领大家清除了数百年来堆积在三百多个洞窟内的积沙，拆除了洞窟中俄国人搭建的全部土炕土灶，对石窟做了力所能及的初步整修，还募款为部分重点洞窟装了窟门，修建了长1007米的土围墙，有效地阻挡了人为破坏和偷盗，莫高窟得到了初步保护。

与此同时，在缺乏资料和起码的研究条件的情况下，常所长带领大家开始了临摹工作，短短几年就产生了第一批数百件壁画临摹品。敦煌壁画摹本曾在南京、上海、重庆等地举办的敦煌艺术展览中展出。他们还对莫高窟各窟做了更合理的重新编号；对洞窟内容和供养人题记进行全面调查记录；撰写洞窟说明；设置陈列室，展示文物；制定了进窟工作和参观的管理办法。当时在极其艰苦的条件下开展这些工作，是难能可贵的，这为开辟敦煌石窟研究新领域迈出了可喜的第一步。

1955年10月,常书鸿先生在敦煌莫高窟第369窟临摹经变画　敦煌研究院/供图

1950年，敦煌艺术研究所改名为敦煌文物研究所，常书鸿先生继任所长。他以更大的力度针对莫高窟的壁画和彩塑病害、崖体风化和坍塌、风沙侵蚀等严重威胁文物安全的问题，对洞窟中病害严重的壁画和彩塑开展了初步抢救性保护和修复；对裂隙纵横的莫高窟南区危崖和洞窟实施了全面大规模的危崖加固工程，经过加固的莫高窟能承受7级强度的地震，使濒临坍塌的洞窟脱离了险境，得到了妥善保护；为了防止风沙对壁画和塑像的侵蚀，还着手在崖顶做防治沙害的试验。

20世纪五六十年代，是敦煌彩塑和壁画临摹的黄金时期。段文杰、史苇湘、李其琼、霍熙亮、李承仙、欧阳琳、关友惠、刘玉权等前辈画家专心绘事，辛勤工作，临摹了大批敦煌石窟中经典的代表性的壁画。雕塑专家孙纪元、何鄂也临摹了一些经典的敦煌雕塑作品。敦煌研究院现藏的敦煌艺术临摹品大多产生于这一时期。当时临摹的壁画和彩塑，还举办了国内外的展览。敦煌临本的展览，不仅弘扬了敦煌艺术，而且引起了一些专家、学者对敦煌的兴趣，他们从中收集资料，开始了对敦煌石窟艺术和图像的关注和研究。

我1963年来到敦煌的时候，常先生已经开始重视敦煌石窟人文学科的研究。常先生学识渊博。20世纪30年代留学法国期间，他在研究西方绘画艺术的同时，就开始反思中国民族传统艺术，探索中国未来绘画，发表了《巴黎中国画展与中国画前途》一文。在敦煌工作的数十年间，他除了临摹敦煌壁画、创作油画，还撰写了数十篇论文和介绍文章，先后发表在国内外数十种报刊、书籍上。常先生以一位艺术家的敏锐眼光，看到了敦煌石窟艺术在中国美术史上的地位和价值。他认为敦煌壁画以其内容的无限丰富性、强烈的时代性和广泛的人民性，代表着中国古代艺术的精髓。他发表了《敦煌艺术的特点》《敦煌艺术的源流与内容》《礼失而求诸野》《从敦煌艺术看中国民族艺术风格及其发展特点》等论文，较为全面地探讨了敦煌石窟艺术的特点和规律。他眼界开阔，不仅考察了敦煌石窟与龟兹石窟、炳灵寺石窟、麦积山石窟，还把敦煌艺术放在世界范围去认识，发表了《阿犍陀与敦煌：纪念阿犍陀石窟艺术1500周年》。

　　20世纪50年代末，常先生兼任兰州艺术学院院长，60年代初学院被解散之后，常先生就动员了贺世哲、施萍婷、李永宁等一批学文史的师生来莫高窟。后来又吸纳了美术专业的高尔泰、建筑专业的萧默、历史专业的孙修身等一批专业人员。我和马世长作为考古专业人员是在常先生向宿白先生请求下，从北京大学毕业后被分配到了敦煌文物研究所。此时，研究所组建了研究部，下设考古组和美术组。研究所除国画、油画、雕塑专业人员外，还增添了文学、历史、考古、古建筑等人文学科的专业人员。常先生在全所组织了多次学术讨论会，积极筹备召开莫高窟创建1600年的学术讨论会，有力地推动了研究工作的开展。遗憾的是，由于"文化大革命"，研究工作陷入停顿状态。但常先生所做的努力，为后来敦煌文物研究所各项工作的发展开辟了道路。20世纪80年代以来，敦煌文物研究所的学者们发表了一批极有分量的学术成果，引起国内外学术界的关注和好评，其中大部分就是早在60年代就开始了的研究。

段文杰先生与敦煌研究院

20世纪80年代初，段文杰先生接替常老，成为敦煌文物研究所的第二任所长。适逢改革开放时期，甘肃省委、省政府高度重视敦煌文物工作。1984年，敦煌文物研究所扩建为敦煌研究院，段先生为第一任院长。他带领大家利用改革开放的大好时机，增设研究部门，通过大学分配、招聘、调动等各种方式，持续地大力引进各方面的专业人才。如保护方面的李最雄、李实、王旭东、汪万福、苏伯民等，文科研究方面的马德、罗华庆、赵声良、李正宇、汪泛舟、梁尉英、张元林、杨富学、张先堂、杨秀清等，这些专业人员后来都逐渐成长为各自专业领域很有成就的专家，为敦煌研究院的发展做出了各自的贡献。

段先生带领全院职工努力奋斗，把敦煌保护、研究、弘扬的各项事业提升到了新的高度。

他带领全院积极开展国际合作，学习和引进了国际文化遗产保护的先进理念、先进技术、先进经验，积极培养保护人才，保护水平迅速提高。敦煌石窟的保护从过去对壁画的抢救性保护走向科学保护，以真实、完整地保护莫高窟本体及其赋存环境为目标，逐步建立了石窟本体壁画抢救性保护的科学技术体系。这个时期敦煌研究院的保护和修复的科学技术，逐步与国际接轨，在中国古代壁画和土遗址保护研究领域居于领先地位。

段先生接任所长之后，面对我国和我所的敦煌学研究现状焦虑不安。他给研究人员分析了"文化大革命"期间，我国（除港台地区）的敦煌学研究是一片空白，而日、法、英、俄、美等国的敦煌学研究却有了较大发展的现状，并指出：我们只有抓紧时间，急起直追，多出成果，才能赶上国际学术界前进的步伐。要迅速提高研究水平，逐步扩大敦煌文物研究的领域，逐步拿出一批有分量的研究成果，出版一批有一定水平的论文和著作。改变"敦煌在中国，敦煌学在外国"的状况，要为国争光，为改变敦煌学研究的落后面貌而努力！

段先生率先垂范，埋头苦干，除繁忙的行政工作外，还夜以继日撰写研究文章。他先是写出了《早期的莫高窟艺术》《唐代前期的莫高窟艺术》《唐代后期的莫高窟艺术》《晚期的莫高窟艺术》一组论文，后来又对隋代、初唐时期的敦煌艺术进行了一番研究，发表了《融合中西成一家：莫高窟隋代壁画研究》《创新以代雄：敦煌石窟初唐壁画概观》《榆林窟的壁画艺术》等论文。段先生个人的学术研究概括出了一部相对完整的敦煌石窟艺术发展史。段先生把敦煌艺术放在特定的社会历史环境中，深入透彻地探讨了佛教思想、社会环境对石窟艺术发展的影响，并翔实地分析了各个时代敦煌石窟艺术的发展、演变，揭示其艺术发展的内在规律。他对各时期敦煌石窟艺术风格特色的总结，对敦煌艺术的基础理论建设意义重大。

段先生对拓宽研究领域、资料收集和整理、撰写文章、出版书籍等工作做出了全面部署。在他的带领下，经老中青三代研究人员的共同努力，研究院学者除了发表大量学术论文外，还出版了《敦煌莫高窟内容总录》、《敦煌莫高窟供养人题记》、综合精选敦煌艺术及文献的《敦煌》图录、精选的专题论文集《敦煌研究文集》、《中国美术全集·敦煌》(壁画和彩塑各一集)、《中国敦煌壁画全集》(10卷)、敦煌石窟的专题分类《敦煌石窟全集》(26卷)、以研究单个精华洞窟为特点的《敦煌石窟艺术》(22卷)以及中日合作撰写的《敦煌莫高窟》(5卷)和《榆林窟》等一系列出版物。

段先生除积极推动研究和出版外,还十分重视学术交流。在他的领导下,敦煌研究院先后召开了四次国际敦煌学术研讨会,议题涉及敦煌石窟和藏经洞文物的艺术、考古、历史、地理、宗教、民族、民俗、书法等各个领域。

在段先生的倡导下,敦煌研究院从过去以敦煌艺术临摹为主,拓展到石窟考古、石窟艺术、石窟图像、敦煌文献、历史地理、民族宗教等多领域的研究,形成了对敦煌石窟珍贵价值和丰富内涵深度解读的研究体系,产生了一批在国际上有影响力的研究成果。如史苇湘先生对敦煌石窟艺术与敦煌社会历史关系、敦煌艺术美学的深入解读,贺世哲先生对敦煌早期石窟图像的深入考察与解读、对敦煌石窟营造史的总体把握,施萍婷先生对敦煌藏经洞出土文献的编目和研究,李永宁先生对敦煌碑文的考察研究,孙修身先生对敦煌佛教史迹画的系统论述,李正宇先生对敦煌文献从历史、地理、文学、宗教、硬笔书法等多方面的研究,马德对敦煌石窟营造史、敦煌工匠的专题研究,赵声良对敦煌石窟艺术史的系统细致考察,罗华庆、王惠民、张元林、张小刚、赵晓星等中青年专家对敦煌石窟各种造像题材、图像的深入考察解读,刘永增对敦煌密教造像的考察解读,杨富学对回鹘、西夏等民族文献和历史文化的系统研究，张先堂对敦煌供养人文献和图像的综合考察，杨秀清、王志鹏等对敦煌历史文献、文学文献的考察研究，等等，这个科研团队在国内外的学术界引起了广泛的关注与好评。

1982年，在段文杰先生的倡导下，研究院创办了国内最早的敦煌学专业期刊《敦煌研究》，从不定期，到双月刊，又到季刊，研究范围逐步扩大，至今已出版170多期，发表学术论文3400余篇，成为国际敦煌学界最有影响的专业核心期刊。

经过改革开放后四十余年全院同仁的艰苦奋斗和不断创新，改变了"敦煌学在外国"的局面。如今，敦煌研究院已经成为国内外最具影响力的敦煌学研究实体。

季羡林先生与敦煌

季羡林先生青年时代在海外求学，主攻印度学和语言学，中年又投身于中印文化交流史、佛教史研究和翻译工作，晚年开始引领敦煌学研究。1983年，敦煌吐鲁番学会成立，季先生长期担任会长直至去世。我国敦煌吐鲁番学在先生的引领下，走过了三十多年的不平凡历程，打下了坚实基础，收获了丰硕成果，为敦煌学的当代发展做出了重大贡献。

1979年，季先生曾经亲临敦煌考察，由我负责接待他。那时候季先生已经年近七旬，但是精神矍铄，身体健朗，还担任着北大副校长的职务。这次考察，除了对敦煌艺术的研究的关切之外，他还勉励我和敦煌研究院的同仁，要珍惜全社会来之不易的安定团结的大好局面，积极化解和妥善处理"文革"遗留的历史矛盾，努力把敦煌文物保护工作和敦煌学的研究尽快搞上去。此后，我与季先生长期保持联系，在敦煌文物保护、研究等方面经常得到他的教导。

1984—1998年，他率领敦煌学界编写了《敦煌学大辞典》，并亲自撰写词条。《敦煌学大辞典》的出版，对总结国际敦煌学的研究成果并向大众普及敦煌学知识发挥了重要作用。敦煌研究院作为主要参编单位，许多学者参与了大辞典的编写工作。

1988年8月，季先生在《文史知识》敦煌学专号上发表《对当前敦煌吐鲁番学研究的一点想法》一文。他充分肯定了敦煌吐鲁番学会成立后所取得的成绩，同时也提醒敦煌学界同仁，密切关注世界文化大势的纵横开阔，努力跟上伟大时代的前进步伐，加强同世界各国同行们已有的联系，进一步调查整理国内外的资料，提高认识水平和研究水平。放眼全球，用更新的、更广阔的眼光来从事工作，不断提高敦煌学在世界学术之林中的地位。

2000年是敦煌藏经洞发现一百周年，那次会议是敦煌学研究史上规模最大的一次学术会。藏经洞发现一百年非常重要，文化部、国家文物局及甘肃省政府都非常重视。6月28日，我和研究院同仁一起去北京大学朗润园拜访了季老，向季老报告此事并请示面谕。季老那时候已经年近九十高龄了，而且刚刚做完白内障手术，医生要求尽量不会客。但是当他了解到我们是从敦煌来的，马上就答应见我们。

看到我们，季老非常高兴，他说："今天有喜事，我亲手种的荷花今天开了第一朵花。"我向季老报告了敦煌藏经洞发现一百周年纪念活动的筹备情况，并向他送上文化部、甘肃省政府邀请他参加"敦煌藏经洞发现暨敦煌学百年纪念座谈会"的请柬。季老表示因为身体原因，不能参加座谈会，但他十分关心敦煌的文物保护，向我详细了解了敦煌石窟的现状及保护措施。

他对我说："敦煌是中国的骄傲，你们一定要保护好敦煌石窟，最严重的是下层洞窟，要采取措施保护好。"当我告诉他，我们对下层洞窟采取了一系列有效保护措施时，季老的脸上露出了欣慰的笑容。他接着说，"前有常书鸿，后有樊锦诗"，对敦煌文物的保护工作给予高度赞扬。季老的赞扬，常先生是实至名归，我则愧不敢当。但是我理解季老的这番话，它包含了对老一辈敦煌莫高窟人扎根大漠、无私奉献的充分肯定，也是对我们现在的敦煌文物工作者的无限期望和深情勉励。

临别时，他特意亲自送我们到门外，又和我们一起在荷塘边合影留念。后来国家文物局和甘肃省政府授予季先生"敦煌文物保护研究特殊贡献奖"，对季先生多年来对敦煌学的卓著贡献给予高度赞扬。

后来，季羡林先生长期住在301医院，我也曾去看望过他。记得2003年，我到北京的时候去医院探望季老，他一听是我，便让秘书想办法让我进去。其时先生已行动不便，言语低缓，但精神矍铄，思维敏捷，仍然和我谈工作、谈课题、谈敦煌学研究。他那天一再嘱咐我注意自己的身体，令我感动。

2004年，国家文物局和甘肃省政府举办了"敦煌研究院成立六十周年暨常书鸿先生诞辰一百周年"纪念活动。季老因为身体原因未能与会，但他托柴剑虹先生转达了对大会的祝贺及对敦煌研究院全体同仁的勉励。

2006年8月6日是季先生的生日，我曾派《敦煌研究》编辑部的杨秀清前往北京看望他，一来是代表研究院为季老祝寿，二来是想请季老为《敦煌研究》出版100期题词。季先生欣然同意，并且一再嘱咐杨秀清转告我注意休息。过了没几天，就收到柴剑虹先生从北京寄来的季老题词："行百里，半九十。"

每当想到这些往事，季先生的这份关爱之情总会温暖着我。

潘重规、饶宗颐的敦煌情缘 [12]

谈到中国学者对敦煌学发展的杰出贡献，潘重规和饶宗颐二位先生是无论如何都不能不说的。

潘重规先生一生致力于国学研究，对敦煌学用力尤勤，屡赴欧洲各国，披览敦煌写卷，考正辨误，拾遗补阙。他的研究广涉敦煌文书中经学、文学、佛典、语言、文字等诸多领域，其所著《瀛涯敦煌韵辑新编》《敦煌云谣集新书》《敦煌俗字谱》《敦煌变文集新书》《敦煌坛经新书》等论著广受国内外学界推重。他对敦煌学的杰出贡献，得到国内外学术界的高度推崇。1974年，法兰西文学院授予他代表法国汉学最高成就的"儒莲奖"；他本人被法国科学院"敦煌学研究会"聘为名誉会员。1992年，段文杰院长率团赴台，授予潘先生"敦煌研究院荣誉研究员"头衔。

除了敦煌学的研究，他还创办《敦煌学》专刊，开设敦煌学讲席，培植人才，奖掖后进，开拓出中国台湾敦煌学的一片园地。潘先生一生致力于教学事业，桃李满天下。特别令人难忘的是，1990年，潘先生穿越海峡之阻隔，携诸弟子来敦煌莫高窟参加我院主办的国际敦煌学术会议，促进了海峡两岸敦煌学者的学术交流。

饶宗颐先生是在国际学术界享有盛誉的学术泰斗。我有幸与饶公交往多年，亲承教诲，留下了十分深刻而难忘的记忆。饶先生对祖国的历史文化怀有崇高的使命感和责任感，对学术秉持着深厚的敬意与真切的热爱。他家学渊源，学养深厚，终生潜心治学，其治学广博深湛，横无际涯，博古通今，学贯中西，宏通人文学科的十余门学科。他对每一项研究都力求以扎实的文史资料的考证和调查为基础，穷其源流，求真务实，不做蹈空之论。

在敦煌学的许多领域，饶先生都曾做出过原创性的研究和开拓性的贡献。如20世纪50年代他校录、笺证伦敦所藏敦煌本《老子想尔注》这部反映早期天师道思想的千载秘籍，阐明原始道教思想，引发了后来欧洲道教研究的长期计划；他首次将敦煌写本《文心雕龙》公之于世；首次根据英伦敦煌写卷研究禅宗史上的摩诃衍入藏问题；最早提出"敦煌白画"的概念，把散布在敦煌写卷中的白描、粉本、画稿等有价值的材料编成《敦煌白画》一书，填补了敦煌艺术研究上的一项空白；他的《敦煌曲》《敦煌曲续论》是敦煌曲子词研究的先驱之作。此外，他也是研究敦煌写卷书法第一人，由他编撰的《敦煌书法丛刊》（共29册）是最早对敦煌书法予以系统整理和介绍的一部著作，对敦煌书法乃至中国书法史研究影响深远。饶先生被学界誉为当代"导夫先路"的敦煌学大师。

　　饶先生对敦煌深厚的感情，令我和敦煌研究院的同仁永远难以忘怀。1980年，他第一次亲临敦煌考察，写下了著名的《莫高窟题诗》："河湟入梦若悬旌，铁马坚冰纸上鸣。石窟春风香柳绿，他生愿作写经生。"对敦煌历史文化的挚爱之情溢于言表。后来，他被敦煌研究院聘任为荣誉研究员，对敦煌研究院的学术研究工作更是关爱有加。1983年、1987年、2000年，他曾三度亲临莫高窟参加敦煌学国际会议，发表精彩的学术演讲。2000年8月，他第四次来到莫高窟，恰逢纪念敦煌藏经洞发现百年国际学术盛会。饶先生兴奋地赋诗《重到鸣沙山》："东寺能容百丈佛，西关曾贡双头鸡。情牵栏外千丝柳，不怕鸣沙没马蹄。"并将此诗书赠予我院，表达了对敦煌的一往情深。

　　在那次学术盛会上，饶先生以莫高窟对面的三危山为例说明中国西北的山水很有特色，提出中国山水画应有"西北宗"，并答应"为文张之"。2006年，饶先生撰成《中国西北宗山水画说》，发表于《敦煌研究》，在学术界首创中国山水画的"西北宗"之说。

　　饶先生对我这个后学晚辈一直关爱有加。他先后惠赐我《饶宗颐艺术创作汇集》（12册）和《饶宗颐二十世纪学术文集》（14卷20册）。拜读这两部文集，加深了我对饶先生学艺双绝的理解。2009年，饶先生为我亲笔题词："极深研几。"我明白这是他引用《易·系辞上》"夫易，圣人之所以极深而研几也"之语，勉励我在学术研究中要刻苦钻研。我把饶先生的题词挂在办公室的墙上，时时提醒自己。2015年，香港大学饶宗颐学术馆为饶公编辑《选堂集林·敦煌学》文集，来函索序于我。我多次辞谢，竟未获免，只得勉力为之。这使我有机会再次认真细致地拜读了饶先生关于敦煌学的五十余篇论文，进一步加深理解了饶先生在敦煌学领域的学术贡献和治学精神。后来，我撰写了《从敦煌学研究来看饶宗颐先生的治学精神》一文，在2015年12月香港举办的"饶宗颐教授百岁华诞国际学术研讨会"上做了大会发言。

2000年8月，在莫高窟举办的"敦煌莫高窟藏经洞发现暨敦煌学100年纪念活动"期间，国家文物局与甘肃省政府隆重举行了"敦煌文物保护研究特殊贡献奖颁奖仪式"，颁予潘重规、饶宗颐二位先生"敦煌文物保护研究特殊贡献奖"，莫高窟九层楼广场灯火辉煌的颁奖场面至今令人难忘。

为了敦煌学回归中国

敦煌藏经洞文物流散于世界多国收藏机构，这给中国学者的研究带来了极大的不便。新中国成立前，王重民、向达、姜亮夫、王庆菽等学者，艰苦奔波于英法等国的图书馆，忍受刁难，眼观手抄。

改革开放后，国内学者赴国外考察敦煌写卷条件有所改善，但仍然面临许多困难。方广锠为考察英、法、俄、日等国敦煌藏卷，前后奔波历时三十余年。荣新江辗转于世界各国考察写卷。他去德国国家图书馆考察时，善本部只有八个座位，学者们每天要争着去坐那八把椅子。早上进去，中午如果吃顿饭回来，椅子就没了，所以必须每天每次从上午九点坐到下午三点，一直抄，能抄多少就抄多少，根本舍不得留出吃饭的时间。在圣彼得堡的东方研究所，查询时间被严格限定，从开馆待到闭馆，他只带一块巧克力充饥。许多珍贵的研究资料，正是这样一点点被发掘出来的。2011年，敦煌研究院张先堂到法国国家图书馆去查阅敦煌资料，负责敦煌文献管理的蒙曦博士告诉他按照规定，每人每天只能看五件经卷，考虑到他是从敦煌来的，可以优待，每天能看七件，此外只能去看那些在法国国家图书馆网站上公布的数字化的敦煌文献。

在这种情况下，国际上一度流行"敦煌在中国，敦煌学在外国"的说法，这自然极大地刺伤了中国学者的自尊心。让敦煌学回到中国是几代学者的梦想。

20世纪80年代以后，在以季羡林、常书鸿、饶宗颐、段文杰等为代表的老一辈学者的带领下，我国于1983年成立了敦煌吐鲁番学会，有计划地组织全国相关高等院校、科研院所的相关学者奋起直追，广泛深入开展敦煌学各领域的研究。北京大学、首都师大、武汉大学、浙江大学、杭州大学（后并入浙江大学）、厦门大学、四川大学、兰州大学、南京大学、南京师大、西北师大、陕西师大、兰州医学院、天水师专（后改名天水师院）、庆阳师专（后改名陇东学院）、张掖师专（后改名河西学院）等众多院校，中国社科院、国家图书馆、甘肃社科院、四川社科院、宁夏社科院等众多科研院所，都相继成立了敦煌学研究机构，开设了与敦煌学相关的课程，设立了与敦煌学相关的硕士、博士研究生学位点，造就了一支老中青结合、水平较高的敦煌学专业人才队伍，不仅保证了我国敦煌学研究事业后继有人，而且成为国际敦煌学未来的生力军。

经过三十多年的辛勤努力，我国在敦煌学的几乎所有领域都出现了一批研究有素、成果卓著的学者，如在敦煌历史研究方面有宁可、沙知、姜伯勤、陈国灿、朱雷、荣新江、赵和平、郝春文、郑炳林、刘进宝等；在敦煌语言文字研究方面有蒋礼鸿、郭在贻、张涌泉、黄征、江蓝生、许建平等；在敦煌文学研究方面有项楚、柴剑虹、张锡厚、张鸿勋、颜廷亮、伏俊琏等；在敦煌宗教研究方面有杨增文、方广锠、林悟殊、王卡、刘屹、张勇、张小贵等；在敦煌民俗研究方面有高国藩等；在敦煌中医药研究方面有赵健雄、丛春雨、王道坤、李应存、张侬等；在敦煌体育研究方面有李重申、李金梅等。以上不过是举其荦荦大端者，难免挂一漏万。

三十多年来，我国学者在敦煌历史、语言文字、文学、考古、艺术、宗教、民族、民俗、科技以及中外文化交流等学科贡献了数以千计的成果，已在国际敦煌学领域居于先进和领先地位。我们可以骄傲地说，我们已经彻底改变了"敦煌在中国，敦煌学在外国"的落后局面。荣新江教授曾经说："我们已经夺回了敦煌学中心，最大的中心就在敦煌研究院。"我想说："我们从来就没有失去敦煌，因为莫高窟在我们这里。他们搬走藏经洞的经卷和文书，他们搬不走莫高窟！"

1988年8月20日，在中国敦煌吐鲁番学术研讨会的开幕式上，季羡林先生提出"敦煌在中国，敦煌学在世界"的看法，得到了与会学者一致赞赏。[13] 后来，这成为敦煌学发展的指导理论，显示了中国敦煌学者的开阔胸怀。随着中国敦煌学的长足进步和繁荣发展，中国学者已经不再耿耿于怀于"敦煌学在外国"的说法，而是愿意张开双臂，欢迎全世界的学者都来从事敦煌学的研究。

敦煌学的未来

敦煌学已经取得了举世瞩目的成就，但敦煌学还要继续发展。如何在过去一百多年发展的基础上，进一步加强学科体系建设，向广度和深度拓展呢？这是我近些年来经常思考的问题。

第一，百年来的敦煌文献和敦煌石窟研究，已经为我国古代历史、经济、政治、科技、文化、中外交流等方面的研究提供了大量珍贵的资料，丰富和更新了许多关于古代社会历史的认识。但敦煌文献和敦煌石窟的研究还远未开发完，还有很多未知的领域需要去探索。今后一方面需要继续从不同的单一学科微观层面挖掘资料及其内涵，另一方面需要从宏观层面整合诸多学科的力量进行交叉学科研究，从多学科角度深入揭示敦煌文献和敦煌石窟的价值和意义。

要深入拓展对敦煌石窟以及丝绸之路沿线石窟和文化遗产在艺术史方面的研究。以敦煌石窟为代表的中华优秀传统艺术，反映了历代无名艺术家创造的奇迹，这些令无数观众感动的艺术在以前的艺术史里却很少提及。因此，对敦煌和丝绸之路沿线文化遗产艺术史的研究，必将成为中国艺术史的突破口。

要在以往历史学、考古学研究的基础上加强对丝绸之路历史文化的研究，尤其是加强中国西部古代民族文化研究，中亚、西亚及南亚古代文化与中国古代文化交流的历史研究。古代于阗文、吐火罗文、粟特文、回鹘文、梵文、西夏文等民族文字研究被称为"冷门"和"绝学"，但这些冷门和绝学学科往往可以为我们认识古代历史打开新的窗口，成为中国古代史、中西文化交流史研究的突破点。可是，目前我们国内懂得这些语言文字的专家并不多，必须要加强与国内外相关领域专家的合作。

第二，敦煌学研究要进一步挖掘利用敦煌文化遗产资源，以促进中外文化交流，助力"一带一路"倡议的推广。

敦煌文化遗产，是两千多年来印度文明、希腊文明、波斯文明、中亚文明等世界几大文明通过丝绸之路与中华文明交流、汇聚的结晶，体现了丝绸之路沿线许多国家共有的历史文化传统。加强敦煌学的国际合作与交流，可以架设我国与丝绸之路沿线国家文化交流与合作的桥梁，促进我国与丝绸之路沿线国家的民心相通。

敦煌文化遗产，是"和平合作、开放包容、互学互鉴、互利共赢"的"丝绸之路精神"的成功典范。我们要深入挖掘敦煌文化遗产蕴含的"丝绸之路精神"，向国际社会传播、弘扬。

第三，敦煌学的发展不能仅仅局限在学术圈内，要让敦煌文化遗产走出洞窟，走出敦煌，走向全国，走向世界。

习近平总书记指出，"文化是民族生存和发展的重要力量"[14]，要"善于继承和弘扬中华优秀传统文化精华"[15]。我们要深入挖掘敦煌文化遗产的底蕴，使之成为当代文化创新发展的宝贵资源库，在当代文化建设中得到创造性转化、创新性发展。为传承弘扬中华优秀传统文化，滋养国民道德素质，增强民族文化自信心和自豪感，增强民族凝聚力，提升国家形象，实现中华民族伟大复兴发挥积极作用。

〔1〕参见荣新江《敦煌学十八讲》第九至十一讲，北京大学出版社2001年版；刘进宝《敦煌学通论》第五章第三节《国外的敦煌学》，甘肃教育出版社2002年版。

〔2〕荣新江：《敦煌学百年：海外汉学的奉献》，《光明日报》2000年10月20日。

〔3〕同注释〔2〕。

〔4〕荣新江：《敦煌学十八讲》，北京大学出版社2001年版。

〔5〕姜伯勤：《陈寅恪先生与敦煌学》，《广东社会科学》1988年第2期。

〔6〕引自张大千：《对江兆申话敦煌》，《大成》1983年第114期。

〔7〕常书鸿：《九十春秋：敦煌五十年》，甘肃文化出版社1999年版。

〔8〕荣新江：《惊沙撼大漠——向达的敦煌考察及其学术意义》，载《敦煌吐鲁番研究》（第七卷），中华书局2004年1月版，第99—127页。

〔9〕向达先后撰写了《伦敦的敦煌俗文学》(1937) 和《伦敦所藏敦煌卷子经眼目录》(1939) 等文。特别是《伦敦的敦煌俗文学》，总共收录四十余篇敦煌俗文学作品，可以说是利用敦煌文书研究俗文学的"拓荒之作"，为敦煌俗文学研究打下了良好的基础。

〔10〕向达对敦煌地区诸石窟留下了重要记述，如《敦煌千佛洞各窟剥离剋损略表》。此外，还写成多篇有关敦煌和西域考古方面的论文初稿，即后来陆续发表的《西征小记》《莫高、榆林杂考》《两关杂考》《罗叔言〈补唐书张议潮传〉补正》等文，这些成果是他两次考察研究成果和研究方法的集中体现。

〔11〕傅斯年对向达的学术成就评价极高，他说向达是"今日史学界之权威，其研究中外交通，遍观各国所藏敦煌遗物，尤称独步"。

〔12〕郑阿财：《潘重规先生敦煌学研究成果与贡献》，《敦煌研究》2000年第2期。

〔13〕柴剑虹：《高举"敦煌学在世界"的大旗——纪念季羡林会长逝世一周年》，载《敦煌吐鲁番研究》（第十二卷），上海古籍出版社2011年版。

〔14〕习近平：在文艺工作座谈会上的讲话，新华社2015年10月14日。

〔15〕《加快构建中国特色哲学社会科学》，载《习近平谈治国理政》（第二卷），外文出版社2017年版，第339页。

第六章　风雨飘摇的日子

莫高窟人的宿命

　　常书鸿先生主持敦煌艺术研究所工作的时候，是所里生活最艰苦的时候。常先生一家居住在中寺的一套小小的土坯房里。2004年，敦煌研究院为纪念建院六十周年暨常书鸿先生诞辰一百周年，请来了常书鸿先生的女儿常沙娜女士，并完全按照当年的布局和陈设将常先生故居恢复起来。常先生住的房子坐北朝南，中间进门有招待客人的"客厅"，客厅一侧是卧室，另一侧是一个小房间，都被原模原样地恢复出来。常先生住的房子年久失修，在2004年之前我们做了加固维修。本想采用落架维修，但为了保持原貌，使常先生的故居呈现原来的状态，我们还是放弃了落架维修，采取"修旧如旧"的修复方法，使故居完全保持原来的状态。

　　常先生当年的家用物品也如实地保留着。故居的里屋是卧室，外屋是起居室和厨房。卧室里最显眼的是一个土炕，土炕侧壁旁边砌了个小炉子，可以烧些开水。临窗有一个小小的书桌。常沙娜女士说她母亲当年把这个屋子收拾得格外干净有序，还挂了一块咖啡色的布帘作为分隔内外的隔断，帘子下部绣着黄色毛线的边饰。我们就在常先生家的门上安了过去那种帘子，门框上挂个钥匙，细节也力求恢复当年的样子。常先生简陋的办公室外墙已熏黑，也保持了原样不变。我们做这些事，就是想隆重地纪念常先生，敦煌研究院的历史离不开常老这一辈先生们。

看了常书鸿先生的故居后，很多人都非常震撼，真切地感到那时候敦煌的生活太艰苦了。常先生住的房子里，基本也没有像样的家具，床都是土制的，书架也是用土砌起来的。常先生屋里的炕是假炕，上面盖着木板，里面可以放东西，"文革"抄家的时候他就把画稿藏在那里面。维修时土炕已变形，只能让工人钻进去，想办法先把土炕支撑住，再把它扶正。客厅另一侧的小房子里面还有常先生亲手制作的三角脸盆架和一个铁皮浴盆。敦煌当年的条件无法和他以往在巴黎的生活相比。在这样贫困的条件下，为了让妻女不至于太沮丧，做父亲的只能以这样的方式，尽最大力量安顿好她们。

当年的莫高窟几乎与世隔绝，没有现代交通工具，从莫高窟去一趟敦煌县城，要走大半天的路。当时的敦煌就是一个小镇，半个小时就能走完，城里头总共只有两个百货商店，还有一个糖盐局。那时的生活确实非常艰苦，大家住土房，喝咸水，还要在洞窟里临摹壁画，保护修复，调查内容，研究文献。敦煌的冬天极冷，气温一般在零下20摄氏度左右，宕泉河的河水冻结成厚厚的冰层，

1965年的莫高窟中寺旧宿舍　敦煌研究院/供图

1965年,和研究所同事徒步进城　敦煌研究院/供图

工作人员冬天日常用水都得凿开冰层，取冰烧水，冰水不咸，而夏天的河水则又咸又苦。

敦煌研究院的工作人员饮水、洗衣，用的都是宕泉河里的苦咸水。深色的衣服晾干后，上面泛着一道道的白碱。为了解决饮水问题，大家就打井取水，可是井水的碱性也很大，不适应的人喝完就拉肚子。平时吃饭，基本上没有什么新鲜蔬菜。职工住的房子是曾经的马厩。土地、土墙、土灶、土炕、土桌、土凳……土质干燥疏松，地上永远是扫不完的尘土。

每个房间都配有一个壁橱，屋顶是用废报纸糊住的天花板。冬天，平房里没有暖气设备，必须架火炉子，晚上睡觉前要封火。封火是个技术活，封不好火就会灭，到了半夜，屋里的温度就很低。要封得恰到好处，既不费燃料也不会熄火，才能保持夜间的温度，还方便第二天一早生火做饭。我是南方人，所有这些生活常识都要从头学起。有时候睡到半夜感到极冷，起来一看，炉子的火灭了，冻得实在受不了，索性就把所有的衣服都穿上，把能盖的都盖上，再躺下去睡。有时候清早起来要用水，一看水桶里的水都结成冰了。每到夜晚，寒风夹杂着狼的嚎叫，令人不寒而栗。此外，为了防范附近的土匪，工作人员不得不端着猎枪，轮岗值班。

最痛苦的是骨肉分离。常先生后来的遭遇大家也都知道，前妻走了，他只能独自带着两个孩子在莫高窟生活。莫高窟人的命运都非常相似，只要你选择了莫高窟，似乎就不得不承受骨肉分离之苦。从常书鸿先生、段文杰先生、我自己，到后来的王旭东院长，都有相似的境遇。段文杰先生和妻儿也是长期两地分居，他们一家在分别十一年之后，才终于得到了文化部的调令，段先生把妻儿从四川接到了敦煌。2011年4月30日，段文杰先生的灵骨入葬，他们夫妇合葬在了三危山下、宕泉河边，依然守望着他们为之奋斗终生、魂牵梦绕的莫高窟。我和老彭两地分居十九年，在这十九年中，孩子们的教育问题始终得不到很好的解决。我一直说我"不是一个好妻子，不是一个好妈妈"。王旭东决定来到敦煌工作时，向院里提出的唯一条件就是把他妻子也调到敦煌，组织上批准了。但是到敦煌的第二年，他妻子因为对紫外线过敏，不得不带着儿子到兰州生活，在一所卫生学校从事教学工作，从此两地分居。家庭与工作，身心两处不能会合，好像是莫高窟人的宿命。

敦煌的医疗条件长期比较落后，有病不能得到及时治疗，如果发生紧急情况，连救护车也叫不到。有一年夏天，我从考古工地回来，身体感到很不舒服，就去医务室找医生看看。医生说要打青霉素，她问我："你青霉素过敏吗？"我说："不知道。"医生给我做了皮试，半小时之后并没有过敏反应，医生就放心地给我注射了青霉素。注射之后又观察了半小时也没有事，我就回宿舍了。

可是就在回宿舍的路上，我开始感到浑身发冷。到了宿舍已冷得浑身发抖，我把两床棉被都盖在了身上，还是感到非常冷。不一会儿，我就什么也不知道了。当我醒过来的时候，大约已经是晚上十点，只记得屋里很黑。我不能确定自己在哪里。我甚至有一种幻觉，自己是不是已经死了？现在在什么地方，是不是在坟墓里？为什么这么黑！我一摸自己身上，慢慢意识到自己打过针，是打针之后开始发冷。于是又摸摸自己，确定自己没有死。

再看外面，有一星灯光，那是旁边房子里煤油灯的光，昏暗的光照射到了我黑压压的屋子的窗户上。我突然想起来，我屋子旁边住的是一个司机师傅。于是我就使劲爬起来，去敲这个师傅的门，边敲边说："能不能麻烦你帮我把杨大夫给请过来？"这位师傅就把下午给我打针的医生请了来。杨大夫看到我的样子，吓得大声说："这是青霉素过敏，非常可怕！弄不好，就醒不过来了。"那天晚上，杨大夫不放心，把我安置到医务室观察了一夜。

还有一次我感冒了，以为到医务室输液就会好。结果注射了清开灵后不久，我的嘴唇肿起来了，喉咙也难受，原来又是药物过敏了。当时也很危险，嘴都发白了，脸上没有血色。负责输液的那位护士吓得不轻，赶紧拔了针头，做了脱敏、防休克处理，我的嘴唇慢慢开始有了血色。因为我当天还要出差去北京，恢复过来以后，就直奔机场了。

在敦煌的日子里，每每有点不舒服，我就在医务室开点药吃一下。直到现在还是这样。不过我也感到这种状况应该改变，还应该多关心其他工作人员的健康。现在医疗条件比从前好了，我也每年都参加单位组织的体检。

父亲的突然死亡带来的伤痛

父亲给我留下的印象就是对待工作非常投入，下班回家后不是废寝忘食地工作，就是看书。我觉得自己身上也有这股子认真劲儿，可能是受当时社会的影响，也是受到父亲的影响。父亲留在我记忆中最挥之不去的画面，就是手上不离三角板、曲线板、丁字尺、计算尺，弯着腰绘制图纸的样子。

父亲是学土木工程的，也喜欢艺术，爱看书，知识面很广。记得我们有一次从父亲的书架上翻出一套书，非常精致，打开一看都是英文，根本看不懂，因为我们当时学的是俄文。父亲看见了就告诉我们，这是英国莎士比亚写的戏剧，里面有很多哲理。还说将来我们一定要学好英语，这样就可以看很多英文书籍。他还告诉我们可以先找中文的莎剧译本来读，父亲最喜欢的是朱生豪的译本。此外，他还喜欢林语堂，家中有不少林语堂的书，还有不少古书。

在我的印象中，父亲要么看英文书，要么看古文书。小时候他教我们学古文，让我背诵《古文观止》里的文章，如《桃花源记》等。父亲曾对我说："中国人，一定要学好古文，文章要写得好，必须要学好文言文。"我小时候在他的影响下，练书法，听评弹，看中外经典。我的兄弟姐妹们也非常热爱艺术，家里还让小弟学了钢琴。大概也是受父亲的影响，我喜欢看书。有一次我读到北京大学叶朗教授的《文章选读》，里面选了很多好文章。我看这本书时，就想起了父亲，想起他让我们背那些文言名篇。

我的父亲为人低调谨慎，但厄运还是伴随着"文化大革命"到来了。记得是1968年初，有一天我收到弟弟发来的电报，说父亲病故。这事发生得太突然，我毫无思想准备。当时敦煌文物研究所也在搞运动，所以我急急忙忙向组织请假之后就买了火车票回上海。

一路上我暗自思忖，父亲的身体一直很好，从来也没听说他有什么病，怎么会突然就病故了。父亲这样的年龄，一般猝死的话，不是心脏病就是高血压，可是我从来没有听说过父亲有这方面的毛病——越想越觉得蹊跷，怎么好端端的一个人就没有了呢？在火车上，我几天没有合眼。

火车停靠上海站，我的两个弟弟来接我。我一看他们的脸色，就知道父亲不是病故，而是非正常死亡。

两个弟弟一路上沉默不语，没说父亲的死亡究竟是怎么一回事。如果是病故，他们肯定会把病情告诉我的。我越发感到父亲死得蹊跷。到家以后我看到一个文件，那是单位开的死亡证明，赫然映入眼帘的是刺目的两行字："此人自绝于党，自绝于人民。"我才知道是怎么回事。有人把他关押在单位的一个房间里，不让他回家，接连批斗，还轮番审讯。父亲因为不堪忍受这种羞辱，就跳楼了。我一直也不明白，为什么我父亲这样的人会被斗，到底他犯了什么罪？后来才知道斗他的理由是说他私自藏匿枪支，是"反动学术权威"。

父亲走的时候，母亲是家庭妇女，没有工作，家也被抄了，全家人被赶出了原来住的房子，安置到另外一间房子。一家人就蜗居在那间房子里。"文革"期间，连我大弟结婚也都在这个房子里，只能把房子一分为二，大弟的那半边房连窗户都没有。他的就业也受到了影响，街道不给安排工作，最后只能去挖地道，每天回家都是一身水。最可怜的是小弟，父亲在世时最喜欢他，希望有朝一日把他培养成钢琴家。他在上海音乐学院附中读书的时候，学习成绩比较优秀，未来本可以报考音乐学院。父亲去世以后，他当钢琴家的梦也破碎了。"文革"以后,面试的人听说他会弹钢琴,就让他随便挑一首曲子弹奏,不一定非要弹《红灯记》,西洋的曲子也行。这样他总算谋到了一个职业。

父亲一走,全家人的生活没有了着落。面对此情此景,我觉得家里再不能乱了。因我当时只请了几天假,很快就要赶回敦煌,我就把自己工作以来攒下的全部存款交给了我弟弟,一共两百多元,并承诺以后我会每月给家里汇款。临走还嘱咐弟弟们一定要好好照顾母亲,要相信党,最后终会弄清楚,父亲绝对不是"反动学术权威",一定要耐心等待,不要到单位去闹,闹是没有用的。为什么我这样坚信?因为我自己戴过红领巾,入过共青团。高中时老师同学曾动员过我入党,我坚持不入,原因是我内心对共产党太崇敬了。小时候看过吴运铎的《把一切献给党》,非常感动,我一直坚信"共产党员都是特殊材料做成的",我觉得自己根本不够格。"共产党"这三个字在我心里是何其神圣,所以我坚信我的父亲一定会平反昭雪。

没想到,这一等就是十年。

其实我当时申请回家料理后事的事情并不是很顺利,研究所也有人主张不让我回家。我说我必须要回去,因为家里还有一个老母亲,在那种情况下母亲受的打击最大。然而,我从上海一回到研究所,就有人在会上说我是"资产阶级的孝子贤孙",回去"为反革命吊孝"。批我的人不讲道理,我当然据理力争,说因为父亲死了,母亲没有人管,两个弟弟又都没有工作。我说的时候异常冷静,没有掉一滴眼泪。那时,再有委屈只能自己默默地忍受,有眼泪也只能一个人躲在被窝里偷偷地掉。

我整夜睡不着，从此以后我要代替父亲养活全家人。

回到敦煌后，我就每月给上海家里寄钱。那时我刚刚和老彭结婚，但是还没有孩子，每个月一拿到工资就给家里寄去60元，自己留15元生活费。父亲留有遗言，他让我的两个弟弟好好照顾母亲。可是他们当时连工作都找不到，根本没有能力照顾家里。我几次梦见父亲在梦里说要跟我划清界限，但是对于生我养我的母亲，我怎么可以不管。加上我不能在母亲跟前尽孝，所以宁可自己苦一点，也要坚持给家里多寄一些钱。尽管后来我有了孩子，生活也比较拮据，两个弟弟又先后有了工作和收入，叫我不要再给家里寄钱，但我觉得还是该寄。一直到1998年我的母亲去世，我始终没有放下这个家。为什么？因为我不在母亲跟前，我照顾不了家里，我只能以这样的方式尽一点义务，以这样的方式尽一点孝心。

当时，敦煌文物研究所跟全国一样，也在搞运动。研究所的不少前辈也正面临着同样的处境。首当其冲的就是常书鸿先生，他的所长职务被撤了，还经常要挨批斗。我至今不能忘记，常先生被抄家之后，不能住自己的房子，家门钥匙也被没收了。天气越来越冷，他的衣服又比较单薄。他提出要回家去拿厚衣服。我就把他家的钥匙取上，陪着他去家里找衣服。所以有人就认为我同情阶级敌人，阶级立场有问题，认为樊锦诗这人比较"灰色"。什么是"灰色"呢？就是说我的人生观有问题。我当时想，就算是有问题，衣服都不叫人家穿暖吗？就这样让人家挨冻吗？在心里我非常同情这些老先生。

　　我从青年时代就相信共产党，拥护共产党，拥护社会主义，从来没有怀疑过。最后，终于盼来了"文革"结束，父亲终得平反昭雪，还给他落实政策。父亲的成分到底是什么？最后弄清楚了，结论写着"革命工程技术人员"，不是"反动学术权威"，也不是资产阶级。

　　我父亲平反是在1978年，那时我刚把小儿子从农村接回武汉。我知道上海的家人不一定能够很好地面对这件事，所以我一定要回上海去参加父亲的追悼会。在武汉回上海的轮船上，我连夜写了悼文。一到上海，我就和大弟说："你是长子，到时候你要代表全家去念。"后来在追悼会上，我大弟代表全家念了悼词，会后，当着父亲当年的同事和单位领导的面，我冷静地说："我们单位也搞'文化大革命'，为什么我们那里一个人也没死，而你们单位死了好几个，你们当时那样对待我父亲，他的死，难道你们没有责任吗？"事后他们议论说："这家老三的嘴巴很厉害。"我说："我厉害什么？我不过就是说了几句实话而已，我不过是觉得我父亲背负了这十年的污名，这个时候难道不应该让家属，特别是我母亲就我们的遭遇申诉一下吗？也就是让父亲的在天之灵能够得到一些慰藉，这难道也需要遮遮掩掩吗？"

　　现在说起我的父亲，我依然感到心痛。我觉得他就是他们那一代知识分子的样子，懂英文、有学识，他写给学校老师的信，是毛笔小楷，工工整整，对我的老师也是恭恭敬敬。他一生为人谦和，彬彬有礼。父亲那一代知识分子的思想比较纯正，对于功名利禄看得也比较淡。记得父亲生前为我的工作分配给北大领导写信，并让我向领导转呈信件。我没有听他的话，没有转信。他毫不责怪我，相反教育我说：这是你自己的选择，去了敦煌，那你就要好好干！我认为他是一个对国家、对事业有责任感的知识分子，我从心里觉得父亲作为一个知识分子是非常纯粹和高尚的。

现在，我还会常常想起我的父亲，想起他工作的时候那种投入用心的样子。父亲去世之后很多年，我一想起他，眼前总是浮现他弯着腰画图纸搞研究的身影。

简单相信，傻傻坚持

几年前的一天，中欧商学院到敦煌考察，请我去参加他们的会议。我一到会场，就看到大屏幕上写了八个字："简单相信，傻傻坚持。"会议还请我发言，我就说："那屏幕上的八个字，不就是说的我嘛！"当时大家都笑了。

那天演讲时，我就说到了父亲他们那一代人年轻的时候思想非常单纯，我们这一代也还是这样，我们就是相信新中国，相信共产党，相信毛主席。"文化大革命"初期，毛主席说你们是"文化大革命"的革命小将，要关心国家大事。我也积极参加"文化大革命"。但是我从来没有去打过人，也没有参与过抄别人的家，因为我想打人和抄家是犯法的，这怎么能行呢？当时的革委会说你们是学历史、学考古的，你们擅长整理资料，你们就去整常书鸿的材料。结果材料整出来又说材料整得不太好，嫌不够上纲上线。

现在回想"文革"期间发生的很多事情，都觉得不该这样做，但是当时的情况就是这样。一直到1971年，林彪坠机事件发生之后，我才开始对好多自己曾经相信的事情产生了怀疑。"文革"后期，一会儿"批孔"，一会儿"批邓"，让我反思了很多事情。反思的结果是，希望赶紧恢复停滞多年的业务，希望单位内部不要再搞批判斗争，不要再互相指责，任何时候不能再把枪口对准自己的同事了。当时我嘴上不说，心中还是有点数的。有人说我阶级立场模糊，阶级路线不清晰，说当年常书鸿是给大家"找窝下蛋"，我现在干脆是给人"铺窝下蛋"。我听过就算，也不放在心上。当时，我自己认为邓小平复出实施整顿有道理，不理解为什么又要"批邓"。我想不管怎样，在研究所内部都绝不能再发生互相上纲上线、检举揭发"窝里斗"的事。有一点我特别清楚，就是之后遇到任何问题一定要打个问号，不能盲目轻信。任何时候千万不要跟着风乱转，这个教训太大了，这都是我后来慢慢体会到的。这以后，我遇到任何事情都会不自觉地打个问号，问个为什么。

等到"文革"结束，大家真的是迎来了一个春天，敦煌也迎来了春天，终于可以放开手脚，恢复研究所的业务了。再后来，改革开放来了，市场经济也来了。我们有思想准备吗？经济大潮给文物保管工作带来了许多新问题，社会发展得太快了。

父亲走了以后，我们一家骨肉分离，天各一方。当时，我和老彭刚刚结婚不久，老彭在武汉，我处理完父亲的后事就回到敦煌。那段时间我比较迷茫和痛苦，感到自己一无所有，离开故乡，举目无亲，就像一个漂泊无依的流浪者。在时代和命运的激流中，从繁华的都市流落到西北的荒漠。每到心情烦闷的时候，我就一个人向莫高窟九层楼的方向走去。在茫茫的戈壁上，在九层楼窟檐的铃铎声中，远望三危山，天地间好像就我一个人。在周围没别人的时候，我可以哭。哭过之后我释怀了，我没有什么可以被夺走了。

但是，应该如何生活下去呢？如何在这样一个荒漠之地，继续走下去？常书鸿先生当年为了敦煌，从巴黎来到大西北，付出了家庭离散的惨痛代价。段文杰先生同样有着无法承受的伤痛。如今同样的命运也落在我的身上，这也许就是莫高窟人的宿命。这样伤痛的人生，不是我樊锦诗一人经历过。凡是历史上为一大事而来的人，无人可以幸免。

每当这时，我都会想起洞窟里的那尊禅定佛，他的笑容就是一种启示。过去的已经不能追回，未来根本不确定，一个人能拥有的只有现在，唯一能被人夺走的，也只有现在。如果懂得这一点，就不能也不再会失去什么了，因为本来就没有拥有什么。任何一个人，过的只是他现在的生活，而不是什么别的生活，最长的生命和最短的生命都是如此。对当时那种处境下的我来说，我没有别的家了，我只有莫高窟这一个家。我能退到哪里去呢？如果是在繁华的都市，也许还可以找个地方去躲起来，可是我已经在一个荒无人烟的地方，还有哪里可以退，还有哪里可以躲呢？退到任何一个地方，都不如退入自己的心更为安全和可靠。

那段时间我反复追问自己，余下的人生究竟要用来做什么？留下，还是离开敦煌？没有任何人能够阻止自己按照自己的意愿去生活。我应该成为一个好妻子，一个好母亲，我应该拥有一个完整的家庭，应该有权利和自己的家人吃一顿团圆的晚饭。没有我这个家就是不完整的，孩子们的成长缺失了母亲。但是，在一个人最艰难的抉择中，操纵着他的往往是隐秘的内在信念和力量。经过了突如其来的很多事情，经过了与莫高窟朝朝暮暮的相处，我已经感觉自己是长在敦煌这棵大树上的枝条。离开敦煌，就好像自己在精神上被连根砍断，就好像要和大地分离。我离不开敦煌，敦煌也需要我。最终我还是选择留在敦煌，顺从人生的必然以及我内心的意愿。

此生命定，我就是个莫高窟的守护人。

我已经习惯了和敦煌当地人一样，日出而作，日落而息，年复一年、日复一日地进洞调查、记录、研究。我习惯了每天进洞窟，习惯了洞窟里的黑暗，并享受每天清晨照入洞窟的第一缕朝阳，然后看见壁画上菩萨的脸色微红，泛出微笑。我习惯了看着洞窟前的白杨树在春天长出第一片叶子，在秋天又一片片凋落。这就是最真实的生活！直到现在，我每年过年都愿意在敦煌，只有在敦煌才觉得有回家的感觉。有时候大年初一为了躲清静，我会搬上一个小马扎，进到洞窟里去，在里面看看壁画，回到宿舍查查资料，写写文章。只要进到洞窟里，什么烦心事都消失了，我的心就踏实了。

有人问我，人生的幸福在哪里？我觉得就在人的本性要求他所做的事情里。一个人找到了自己活着的理由，有意义地活着的理由，以及促成他所有爱好行为来源的那个根本性的力量。正是这种力量，可以让他面对所有困难，让他最终可以坦然地面对时间，面对生活，面对死亡。所有的一切必然离去，而真正的幸福，就是在自己的心灵的召唤下，成为真正意义上的那个自我。

他们成了猪倌和羊倌

"文革"的时候很多老先生都被赶出研究所，下放农村劳动，等于是被开除了公职。段文杰、史苇湘、欧阳琳、孙儒僩、李其琼，都是莫高窟的"老人"。他们在"文革"时期都有一段辛酸的经历。

段文杰先生1946年来到敦煌。50年代，段先生担任过一段时间的代所长，他主持的临摹工作做得有声有色。80年代初，段先生接替常老，任敦煌文物研究所的第二任所长。段先生不仅具有坚实的国画基本功，在敦煌壁画临摹和敦煌艺术研究方面也有很高的专业水平。段先生身居大漠，志存高远，数十年如一日，在钻研学术的道路上，孜孜不倦，殚精竭虑，潜心于敦煌艺术的临摹和研究。

据段先生回忆，他刚到莫高窟时，洞窟所依附的石崖破败，已经无法攀登，只有用"蜈蚣梯"才能进入洞窟，一不小心还会从梯子上摔下来。那时的莫高窟没有电，只有靠"借光法"，就是用镜子在洞外把阳光反射到洞内的白纸板上，这样整个洞就敞亮起来。那些无法采用"借光法"的洞窟，只能"秉烛作画"。段先生临摹的过人之处在于，不是就临摹而临摹，就绘画而绘画，而是在深入研究的基础上进行临摹。他常说临摹也是研究。他的临摹壁画经验，一直沿用至今。

然而在50年代"反右"运动中，段先生是重点批斗的对象，遭到了极不公正的对待，承受了精神上和生活上的双重压力。但他凭着宽阔的胸怀和无私奉献的精神，始终没有倒下去。在三年困难时期，他曾因为长期营养不良和过度劳累，身体浮肿。段先生在敦煌城里上学的儿子段兼善正处在长身体的年纪，每个月的粮食定量不足，妻子龙时英不得不省吃俭用，为儿子晒馍干，还养了兔子，为段先生调理身体。"文革"时期，段先生又被赶到乡下养猪，当了猪倌。

史苇湘和欧阳琳都是四川人，夫妇二人都毕业于四川省立艺术专科学校。他们在1947年、1948年先后来到敦煌，主要从事敦煌石窟壁画的临摹和研究。史苇湘是敦煌学研究专家，曾任敦煌文物研究所资料中心主任、研究馆员。他是敦煌石窟研究的开拓者之一，是最早运用艺术社会学理论研究敦煌石窟艺术的学者。他首先发现了佛教史迹画的题材内容，首次发现了虽有史书记载却没有留下实物的曲辕犁图像，首次排比出23个北周窟，纠正了6个唐代窟编年的错误，被研究所同行誉为敦煌石窟的"活字典，活资料"。他生前出版的《中国敦煌壁画全集6：敦煌·盛唐》，还有2002年出版的遗著《敦煌历史与莫高窟艺术研究》，都是敦煌学术史中里程碑式的著作。

史苇湘先生在抗日战争期间曾有参加远征军的经历，在后来的动荡时期里，过去那段为了国家浴血奋战的经历，却成为他遭到批斗的理由。1970年左右，他被勒令转移户口，下放到敦煌县黄渠公社劳动。他的妻子欧阳琳虽然没有下乡，但也在接受改造之列。因为不敢送别自己的丈夫，只能让女儿史敦宇看着父亲拖着行李离开，等史先生走到下寺的时候，她瘫倒在地上失声痛哭。

史苇湘在黄渠公社放羊，这个曾深受张大千赏识的年轻才子，一夜间变成了一个沉默的羊倌。他没有书可以读，没有壁画可以临摹，唯一的任务就是琢磨怎么把羊养得更肥。他常常把羊群赶到碱湖滩上，然后找个土墩坐下，凭借记忆做些笔记，思考不同时代壁画的异同。史苇湘先生的古典文学修养很好，最喜欢苏东坡，放羊的时候，也许他会想到被贬至黄州的苏东坡吧。蛰伏放羊的这段时间，他居然发现和确定了敦煌藏经洞文献《沙州都督府图经》和《沙州地志》里记载过的西汉时期敦煌效谷县城的原址。

欧阳琳先生专注于敦煌石窟图案的临摹和研究。她临摹的敦煌壁画曾多次在海内外展览过，并被收入日本、法国出版的图录《中国敦煌壁画》。她从藻井、平棋、人字披、边饰、龛楣、圆光、华盖、幡幢、桌帏、地毯、地砖、香炉的图案纹样中，寻找植物纹、动物纹、天人、飞天、神灵异兽、龙、凤的独特含义。她的主要著作有《敦煌线描集》（合著）、《敦煌图案》（合著）、《敦煌图案临摹本》（合著）、《敦煌壁画解读》、《敦煌图案解析》、《感悟敦煌》、《史苇湘、欧阳琳临摹敦煌壁画选集》等。

孙儒僩、李其琼夫妇也是四川人。孙儒僩1947年到敦煌艺术研究所工作，是莫高窟当时唯一一个专业的建筑人才，主要负责考察、加固随时可能出现危险的石窟，并负责治沙的工作。他还长期从事壁画建筑资料的临摹、整理，洞窟测绘，石窟加固和保护等工作。他后来担任敦煌研究院保护研究所所长、研究馆员，甘肃省文物鉴定委员会委员，甘肃省文化厅文物保护专家组成员。他参与编写了《敦煌艺术全集·石窟建筑卷》、《敦煌艺术全集·建筑画卷》及《敦煌学大辞典》中关于敦煌石窟建筑的词条。李其琼1949年毕业于四川西南美专西画科，1952年从部队复员后到敦煌文物研究所美术组，临摹壁画。她曾任敦煌研究院美术研究所副所长、研究馆员。她临摹壁画的水平很高，把握住了唐代壁画艺术精髓的完美境界，特别是把握住了唐代壁画中线描和色彩的神采气韵。莫高窟唐代第329窟佛龛内的《乘象入胎》和《夜半逾城》，第220窟的《帝王图》，等等，都是她临摹的杰作。她还参与编写了《中国敦煌壁画全集7：敦煌·中唐》、《李其琼临摹敦煌壁画选集》、《敦煌艺缘》（文集和画集）等。

在"文革"中，孙儒僴、李其琼夫妇被遣返回四川新津县老家，在那里参加公社水电站的修建。水电站还没建好，敦煌文物研究所的军代表就赶到四川，要求孙儒僴夫妇三天内收拾好行装，返回敦煌工作。

李贞伯从前和徐悲鸿同时举办过个人画展，曾任教于国立北平艺专（中央美术学院的前身），1953年参与了首都天安门广场人民英雄纪念碑美工组的工作。他1954年调到敦煌文物研究所后，完成了《敦煌画库》（12册）、《敦煌艺术丛书》（6册）、《敦煌彩塑》、《敦煌壁画》等作品的摄影工作。万庚育1946年毕业于国立中央大学艺术系油画专业，曾任教于国立北平艺专。1954年，她随同丈夫李贞伯到敦煌后，就再也没有离开。她在敦煌的壁画临摹和分期断代方面做过重要的贡献，出版有《中国敦煌壁画全集9：敦煌五代·宋》《万庚育临摹敦煌壁画集》，并发表多篇论文。

李贞伯一度被认为有海外关系，夫妇俩都遭到了批斗，被隔离居住，各自放羊，不能见面。"文革"期间，万庚育不仅要放羊、喂猪，还要照顾寓居在下寺的两位老喇嘛，直到他们去世。

毕可毕业于鲁迅美术学院，后来转入中央戏剧学院舞台美术设计专业。他来敦煌后，担任常书鸿先生的秘书，主要工作是负责临摹敦煌石窟的壁画。他是个心直口快的人，又是搞艺术的，有时难免会得罪人。

毕可在1957年的时候，被扣上"右派分子"的帽子，送去接受劳动改造。其实后来，组织上认为毕可的问题并不是什么严重的问题，甘肃省文化厅指示其继续留任原单位接受批评教育。但是由于种种原因，毕可本人并不知情，所以他仍然一无所知地继续接受劳动改造。听说他去劳动改造的时候还带了画册、画架和画布，坚持画画，希望有一天能够重回莫高窟临摹他喜爱的敦煌壁画，从事他热爱的绘画事业。可惜他后来在改造期间去世，年仅三十岁。

1978年，党中央英明决策，给过去的冤、假、错案该平反的平反，该落实政策的落实政策。

毕可的女儿和女婿从山东来敦煌文物研究所找常书鸿先生，想为自己的父亲平反昭雪。虽然那时我是研究所的副所长，但是为了长期分居的家，我心里是想着离开敦煌的，所以我本不打算管毕可这件事情。可是这小两口因为见不到常先生，就找到了我，问我："你是不是樊副所长？"我说："是。"我知道他们就是为了父亲的冤案平反来的，我说你们不用说了，你们父亲的冤案我知道。按中央的政策，省里已决定要给你们父亲平反昭雪和落实政策。

当时我没有办法袖手旁观，就把为毕可举办追悼会这件事情担了起来。

常所长问我，追悼会怎么开？我回答说，为毕可平反开追悼会，我们研究所应该把它办好。这是对毕可沉冤的公开平反昭雪，对毕可的亲属是慰藉，对毕可的山东父老乡亲们和研究所的同仁们也是个交代。

举行追悼会的那天，常先生和研究所的所有同仁都来参加。追悼会会场，正面挂了毕可遗像，两侧悬挂着同仁们写的挽联，放着同仁们做的花圈，桌上放置着毕可的骨灰盒（因为毕可的尸骨已无法找到，他女儿就从改造地捧了把黄土回来，和他的遗物一起，放入骨灰盒内）。追悼会上，除了研究所的悼词，也安排毕可的女儿代表亲属发了言，表达了他们对父亲的追思。追悼会结束后，常先生和所有参会的研究所同仁，陪同毕可的女儿女婿将骨灰盒送到三危山下宕泉河旁边的山坡上，面对着莫高窟，安葬在研究所故世同仁们的墓地。

后来毕可的女儿女婿来和我告别。我说："你们父亲是不幸的，可以告慰的是现在他的沉冤终于正式平反了。回去跟山东的父老乡亲们说，请他们放心！我已向文化厅汇报，给你们这次来敦煌申请了误工补贴和返程的卧铺票，一路好好休息休息。"

一副追念毕可同志的挽联是这样写的：

胶东红缨，沂蒙烽火，京沈学子，敦煌新芽。
追思金戈：少年昔日风华安在？堪肠断，山东父老！

正义虽申，沉冤难泯，孤女寻父，沙碛渺茫。

悲问莫高：冤魂今夜游归何处？可痛哭，河西英灵！

莫高窟没有被破坏是个奇迹

许多人都问我，莫高窟在"文革"期间有没有遭到破坏？

当时在全国范围内"破四旧"，导致很多文物和古迹破坏极其严重。大家都在想，莫高窟能幸免吗？

当时敦煌文物研究所的同仁们确实非常担心红卫兵进洞窟搞破坏，因为洞窟里面都是泥塑和壁画，根本经不起折腾。但是，"文革"期间敦煌文物研究所没丢一本图书，没有一幅壁画和一尊彩塑被破坏。这不能不说是一个奇迹。

很多人不解，一些外国记者也经常问我。我说，你们可以自己去看，眼见为实，确实一点都没有被破坏。我想这里有两个原因，第一个原因是："文革"初期，中共中央《关于在无产阶级文化大革命中保护文物图书的几点意见》中明确指出，"各地重要的有典型性的古建筑、石窟寺、石刻及雕刻壁画等都应当加以保护"，这个文件我们研究所的同仁都知道。红卫兵不知道文物保护的重要性，我们是干文物工作的，首要任务就是保护洞窟及其文物。第二个原因是："文革"中敦煌文物研究所内部虽然也搞派系，但是在保护文物的问题上，大家都毫不含糊，达成了基本的共识——无论在什么时候，个人可以去莫高窟以外的地方参加活动，但是绝对不能把武斗引进来。谁要是引进武斗，破坏了文物，要负法律责任。

虽然当时研究所总共48个人还分了16派，甚至有的一人就宣布是一派，并且各派之间也都写大字报，互相攻击，互相批判，可对于洞窟保护和绝不把武斗引入的想法是基本一致的。因此尽管也有各派之间的"窝里斗"，但是始终没有发生任何破坏文物的事件。

当时，大家最害怕的就是外面的红卫兵来破坏敦煌莫高窟。为了未雨绸缪，防患于未然，敦煌文物研究所对重要洞窟采取了特别的封洞措施，以防真有打砸抢事件发生。

果不其然，有一天，一队红卫兵来到了莫高窟。

整个研究所一下子非常紧张，我和当时所里的几位领导就去跟红卫兵斡旋。我们对来者说，这儿的洞窟、壁画和彩塑，不是"四旧"，而是重要的古代文明的遗物。国家也有规定，要保护文物。我们这么说，是希望能做做这些年轻人的工作，希望他们保持冷静和理性。没想到这群年轻人说："你们不要紧张，我们就是来敦煌看看。"我心里一下就明白了，这应该是一群借"串联"之机，溜到敦煌来看莫高窟艺术的首都学生。

但是，他们提出要进洞参观，让不让他们进？让他们进，万一他们在洞子里心血来潮，趁机破坏怎么办？棍子抡起来，根本不要使什么劲，那些泥塑就完了。如果不让他们看，也许会激怒这些人。今天走了，明天再带领一帮人来怎么办？我暗自想，兴许这些年轻人和当年的自己一样，非常向往敦煌这个地方，好不容易来了，希望看看莫高窟的艺术，那不妨就先让他们在一般的洞子里看看。于是就派专人陪他们去看洞。我心里想好了，陪同的作用有二，一来可以随时防止破坏行为，二来说不定可以化敌为友。

红卫兵们一看我们特别郑重其事地派专人给他们讲解，大受感动。一方面感动于研究所的"热情接待"，另一方面也感动于石窟艺术的魅力。于是，我们就趁热打铁，和对方达成了一个"协议"，由双方联合写小字报，打印出来在敦煌的马路和车站到处张贴。小字报的主要意思是：首都红卫兵团已和敦煌文物研究所造反派联合起来，共同保护莫高窟，其他企图在此造反的兵团，你们就不能再过问了！这个联合小字报"协议"真的起了作用，其他造反兵团看到已经有首都红卫兵团进驻，便不再过问了。

正是因为我们主动与首都红卫兵团联合写小字报宣传文物保护，加之提前做好预防工作，很多重要洞窟在当时都被封闭保护起来，一直持续到"文革"结束，洞窟都没有遭到一丝一毫的破坏，莫高窟得以保全。

那段时间真是如履薄冰，想想都后怕！因为只要有一个人出头，拿一根棒子，进到洞窟里，那洞窟文物就完了！我们担心红卫兵破坏，担心武斗，怕洞子被砸。好在当时研究所内部只有一个人到外面去参加武斗，也并没有把外面的武斗引到莫高窟来。研究所总共48个人，没有一个人那样做。

但是分裂成16派的48个人，经常有小范围的相互抵牾和攻击。比较严重的就是研究所的红卫兵对所谓有种种历史问题的人的揪斗，常书鸿先生首先受到冲击。常先生从兰州被揪回敦煌来，站在台上挨斗。段文杰先生也被扣帽子，同样是重点批斗的对象。当时，常先生和段先生等在新中国成立前工作的人，几乎都被揪了出来，家也都被抄了，且还在继续一个又一个往外揪人，进牛棚的人越来越多。我和观点相同的同事在一起分析推测研究所的形势，我估计再揪几个人之后，有可能就要轮到我自己了，我有心理准备。我心里明白，一是，父亲刚刚出事不久，留着他的信，如被抄走，有人可能会借此做文章；二是，有一个同事被揪了出来，他的宿舍同样也被抄了。他在被揪之前将一本反映第二次世界大战的画册存放在我这里，画册中有丘吉尔、斯大林、罗斯福、蒋介石等人物的照片。这本画册一旦被造反派发现，他们必然会大做文章，上纲上线。留着这样的画册，万一被抄家就非常危险。在这样的时刻，必须事事谨小慎微，以防万一。所以，我趁着夜深人静的时候，就把同事存放在我这儿的画册，以及祖父和父亲给我的所有信件从床底下找出来，全部烧掉了。

一般人在"文革"中难免做些从众随大流的事情，大多数人也是应付一下，甚至口头上附和着参与一下，这可以说是情有可原。因为随着"文革"的声浪不断被推高，任何人都不能逃脱这个命运，所有人都要参加运动，不想参加也不行。今天说某个人有问题，就必须批判他；明天说你有问题，大家也得批判你。人人都知道，这是大趋势，可以理解。但有的人并不是被动地参与"文革"，而是有意借这个机会整人，这一类人有人格的缺陷。面对同事之间互相揪斗，妻子揭发丈夫，儿子揭发父亲，至亲的朋友相互检举，一切伦理道德仿佛一夜之间分崩离析。人性中的恐惧或妒忌，在一种公开的场合中被催化发酵。其实大家都是"文化大革命"的受害者，但是有的人就看不清这一点。看到其他人在受罪，有些人就感到莫名的兴奋和快乐，还要加以嘲笑和欺辱。有些人想利用"文革"牟利，加之一种野心的内在驱使，为了满足个人欲望不惜把别人拖进泥潭，甚至落井下石。还有一些人在"文革"之后，开始以历史审判者的语气和姿态写文章。但事实是，他所说的历史、历史中的人和事，基本上都是假的，是自己编造的。

经历了那个风雨飘摇的动荡年代，我认识到从前的自己太傻，太单纯。但是我很庆幸在那段艰难的日子里，我的内心始终有着自己的道德律，即便是父亲的非正常死亡，也没有让我失去理性。我更加深刻地意识到父母和北大给予我的教育，在人生最黑暗的时刻显示出真正的意义。

一个知识分子在任何时候都要保持理性和良知，绝对不能乱跟风，今天刮东风就被东风吹着跑，明天刮西风就被西风吹着跑。我们这些人从四面八方来到敦煌，都是为了莫高窟的文物保护事业而来，我们最重要的事情就是发挥好自己的作用，把这一件事做好，把我们自己的业务搞好。不要你整我，我整你，就像《红楼梦》里王熙凤说的，"一个个像乌眼鸡似的，不是你吃了我，就是我吃了你"。不然最后我们都将一事无成，把莫高窟毁了，也把自己毁了。跟着乱转就要付出代价。

回顾这段历史，最可惜的就是大量时间都荒废了，没有用于学术研究和业务提高。1972年我担任敦煌文物研究所考古组负责人之后，仅和老同学马世长合写了《莫高窟发现的唐代丝织物及其他》以及《敦煌甜水井汉代遗址的调查》这两篇论文。和很多学者一样，我真正的学术生涯都是从80年代后才开始的。这不能不说是一种历史的遗憾。

保护、研究、弘扬中华民族优秀传统文化——敦煌莫高窟，是国家交给敦煌研究院的重要使命。作为保管机构，在任何时候一定要有主心骨！在历次决定敦煌命运的关键时刻，敦煌研究院之所以能够使石窟保管工作沿着正确的道路前进，不仅因为依靠了国家的法律和法规，更在于大家始终坚持担当使命不动摇。

第七章　敦煌的女儿

报告文学《敦煌的女儿》

1984年1月3日,《光明日报》发表了一篇题为《敦煌的女儿》的文章,引起了大家的关注,而这对于当时的我来说,简直是个沉重的负担。这篇文章是怎么发表的? 他们为什么要找我呢?

事情还要从1983年8月第一次在兰州召开敦煌学国际学术研讨会说起。当时"文化大革命"虽然已经结束数年,但是学术界还处于较沉寂的状态,所以当时召开这样一个国际学术会议,大家特别重视。这次会议的规模很大,不仅请来了国内外许多敦煌学的著名专家学者,而且请来了中宣部、教育部和甘肃省委的领导。就是在这次会议上,有一位领导同志表扬了我,说我是新中国自己培养的知识分子。

没想到,到了9月,突然来了《光明日报》的几位记者,说是要采访我,报道我的事迹。我说我没有做过什么了不起的事,没什么可报道的，还是不要写了，如果实在要写就写写别的老先生。在我看来，记者更应该去报道常书鸿、段文杰等老一辈莫高窟人。结果记者说，我们是专门来采访你的。我就想方设法说服他们不要采访我，表示自己不愿被报道。晚饭后，他们邀我出去散步，我想散步可以，那就一起出去走走吧。我与他们一起在莫高窟前面的林荫路上散步，边走边聊，逐渐地，他们跟我聊起了家常，问我什么时候来敦煌的，怎么来的，爱人干什么工作，有没有孩子……我后来想想，自己确实太傻，从未接受过采访，不知这其实就是记者的采访，还以为就是聊聊天，拉家常。我毫无防备，他们问什么，我就答什么。当时我没有想到，家常事也可以被拿去写报道，真是没有任何察觉。

散步后，他们又到我宿舍里坐了一会儿。一位年轻的女记者名叫吴晓民，无意中看见我书桌上放着一封信，信是孩子写来的。她提出能否看看这封信。我想孩子的信也没有什么秘密，想看就看吧。这封信是1983年7月4日我大儿子予民写来的，信上说："妈妈，我们学校已考完试，放暑假了。我这次考得不好，英语开了红灯，我很惭愧，也很着急。原想利用暑假好好补习一下。可爸爸又要带学生出去考古，这一走又是半年。妈妈，您什么时候才能调来？您明年一定调回来吧！妈妈，我想你啊……"看过孩子的来信，吴晓民忽然说："有了。"我问什么有了？她说，本来我们想从正面写你的，现在我们就写你是怎么来敦煌的！此时我才恍然大悟，原来记者邀我散步是为了采访，自己上当了，可是为时已晚！这时，我还是与他们商量能不能不要报道。他们回答，不行，我们专程来敦煌，就是为了采访你，这是领导布置的任务，我们一定要完成任务，不能空手而回。到了这个份上，我已无法拒绝。因为在事实上，我已经"接受了"采访，再拒绝已无济于事，好在我是实话实说。这时，我向主笔的吴晓民提出条件，希望不要按照他们的什么"需要"来塑造我这个人物，我平平常常、普普通通，千万不要把我写成"金刚力士"。而且，我还要求他们写完后，必须给段所长和刘书记审阅，他们答应照办了。后来，他们还给我看了稿子，征求我的意见，问我事实有无出入。

这些年轻的记者没有想到，两个新中国培养的北京大学毕业生，响应祖国的号召，各自选择了最艰苦的地方，一个在武汉大学创建考古专业，一个在西北荒漠做石窟保护。两人为了工作，长期分居两地，根本无法顾及孩子的教育。这些事情深深触动了他们。不久之后，一篇题为《敦煌的女儿》的长文就刊载于《光明日报》。这篇文章是以整版形式刊登的，老彭看见了，宿白先生看见了，住在宿白先生对面的邓广铭先生也看见了。据说，宿白先生对邓广铭先生说，报上谈的基本上还符合事实。我过去的老师和同学们也都看到了，我自己却没有看到。直到几个月后，有人提起这篇文章，我才知道自己一夜之间成了"名人"。

其实，当时我心里并不是很兴奋。因为很多事情我一直藏在心里，不愿向外人去说。而现在自己的家事几乎全国上下都知道了。"敦煌的女儿"这样一个美名，那时也让我倍感不安和压力。

从北大到敦煌

我是58级北京大学历史学系考古专业的学生。考古虽属历史学科范畴，但因研究对象是古代留存的各种遗迹和遗物，所以考古的方法和手段与历史学主要运用历史文献进行研究有所不同，必须采用科学的田野调查、发掘，并对发掘揭示的遗址和遗物进行记录、整理和研究。也就是说，没有野外考古的实践和锻炼，就谈不上学会了考古。因此田野考古实习和专题考古实习是考古专业学生必不可少的功课。

我们58级考古专业的学生，一至三年级参加过三次野外考古实习。1962年下半年，是我北大毕业前最后一次专题考古实习。宿白先生是我们敦煌实习组的指导教师。

宿先生当时上的课程是三国至元代的各代考古，涉及广泛而复杂的古代社会文化。与我实习有关的中国历史考古学中的一个分支——中国石窟寺考古学，是由宿先生建立的。他调查研究了全国各地的石窟寺，首创以科学的考古学方法调查、记录和研究中国石窟寺遗迹，打破了过去仅限于从美术史角度研究石窟寺状况的传统。他为中国石窟寺考古学的发展，做出了重大贡献。

宿先生按照考古学的方法，指导段鹏琦、马世长、谢德根和我对莫高窟的几个典型洞窟进行实测和记录。令我感到特别幸运的是，在敦煌文物研究所还听到了宿先生讲授的《敦煌七讲》，这是他建立中国石窟寺考古学体系的首次讲授，同时也为敦煌石窟的考古研究奠定了理论和方法基础。

莫高窟的毕业考古实习，一直影响着以后我对敦煌石窟考古的研究工作。

1962年，我们的毕业实习结束之后，敦煌文物研究所向北大提出，希望我们这些在莫高窟实习的考古专业学生毕业后到那里工作。1963年毕业分配，马世长和我被分到敦煌文物研究所工作。

上大学的时候，学校本来要给考古专业的同学开设艺术类的课程，原本请了徐邦达先生来上课，但是后来由于种种原因，没有开成这门课程。在校期间主要还是侧重考古专业的学习。到了敦煌才发现，不能不懂佛教艺术和绘画。所以，我们在业余时间就跟着段文杰先生、史苇湘先生学艺术。记得有一次，段文杰先生让我们看一个人物袖子上的线条妙在哪里，我那时根本看不出线条的好坏，也说不出个所以然来。段先生就给我们讲中国画线条的神韵，当时觉得很玄奥，线条里面居然有这样的学问。时间长了，慢慢就发现，不同画工笔下的线条千差万别，一些古代画师的技艺确实了得。在敦煌的老先生们的指导下，我懂得了从绘画中品味笔法、节奏和气韵。

我刚去敦煌的时候，同事们看我个子小，是个"小不点"，都叫我小樊。当时敦煌文物研究所有一位叫孙纪元的雕塑师，他的雕塑代表作有《瑞雪》《草原民兵》等，跟何鄂两人在国内雕塑界享有盛名。那时候我国首任驻法大使黄镇提出，希望孙纪元能给使馆雕塑一个作品《青春》。他们这些艺术家进行创作都讲究观察生活，何鄂给他建议，"老孙，这不是刚来了北大的大学生嘛"。孙

与雕塑作品《青春》合影

纪元就总是观察我。我心想这个人怎么怪怪的，后来才知道他要雕塑《青春》。他一开口就是西安话，问我有没有照片，我说没有，只有学生证、准考证、工作证上的证件照，就把一张证件照给他了。他是先用泥巴塑，塑出一个女孩一脚在前一脚在后，背着挎包，右手拿着草帽，最后再翻模。他问我说你看这个鼻子像不像你，我说像。这个原始泥塑就一直放在他的雕塑室里，有人看见了问这是塑的谁呀，他笑笑不说话，我也不说话。那个雕塑很像一个上山下乡的知识青年，也像我刚到敦煌时候的样子，那是我的青春。

光阴荏苒，没有想到如今我在敦煌工作已逾半个世纪。我也没有想到，我原本应该承担的敦煌石窟考古报告的任务，竟然长期未能交卷，经过曲曲折折，反反复复，到了21世纪初才出版了第一卷，现在还在继续编撰第二卷。敦煌石窟考古报告是一项重要而巨大的工程，也是我难以忘怀的重任。在我有生之年，将遵循北大师长的教诲，为此继续努力。

我其实想过离开敦煌

外界都认为我留在敦煌是自己选择的。说实话，其实我有几次都想离开敦煌。但是为什么留下来，这是一个人的命。

20世纪60年代的莫高窟和今天的莫高窟不可同日而语，那时的敦煌人都是住土房，睡土炕，吃杂粮。研究所绝大多数人员都住在土坯平房里，直到1980年，国家才给拨款修建了新的宿舍楼。当时的整个研究所只有一部手摇电话，和外界联络非常困难。晚上只能用蜡烛或手电照明，上趟厕所都要跑好远的路。周围根本没有商店，有了钱也没有地方可以买到东西。

虽然我大学时就习惯了独立生活，但起初还是不能完全适应敦煌的生活。在这里，吃得最多的菜是"老三片"，土豆片、萝卜片和白菜片。春天最好吃的食物，就是榆树上结的榆钱。榆钱摘下来撒上盐、和上面，在锅里一蒸，就是稀罕的美食。刚分配到敦煌的时候，我时常想念北京大学的食堂，想念学五食堂的饭菜，有时候想着想着都要流口水。因长期营养不良，有一次我竟然晕倒在办公室。

我刚到莫高窟实习的时候闹过一个笑话。我按北京的方法用香皂洗头，洗完之后发现头发还是黏的。两个多月的实习，一直到离开敦煌我也没明白，为什么洗了头，我的头发还是会发黏？后来才知道敦煌的水碱性很大。因为敦煌的水碱性大，所以是苦的。喝水的玻璃杯上常常有白印，那是水里析出的碱。在敦煌，醋是必不可少的。到敦煌工作后，我发现敦煌当地人用洗衣粉洗头。后来我回上海探亲时，每次总要带一些洗发膏回敦煌，再后来变成带洗发精，而每次都是家人提醒我要带什么洗发产品，因为上海的日用品更新换代非常快。

治沙和种树，是当时研究所所有人都必须参加的两项工作。保护石窟、防沙治沙最重要的措施就是种树。种树的事情从冬天就开始酝酿，一到开春就马上栽下树苗。这里最好活的树就是杨树，现在围绕莫高窟蜿蜒的参天大杨树，都是当年的莫高窟人一棵棵亲手植下的。

整个莫高窟直到1981年才通上电，在此之前的几年已经自己发电，每天只能保证两三个小时的用电，根本不能像在学校那样，到了晚上还可以到自习室去学习。我第一次到莫高窟就住在下寺的破庙里，解个手还需要到庙外较远的土厕。一天晚上，我刚走出侧门时，突然发现庙门外有一个黑乎乎的东西，两个眼睛泛着绿光。我心里一紧，想着当地同事说这地方有狼，赶紧回了屋，把门闩得紧紧的，吓得一夜没睡好。天亮后，走出屋子一看，才发现原来那是头驴。

西北的生活，使我逐渐忘记了都市，忘记了一切和城市有关的生活，忘记了我也曾是"南国女儿"。我把所有的时间和精力全部倾注在工作中。刚到敦煌工作的日子里，只要回忆起过去的生活，上海的家人，首都的景象，我就会感到一种失落，这种失落一直会把我拽向忧郁的深渊。为了抗拒这个深渊，我必须学会遗忘。我把临出门时我姐姐送给我的小镜子藏起来，不再每天照镜子，直到现在我也不怎么照镜子。我渐渐习惯了宿舍没有地板的泥地，地上永远也扫不干净的沙尘；习惯了用报纸糊起来的天花板；习惯了半夜里老鼠掉在枕头上，然后我爬起来掸掸土，若无其事地继续睡觉。

如果说我从来没有犹豫、没有动摇过，那是假话。敦煌和北京、上海相比，确实是两个世界。每到夜深人静的时候，我就感到孤独。尤其到了春天，整天整天地刮风，窗外刮风屋内下沙。我常常感觉好像整个世界都把我给忘了，北大把我给忘了，老彭也把我给忘了。望着黑黢黢的窗外，我不止一次偷偷掉眼泪。可是第二天只要一走进石窟，我就感到再苦再累也是值得的。

从1963年到1966年，我参加了敦煌莫高窟窟前遗址发掘清理工作。在此期间，我还在甘肃山丹县花寨公社参加了社会主义教育运动，以及敦煌魏晋墓群的考古发掘工作。我先后在敦煌义园湾、文化路和七里镇的古墓葬，以及党河古墓葬负责考古发掘与调查。一边发掘，一边搞社教活动，一边咬紧牙关，等待命运的转机。只有把自己全部的精力都投入考古发掘工作，我才能暂时忘却心中的不快。

在毕业分配的最初那段时间，在和家人分别的十九年里，有好几次我都想过要离开敦煌。后来，随着时间的推移，我逐渐适应了敦煌的生活。随着我对敦煌石窟价值认识的逐步深入，我也逐渐对敦煌产生了割舍不断的感情。我之所以最终没有离开，其中固然有命运的安排，但更重要的是我自己从情感上越来越离不开敦煌。而最终让我安下心来，心无旁骛地守护敦煌，还是要感恩我的先生老彭。

我不是好妻子、好母亲

我一直说我并不是一个好妻子、好母亲。我和老彭分居十九年，最后如果没有老彭放弃自己的事业来敦煌，我就不可能在莫高窟坚持下来。

1968年，我怀第一个孩子时，本来打算到武汉生产。之所以计划去武汉，是因为武汉的医疗和生活条件都比敦煌好。我从小体弱多病,上海家里很担心我分娩的时候出现意外,力主我去武汉。况且我在敦煌身边一个亲人都没有,生了孩子无人照顾,按照那时候的制度,产妇有五十六天产假,产妇的丈夫只有三天假。老彭也不放心我一个人在敦煌,坚决让我去武汉。这样的安排应该说是合乎常理的。

可是就在临近分娩前的一个多月,我去向革委会请假。当时研究所的革委会主任不但不给请假,还对我说:"哪里不能生孩子?非要到武汉去生。"听到这样的话,我整个人就愣在了那里。我不是一个善于言辞的人,只觉得又气又羞,觉得这个人太不讲理了!含着眼泪转身就跑出了办公室。我那时真想放声大哭,但是我告诉自己不能哭,特别不能在这个时候哭,不能让人看出自己的脆弱。

不仅不能哭,我竟然还接到通知,让我去农村参加秋收劳动。

十月是敦煌收棉花的季节,所里要我和研究所其他同事一起去地里摘棉花。敦煌的棉花长得很矮,我挺着大肚子,怎么摘?所里有的女同事很同情我,劝我不要去,一定要去请假。我赌气说:"我决不去请假,生在地里不是也挺好嘛!"就这样,我就随着大家到农村去摘棉花。摘了一天棉花,就动弹不得了。当时,我们吃住都在老乡的家里。老乡很有经验,一眼就看出我快生了,非常同情我,也很为我着急。老乡很善良,她希望给我说情让我赶紧回去,以免发生意外。我说:"没关系,谢谢您!"我没有去求人,只想自己表现好一些,坚持摘完棉花后再去找革委会主任请假。等劳动结束回到研究所,我再去申请的时候,已经走不了了。也许是劳动强度过大,回到单位没有多久,我发现自己的小便有血。我没有任何经验,不知道这是什么原因,所以找了位有经验的女同事咨询,她告诉我这是见红了,哪儿都不能去了,必须马上去医院。

上海家里知道我不会做针线活,在上海为我买好了婴儿的衣服和用品,全部寄到了武汉。老彭也希望我回武汉生孩子,这样照顾起来比较方便。他还把我婆婆从河北农村接到武汉,准备照顾我坐月子。婆婆特意从河北老家为我带了红枣、小米、鸡蛋等不少营养品。老彭在武汉把一切都准备好了,就是不见我回去。而我这边什么准备也没有做,连一件婴儿的衣服都没有。

我被送去医院的时候,只带了一些碎布,准备给孩子当尿布用。我很害怕因为自己下地干活的原因,影响肚子里的孩子。如果出了问题,那怎么面对老彭?我当时都不敢想。

到了晚上,我怎么也睡不着,就在那里坐着,眼睁睁地看着病房里烧得很旺的炉子,那炉子里的火星子直往上冒。现在想来,那样的环境怎么能当产妇的病房,可当时的条件就是这样。不知什么原因,我感到自己浑身上下有一种难以形容的难受,内心极度烦躁。我就索性披上衣服出去散步。我好像忘记了自己是在医院,也忘记了自己将要做母亲,只感到浑身难受、精神恍惚,一心想往外走。敦煌医院的护士长真好,见我不在病房就到处找我。等找到我之后,她见我神情恍惚,就不停地宽慰我:"你怎么在这里散步啊?外面冷。你马上就要做妈妈了,可千万不能着凉。"我说:"我难受,想走走。"看得出她非常心疼我,她说:"好啊!那我陪着你吧,咱俩回病房聊聊天。"就这样,护士长把我搀回了病房。到了病房,她发现我身边一个亲人也没有。怕我再有意外,她就不走,一直陪着我聊天。就这样,我慢慢睡着了。这位护士长对我真好,我永远也忘不了她。

第二天上午起床不久,我发现床单湿了,以为自己尿床了,很不好意思。其实我根本不懂,直到很多护士过来按着我,我才知道是羊水破了。大概两三个小时之后,孩子出生了。

孩子连一件衣服都没有,怎么办?人家说:"你这个当母亲的也真是的,怎么连件衣服也不给孩子准备。"我能说什么,有苦说不出。只能用自己穿的"棉猴"权当衣服裹着孩子赤裸的身体。孩子那么小,医生说六斤都不到,我的眼泪直往肚子里流。医生接着问:"你怎么是一个人?你丈夫呢?"我说:"我丈夫还不知道。"医生惊讶地看着我:"那赶紧找人给你丈夫打个电报,告诉他你生了个男孩。"

后来,医院的护士帮助我给武汉发了个加急电报。

等老彭挑着担子到医院找到我的时候,孩子已经出生好几天了。那时我再也控制不住了,这是我有生以来第一次放声大哭。

老彭见我哭,他也很难过。他说,接到电报后,听说我已在敦煌生了孩子,他立即就把两个家给我们母子准备的衣服、奶粉、鸡蛋等各种各样东西全部带上,找了一副扁担,担了满满两筐,急匆匆地上了火车。他从武昌车站坐火车出发,到郑州换乘火车,又经过两天两夜,到达敦煌北面的柳园火车站,在柳园火车站又换坐了长途汽车才到敦煌。他到敦煌县城后,马上给研究所打电话,研究所唯一的手摇电话居然无人接听。他只好在研究所驻敦煌县城办事处找人打听，终于碰到一个年轻人，他告诉老彭，樊锦诗在医院里。他马上挑着担子赶到医院。他听说儿子已经出生好几天了，还光着屁股，难过得直掉眼泪。

那时敦煌的医院条件很差，很小的病房，只有两张病床，住了两个病人。老彭没地方可以休息。出院回到莫高窟后，他就住在莫高窟中寺的另外一间房子里，陪我坐月子。

老彭挑来的担子是个"百宝囊"，里面什么都有，几经周折，居然鸡蛋一个都没有碎，他真了不起。唯独带来的衣服太大了，孩子太小了，没有一件可以穿。我就比着那些衣服的样式，找旧布自己做。依样画葫芦地做了三四套小衣服、小裤子，这样就可以替换了。我印象特别深的是，老彭怕没有长辈在旁边指点，我又完全没有带孩子的经验，所以特地随身带了一本《妈妈手册》。多长时间喝水，多长时间喝奶，孩子哭闹是什么原因，手册里面都有。后来我就根据这本《妈妈手册》把孩子带到了一岁多。

产后，我的心情一直不好，心里很难过。就在我出院回到莫高窟宿舍的日子里，时常可以听到外面在开斗争会，不时听到有人大声吼叫。每当这时我就特别烦躁，老彭就说："别管他，你休息你的。"但是我心里不舒服，这么斗来斗去，什么时候是个头啊！

老彭才到敦煌十多天，离孩子满月还差十天左右，武汉大学就来电报催老彭回去，是工宣队来的电报，意思是说怎么能请这么长的假。我说老彭你走吧，心里当然非常难过。老彭走了之后，我一个人带孩子，就靠那本《妈妈手册》。渐渐地我觉得自己没有奶水了，研究所来探望的人说我吃得太少，一定要多吃，否则就不会有奶水。南方人坐月子要喝各种各样的汤，什么鱼汤、鸡汤、猪蹄子炖汤，当地人坐月子吃的是小米和羊肉汤，吃羊肉讲究要吃羯羊肉。我就自己动手熬小米汤，炖羊肉汤。我对自己说千万不能再病倒了，要是病倒，孩子就更可怜了，到时候让老彭怎么办呢？

这个孩子挺照顾我，在那样的生活条件下，从生下来就没有生过病，我自己倒病了一场。只是他长到三个月左右，我的奶水就不够了。我给上海家里写信，让家里人寄奶粉过来。男孩子胃口好，奶粉越吃越多，到后来每个月要吃五六斤奶粉。现在的婴儿有专用的奶粉，那时候奶粉不分大人小孩，小孩吃了也很好，一点事也没有。后来奶粉不够的时候，就逐渐给孩子搭配着吃上海家里寄来的奶糕，不时添加苹果、蛋黄这些辅食。

但问题很快出现了，我休完产假就要上班，孩子怎么办？我去上班，孩子没人带，只有捆在襁褓里，临走之前喂饱了让他睡，中间回来再喂一次奶。小孩都六七个月了，还继续捆在襁褓里。大家都说绝对不能再这样了，因为孩子大了他会挣扎，如果不巧绳子套在脖子上就很危险。可是，谁来看孩子呢？敦煌是找不到保姆的。从此，我上班的时候总是提心吊胆，只要回宿舍远远听到孩子的哭声，我心里就踏实一些；如果开门看见他冲着我笑，我就赶紧去亲他；如果没有孩子的声音，我就会担心是不是出事了？

后来接连发生的两件事情，让我觉得必须把孩子送走。

一天清早，我去地里干活，等到回来喂奶时，宿舍门一开发现孩子一个人在玩，还回头冲着我笑，笑得非常开心。再一看，不得了！屎拉了一床。我一边收拾一边想，把孩子一个人关在屋里，不是长远之计。还有一次我下班回宿舍，发现孩子从床上滚了下来，脸上沾满了地上的煤渣。敦煌四五月份的气温还比较低，屋里需要生炉子。我临走的时候把炉子给挡上了，没想到孩子滚在了炉子下面的煤渣里，幸亏没有滚到炉子上。这件事情让我非常后怕。所以我下了决心，一定要把孩子送走。

在找到合适的去处之前，我看到有位同事的母亲是安徽农村来的，就去求她老人家帮忙看一看孩子。我说："大娘，最多两三个月，我上班的时候，你帮我看一看。喂奶的时候我会送奶来，尿布脏了我通通拿走自己洗。你什么都不需要做，就是把孩子看住就行了。每个月给你二十块钱。"老人家勉强答应了，但是说时间长了可不行。我就死缠烂打地请老大娘帮我看了近半年的孩子。半年过去了，对方说什么都不愿意再帮忙了。

就这样，到了1970年2月，孩子只有送走了。送哪儿呢？如果送到武汉，老彭一个人也照顾不了，最后我们商量后决定把孩子送到河北老家他姐姐那儿，请老彭姐姐帮我们带孩子。

1968年元月，我父亲含冤去世，11月我们的第一个孩子出生。第二年，我又要亲手把自己的孩子送到别的地方寄养。这些事情凑在一起，现在想想都不知道自己是怎么过来的。1973年10月，我们的第二个孩子在武汉出生，休完产假之后我必须回敦煌上班，孩子依然没办法带回敦煌。还只得请老彭姐姐继续帮着带老二。老二在送去河北老家的路途中，因患重感冒导致了严重的哮喘。后来在老家，老二又因感冒打了青霉素。可能是遗传了我的基因，孩子出现了严重的过敏反应，差一点丢了性命。

因老二送河北老彭姐姐家寄养，老大就只能接回武汉，由老彭亲自照顾。1978年，老大已经到了上学的年龄，老二也已经五岁了。姐姐也有了自己的孙子，负担很重。我和老彭商量后，做了个决定，这次把老二从河北老家接回武汉之后，我无论如何要想办法调离敦煌。

我去河北老彭姐姐家接老二的时候，已经两三年没见到孩子了。我进了院门，见门里面有个小孩站着，黑不溜秋、一丝不挂，我以为是邻居家的小孩，也没在意。进屋看见大姐，我说："大姐，我来了。"大姐说："你来啦，你没见你儿吗？"我说："没见到啊。"她说："刚才就在门边啊。"过了一会儿，大姐去把他领了进来。孩子领进来的时候穿得可整齐了，还给他穿上了长筒袜子。大姐拉着孩子说："这是你妈，叫妈。"我这才反应过来，刚才那个黑不溜秋、一丝不挂的男孩正是我的儿子。我一下子愣在了那里，眼泪直往下掉。孩子喊我妈，我一听是一口河北话。

我在河北待了三天，就把孩子带回来了。我到哪里他就跟我到哪里，孩子是怕我再走了。我们离开的时候他不哭也不闹。孩子的大姑倒是哭得很伤心，因为从小带他，有了感情，舍不得他走。孩子就这样离开了河北，跟我走了。

我先把孩子带到北京，在北京买了火车票，我们母子俩再一同坐上回武汉的火车。我们一家四口终于团圆了。武汉大学的宿舍，房间非常小，我们四个人就挤在一张床上。我看着他们父子三个，心想不能这样继续下去了，必须要想办法解决分居问题。那怎么才能离开敦煌呢？有人给我支了个招，说只要半年不到单位上班，就算自动脱岗，自动离职，这样就可以离开这个单位。我那天想好了，就采用这个脱岗的办法，不回敦煌。我在武汉住了半年，全心全意照顾他们父子三人的生活。

但是，在武汉生活的这段时间里，不知为什么，我经常失眠，晚上睡不着，潜意识中总是牵挂着敦煌。我越是压抑自己不去想莫高窟，那些壁画就越是萦绕在眼前，挥之不去。尽管嘴上说不再回敦煌，但是心里没有放下。我越犹豫，心里就越想着敦煌。有天晚上，老彭和孩子们都睡了。我还是睡不着，起来翻书。我发现自己不知不觉又捧起了一本关于敦煌石窟研究的书。

半年一过，我又回了敦煌，为什么呢？原因很简单。不在敦煌的半年时间，单位不给我发一分钱的工资，仅靠老彭的工资，难以维持一家四口的生活，我要回敦煌才有工资。省里当时也要求我尽快回去，因为我是当时唯一的一个副所长。我想，回敦煌也好，可以当面与组织说明困难，名正言顺地调走。

1979年，我带上了老二晓民，重返敦煌。谁知回敦煌后，省委、省政府主管部门不同意我调走，坚决要把我留下。这样，我在敦煌，一方面应对工作，另一方面，老二有哮喘病，我要尽量带好孩子。因为老二从小不在父母身边，性格有点内向，不太敢说话。孩子很听话，你怎么教他就怎么做。我也不着急，想着要让他放松，就放开他，让他跟小朋友满处跑着去玩，今天到水沟里，明天又去玩沙子，渐渐地他就活泼起来了，身体也慢慢有所好转。我们单位的果树很多，我跟孩子说："咱们家里的东西你可以吃，你想吃其他东西，妈妈可以给你买，但是你不能摘单位树上的果子，妈妈

结婚照

1978年11月,儿子予民(十岁)、晓民(五岁)合影

也不能摘。"有一天他回来问我:"妈妈,妈妈,有一个老奶奶怎么能摘树上的果子?"我告诉他:"原则上是不可以的,但老人家年纪大了,大家都不去计较,等你长大就懂了。"有时候,我也会带他进城,去之前跟他"约法三章":"晓民,咱们进城只是去看看,不买东西,你要买东西就不进城了。"他虽然点头答应,但毕竟是小孩子,一到商场的玩具柜台就挪不开脚了。我问他:"晓民你是不是看上玩具了?"他只是盯着玩具看,不说话。看了好一会儿,他自己跟我说:"我们有玩具,我们不买。"我常给他讲些童话故事,教他学数数,孩子逐渐会数到一百、一千,后来两千都会数。这时,敦煌文物研究所在莫高窟办了一年级到五年级的复合班,因幼小的职工子弟不多,就让高中毕业的职工子弟担任教员,教五个年级的幼小职工子弟。我的孩子在莫高窟上学后,一次回来问我:"妈妈,为什么 2－1＝1?"当时我真想说,这你都不懂!可是,我又想到数学对小孩来说比较抽象,所以就用点油灯的火柴来引导他掌握加减法。过一阵子孩子又问:"妈妈,妈妈,为什么 36÷6＝6?"我心想,难道学校老师不教乘法口诀吗?我就给他教。有一次,孩子写了错字,我给他指出来,他说是老师说的,我不便在他面前批评老师,也就没有多说什么。又有一次他回家给我讲故事,故事哪儿来的呢?原来是老师给四年级讲语文课的课文。

　　老二在我身边有两三年时间,他很愉快,哮喘病也好了。但我意识到孩子在莫高窟这样的学校继续学下去不是长远之计,无奈只有把他送出去上学。老彭借探亲之机,到敦煌就把晓民带走了,送到上海我的姐姐那儿。在上海过了两年后,我姐姐说孩子不好好上学，经常独自跑掉，这使姐姐和母亲担惊受怕，要我把孩子领走。孩子为啥要跑呢？可能是我姐姐管束得严了一些，孩子记得自己是和妈妈一起坐火车到上海的，他要坐火车去敦煌找妈妈。那是1984年，由于我自己在接受审查，根本顾不上去上海领孩子。这时恰逢老彭到上海出差，便把孩子从上海接到武汉，从此他一个人带了两个孩子。我觉得老彭太了不起，我的孩子太可怜。这一年，我与老彭的分居问题已经到了非解决不可的地步了。因为双方单位都不同意调动，此事又拖了两年，最终在老彭的理解下，他放弃了他创建的事业，来到敦煌、来到我的身边，我们一家才得以团聚。

我一直觉得自己不是一个好妻子、好母亲，因为自己完全没有尽到一个做妻子、一个当母亲的应尽的责任。相反，老彭既要承担繁重的教学工作，还要带孩子，既当爹又当妈。由于我的原因，我们不得不长期两地分居，使两个孩子小时候的教育受到了影响。老大的学习成绩一直不理想，老彭为此很苦恼。老二只读到了大专，再没有给他创造更好的学习机会。由于自己对孩子的内疚，在家里我从不训斥孩子。我在与孩子的相处中，善待他们、理解他们、引导他们，遇事与孩子耐心讲道理。我对孩子的要求是，不能做坏事，成人后能自立，为社会做点有益之事。

相识未名湖，相爱珞珈山，相守莫高窟

我和老彭是大学的同班同学，老彭是我们班上的生活委员，同

学们给他取了个外号叫"大臣"。

当时男同学住在36斋，女同学住在27斋，男女生交往比较少。我一直叫他"老彭"，因为他年轻的时候白头发就很多，我心想这个人怎么年纪轻轻就这么多白头发。他和我们班同学的关系都很好，因为他办事认真，有责任心，给人的印象就是个热心诚恳、非常愿意帮助别人的人。这是我对他的第一印象。

老彭对我格外照顾，可我对恋爱非常迟钝。因为27斋女生宿舍很小，加上住的是上下床，学习空间很狭窄，所以就要跑图书馆看书。大概是三年级的时候，有一回我去图书馆，发现已经没有位子了，我就看见老彭在冲我招手，原来他给我留了个位子。这以后经常是他先到，占了座位就给我留下。但是他也不多说话，我也不多说话。据他后来说，他认为我这个人学习还不错。其实，他学习比我刻苦多了。

有一年夏天，他买了一块手绢送给我，大概是因为他看见过我用白色、蓝色的手绢，我才发现原来老彭非常细心。但是我一看他送的手绢，黄色的，上面有绿点点和红点点的花纹，我既觉得他对我很关心，又觉得这手绢实在是俗气。他们老家爱吃腌臭鸡蛋，有一次他就带了臭鸡蛋给我，还说特别好吃。我当时想这有啥好吃的，不过又觉得这个人朴实得可爱。

有一天，老彭突然对我说："我想带你去我大哥家，我哥哥住在百万庄。"我这才知道，原来老彭在北京一直和他大哥生活在一起。我心里想，女孩子不能随便去人家家里，但是他提出要带我回家，我就知道他的心意了。其实那时候我们俩还没有正式谈恋爱。到了他家以后，我感觉他们家的氛围很好，特别是他大哥待人热情、周到、诚恳，给我留下了很好的印象。我意识到老彭的成长受到了他大哥的很大影响。老彭是他大哥拉扯大的，老彭长得也很像他大哥。大哥比他大五岁，念过师范学校，抗日战争期间就参加了革命，退休前是建设部的一个司长。大哥2015年9月还参加了纪念抗战胜利七十周年的阅兵式，在抗战老同志的乘车方队中。当年他大哥参加革命后调到了保定工作，就把老彭带到保定上学，后来调到北京之后，又带他来了北京。老彭上的中学是北京八中，是他大哥出钱出力培养他，一直让他念到大学。他心里很明白，也很感激，所以学习非常下功夫，做事也非常认真，成绩很好。

还有一次老彭带我去香山玩，爬到"鬼见愁"，实在口渴得很，老彭就去找水。估计是买不到水，他买了点儿啤酒回来。我说我从来不喝酒，他说喝一点儿没事儿，啤酒也能解渴。谁知道我喝了一点点就晕得不得了了，路也走不动了。他问我为什么不早说，我说我从来不喝酒，是你说没有关系，我才喝的。他就耐心陪伴我在那儿休息，直到我酒劲儿过去慢慢缓过来。

大学四年级的暑假，我姐悄悄告诉我，说是家里给我相中了一个人，这个人我根本没有见过。因为我不愿意，所以我就向父母说明自己已经有意中人了，他出身农村，是我北大同学。我之所以要告诉父母，是不想让二老再管我的婚姻。

我和老彭之间没有说过我爱你，你爱我，我们也就是约着去未名湖畔散步，快毕业前我们在未名湖边一起合影留念。毕业分配后，老彭去了武汉大学，我去了敦煌。那时候我们想，先去敦煌一段时间也很好，反正过三四年后学校就可以派人来敦煌替我，到时候还是能去武汉。北大分别的时候，我对他说："很快，也就三四年。"老彭说："我等你。"谁也没有想到，这一分就是十九年。

分开的这段时间，我们每个月都会通信。因为我写的字比较硬，老彭的同事以为来信的是个男同学，不知道他已经有了女朋友，还热心地给他介绍对象。

老彭去武汉大学历史系时，那时的武大还没有考古专业，只有历史专业，他一开始当谭戒甫老先生的助教。1976年武汉大学考古专业创办后，招收了考古专业第一届工农兵学员。老彭当系领导和考古教研室的负责人，主要负责教学，讲夏商周考古，另外还要带学生外出考古实习。他在武汉大学从零开始，建立了考古专业及第一批师资队伍。

1964年秋天，我在张掖地区的公社搞社教工作，老彭所在的武汉大学也在搞社教。社教工作差不多搞了九个月，结束之后我就回上海家里探亲去了。

1965年秋天，老彭主动来敦煌看我。那是毕业之后我们的第一次见面。常书鸿先生十分重视，特地打着武汉大学要来个教授的旗号借了辆车去接老彭。老彭的同事这时候才知道，原来那位敦煌的同学是个"飞天"。我的同事也很关心我，说我们俩还没结婚，就让老彭住到同事他们家里，常书鸿和几位敦煌研究院的老先生对老彭都很好。那些日子，我带着他看了敦煌的许多洞窟。从考古到艺术，我们俩无话不说，一直说到深夜还觉得有说不完的话。但是关于我们的未来，谁也不敢轻易触碰。两个人相距万里，难道将来的每一天都要承受这种两地分离的痛苦吗？如果病了呢？如果需要人陪伴呢？如果有了孩子？许许多多的问题压得我们喘不过气来。就在这种极度的幸福和极度的茫然中，我们两人在一起度过了美好的八天。老彭快走的时候，我还带着他去爬鸣沙山，我们在山上还留了影。

他要回武汉的时候，我去送他。老彭拉起我的手，轻轻地对我说了一句："我等着你……"我流泪了，我知道这句话的分量。我就一直怔怔地看着汽车开走，前方是他的路，背后是我的路。虽然他说"我等着你"，已经明明白白告诉了我他的心意，但是我心里并没有因此而变得舒坦一些，好像有什么东西梗在我的喉咙口。这是我所期盼的，又是我所无法承受，无法给予回报的。

1966年，动乱开始了。1967年元月，我"串联"到了北京，还专门去拜访了他大哥大嫂。大哥大嫂对我说："小樊，你们俩该结婚了。"就这样，在兄嫂的安排下，我到武汉去找老彭。

原定老彭到武昌火车站接我，结果我到站后，左等右等，就是不见他人影。我心里感到很害怕，担心他发生了什么事，心想不能继续等下去，决定自己步行去武大。从大东门摸到武汉大学，走了很长的路，终于看见写着"武汉大学"几个字的那个牌楼。进了校门，一路打听着找到了老彭的湖边五舍的宿舍。结果他不在，原来是到火车站接我去了，我们俩走岔了。我就在宿舍门口等他，南方没有暖气，冻得哆哆嗦嗦。当老彭满身大汗地回来时，我感到非常委屈。进屋后，发现屋里和外面一样冷，于是我就钻到被窝里抱着个热水杯子，一边生着气一边打着哆嗦。他一个劲儿安慰我，说去车站接我,却没有接到,也是急得要命呢。

当时武大的青年教师是两个人一间宿舍,和老彭合住的那位同事当晚把房间让了出来,给我们俩当新房。结婚要买的新床单、新被子,都是老彭张罗,武大的同事还送给了我们《毛主席语录》、杯子什么的作为结婚礼物。我们买了糖果、茶叶、香烟,招待同事们。

那是1967年1月15日,我们就这么结婚了。

老彭这个人非常朴素,读书的时候就没什么像样的衣服。我给他准备了一双皮鞋、一条华达呢料子的裤子,结婚那天他就穿上了我给他准备的衣服。后来到上海我又特地找裁缝给他做了一件中式小棉袄。一直到生病离世,他都珍藏着这件小棉袄。结婚当天,我也没怎么打扮,就穿着北京那种条绒系带的棉鞋,蓝布裤子,上衣是一件丝绵棉袄。棉花有点露出来了,我就把它往里面塞一塞缝起来。在棉袄外头罩了件灰布红点和白点的罩衫。罩衫也是旧的,我洗了洗就当新娘子的衣服了。

结婚没几天,我就和老彭一起回上海,这是我第一次带老彭回家。当时,上海家里已经被抄家了,我的父母和两个弟弟都被赶到了另外的地方居住,一家人挤在一个房间。因不知情,我和老彭下了船,先到原来父母居住的虹口武进路的家里,刚上楼梯,看到我父母的卧室里有光,还没等进门就听见里面有声音,透过门缝看到屋里全是红卫兵,我当时惊出了一身冷汗,蹑手蹑脚下了楼,拉着老彭直奔二姐家。因为我二姐的家就在不远的地方,等见了二姐才知道家里被抄的情况。那天晚上,我们俩就在二姐家凑合了

1963年夏,在毕业离别北大前夕与彭金章校园合影

1965年,与彭金章莫高窟合影

一夜。

第二天我带着老彭去见父母，家里人看我们俩刚刚结婚，就做了一桌很丰盛的饭菜。父亲听见我叫"老彭"，也叫他"老彭"。我后来想，幸亏那次带老彭回上海，那是他第一次也是最后一次见我父亲。母亲要按上海的老习惯送给我一床被子，我说，带着被子坐火车太不方便了。被子虽准备好了，我并没有拿。我离家的时候，给母亲留下了50块钱，因为家里被抄得几乎什么东西都没有了。

结婚以后，我和老彭经常通信，我感觉他对我非常关心和体贴，是个可靠、有情的丈夫。后来听他跟别人说，他找我是因为觉得我虽然是上海姑娘，但是身上没有骄娇二气。我们在一起的时候无话不说，我们不在一起的时候也会经常交流，但我们说的都不是家庭琐事，主要谈的都是各自的工作。

当时"文化大革命"已席卷全国。军宣队进驻研究所，单位三天两头开会搞运动。我父亲刚刚含冤而死，大弟因为父亲的原因不能落实工作，母亲又病倒了，偏偏在这个时候自己又怀孕了。我觉得自己身心俱疲。我往来于敦煌、上海、武汉之间，由于过度劳累，以及精神上的紧张和巨大的悲痛，导致我有流产的迹象。经过及时治疗，才幸运地保住了孩子。

那时候，最强烈的念头就是离开敦煌，到武汉去。我觉得只有到武汉，到老彭身边才能感到安全。显然，在动荡时期，是无法解决分居问题的。我们想调到一起，也只是天真的幻想而已。为什么我们俩经过风风雨雨，还能够不离不弃？我觉得那是因为我们就是那个时代的人。我们是同学，互相理解。我们从来不会说

"我爱你"，我们就是把最好的东西给对方。老彭知道我喜欢他，他也从来不给我说狠话，也不愿意抛弃我这个人。

我们结婚时，没回老彭河北的老家，直到1970年初，我们要把第一个孩子送回老家抚养时，我才第一次到他河北农村的老家。我的印象中河北老家的房子还算宽敞，但家里最现代的东西就是暖壶，此外再没有什么像样的东西。我们第二个孩子是在武汉出生的，老二出生不同于老大，老彭准备得很好，老彭的大姐把老大从河北老家带到了武汉。大姐可能比我大十几岁，别人总把她当成我婆婆。我在武汉度过五十六天的产假，老彭把我照顾得非常好，给我做饭、炖汤，什么都不让我动手，晚上让我休息，他起来看孩子。我坐完月子就回了敦煌。大姐在武汉又住了几个月，之后她带着老二回了河北老家。

老大就留在了武汉，那时候他已经五岁了，正是调皮的年龄。老彭要教学、办专业、出差，还要带孩子。他每次出差，就只能把孩子交给同事照顾，这次交给这一位，下次又交给另一位。所以我们家的老大从小是住集体宿舍，吃"百家饭"长大的。那时候老彭又当爹又当妈，辛苦可想而知。

随着时间的推移，"十年动乱"已告结束，到了解决分居问题的时候了。老彭当时急切希望我尽快调往武汉。儿子也特别希望我调去武汉，因为武大那时盖了一批教工家属楼，符合入住条件的老师都搬到家属楼去了，儿子的小伙伴也都搬了。由于只有老彭一个人的户口在武大，不符合条件，儿子就特别着急，写信抱怨此事。可是这时的我犯了犹豫，既对老彭有感情，想念孩子，想去武汉；又对敦煌产生了感情，想留在敦煌，为敦煌干点事。加上甘肃和武汉大学两方面的组织都坚决不放人，希望对方让步，双方争持了很长时间。不过即便在为调动的漫长拉锯阶段，我们俩都从没有为此红过脸。1986年，为了我们俩谁调动的问题，甘肃省委组织部、宣传部竟各派出一位干部找到了武汉大学的校长刘道玉，后来武汉大学没办法，就让老彭和我自己商量决定。就这样，老彭最后做出了调来敦煌的决定。老彭说："我们两个人，总有一个要动，那就我走吧。"其实，如果老彭坚持不松口，我最后肯定只能妥协了，但他知道我心里离不开敦煌，所以他表示自己愿意离开武汉大学。

我最感激老彭的就是，他在我还没提出来的时候，自己提出调来敦煌。如果他不提出，如果那时候他拿出他一家之主的威严，也许我就去了武汉，因为我绝对不会因为这件事情放弃家庭，甚至离婚，我没有那么伟大。但是他没有，他知道我离不开敦煌，他做出了让步，如果没有他的成全，就不会有后来的樊锦诗。

等到我们一家真正聚在一起的时候，已经是1986年了。老大都念高中了，老二也念完小学。老彭调来敦煌研究院，最初一段时间在兰州，因为两个孩子都要在兰州上学，老彭为帮助孩子适应新的环境，他也在兰州待了一段时间。以后，我和孩子虽然也不能天天见面，但至少可以利用到兰州出差的机会多和他们在一起，这个家就像个家了。我对孩子们比较民主，从来也没有强迫过他们。他们念什么大学，找什么工作，都顺其自然。因为我深感自己作为一个母亲，欠他们的太多了。

我有一句话跟好多人说过，我说我们家的先生是打着灯笼都找不到的好人。一般的家庭都会因为这个问题解决不了，最终散了。但是他为我做了让步，放弃了自己热爱的事业，也放弃了自己亲手创立的武汉大学考古专业。

遇上了老彭这样的好人，是我一生的幸运。

老彭与莫高窟北区考古

到了敦煌后，老彭放弃了商周考古的教研事业，改行搞了佛教考古。他主持了莫高窟北区石窟两百多个洞窟的清理发掘工作。莫高窟北区石窟考古是研究所成立四十多年以来想搞清而没有搞清的问题。老彭很热爱这个工作，一跟人说起北区，就兴奋得停不下来。如果他的价值因为来到敦煌而得不到实现的话，我一辈子都会感到内疚，好在他重新找到了自己的事业。

莫高窟位于敦煌市东南的鸣沙山东麓，从公元4世纪至14世纪的一千年间，佛教信徒们在这处高约四十米，全长约一千七百米的断崖上，持续不断地开凿了许多石窟。依照石窟在崖面的分布情况，分成南区和北区。

以敦煌文物研究所编号的第1窟为界，此窟及以南为南区，此窟以北称为北区。南区崖面分布着《敦煌莫高窟内容总录》记录的492个洞窟中的487个有壁画和彩塑的洞窟。北区崖面稍短些，大约七百米，也开凿了两百多个洞窟。这些洞窟和南区洞窟一样，也是上下相接，左右毗邻，形状就像密密麻麻的蜂巢，最密集的地方上下有五六层，看上去十分壮观。但是北区仅有五个有壁画和彩塑的洞窟，即第461—465窟。其余的洞窟因为没有壁画或塑像，所以没有编号，也根本没有记录。

由于北区以往没有进行过整体的考古清理发掘工作，所以对于北区洞窟的性质和功能，长久以来都没有定论。关于这些洞窟的性质，有各种猜测，有人认为是供每年农历四月初八赶庙会的香客们住的；有人认为是放羊人圈羊用的，这样可以保护羊群不受狼的侵害；有人认为是供游方僧暂住的；也有人认为是画工居住的画工窟、塑匠窟……反正有各种各样的说法。

还有一个问题，北区洞窟的数量到底有多少？北区洞窟形制有什么特征？相比莫高窟南区，北区洞窟处于什么地位？北区洞窟分属于什么时代？这些都是有待揭开的问题。为了弄清楚这些问题，老彭从1988年开始，带队主持了北区洞窟的考古。

他的第一项工作是对北区石窟进行统一编号，第二项工作是对编号的洞窟逐一进行科学的考古清理发掘，再对发现的遗迹和出土的遗物进行系统整理和研究，并撰写考古发掘报告，以探索北区石窟的性质与功能，以及与南区洞窟的关系等。

这项工作非常复杂。由于北区的洞窟没有门，里面的沙土都是成百上千年积累下来的。在那些发掘清理的日子，老彭像一个民工一样，每天回家都是一身土。七年里，他对北区洞窟进行了六次考古发掘，几乎筛遍了北区洞窟里每一寸土，发掘出了大批珍贵文物。他最终确定了北区崖面现存洞窟总数为248个，其中243个为新编号的洞窟。连同南区的487个洞窟，莫高窟现存洞窟总数为735个，与唐代石碑所载莫高窟有"窟室一千余龛"的数字比较接近。

老彭对北区考古清理发掘之后，发现没有任何材料能证明北区洞窟是画工窟或塑匠窟。经过对已经发现的大量遗迹和遗物的考察和研究，他把北区崖面上的洞窟按功能和性质，分为六类：第一类是"禅窟"，就是供僧众禅修用的洞窟；第二类是"僧房窟"，就是过去供僧人日常起居生活用的洞窟；第三类是"僧房附禅窟"，也就是同一个洞窟具备生活和禅修两种功能；第四类是"瘗窟"，是用来瘗埋死去的僧人遗体和遗骨的洞窟；第五类是"礼佛窟"，顾名思义，是僧众、俗人向佛顶礼膜拜、举行佛事活动的洞窟，窟内有壁画或塑像；还有一类是"廪窟"，是用于储藏粮食等物品的洞窟。

在这六类中，僧房窟在敦煌地区是首次发现。老彭最后统计出僧房窟在北区现存50个，洞窟大多比较宽敞，窟顶较高，甬道也比较高，这是为了便于僧人在洞内行动。僧房窟主要用于僧人生活起居，所以窟内有土炕、土灶，还有通向窟外的烟道，放置灯盏的小壁龛，有些灯龛至今还残存了厚厚的油垢。有的僧房窟还附设禅窟，这样的窟过去也没有发现过，这次总共发现了5个，大体结构是由两个后室共一个前室组成。

最重要的是，25个瘗窟的发掘，不仅填补了这类洞窟在敦煌地区的空白，而且数量如此之多，为其他石窟群所罕见。石窟瘗葬是露尸葬的一种形式。露尸葬源自印度，包括林葬和水葬，其中林葬被印度的苦行僧提升为一种修行方法。很有可能这种方式到了中国就改变了。僧人坐化于禅修石室，石室就当作他的葬所。瘗窟甬道口均用土坯或石块封堵，壁面上没有壁画。瘗窟也分几种，一种是专门为瘗埋死者而开凿的，这种窟比较低矮狭小，里面有棺床；第二种是由禅窟改为瘗窟的，这类窟的特征与一般的单室禅窟几乎没有什么区别。据老彭推测，这些被瘗埋者，生前或许就在窟里禅修，死后不做移动，禅修的洞窟就被当作埋葬他们的瘗窟。还有一种是经僧房窟改造而作为瘗窟用的。

敦煌北区考古除了发现了重要遗迹外，还出土了许多重要遗物，比如老彭他们首次在敦煌发现了波斯银币。从银币的特征来看，应属于波斯萨珊朝俾路支王时期所铸造。这一发现不仅填补了该地区波斯银币的空缺，同时也反映出中西交通以及商贸往来活动的情况。此外，还出土了大批西夏时期的文物和文献，如12世纪西夏文佛经、西夏文活字版《诸密咒要语》印刷品，后来被证实为世所罕见的重要文物。

伯希和当年盗走藏经洞无数文献精品的时候，也到过莫高窟北区。他曾在B181号洞（即今第464窟）攫获回鹘文木活字968枚，其中960枚现藏于巴黎吉美博物馆，另有4枚在东京东洋文库，4枚现藏于纽约大都会艺术博物馆。后来俄国人奥登堡又在北区洞窟盗掘回鹘文木活字130枚，现藏圣彼得堡艾尔米塔什博物馆。1989年，老彭他们发掘北区洞窟的时候，发现了回鹘文木活字48枚，使得敦煌研究院收藏的回鹘文木活字总数达到54枚（敦煌研究院是国内唯一收藏有回鹘文木活字的机构）。

北区考古还发现了残存四整页的文献。这是藏经洞里所没有的文字书写的文献。这件叙利亚文书使用的是从埃斯特朗哥罗字体演化而来的景教体，记录的是《圣经》文选，摘录的是《旧约》中《诗篇》的内容。文书使用白麻纸，纸张纤维均匀厚实，文书的年代应属元代。这个文书的珍贵价值在于，它可以确定中亚地区和中国曾经有景教的传道活动。景教在"会昌法难"时被禁，此后，唐末以至五代北宋，这个教派在中国内地已经绝迹，但在一些边远地区仍有信仰者。在莫高窟发现的叙利亚文的《圣经》文献，以及景教徒的铜十字架，这些可以证明，唐宋至元末期间，在敦煌、新疆东北部、高昌国故地等区域内，应仍有景教徒的活动。

通过莫高窟北区考古可以发现，地接西域的敦煌，较早地接受了发源于印度的佛教文化。西亚、中亚文化随着印度佛教文化的东传，也不断传到了敦煌。中西不同的文化都在这里汇聚、碰撞、交融，其结果，必然使敦煌这个地区留下遗迹和遗物。北区的考古发现提供了古代中外文化交流的事实和根据。

田野考古结束后，老彭就开始对北区洞窟发现的遗迹和遗物进行全面系统的整理、研究，并撰写出版了一百余万字的考古报告《敦煌莫高窟北区石窟》(3卷)。他为了撰写这份考古报告，夜以继日。我们家的会客室也是餐厅，有一天院里的工作人员来家里跟我谈工作，他们无意中发现餐桌底下放着一个北区挖出来的骷髅，吓坏了。这是老彭带回家里来准备编号的遗物，一般是不会拿到家里的。但我们都是学考古的，也没有那么多忌讳，我们的生活就是工作，工作就是生活，工作和生活并不是分得那么清楚。

在老彭之前，也有人搞过北区洞窟的研究，但认为北区没什么东西，不值得考古发掘。我就对老彭说，你一定要搞，哪怕真的发掘不出什么文物，光是弄清楚北区石窟这些洞窟的结构、用途就有价值，再说谁能保证里面就一件文物也没有。后来经过他的考察证实了，北区石窟不光发现了文物，还出土了很多过去未曾发现的珍贵的文献和文物，比如西夏文文献、回鹘文木活字、叙利亚文《圣经》等。北区原来是个谜，老彭的考古发掘把洞窟的类型和功能弄清楚了，非常有价值。

那段时间他确实非常辛苦。他1988年开始北区石窟考古工作的时候已经五十多岁了，六十多岁以后完成了《敦煌莫高窟北区石窟》考古报告，后来又专注于莫高窟南区洞窟内汉密壁画研究。他除考古报告外，还写了不少文章，还当了《莫高窟北区考古论文集》的主编，这本论文集后来在中国香港、法国都出版过，有一定影响。这都是他在1988年到2008年这二十年之间做的事情。他主持北区发掘的时候，时常让我帮他拼接文献的碎片，定文物的名称和性质，确定洞窟的性质类别等；写考古报告的时候需要确定体例，他也让我给他出出主意。我跟他说，考古报告虽有一定之规，但也可以有不同体例的写法。因为北区石窟的洞窟里基本没有壁画，出土文物也较破碎，如果你现在不收入考古报告，后人不一定都会重视这些遗迹和遗物及其信息。所以我建议莫高窟北区石窟考古报告，最好将发掘的每个洞窟的结构和洞窟内的全部出土文物，及其相关信息原原本本都收入进来，这样可以把北区石窟全部遗迹和遗物的资料及其信息都永远保存下来。他在报告最后感谢这个人，感谢那个人，我给他开玩笑说你怎么不感谢樊锦诗同志，老彭说，谁让你是我老婆。

敦煌莫高窟北区的考古发掘与研究，始终得到宿白先生的关心和指导，他亲自为《敦煌莫高窟北区石窟》考古报告题写了书名。宿白先生是我们的恩师，当他看到三卷本《敦煌莫高窟北区石窟》正式出版后，他对我说："彭金章不错，你瞎忙。"北区石窟的考古发掘，被认为是开辟了敦煌学研究新领域。老彭年过五十之后放下自己做得好好的事业，从讲台到田野，一切从零开始。他在敦煌北区考古发掘的收获，对于老彭和我来说，都是一种安慰，命运对我们还是非常眷顾的。

花甲之后拼尽全力

我六十岁接受了敦煌研究院院长的任命，在临近退休的年纪又重新起跑。

我的专业是石窟考古，20世纪70年代中期改为从事管理，直到2015年，才离开管理岗位。1975年到1983年，是我在敦煌搞管理工作的第一个阶段。我初到管理岗位，不懂什么是管理，也没有什么想法，以为就是继续做常书鸿先生以前做过的保护管理工作。1966年之前，常先生在莫高窟主持了二十多年敦煌文物研究所的工作，他带领前辈们殚精竭虑、含辛茹苦、不懈努力，使莫高窟从20世纪40年代的满目疮痍到60年代的重现光彩。他们当时在极其艰苦的条件下，怀着对敦煌艺术的敬仰和敬畏之心，以高度的使命感和责任心，为保护和研究莫高窟，长期坚守大漠。他们甘愿奉献、勇于担当、开拓进取的可贵精神深深地影响了我。那时我只能做到以前辈为榜样,尽自己之力将工作开展起来。

我的管理工作的第二个阶段,是从1984年到1997年。这时中国进入改革开放时期。1984年甘肃省委、省政府做出了扩建敦煌文物研究所为敦煌研究院的重要决定,为敦煌研究院的未来持续发展创造了良好的条件。敦煌研究院在著名的敦煌学者段文杰先生领导下,迈入了国际合作、科学保护、研究创新、弘扬传播的新阶段。

这个阶段开展的主要工作在保护和管理两个方面。保护方面,与美国盖蒂保护研究所合作,开始在莫高窟建立了全自动气象站,对莫高窟开放洞窟微环境及其赋存的自然和人文环境进行监测;对壁画材质和病害的调查研究;对威胁莫高窟保护的自然和人为因素的调查研究;对威胁莫高窟保存的风沙实施监测、研究和治理;拆除了莫高窟窟区近现代添加的构筑物,迁移了窟区前所有的工作和生活用房,完整地保护了窟区的人文景观和自然景观;为保护研究配备仪器设备;设置安全防范技术设备;为永久保存莫高窟壁画,试验制作数字化壁画档案;安装洞窟窟门和玻璃屏风设施。管理方面,开始引进、培养专业人才和培训一支专职的讲解员队伍;制定了使用和旅游开放洞窟的管理制度;扩大了编制,增加了部门,汇聚了人才,改善了员工的工作和生活条件。

越是了解敦煌,就越知道敦煌是独一无二的,是世界级的文化艺术宝库,敦煌研究院责任重大。我经常想,做不好敦煌石窟的保护就是罪人。偶尔放松警惕在所难免,时间一长就会麻痹,麻痹以后就要出事。所以我有个特点是爱"找碴儿"，爱发现问题，常常在想有什么因素会对石窟安全构成威胁，甚至想到如果"坏人"来会干什么事。

莫高窟曾经出过一件大事，那就是1989年1月14日第465窟壁画被盗，当年被列为"公安部十大案件"之一。

学术界对第465窟的年代判定有争议，有人认为是西夏，有人认为是元代，这一窟是莫高窟唯一的藏传密教洞窟。1989年春节前夕，第465窟墙上的壁画被切割下来，犯罪分子不知所踪。我们立刻把壁画失窃的情况报到市公安局，市公安局又层层上报，报给分管公安和分管文化的副省长，此事还惊动了公安部、文化部和国家文物局，甚至连乔石同志都亲自过问，从北京派来了专家。

当时已经七十二岁高龄的段文杰院长非常着急，带头值班查夜，希望尽快协助公安部门破案。分管敦煌的副省长一来就问我们，是否有档案可以确定是哪几块壁画被盗，我们马上调出了第465窟壁画的全部照片档案。

从现场来看，被盗洞窟门锁并未被破坏。犯罪分子是刨开了临近洞外的一处小佛龛后钻到第465窟内的，由此可断定犯罪分子对洞窟情况非常熟悉。专家怀疑是内部作案，要求单位里每个男同志都按手印、验指纹。万幸的是，壁画被盗那天敦煌下了场大雪，犯罪分子留下的脚印从莫高窟北区作案的洞窟门口一直延伸到莫高窟南区前面的小商店，将近一公里长。可能由于作案后饿了，他们曾撬开过小商店的门偷吃过食品。商店老板一早发现商店被盗，也报了案。

那时候虽然没有监控录像,但公安局顺着交通沿线逐一排查公共汽车,终于找到了两个人。其中一人曾在我们敦煌研究院做过工,他到玉门拉了一个同伙来莫高窟,两个人只带走了一点壁画,其余的还埋在洞前的地底下,准备过些时候再来取。记得酒泉地区公安部门一位姓石的处长问了我好几遍,这个洞里面的壁画都是一级文物吗?他们来确定被盗壁画是否为一级文物,其实是在为罪犯量刑做准备。

这次事件对于莫高窟来说是一劫,好在最后还能采取补救措施,壁画都被"大国工匠"李云鹤贴回墙上进行了修补。对研究院来说也是一次教训,本来我们有个保安科,但是并没有负起责任。被盗案后,我们成立了保卫处,采用现代化仪器设备对洞窟进行监控,有效保护了文物的安全。

我的管理工作的第三个阶段,是1998年到2014年。这个阶段是我国经济和社会的快速发展期。一方面,国家加大了对莫高窟的保护力度,大幅度增加了经费投入并引入了科技手段,国际上也对莫高窟给予了更大的关注,加大了国际交流,使敦煌研究院的保护管理工作有了极大的发展。另一方面,莫高窟保护的任务愈益繁重。随着经济和旅游的快速发展,游客量逐年攀升,社会对莫高窟提出了各种想法和要求,给保护管理带来了很大的挑战和压力。要解决出现的这些新问题,改进提高莫高窟保护管理工作已时不我待。

这个阶段开展的主要工作,首先是制定了《甘肃省敦煌莫高窟保护条例》(以下简称《条例》)。《条例》制定以后,社会上有人让敦煌研究院压缩莫高窟保护范围，在保护范围里修建与保护无关的设施，企图在保护范围内搞开发建设，建议莫高窟"捆绑上市"，要在莫高窟搞开发建设，要改变莫高窟规划，把莫高窟交给企业经营等，我们都依照《条例》进行了解释与制止。其次，制定了《敦煌莫高窟保护总体规划（2006—2025）》（以下简称《规划》）。这个规划由敦煌研究院与美国盖蒂保护研究所、澳大利亚遗产委员会、中国建筑研究院历史建筑研究所三国四方合作编制完成。《规划》为保护管理莫高窟提供了具有专业性、权威性和指导性的依据。

通过多门理工学科和工程技术的合作，对塑像、壁画的制作材料和病害机理进行深入的分析、研究，使文物保护从过去的抢救性保护转变为现在的科学保护，建立了石窟壁画保护科学技术体系，形成了壁画与土遗址科学保护的程序和规范。用风险管理理论为指导，对窟区大环境、洞窟微环境、壁画病害、风沙动态、崖体稳定、游客流量等进行长期监测，初步建立了预防性保护科学技术体系。为了永久保存和永续利用莫高窟的珍贵价值和历史信息，经探索研究，自主制定了文物数字化保护的标准体系，建立了敦煌石窟数字档案。

莫高窟的特点是价值珍贵、洞窟狭小、材质脆弱、病害频发。面对逐年迅猛攀升的游客人数，为了既保障文物的安全，又对游客参观质量负责，我们在国内首次开展了文化遗产地游客承载量研究，对开放洞窟的游客数量、流量和窟内微环境变化常年实时监测，确定了莫高窟日游客最大承载量的科学依据。在中央和甘肃省领导的高度重视下，建设了莫高窟数字展示中心，开创了"总量控制、网上预约、数字展示、实地看洞"的旅游开放新模式，既保障了洞窟安全，又满足了游客的参观需求。

我的老彭走了

老彭这一生不容易。小时候家境贫困，是兄嫂带大的；娶妻生子，两地分居，家也不像个家；自己开创的考古专业为了我而中途放弃；还没等享受天伦之乐，晚年又得了重病。

他第一次得病是2008年秋天，在兰州检查确诊为直肠癌。记得当时他给我打电话，我一听声音就知道情况不好，他说："我查出来了，直肠里面有个疙瘩，怎么办？"我就联系兰州的同事陪他继续检查，又给北京、上海到处打电话，最后在上海找到了一位专家。我陪他去上海住院、做手术和治疗。手术很成功，治疗的结果亦很好，没有复发。他出院后在上海孩子家里疗养了一段时间，我天天为他做饭，加强他的营养。他刚出院时瘦得只有80多斤，慢慢营养好了，他的体重到了120多斤。我们俩2009年春末夏初回到敦煌，老彭的身体已基本康复。我跟他说："你现在要休养，以休息为主，以玩为主。想看书就看书，不想看，就不看。愿意怎样，就怎样。"他很理解我的安排。

从2008年到最后走的近十年时间，他过得还是很愉快的，有时出去开会，有时出去游玩。老彭很早就喜欢玩微信，那时候我都还不会。他也愿意散步，喂猫，到接待部和年轻人聊聊天。我每年都让他到上海体检。我和孩子们交代，他喜欢的皮鞋、衣服就在上海买。他退休之后，我们俩一起到过法国，他自己还去过印度。我工作以来只疗养过一次，就是2015年和老彭一起去贵阳。

2016年秋天，邓小南教授邀请我参加北大人文社会科学研究院成立仪式，我就说我要带老彭一起去。我们利用这次机会一起回到了母校，还去看望了宿白先生。我们俩后来还一起去过武当山，到四川成都看展览，不过我都是有任务在身，到周庄也是出差顺路经过。以前我总是想着，等我真正退下来，我们还有时间到各处去走走玩玩，实际上我的闲暇时间很少，无法陪他出去痛痛快快地玩。

我一直觉得对不起他。我忙，他生病后我不让他做饭，早上、中午两顿都是他去食堂打饭，晚上就熬点稀饭，他还承担了洗碗。这一生都是老彭在照顾我，家务事是他帮我在做。其实他不太会做饭，但只要他做，我就说好吃好吃。他爱包饺子、爱吃饺子，馅儿调得很不错。他喜欢吃鸡蛋羹，却总是蒸不好，我告诉他要怎么蒸，怎么掌握火候才好吃。我蒸的鸡蛋羹他就说好吃，他满足的样子像个孩子。他从农村出来，一直很注意节约。以前在武汉大学住的房子后头种了丝瓜，孩子吃腻了就不吃，他对孩子说："有丝瓜吃就不错了。"我从来不要他给我买东西，他买的东西我看不上。但他的衣服大多是我买的，内衣、衬衫、外套、西装和皮鞋，只要是我买的他就喜欢。实在太忙，就在他出差前提醒他自己去试一下买点衣服。90年代初他去日本进修，我说他清瘦的身材跟日本人差不多，让他在日本好好给自己置办点衣物。

他2017年第二次生病，来得突然，来势凶险，发展迅速。年初突然胃口不好，后来出现晚上睡觉时，前半夜胃部不适，后半夜腹部不适。我还以为是他消化出了问题，后来吃了点胃药也不起作用。我建议他给上海熟悉的专家打电话询问原因。上海那边听他电话里描述的情况，判断他可能是胆囊出了问题。我就让他赶紧去敦煌的医院检查。谁知老彭被叫住院了。我到了医院，院长给我看了给他拍的CT，我一看就傻眼了，院长说老彭患的是胰腺癌。年初，春节没过完，我就送他去上海住院治疗。医生为他做了磁共振检查，后来又做了一次CT，确诊老彭患胰腺癌。面对这突如其来的打击，我几乎绝望，浑身无力，实在难以接受，心里一直在想怎么办？怎么办？我请求医院设法救救老彭。医生耐心地给我解释说，胰腺癌一旦发现就是晚期，在全世界范围内还没有有效的治疗方法，美国的乔布斯也是死于这种病。要么开刀，我们把你当朋友，跟你说实话，他这样的年龄，如果开刀就是雪上加霜。我把孩子们叫来一起商量，最后定下的治疗方案就是：减少痛苦，延长生命，不搞抢救。老彭他自己不问是什么病，跟大夫相处得还挺好。我没有勇气告诉他得的是什么病，医生也不让我说，医生亲自告诉老彭，说你得的是慢性胰腺炎，这个病不太好治，要慢慢治，希望他不要着急。

在老彭整整六个月的治疗过程里，我几乎天天来往于旅馆和老彭的病房，也经常与医生联系，商量如何治疗。有很长一段时间，我心里还是想不通，他怎么会得这个病？像他这样好的人不应该这样不幸，为什么老天爷偏偏要让老彭得这个病？我查了一些资料，所有的资料都显示胰腺癌是不治之症。有一次看到罗瑞卿的女儿罗点点的文章，她是医生，见过无数病人痛苦而走，她说人最佳的一生就是"生得好、活得长、病得晚、死得快"。她不主张无谓的抢救，认为这样非但不能减少临终病人的痛苦，反会给病人增加痛苦，主张要给临终病人一个尊严。后来我还看过女作家琼瑶写给孩子的信，发表她对"死亡尊严"的理解。她的见解，基本与罗点点医生相似。这样，我也慢慢平静下来，只得面对现实，告诉自己多陪陪他，饮食上多想些办法，尽量给他弄些他爱吃的食物，多给他一些照顾，多给他一些宽慰，尽量减少他的痛苦。

老彭很相信医生，从来不跟我打听病情，其实少知道点也有好处。现在如果有人问我如何看待死亡，我想说死并不可怕，每个人都会死，但最好是没有痛苦地死去。治疗过程中的前三到四个月，老彭的情况还比较稳定，心态也比较乐观，饮食也还不错。他说治好了，要给大家发红包。我问他给不给我发红包呀，他说那我也给你发红包。他很愿意跟人聊聊天，有时候和医生也能说上好一会儿，我就叫他少说几句多歇息。那时候他还会看看电视，听听歌，我也不太愿意跟他聊痛苦的事。有时候我让他吃一点酸奶，他说不吃，我说就吃一口吧，他又让我先吃，然后他吃了还说："甜蜜蜜。"医院的饭是每个礼拜三有一顿饺子。一到日子，他就说今天礼拜三，你们早点去买饺子，一定要让我们陪护的人就在病房里吃，他看着我们吃。我说："老彭，你看着我们吃馋不馋，要不你吃一个尝尝味道。"我心里知道，虽然我们努力帮助他减少痛苦，但毕竟这个病很折磨人，要做到完全不痛不难受基本不可能。

　　到后来，我搀着他走路的时候都能感觉他浑身在发抖。他说自己又酸又胀又痛，还跟我说想要安乐死。这件事我无能为力。我知道他一直在和病痛做抗争，我能做的就是请大夫想办法，缓解他的痛苦。老彭特别坚强，痛到那种程度了，他还坚持要自己上卫生间，一会儿坐起来一会儿躺下，什么姿势对他来说都很难受，但他也没有叫过一声。一看见医生来查房或看他，他还露出笑容，稍微好一点点就又有求生的希望。我心里明白，他正在一天一天慢慢离我们远去，直到最后看不见。我唯一能做的就是不断想各种办法，好好护理他，不让他受更多的罪。

　　老彭对大哥非常尊重。他一直不愿意告诉大哥自己生病，不想让大哥为他担心。后来大哥打来电话问他，他都说好着呐。我说老彭这样不行，怎么能不告诉大哥呢？我就先把情况告诉了大哥的女儿，这样可以让大哥有点心理准备，然后我代老彭给大哥大嫂写了封信。信中写道："长兄如父，长嫂如母，这辈子感谢你们对他的培养，他在学术上做了点事，做出了贡献，都不会忘记是大哥大嫂的教诲。老彭得了这个病，希望你们不要难过……"他大哥知道后非常着急，派女儿女婿专程到上海来看望老彭。其他哥哥的孩子也从北京、河北过来看他。他跟孩子们说自己得的是慢性胰腺炎，这个病不好治。

　　最难熬的就是最后一个月。他知道自己用的是吗啡镇痛，就说："我知道现在吃的是毒药，这个病不可能好了。"后来出现了腹水，很多药都没有办法继续使用了，虽然每天看着还在挂水，实际上就是盐水和葡萄糖。医生对我说："可能时间不多了。"

　　他刚住院情况比较好的时候，我还偶尔到外地出个差，这期间参加过一次"两会"，都是快去快回。最后将近一个月，我和两个儿子还有一个照顾老彭的小伙子，四个人轮流值班。白天我在病房守着他，晚上看他吃好安眠药睡下，我再回去休息。他从来不想麻烦别人，因为夜里难受来回折腾，第二天我还听到他给老大道歉，他说："昨天晚上对不起。"我说："你说这个是多余的话，他是你儿子呀，护理你是应该的。"但是，老彭他就是这样一个人。

　　有一天，我轻轻摸摸他的额头，他不知道哪里来的力气，抬起身子，把我搂过来吻了一下。他走的那一天早上，医院五六点钟就来了电话，说老彭心率、血压下降，我想他可能不行了，就急忙往医院赶。我到医院的时候他已经昏迷了，我就大声叫他："老彭！老彭！老彭！"我一叫，他就流眼泪了。听人说弥留之际听觉是最后消失的，我想他应该是听到了，那是中午12点。

　　老彭走后的半年，我瘦了十斤。按照他和我的想法，后事越简单越好。我向研究院报告了情况，叫院里不要发讣告。老彭是7月29日走的，我们31日就办了告别仪式。我没有发言，两个孩子也不让我发言，他们就代表家属发言。我想把老彭带回敦煌宕泉河边。两个儿子说，你带走了我们看不见，所以骨灰暂时存放在上海，他们清明、立冬，还有一些节日，都会去看看。

　　一个月后，我又回到了敦煌。一切都是老样子，只是我的老彭不在了。

　　我早上就弄点饼干、鸡蛋、燕麦吃，中午自己去食堂打饭，一个人打一次饭就够中午、晚上两顿，晚上有时候也熬点小米粥、煮点挂面，就像他在的时候一样。其实，我一直觉得他还在，他没走。有一次别人给我打电话，问你现在跟谁过啊，我说就我跟老彭，对方一下不说话了。直到去年，我才去看了老彭的大哥大嫂。每次出门，我都想着要轻点关门，老彭身体不好，别影响他休息。我把一张他特别喜欢的照片放大，就放在我旁边。2019年除夕那天，我跟他说："老彭，晚上咱俩一起看春晚。"

第八章　敦煌石窟艺术

绵延千年的形象佛教史

敦煌石窟的洞窟建筑、彩塑、壁画与藏经洞出土的文书和艺术品，是历经上千年的中西文化交融形成的，世界上很少有这样连续千年，吸收多民族文化艺术和东西方文化艺术，独具特点、自成体系的佛教石窟艺术。敦煌石窟艺术向人们展示了中国佛教美术史的发展历程，也展现了中国与世界艺术交流的历史，对研究中国美术史和世界美术史都有重要的意义。

莫高窟属于综合艺术，由建筑、彩塑和壁画组成。洞窟建筑因功能不同而形制多样；彩塑是莫高窟艺术的主体，位于窟内显著的位置；壁画则分布于佛龛、四壁和洞窟顶部等处。

莫高窟的建筑形制主要有五种。一是禅窟，正壁开龛塑像，左右两侧壁各开两个或四个仅能容身的小斗室，供佛教徒坐禅修行。二是中心塔柱窟，是洞窟中间凿出连地接顶的中国方形楼阁式塔形,塔柱四面开龛塑像,象征佛塔,供修行者入窟绕塔观像与礼佛。以上两种洞窟形制虽受到印度相应石窟形制的影响,但已被中国化。三是殿堂窟,其形式受到中国传统建筑风格的影响,平面方形,覆斗顶,正壁开龛塑像,其余壁面和窟顶都绘壁画。这是修行者礼佛或讲法的场所。四是佛坛窟,其形制与中原寺庙佛殿,乃至世俗宫室殿堂的格局相类似。洞窟主室中央凿出方形佛坛。彩塑群像高居佛坛之上,信徒可围绕佛坛右旋环通、礼佛观像。五是大像窟,因洞窟里有巨大的佛像而得名,窟外建有保护洞窟的木构窟檐,如莫高窟第130窟和地标性建筑第96窟九层楼。我们从洞窟建筑形制就可以看出,敦煌莫高窟的洞窟建筑有着鲜明的中国特色。[1]

莫高窟有大量栩栩如生的彩塑,有佛陀、菩萨、弟子、天王、力士像等。十六国、北朝时期的彩塑是古印度犍陀罗、马图拉佛教艺术风格和中国本土艺术风格的结合,表现了宁静沉思的神情。隋唐时期,融合了中外艺术风格,形成了具有中国特色的佛教造像,成功地塑造了比例准确、衣饰华丽、造型健美、神态逼真、不同个性的完美艺术形象,成为具有永恒艺术魅力、经久传世的不朽之作。唐代还以石胎泥塑的技法,分别塑造了高达35.5米的北大像和26米的南大像,以及长达15.8米,表现释迦牟尼佛"涅槃寂静"的大型卧佛像,表现出大唐文化的恢宏气象。唐代以后的许多洞窟多处于下层,塑像多已被破坏。

前辈学者把莫高窟的壁画分为七类(若严格划分则不止七类,但大致可分为七类)。第一类是尊像画,就是从佛陀到护法天人的佛教众神像。譬如大家喜欢的飞天,就是护法神,他是天上的天人，在天空中为佛供奉鲜花、香气、歌舞，千姿百态，优美动人。第二类是释迦牟尼故事画，包含释迦牟尼佛从太子到成佛的传记故事画。佛前世还是菩萨的时候，他要经过布施、持戒、忍辱、精进、禅定、般若等六种修行方法，才能修炼成佛。佛在前世做种种善事的故事，被称为佛的本生故事，比如莫高窟第254窟的"萨埵那太子舍身饲虎"的故事。佛门弟子、善男信女和释迦牟尼度化众生的故事，被称为因缘故事。第三类是中国传统神仙画。佛教传入中国后，为融入中国文化，在以佛教为主题的石窟中，吸收了中国当时最为流行的古代神仙传说信仰中的神仙形象，如东王公、西王母、伏羲、女娲、风神、雷神、雨神、霹电等。第四类是经变画，简单说就是把一部佛经的主题思想、主要内容用一整铺画像表现出来。隋唐时期吸收了印度佛教的画法，中原地区许多著名画家以丰富的想象力，将佛教思想与中国传统的人物画、建筑画、山水画、花鸟画和社会生活场景巧妙地结合在一起，创造了不同佛经所描绘的理想中不同的宏伟壮丽、气象万千的佛国世界。比如《无量寿经变》描绘阿弥陀佛所在的西方极乐净土世界满是亭台楼阁、伎乐歌舞，还有琉璃玛瑙等珍宝，只有快乐，没有痛苦。第五类是佛教史迹画，描绘佛教史上的历史故事、传说故事，以及一些佛教圣地、圣迹的故事等。如佛教徒将汉武帝遣张骞出使西域的真实历史，篡改为汉武帝派张骞到大夏问佛。这纯粹是杜撰的，目的是提升佛教的地位，扩大它的影响。第六类是供养人画像，是描绘为祈福禳灾而出资开窟的功德主及其眷属的礼佛供养画像。举个例子，五代和北宋时期，有个人叫曹议金，他是统治瓜沙二州的节度使。

他不仅让人把自己画得有两米多高，还把他的妻子、儿子、亲戚甚至衙门里面的属吏、小官员等一百多人全部画进去了，这个洞窟成了他光耀门庭的家庙。最后一类是装饰图案画，用于装饰洞窟建筑、佛龛、彩塑。它的图案纹样繁缛多样，吸收了不少外来的纹样元素；既可分隔不同题材的壁画，又像一条精美的纽带，将洞窟建筑、彩塑和壁画连接成风格和谐的有机整体。

敦煌壁画在表现佛教内容的同时，还表现了各时代丰富的社会生活、经济生活、民俗风情场景，有农业（如耕种、收获等）、手工业（如打铁、酿酒等）、商业（如商旅来往、商店买卖等）、军事（如战争等）、艺术（如音乐、舞蹈、建筑等）、学校、寺庙、百戏体育（如杂技等）、婚丧嫁娶等，堪称古代社会的百科全书、墙壁上的博物馆。

世界很多地区都有壁画，中国的许多地方，如不少寺庙和墓葬，也都有壁画。可是要说拥有持续绘制上千年的壁画艺术的，只有敦煌莫高窟。中国传世的绘画保存下来的大多为五代及宋以后的作品，唐代和唐以前的作品十分罕见。而在敦煌西魏时期壁画中宽袍大袖、面容瘦削、神态潇洒的人物形象，则再现了东晋南朝顾恺之、陆探微“顾得其神”“陆得其骨”的秀骨清像的风格。唐代前期壁画中，公元642年的《帝王图》，可以让我们领略阎立本《帝王图》的风韵。壁画中大量衣袂飘举、笔法豪放的人物画，是唐代“画圣”吴道子一派“吴带当风”的特色。盛唐的《都督夫人太原王氏及眷属礼佛图》（简称《都督夫人礼佛图》），可以看出唐代开元时期仕女画家张萱的画风。两晋到唐代佛教盛行，也是人才辈出的时期，特别是唐代的著名画家大多在长安、洛阳的寺院中绘制壁画，他们的最佳作品也都留在了那里。这些在张彦远的《历代名画记》中都有记载。可是，长安、洛阳等地的隋唐寺院及其名家绘制的壁画早已灰飞烟灭，而唯有敦煌保存了大量北朝到隋唐时期的壁画，成了我们认识那个时代绘画的绝无仅有的珍贵资料。

敦煌的彩塑也一样。其他地方也有石雕，西方的古希腊、古罗马，中国的云冈、龙门、麦积山、天龙山石窟等也都曾有精彩绝伦的雕塑，还有陶俑，皇帝陵墓前的石人、石雕、石马等，都可以看到。但是，如果说要找一个绵延千年、从不间断地塑造彩塑的地方，仅有敦煌莫高窟一处。

敦煌莫高窟是唯一一个历经千年开窟，雕塑、壁画一应俱全的世界艺术宝库。敦煌最了不起和不可替代的，正是她本身就是上千年的形象佛教史，是一部绘画史，一部雕塑史，一个绘画博物馆。在敦煌，每一个洞窟都是一个博物馆。

莫高窟艺术是敦煌石窟艺术的主体，被誉为"丝路明珠""人类文明的宝藏"。现存最早的北凉和北魏前期石窟既有犍陀罗艺术风格，又具有东方中原的艺术特征。此时的佛传故事、本生故事、因缘故事画和交脚弥勒像常见于犍陀罗艺术、龟兹早期石窟。人物造型朴拙，裸身少衣，表现人物立体感的凹凸画法和以土红色为主的暖色调风格，明显受到了以克孜尔石窟为主体的龟兹石窟的影响。到了北魏晚期及至西魏，敦煌莫高窟出现了面貌清瘦、褒衣博带、眉目开朗、秀骨清像的人物形象，出现了东王公、西王母、伏羲、女娲等中国本土的传统神仙题材，在壁画中还出现了印度教神祇形象和受希腊、西亚、中亚、印度混合影响的日天、月天形象。由此看来，敦煌莫高窟在北凉和北魏前期主要受西域的影响，也有东方中原的元素。北魏晚期和西魏在保存西域影响的同时，更加受到东方的影响，逐渐本土化。隋唐时期，大一统帝国建立，以中原为中心逐渐形成统一的佛教艺术风格，敦煌石窟艺术在主要学习中原风格的同时，也接受了外来艺术的影响。这一时期敦煌石窟艺术主要受到了印度笈多艺术风格的影响。到了五代、宋、西夏、元时期，敦煌艺术体现出了与丝绸之路上的于阗、西州回鹘、甘州回鹘、党项、蒙古等民族的密切关系。

莫高窟艺术大致有以下六个方面的特点。

第一个特点是规模大。莫高窟南北两区现存洞窟计735个，窟内保存有壁画45000平方米，彩塑2000多身，是现存最大、保存较好的佛教艺术石窟群，堪称世界古代佛教艺术的集萃。

第二个特点是历史跨度长、延续性强。莫高窟开凿于十六国，历经北凉、北魏、西魏、北周、隋、唐、五代、宋、西夏、元等千余年时间，艺术传承关系清晰，几乎包括了整个佛教入华以来的开窟造像史，也是一部图像版的敦煌及其周边关系史。

第三个特点是具有鲜明的时代特征和区域性特征。莫高窟艺术有着丰富的不同时代特色，在鲜明地体现着各历史时期中原王朝和地方政权流行艺术样式特征的同时，又表现出强烈的敦煌地方化艺术元素，区域性特征明确，反映出丝绸之路上中西交流的旺盛活力和敦煌本地文化的强大整合能力。

第四个特点是艺术形式多样。莫高窟艺术是集石窟建筑、壁画、彩塑三位一体的综合艺术，另有窟前殿堂建筑和洞窟的木构窟檐，窟前的舍利塔、寺院建筑遗址及各类出土文物，窟内铺地的花砖艺术，石雕石刻艺术，以及发现于藏经洞的版画、纸画、幡画、木雕、写经体书法及其他书法、刺绣、绢画等各类艺术品。内容包罗万象，涵盖佛教尊像画、世俗人物画、历史故事画、山水画及社会生产生活场景、历代名物图案等艺术题材。

第五个特点是艺术技法富于变化。莫高窟艺术的表现形式以绘画、雕塑为主，其中绘画艺术强调线描与传神结合，壁画色彩以多彩富丽为主，另有白描画、版画等绘画艺术形式。雕塑有立体圆塑、贴壁半圆塑、高浮塑、石胎泥塑、模制影塑等，汇集了众多的中国古代绘画与雕塑技法。

第六个特点是具有文化艺术的多元性、世界性特征。莫高窟艺术是以汉民族文化艺术为主，汇聚鲜卑、吐蕃、回鹘、党项、蒙古等多民族文化艺术，还有外来的南欧古希腊、古罗马、南亚印度、西亚波斯、中亚粟特等国家和地区艺术在内的艺术综合体，是多种文化、多元文明交汇融合的结晶。敦煌艺术被誉为"形象的历史"，它在弘扬佛法、广布教化的同时，客观上也以图像的形式，呈现了自十六国、北朝以来的敦煌、河西以至中国北方的许多真实历史，以图证史，史料价值极高。[2]

有最早纪年题记的洞窟博物馆

第285窟是目前有最早确切纪年题记的洞窟。

在此窟北壁两幅说法图的发愿文中，有"大代大魏大统四年岁次戊午八月中旬造""大代大魏大统五年五月二十一日造讫"这样明确的纪年信息，这表明第285窟建造于公元538年、539年前后，是距今一千四百多年前北魏王族东阳王元荣任瓜州刺史时期的洞窟。历史记载东阳王元荣曾在莫高窟造窟，所以有的专家认为第285窟可能就是他建的。

在这个昏暗的洞窟里发现这两处题记是很令人兴奋的，这是段文杰先生和当时负责清理洞窟积沙的研究所工作人员共同发现的。当年在清理积沙的过程中，他们不仅发现了六个被掩埋的隋、唐、宋时期的洞窟，而且在四百多个有壁画的石窟中，终于找到了这个有最早确切纪年题记的洞窟，这个消息令整个敦煌文物研究所为之兴奋。

第285窟位于九层楼以北，开凿于西魏时期。主室平面方形，中央设低矮的方台，窟顶覆斗形，西壁（正壁）开一大二小圆券龛。窟顶下绕窟一周为连续式三十五身禅僧画像。南北两侧壁对称地开凿小禅窟各四个。主室保存完好，禅室经中唐、宋、西夏、元等朝重修，甬道和前室壁画为五代重绘。

主室西壁主龛内塑善跏趺坐主佛像，身躯扁平，褒衣博带，头残，佛像两侧各塑胁侍菩萨像一身，上半身已残。两侧小圆券龛内塑结跏趺坐禅僧像各一身，穿田相格袈裟，两手相叠，低头沉思，作禅修状。

四壁壁画上下分段布局。西壁（正壁）的龛外画诸天外道形象，主要有日天、月天、诸星辰、供养菩萨、摩醯首罗天、毗瑟纽天、鸠摩罗天、毗那夜迦天、四天王天、婆薮仙、神将等。西壁主要是以佛教和印度教诸天神灵组成的世界，神灵的名称、形象、衣冠服饰、姿态动作、表现技法，都有明显的中亚、西域特色。

东壁和南北壁基本上是佛教题材的壁画。东壁门上是过去、现在、未来三世佛。南北壁为大型说法图，华盖下有榜题，可知此为无量寿佛。佛右侧是"无尽意菩萨""观音菩萨"，左侧是"文殊师利菩萨""大势至菩萨"，上部是诸佛弟子，下部是供养人。南壁是佛教故事最集中的部分。上段垂帐下画有十二身伎乐飞天，中原式"秀骨清像"造型，在流云和天花中，面朝主尊方向飞行，或奏乐或散花供养，姿态优美，富有韵律；中段画横幅长卷《五百强盗成佛》连环故事画，画中有战争、受审、施刑、剃度等场面，为我们提供了古代兵器、刑法、建筑、服饰等形象资料。南壁下部四个小禅室的龛楣之间，画有沙弥守戒自杀的因缘故事。

北壁上段画七佛和弥勒菩萨说法图共八铺，每铺下方都有发愿文和男女供养人画像。供养人形象虽小，表情动作各有特点，有的穿汉族服装，有的穿少数民族服装。从所署姓名看，这些供养人有鲜卑人，还有粟特人。从发愿文可知，这些说法图是在一年时间内先后画成的，整窟造像也在大统四、五年时期完成。北壁下方与南壁相对的四个禅窟，圆拱门上龛楣内饰以双鹦鹉、双凤、双鸽、双孔雀；龛楣外沿饰以火焰；龛楣之间，穿插着山峦树木，千佛和菩萨，下层为药叉。东、南、北三壁，各有侧重地展现了佛教的相关内容，共同呈现了第285窟的主题。[3]

窟顶是道家神像与佛教天人图像相融合的区域。倒斗顶，中

心方井画华盖式藻井，四披壁画象征天地宇宙，上端一周有华美
垂帐悬铃装饰，类似古代帝王出行的华盖。上部在粉白底色上画
传统神话诸神（伏羲、女娲、雷神、霹电、飞廉、朱雀、三皇、乌获、开
明、羽人等），以及佛教的飞天。众神仙和飞天或腾跃翱翔，或昂
首奔驰于飘浮着天花和流云的天空中，以示"天"。"天空"天花飞
旋、流云飘动，增加了满壁风动的效果。四披下部绕窟一周画山
峦林木，飞禽走兽，山林间有草庐禅僧三十五身在寂静地禅修，以
示"地"。山林中有刺杀野猪、追捕野羊、野牛奔驰、饿虎嚎叫等动
乱喧嚣的情景。禅僧们裹衣端坐，闭目沉思，视而不见，听而不闻。
他们的修炼已到了"形如枯木，心如死灰"的境界。四披的"天"
动与"地"静形成鲜明对比。

　　此窟窟型、彩塑、壁画都与禅修有关，似意在表明禅修就包括
戒定慧。彩塑和壁画的人物造型和绘画技法有两种风格。一种为
西壁壁画，底色涂土红，菩萨等人物身体裸露较多，肌肤以凹凸法
晕染，线条是道劲挺拔的铁线描。另一种为窟顶和南、北、东三壁
壁画以及彩塑，其特点是人物身材修长，相貌清瘦，眉目疏朗，面带
笑容，神情潇洒，佛和菩萨身穿汉式褒衣博带服装。人物面部使用
中原传统的面颊涂红色的晕染法，表现立体感。壁画以白粉为底
色，上敷朱、紫、青、绿等色，色调清新明快，线描运笔疾速飘举、道
劲潇洒。此窟保存完整，规模可观，内容丰富，技艺精熟。[4]

　　第285窟的内容极其丰富，壁画内容有尊像画，释迦牟尼本
生、因缘故事画，有中国本土传统神仙，有早期的无量寿佛信仰，有
供养人和发愿文纪年题记、图案画，有窟顶、小禅室的龛楣状图案

画。在绘画方面有两种风格人物画、早期山水画、建筑画,建筑画包括中国式建筑和草庐。又如军事的打仗、马铠装备、两裆甲,施刑,乐器,动物;又如中国文化、外来数种文化交融等。

这个洞窟最大的特点就是不同文化和信仰融合在一处。无论哪一个区域都不是仅根据某一部经典画成的。有印度教神像、道教神像、佛教造像,主题思想也不是单一的,而是呈现出多种思想和文化的交融。佛禅与道玄的结合,西域的菩萨与中原的神仙,佛教的飞天与道教的飞仙,印度的诸天与中国的神怪,不同信仰的众神在此相遇,超越了信仰和地域的阻隔,和谐共处。第285窟从洞窟形制、壁画内容、信仰思想、艺术风格等方面均体现了中原汉文化与西方文化的并存融合,最直观地呈现了当时世界最重要的文明和文化的交汇,也证明了敦煌在一千多年前早已包容、吸纳着各种不同的文化。

第285窟中来自印度佛教的内容和汉代、三国、魏晋时代的中国文化融合在一起,这其实标志着中国人开始有意识地探讨和思考中国人理解的佛教。两晋时期佛教特别昌盛,恰好东晋大家辈出,在山水画、人物画领域达到很高的高度。佛教一经传入,两汉、魏晋的汉画风格为之一变,佛教思想慢慢和玄学融合在一起。中国人特别聪明,善于吸收和创新,艺术和佛教都在这种意识下创化,慢慢发展到隋唐,成就了中国文化的又一个高峰。

据说,当年华尔纳对这一窟的壁画垂涎三尺,1925年,他再次携带了大量的胶纸,重返敦煌,目的就是要剥取第285窟的壁画。好在他这一回被愤怒的村民吓跑了。此窟无论是从历史、内容还是画风来看，都是50年代初敦煌文物研究所早期洞窟临摹的最佳选择，后来完成的1：1原大临摹的第285窟画作，成为整窟临摹的精品。

说不尽的经变画

在莫高窟的壁画中有许多经变画，表现佛教世界神圣图景。它将佛经内容、故事、哲理转换成图像，简称"变"或"变相"，也可称为"经变"。笼统地说，一切佛经变为图像，均可称经变画，我们现在所说的经变画大多专指中国独创以大乘佛经所变的图像。敦煌壁画中数量最多、内容最丰富、延续时间最长、艺术成就最高的就是经变画。

中国最早的经变画产生于东晋时期，到了唐代得到空前发展，长安、洛阳等地很多寺院都有经变画。经变画的出现主要是配合佛教思想的传播，当时的高僧抄了很多经书，组织开造洞窟壁画，结合经书创作了大量经变画。大乘佛经中的《阿弥陀经》《维摩诘经》《妙法莲华经》《弥勒上生经》《弥勒下生经》《涅槃经》早在北朝就已开始流行。根据佛经内容创制的经变画向当时的信众展示了如何成佛去往西方极乐世界的方便法门。比如《法华经变相·方便品》，告知信众成佛不难，也并不需要经年累月的苦修，其实可以有很方便的办法，立地成佛，然后进入西方极乐世界。佛教在传播中通过这样的办法争取和扩大普通的信众，以夯实自己的根基。

经变画所描绘的故事，都是示人成佛的方便。比如放下屠刀，立地成佛；比如只需常念阿弥陀佛，死后就可进入极乐世界；比如在危难出现的时候，念诵一句阿弥陀佛，佛就可以出现在面前，逢凶化吉；比如在死亡到来的一刻，只要你不忘念上一句阿弥陀佛，就能被接引到西方极乐世界……这样就在普通民众的观念中植入一种信息，成佛和进入极乐世界是一件异常轻松的事情。如此一来，就化解了常人与佛教的距离和隔阂。

隋唐时期，中原相继建立佛教宗派。各宗派竞相将自己的主要经典绘制成图，与俗讲相配合，以招徕信众。西京长安、东京洛阳的各大佛寺无不图壁经变，著名画家也多在寺院壁画中一展才华，吴道子就曾在长安、洛阳画过寺院的壁画。如今，两京地区唐代寺庙及其壁画经变早已荡然无存，现保存经变画最多的地方就是莫高窟。

莫高窟壁画中的经变画是不同于本生故事画、佛传故事画、因缘故事画，也有别于单身尊像的一种壁画类别。经变画表现的内容或为一部佛经的几个品，或为几部首尾完整、带有情节性展示的佛教故事画。为什么叫"经变画"呢？是因为一些壁画留有"妙法莲华经变""东方药师净土变"等题记。单就经变画而言，在敦煌壁画和藏经洞出土的纸画、绢画中，多达34种、1300余幅。这些经变画依据的佛经，几乎涵盖了中国佛教史上影响最广、时间最久的佛教经典，最有代表性的主要有福田经变、维摩诘经变、弥勒经变、药师经变、西方净土变等，还有妙法莲华经变、华严经变、涅槃经变、金光明最胜王经变，以及金刚经变、楞伽经变、思益梵天所问经变、密严经变等一批依据禅宗经典绘制的经变。值得一提的是,禅宗经变画是敦煌所独有的,它是通过壁画题记出现的经句加以确证的。我们知道禅宗一向"不立文字",而敦煌莫高窟保存着品类最齐全的中国现存禅宗壁画,这是佛教艺术史中极其珍贵的遗产。

敦煌壁画中的经变画不仅内容丰富繁多,而且表现形式和思想背景也呈现出多样性和复杂性。就某一主题的经变画而言,从纵向来看,在内容和表现形式上具有一定的传承性和延续性,并且随着时代的发展,又呈现出一些变化。如"弥勒经变",在早期只是简单的弥勒菩萨说法图,后来又进一步发展为上生经变、下生经变,弥勒上生—下生相结合的画面。[5]敦煌壁画中唐代的"弥勒经变",最有代表性的是第445窟以及吐蕃占领敦煌前修造的第148窟。第445窟过去被烟熏过,但还留存了许多精品,比如弥勒世界的《一种七收耕获图》《儴佉王献七宝台》《儴佉王出家、儴佉王宝女出家图》《女人五百岁出嫁》等。第148窟色彩如新,绘有规模宏大的"兜率天宫",天宫内宝树森罗密布,亭台楼阁不计其数,弥勒菩萨正在说法。最难得的是经变画的题记清晰可见。

"西方净土变"是敦煌壁画中数量最多的一种经变。净土变所表现的都是阿弥陀佛的"功德庄严",因为阿弥陀佛在西方,故而统称为西方净土变。西方净土也称极乐世界,阿弥陀佛就在那里,对阿弥陀佛的信仰反映出中国老百姓对美好未来的向往。白居易曾作发愿文:"我本师释迦如来说,言从是西方,过十万亿佛土,有世界号极乐,以无八苦、四恶道故也。其国号净土,以无三毒五浊业故也。其佛号阿弥陀，以寿无量、愿无量、功德相好、光明无量故也。"早期净土变只是单幅的《无量寿佛说法图》，到了唐代则出现大量场面宏大、富丽堂皇的大幅净土变。净土变根据所依据的经典，又可分为阿弥陀经变、无量寿经变和观无量寿经变三种。《阿弥陀经》的特殊性是释迦牟尼"无问自说"，经文内容一部分是言说极乐世界的"国土庄严""佛庄严""菩萨庄严"；另一部分是言说"六方护念"，也即六方诸佛都来赞叹阿弥陀佛，证明其说法真实不虚。

盛唐时代的《阿弥陀经变》，我们可以在莫高窟第225窟见到。南壁正中是《阿弥陀佛说法图》，观音菩萨、大势至菩萨合掌对坐，周围环绕听法的菩萨，法相庄严，娴静美好。空中彩云遍布，飞舞的箜篌、古琴、排箫、琵琶、鸡娄鼓等鼓乐合鸣，还有白鹤、孔雀、鹦鹉、迦陵频伽展翅飞翔，呈现了"广明净土"的令人向往的境界。此外，莫高窟第329窟南壁也绘有《阿弥陀经变》。这一窟壁画大约修建于唐贞观年间，最突出的是表现了绿水环绕、碧波荡漾的水域，还有两进结构的水上建筑。第一进为三座平台并列，主尊及胁侍菩萨、供养菩萨居中间平台，左右两座平台为观音菩萨、大势至菩萨及诸菩萨，三座平台之间有桥相连；第二进也有三座平台，中间平台之上为巍峨的大殿、两座楼阁和"七重行树"，营造了风吹宝树、法音遍布的佛国世界。[6]

莫高窟第220窟是空前绝后的壁画杰作，其南壁的通壁大画《无量寿经变》，是敦煌无量寿经变的代表作，画面呈现了极乐世界的种种令人向往的美妙图景。《无量寿经》被誉为净土群经之首，是公认的净土宗的根本佛典。《无量寿经》的大意是一个国王弃国捐王出家当和尚，法号法藏，他发了四十八个大愿，如愿不成誓不成佛。最终修成正果在西方净土成佛，佛号无量寿。敦煌莫高窟的《无量寿经变》，始于初唐而终于西夏。第220窟的《无量寿经变》勾画了安乐国的种种庄严，飞舞着的乐器代表十方世界的妙音，钟磬、琴瑟、箜篌乐器诸伎，不鼓皆自作五音。极乐世界的精舍、宫殿、楼宇、树木、池水皆为七宝庄严自然化成，所谓七宝即金、银、琉璃、珊瑚、琥珀、砗磲、玛瑙。在最重要的阿弥陀佛说法的场景中，所有天人都置身于碧波荡漾的象征八功德水的七宝池中。无量寿佛居中，左右两尊胁侍菩萨坐于莲台，周围还有三十三位菩萨。极乐世界的八功德水可以顺应人的心意自然调和冷暖，如想吃饭，七宝钵器自然现前，百味饮食自然盈满，一切欲念皆可应念而至。特别是七宝池九朵含苞待放的莲花，能看见里面的化生童子，活泼可爱。第321窟北壁也绘有通壁《无量寿经变》，以十身飞天，三十五件系着飘带的飞动的乐器，散花飞天撒下漫天花雨，万种伎乐勾画了十方佛国飞来听法的妙不可言的盛景。

敦煌莫高窟的西方净土变中，《观无量寿经变》的数量较多，其中第12、44、45、66、103、112、148、159、171、172、197、217、237、320诸窟的经变都是代表作。《观无量寿经变》表现了《观无量寿经》里的内容，也即"未生怨"和"十六观"的故事。敦煌莫高窟的《观无量寿经变》，始于隋而终于宋，隋代仅有第393窟一铺。初唐第431窟的《观无量寿经变》是一铺采用横卷式画法的壁画，结构完整且忠实于经文。这铺壁画刻画了三重空间，第一重是王舍城气势恢宏的城墙，几乎占满了整个墙壁的下部；第二重是国王被囚禁的"九重室"，只一人可以容身；第三重是国王给王后展示的十方佛国中映现的十座大殿。此外，第393窟还绘有"九品往生"的九扇屏风画，以及一佛二菩萨为王后及五位侍女说法图。第217窟是初唐盛唐之交著名的代表洞窟，这一窟中的《观无量寿经变》所绘净土庄严相堪称辉煌灿烂，气象万千，轻盈的飞天开创了盛唐飞天的新面貌。北壁左侧条幅接下沿画序分；右侧条幅画十六观。右侧十六观以条幅式的结构展现了十六个场景，每一观都以山水为自然划界。第66窟虽然面积不大，但是在伯希和1908年拍摄的照片中有体现，松本荣一还依据这些照片做过研究。此窟西侧为十六观，东侧为未生怨，净土庄严相中三尊的描绘与经文一致，尤其是三位主尊周围的人物画堪称杰作。第171窟东、南、北均画有《观无量寿经变》，是典型的净土窟，以棋格式的观经变方式体现。中间为净土庄严相，下面有九扇小屏风，绘有九品往生，一边以三十二格画序分，一边用十八格画十六观，故事情节较其他窟更加丰富。

在我看来，经变画实际上是佛教思想传播和普及的重要形式，是各佛教宗派为了宣扬各自的佛教思想和教义而采用的艺术方法，历史上各个时期的各种佛教思想、佛教宗派教义大多都能在经变画面中反映出来。虽然当地的佛教文化随着莫高窟的废弃而衰落了，但是和佛教思想相关的佛教艺术得到了生根、繁衍、发展、传播。

在我看来，几乎每一铺经变画就是一个大课题，等待着研究者的破解和阐释。有时候在一个洞窟内，既有弥勒净土变，又有西方净土变、药师净土变、法华经变等，甚至多达十多铺经变，研究起来就更复杂。经变画艺术形式上的变化，固然与佛教艺术本身有关，但更重要的是与中国佛教思想和佛教宗派发展的历史有关。例如，敦煌石窟净土变的传承与变化正反映了中国净土宗从萌芽到最终形成的历史，反映了唐代及其以后西方净土信仰在中国民间的兴盛与传播的历史。

敦煌石窟的营建历史，适逢中国佛教发展历史上最辉煌的时期。石窟艺术从本质上讲是以佛教为主题的艺术，从建筑到窟内壁画和塑像，都是具体的佛教义理、佛教思想的载体和反映，都是为弘扬佛教教义和开展佛教活动服务的。所以，我们现在做石窟研究还应该进一步加深对敦煌佛教主题内容研究的力度和深度。

榆林窟的稀世神品

榆林窟的许多壁画也是精彩绝伦。于右任当年参观敦煌莫高窟后，兴致勃勃地去榆林窟。榆林窟距离敦煌莫高窟180公里左右，道路坎坷。于右任年过花甲，随从再三劝阻，但是他非常向往榆林窟的壁画艺术，不顾路途遥远艰险，乘坐大轱辘车前往参观。他看了榆林窟的壁画之后，称赏不已，面对榆林窟幽静的沟谷，湍急的水流，还写下了四首《万佛峡纪行诗》。其中有一首："层层佛画多完好，种种遗闻不忍听。五步内亡两道士，十年前毁一楼经。"

榆林窟开凿于唐代,洞窟形制、题材内容与艺术风格和敦煌莫高窟相近,它们同属敦煌石窟的范畴。榆林窟又名万佛峡,位于甘肃省瓜州县城南70公里处。洞窟开凿在榆林河峡谷两岸直立的东西峭壁上,因河流两岸榆树成林而得名。现存有完整壁画的洞窟43个,其中东崖32窟,西崖11窟。彩塑272身多已残毁,其中第6窟高约25米的石胎泥塑弥勒佛倚坐像,全身金箔敷就,灿然如新,金碧辉煌,显得极其庄严雄伟。壁画5650余平方米保存尚好。

榆林窟的壁画多为唐代至元代800年间的作品。从唐到元,历代都有佳作,以中唐第25窟为代表,不仅是敦煌石窟群,也是中国石窟寺唐后期壁画的杰作,是世所罕见的珍品。现在,此窟除了窟顶坍毁,前室和甬道为五代重修重画之外,主室四壁均保存中唐时期的原貌。

第25窟有进深较长的前甬道。此窟为前后室,前室横长方形,其后壁南北相对,画南方毗琉璃天王和北方毗沙门天王,守卫着佛国世界。主室平面方形,覆斗顶,设方形佛坛。此窟弥勒经变中有古藏文题记及吐蕃男子与汉族女子的婚礼图,可知此窟建于中唐吐蕃政权统治瓜州而尚未占领沙州之间,即大历十一年(776)至建中二年(781)间。此窟东壁(后壁)是密教《八大菩萨曼荼罗》,南壁是《观无量寿经变》,西壁(前壁)门两侧是《文殊变》《普贤变》,北壁为《弥勒经变》,在经变两侧还有观音、大势至、地藏等单身菩萨像。

第25窟的《弥勒经变》和《观无量寿经变》是敦煌石窟经变中最精美的作品之一。

北壁的《弥勒经变》根据《佛说弥勒下生成佛经》绘画,是一幅构思精密的大幅画。画面中部结跏趺坐的弥勒正在说法,宝盖高悬。弥勒为天龙八部和圣众围绕,众多的人物姿态、性格和神情迥然不同,佛的庄严肃穆,菩萨的恬静美丽,天王、力士的勇武有力,都表现得淋漓尽致,显示出画家非凡的技艺。前有儴佉王献镇国七宝台给弥勒,弥勒接受七宝台之后又转施给婆罗门,婆罗门得此宝台立即拆毁,弥勒见此七宝妙台顷刻化为乌有,深悟人生无常,于是坐龙华树下修道,当天就得成佛。儴佉王与八万四千大臣亦出家学道。儴佉王的宝女与八万四千彩女也一起出家。于是无量千万亿人皆于弥勒佛法中出家。画面的正中下部表现的正是这个情节,国王率领大臣剃度为僧,公主嫔妃削发为尼。经变两侧表现了弥勒下生世界——翅头末城的种种美景。此城风调雨顺,一种七收,用功甚少,所收甚多,树上生衣,随意取用。人们视金钱如粪土,夜不闭户,路不拾遗;若有人需大小便溺,地即裂开,便后即合。还有青庐婚礼,女子五百岁出嫁,人寿八万四千岁,人至将死,自诣墓园等。这些画面充分反映了现实生活场景。经变的上部,描写弥勒世界的妙花园,空旷辽阔的自然境界,画有山川花木、蓝天云霞,给人们带来精神寄托和安慰。

　　画面构图依据内容需要,按对称、均衡、稳定、统一、和谐等审美规律进行布局。线描继承了纯正的吴家样——兰叶描,线的形态、组合简单合理,线的运笔在起承转合、抑扬顿挫、轻重徐急中,表现了力、情的结合,体现了音乐般的韵律感,赋予人物形象以艺术生命。此窟的色彩,不像开元、天宝时代金碧辉煌、富丽堂皇,而是逐渐为质朴、纯正、清雅的风格所代替，色以青绿、土红为主，人物晕染、薄施淡彩，似有若无，色感、立体感含蓄而雅致。敷色方法有涂色、衬色、变色、填色等，线、色、形的关系显得更加和谐。

南壁的《观无量寿经变》保存最完美。中部的佛国建筑，继承了盛唐的宫廷结构布局，表现豪华富丽、歌舞升平的宫廷景象。七宝池中的化生童子，在绿波中嬉戏，天真活泼。七宝池上建曲栏平台，平台中央无量寿佛结跏趺坐于莲花宝座上，观音、大势至分列左右，周围罗汉、菩萨、天人作向心结构，统一和谐。画面表现了超越现实的极乐境界，平台前有乐舞，正中舞伎挥臂击鼓，踏脚而舞，巾带旋飞，节奏激扬，两侧分别演奏着海螺、竖笛、笙、琵琶、横吹、排箫和拍板等各式乐器，甚至迦陵频伽也拨弄着琵琶，载歌载舞，从中可以看出唐代的歌舞演出形式。平台后为宫殿楼阁，气势磅礴，勾画了佛国世界的辉煌壮丽。

此窟壁画的艺术成就，在于展现了令人向往的艺术境界和民族风格，在造型、构图、线描、敷彩和传神等方面都展现了娴熟的技巧和高度的修养。

就现存中唐吐蕃时期壁画来看，榆林窟第25窟是一个显、密结合的大乘净土窟。第25窟的壁画中的人物形象，无论是世俗人物，还是神灵形象，都保持着盛唐的典型范式。除了新出现的密教菩萨和菩萨天人上身裸露，还保存着外来风习外，衣冠服饰、举止动态以及精神面貌都符合中国人的审美。人的形象富于表现性，呈中国人面貌，唐人衣冠，客观地体现了当时当地的风土人情，又在"以丰腴为美"的审美理想中体现了唐代统一的时代风格，在构图上对空间境界的表现，继承了传统的鸟瞰式透视法，以及表现神圣境界的壁画范式。

榆林窟保存了较多的西夏佛教艺术绘画，为已经消失的西夏文明提供了重要见证。西夏时期第2窟绘画的水月观音，第3窟绘画的文殊变、普贤变继承了中原两宋优秀的人物画、山水画的绘画传统，其中第29窟的壁画从内容到形式体现了典型的西夏风格，是西夏壁画艺术的精品。西夏、元时期的第3、4、29窟保存了较多的汉传密教和藏传密教题材壁画。藏传密教通过丝绸之路河南道由西藏传来，这里的壁画是藏传密教艺术中的上乘之作。这些榆林窟晚期壁画艺术的佳作代表了中国石窟寺晚期壁画的精华。

榆林窟第2窟的西壁门两侧各保留了一幅水月观音画像，也是令人叹为观止。画像笔法精美，是壁画中的神品，也是敦煌石窟诸多水月观音画像中最为精美的画作，经常为艺术家们所称道。清新淡雅的石青，宁静素雅，散发出一种深旷清净的意境，观者仿佛可以立刻丢弃心中的一切杂念，遁入一个圆空妙明的境界。画师把远离尘嚣的情趣和意境，表达得淋漓尽致。相传唐代名画家周昉特别擅长画水月观音像，诗人白居易看到后惊叹不已，并为此属诗："净绿水上，虚白光中，一睹其相，万缘皆空……"榆林窟的水月观音画像，大概可以让我们体味到周昉的画意。

榆林窟第3窟西壁门北侧的文殊变绘于西夏时期。无论从绘画水平还是艺术价值来说，这都是敦煌石窟同类题材中的杰作，反映了西夏时期的宗教艺术水平。这一幅文殊变描绘了大小十余人，衬托以秀丽山川和茫茫云海构成的神秘山水风光。[7] 画面远处的背景，群峰耸立，奇石突兀，山峦楼宇隐现于环山烟云之中，呈现了《华严经》描绘的文殊菩萨的道场——清凉山。

文殊师利菩萨居于画面的中心，手持如意，安详地坐在青狮上，体态丰腴、俊雅，神情坚毅、沉静，衣带随风飘起。为文殊师利牵狮的人被称为"昆仑奴"，他紧勒缰绳，眼盯青狮，身向后倾，自信地驾驭着青狮。智慧、威猛的青狮足踏红莲，步伐劲健。文殊菩萨周围有头戴通天冠，冠带长垂，身穿青绿大袖皂袍的帝释天，有高冠峨峨、捧持财宝的毗那夜叉，有类似道教中"铁拐李"的婆薮仙，众神仙神情怡然、错落有致地簇拥在文殊周围，在云雾茫茫的空中，疏疏落落、气象庄严，汇成了渡海行列。

这幅文殊变以大幅的水墨山水为背景，以散点透视的方法，将不同角度的人像和景物在同一平面和空间中自然地表现出来，以咫尺之图，写千里之景，体现了这一时期山水画技法的最高成就。从绘画的技法来看，线条的勾勒描绘中有表现丰满而有弹性肌体的铁线描，有表现衣饰纹理的折芦描，有连绵多变的兰叶描，有表现丝绸质感的行云流水描，也有表现发须飞扬的高古游丝描，多种勾线的技巧炉火纯青。加之大量地运用了素白底色和白描手法，敷色单纯，略施晕染，在总体淡雅清幽中透露着一种内在的安详和庄严，深得两宋山水画和人物画大家的笔墨神韵，堪称古代山水画的杰作。

西夏第3窟东壁南侧的《五十一面千手观音》壁画，可以说是敦煌石窟壁画中反映科技史的杰作。画工在观音的每只手中描绘了一件当时社会生活中的物品，这幅壁画为我们留下了许多工农业生产工具及其他物品的形象,而且大都是左右对称,绘画两幅相同的画面。其中《酿酒图》和《锻铁图》最为有名,受到国内外科技史学家的珍视。

榆林窟第29窟是西夏石窟中唯一有营建年代、完整供养像和题名,以及画工姓名的洞窟。此窟为前后室,前室窟形不规则,无壁画。后室即主室,平面基本呈方形,覆斗形窟顶,洞窟中央的曼荼罗(坛城)为整窟立体空间的中心,坛基为四方形,坛基之上设五层圆坛,圆坛上塑像已毁。坛城突出了藏传佛教模式的观想修行功能。洞窟中四壁壁画保存基本完整,无论是整体构思和设计、构图、布局,还是造型和线描,敷彩和装饰,都显示了西夏绘画艺术的特点。

中国古代绘画艺术,尤其是工笔重彩的壁画,主要运用线描来完成。造型与线描承载着时代特征和民族特征,可以直接或间接地反映出相应时代和民族的社会风尚及审美观念。第29窟的供养人画像中,出现了姓名法号确切的国师像,不但是西夏石窟中首见,而且在西夏壁画中也实属罕见。这位国师叫作"真义国师昔毕智海"。昔毕,由此姓氏可得知他是一位党项化了的鲜卑人。这位国师生前的地位很高,画中他不仅在佛陀面前坐着,还有手举华盖的侍从跟随,国师的气派与帝王相差无几。[8]

榆林窟第29窟浸润着西夏民族特征和时代风格,我们只要看一看窟内供养人的形象就可以感受到这一点。这些供养人造型有着共同的特征,无论男女均体形高大,身材修长。头部呈长椭圆形,面部圆润丰满,腮部外突;眉粗而短,眼睛、嘴唇与耳垂均相对细小，眼睛都是单眼皮。这些人物特征抓住了西夏党项民族的特征。西夏时期的菩萨造型也存在着女性化和世俗化的倾向，佛教尊像的造型与世俗人物形象基本一致。天王的形象虽不乏孔武威严，身材却和男性供养画像一样修长高大，面部造型也比较一致。榆林窟第29窟世俗及宗教人物造型模式，可归为唐式（汉式）、夏式（即西夏党项式）、藏式三种。南北壁的文殊、普贤经变画中之持杖眉长者属于唐式；供养人属于夏式；南北壁的金刚手菩萨和窟顶四披的千佛等属于藏式。

第29窟对自然景物的造型也具有典型西夏风格。比如南北壁的文殊、普贤经变画，将云彩描绘成十分规则、十分机械的鱼鳞状，将自然界的物象以一种高度图案化的符号加以描绘。这种风格在吐蕃唐卡中可以找到相似的构图和造型。东壁水月观音图的描绘同时采用了写实和抽象的手法，但仍然获得了幽静雅致、优美和谐的效果。准确精致的工笔牡丹造型与巧妙新奇的"石天宫"及金刚宝座的造型设计，非常神妙。

此窟还有许多新的纹样，有些式样在前代不曾见到，在西夏之后的元代壁画中再度出现，对后世产生了一定的影响。包括壁画外框出现的装饰色带，也是西夏与后来元代壁画所特有的。

第29窟的造型大多采用线描，大体以铁线描为主，辅以兰叶描及少量的折芦描，另有少量的钉头鼠尾描。铁线描非常流畅、匀称和遒劲，根据不同的表现对象，恰到好处地把握了虚实、轻重、疏密、徐急，富于变化和韵律。据考证，画工所用的画笔以西北盛产的黄羊尾毫所制，这种羊毛柔软而有韧性，绘画效果特别好。张大千评论榆林窟西夏壁画时说："其画派远宗唐法，不入宋初人一笔，妙能自创，俨然成一家。"可见榆林窟西夏壁画的创新精神和艺术高度。

　　壁画所采用的颜料品种比较简单，不过赭红、铁朱、黄丹、石绿及黑白等几种而已，就连历代常用的青蓝色都罕有使用，更没有描金、贴金、沥粉、堆金等特殊工艺的踪影。但是画师们善于运用颜料之间的搭配和关系，在简单中求其变化和韵味。这都仰赖画师高超的晕染技巧，有西域的凹凸法，有汉画传统的晕染法，还能够灵活地融合两种画法，例如文殊、普贤经变画中的菩萨、天王、童子的面部、手臂以及衣褶处的晕染。因此，时隔八百余年，我们依然可以感觉到当时颜色和水分比例的恰到好处。特别是一些佛像的背光敷彩，以及花边的敷彩，还运用了"叠晕法"。正是灵活多样的敷彩及晕染法，让简单的色彩呈现出丰富和灵动。

永不停息的自由飞舞

　　莫高窟最典型独特、最受人喜爱的艺术形象就是"飞天"，敦煌石窟里有各种各样千姿百态的"飞天"。敦煌飞天总计有四千五百余身，他们以飞动的身形、婀娜的舞姿、缥缈的仙乐、芬芳的鲜花，生动形象地向世人和众生展示了如来世界的胜景，五音繁会的世界，鲜花盛开的阆苑仙境。

　　西方绘画对飞翔的刻画，主要是借助用翅膀飞翔的天使来表现。敦煌隋唐以前壁画中也有一部分"飞天"，两耳上竖过头顶，裸上身,着短裤,两臂生羽毛,飞翔于天空中,我们称之为"羽人"。这种形象的羽人早在汉代画像石上就已大量出现,是中国古代神仙信仰中引领凡人羽化升天的仙人。可是这种特征的"飞天"在隋唐以前的壁画中,就已披上了佛教飞天的大巾,穿上了长裙,似有与佛教飞天结合的趋势。隋唐以后,很少出现带有翅膀的飞天。

敦煌最有代表性的飞天是无羽而飞的飞天。飞天的飞翔并不依靠翅膀,而是靠迎风招展的几根彩带,是用线表现出来的飞舞,通过缠绕在手臂上的飘带来呈现出轻盈飞翔的姿态。敦煌飞天是印度文化、西域文化、中原文化共同交融汇合而成的,是印度佛教天人和中国道教羽人、西域飞天和中原飞天长期交流、融合为一的结晶。

敦煌飞天作为一种艺术形象,其形象有印度神话乾闼婆、紧那罗的影子,有中国神话西王母、女娲、瑶姬、姑获鸟的影子,其产生的历史原因很复杂。最重要的是,飞天承载了中国人对于精神自由的追求。飞的欲望作为一种精神冲动,同世俗的羁绊形成巨大的张力。

敦煌的飞天是一个非常重要的研究专题,很多学者从各个方面研究过。飞天的漫天飘舞的飘带,吹奏的天乐,给人一种浪漫的天国的想象。唐君毅先生曾经指出飞天蕴含的"飘带精神",并认为"飘带精神"是中国艺术的精髓,是中国艺术最为典型的体现,是中国艺术最高意境的生动展现。由夸张飘带而带来的飞动美,使人感到自由而圣洁。飘带之美,在其能游、能飘,似虚似实而回旋自在。

　　段文杰先生认为敦煌壁画线描上的艺术成就，突出地体现在飞天的绘画艺术中。段先生从绘画艺术的角度分析过飞天。他认为，飞天"飞翔的姿态"是形象本身的动势所决定，而创造这种动势的是画家所运用的潇洒飘逸的线描。特别是舞动的飘带上最后描上去的白线，大大加强了飘带在空中展卷翻飞的意趣。长长的舞带和云彩，非常难画。飞天的艺术生命力，段先生认为就在于最后的定性线。敦煌画家深厚的线描功力，其线描的艺术成就充分体现在飞天的形象上，而飞天形象的民族风格的主要特点，又主要体现在线描的笔法。在段文杰先生看来，敦煌飞天的舞姿是理想与现实、浪漫与想象的产物。[9]

　　宗白华先生认为敦煌人像画创造了一种线纹的旋律，他说"舞"是最高度的韵律、节奏、秩序、理性，同时是最高度的生命、旋动、力、热情。艺术家在这时失落自己于造化的核心，从深不可测的玄冥的体验中升华而出。而"舞"可以使深不可测的玄冥的境界具象化、肉身化。

　　《反弹琵琶》之所以具有永恒的审美价值，还在于它的构图和造型具有"有意味的形式"，具有可以回味的"美"的深层底蕴，在审美愉悦中体验时间的流动感。

　　敦煌飞天中飘带与舞姿动作的协调配合，是石窟乐舞形象的一个显著特点，以舞带当风、凌空起舞的姿态，表现佛国境界的超尘拔俗。中国绘画也早就有对"动"的描绘，马王堆楚墓出土的战国的《人物龙凤帛画》《人物御龙帛画》都描绘了神仙羽人在彩云中奔腾飞翔，这是目前所看到最早描绘人与瑞祥之物联袂飞动的图画。后来在汉画像石中也产生了大量人与动物飞翔的图案，可见敦煌飞天的形成有其深厚的历史文化背景。

柴剑虹研究过敦煌的飞天，他说飞天是佛教文化的使者，从古老的印度起飞，曾在阿富汗、尼泊尔歇脚，越过昆仑，经新疆到敦煌，接受华夏文化的洗礼，然后飞遍神州大地，又飞向更远的东方、西方，为全人类所认同和鉴赏。他对飞天艺术的评价很高，认为飞天是敦煌艺术乃至整个敦煌的魅力所在，充分展现了天人合一的境界。[10]

最完美的彩塑

莫高窟最美的塑像是第45窟的两尊菩萨像。这两尊菩萨像，充分体现了莫高窟石窟艺术的魅力，以及中国塑像艺术的高度。他们头梳高髻，赤裸上身，斜披天衣长裙，站立作S形，一足实而一足虚，一臂曲而一臂垂。菩萨慈眉善目，表情松弛，庄重慈悲。弯弯的眉弓，长长的蛾眉，脸部线条极其优美。尤其是菩萨的微笑，既有现实人物的平和亲切，又有超人间的慈悲神情。

另外还有第427窟，这是隋代开凿的洞窟。迦叶，身披红色蓝边袈裟，手捧碗钵，一手抚胸前，立在佛身旁，方脸大耳，满面皱纹，肌肉松弛，两眼深陷。画匠刻画了一个饱经风霜、不辞辛苦、终生苦修的迦叶尊者的形象。阿难立于释迦牟尼的右侧。他本是释迦牟尼的堂弟，佛的十大弟子，十九岁皈依佛门，闻佛法，勤奋好学，博闻强记，所以也被叫作"多闻第一"或"多闻阿难"。阿难的塑像,透露着富有教养的贵族气质,神情平和沉静,在十大弟子中他总是以聪慧年轻、漂亮可爱的形象示人。最为著名的阿难塑像在第328窟,他有着略带稚气的脸,洋溢着青春的活力以及聪慧的灵性,姿态从容洒脱,落落大方,佛法奥妙,尽在其智慧的神情中。

还有就是北魏第259窟的禅定佛像。这尊坐佛长眉细眼,身披圆领通肩袈裟,衣褶纹理生动流畅。佛像双腿盘坐,两手交握,自然地收于腹前,神情庄重,沉静甜美,仿佛全然进入了一个美妙的世界。这尊佛充分表达了禅定之后的幸福境界。佛像嘴角微微上翘,好像在笑,再仔细看,实际上不光是嘴角有笑意,眼角以及鼻子,包括整个脸部的肌肉都在笑。古代艺术家非常高明,他刻画的不是哈哈大笑,而是从内心发出的一种喜悦。他的喜悦不光是面部表情,他的整个身体都焕发出喜悦的光芒。在他神秘的微笑里面,饱含着禅定的所有玄奥。禅门不求往生,要无所求。因此禅修即是修一行三昧,"三昧"就是"正定"。禅定就是进入了脱离生死的三昧境界。真正的悟境是不可思议的,它不是一般感受到达得了,不是一般思维到达得了,不是一般观念到达得了的。只有一刹那的顿悟才能亲证实相。如何来表现禅宗所说的这种广大庄严、妙不可言、不可思议的真如境界?在佛经中,释迦牟尼"拈花",迦叶"一笑"之后,一生的事业就已经完成,然后自己走到菩提树下入大涅槃。工匠以了悟生死的微笑来刻画这种解脱感,刻画了内心的澄明寂照和无念清净。

禅僧在山林和河边静坐禅修,所体会到的大自然是空阔、无垠和自在。他们生活在大化之中,精神已得到无上的自在。从"禅"

得到的宁静，本身已是一种生活中的艺术享受了。禅不光是静坐，而且要培养出心中湛然一片光明海。

第158窟：涅槃的境界

每当苦闷和烦恼时，我都喜欢去第158窟看一看。

第158窟内的佛床上，卧着莫高窟最大也是堪称最完美的释迦牟尼佛涅槃像。卧佛像长15.8米，头向南，足向北，右胁而卧，面向东。一千二百多年来，始终从容不迫、宁静坦然地面对着朝圣者。第158窟因洞窟甬道北壁保存有"大番管内三学法师持钵僧宜"题记，可知是中唐（781—848）吐蕃政权统治敦煌期间建造的。

清晨，阳光越过远处连绵的山脊照进窟内，光芒在浑浊的空气中仿佛凝结笼罩了一层薄雾。佛陀头枕大雁衔珠联珠莲花纹枕，洒落的身姿显得格外轻盈和舒展。通身薄薄的袈裟如晨曦一样，覆盖着清硕绵柔的身躯，薄雾下的身体异常丰满而又柔软。他的胸脯仿佛微微起伏，心脏好像还在跳动，整个身体里似乎依然流动着血液，活跃着不息的活力与蓬勃的生命。

佛陀周身安详，焕发出慈悲之美和超脱之乐。一种内在的大光明境界令整个洞窟洋溢着一种神圣的光芒。佛陀的右手承托着脸，左臂自然地覆在左侧腰身，生动的臂膀和手指仿佛随时可以抬起来。佛陀似闭非闭的眼睛，微微含笑的嘴角显得非常自信，他好像对自己生前一切苦难的经历，所证得的无上的智慧成就感到无憾，感到宽慰。在涅槃到来的时刻，他要以绝对的从容和宁静给予世人无限的希望和信心。

涅槃佛有一种难以言说的女性的美,会让人忘记了他是佛陀。光是从他安详和慈悲的微笑间溢出的,正是从嘴角中透出的光,成为他的呼吸,他精神的温度。他的长眉与微闭的双目相互呼应,和谐地透出秀美下的庄严。他还没有完全对这个世界闭上眼睛。他的表情中没有任何濒临死亡的痛苦和不安。涅槃到来的时刻,他内心的沉着、从容以及大智大勇,都在这泰然自若的神态中呈现出来。这里没有高高在上的佛陀,没有死亡的可怖和阴冷,空气里弥漫着温暖慈悲的氛围。

佛教认为,人生是一个无边的苦海,佛教的根本宗旨就是启示众生脱离苦海,到达最高的理想境界——涅槃。而实现解脱的唯一出路是识破并断绝世俗诸苦得以产生的根源,以无上正等正觉进入涅槃。所谓涅槃,是梵文Nirvāna的音译,意为灭、灭度、灭寂。它是佛教全部修行所要达到的最高境界,是指解脱生死轮回而后到达的一种精神境界。为了弘扬佛教这一重要思想,开窟者便塑造了释迦牟尼的涅槃像。

我过去从艺术的角度思考过这座佛像的美。我觉得在我所见到的国内外塑造的涅槃佛中,敦煌莫高窟第158窟的这尊达到了一种恬静的“美的极致”。无论是东汉晚期的孔望山摩崖造像的涅槃佛,着重刻画佛的头部和上身的重庆大足释迦涅槃雕像,还是张掖大佛寺那一尊目前我国最大的涅槃佛雕塑,或者是位于龙门石窟普泰洞北壁西部的浮雕涅槃佛,都缺乏这一尊塑像的意趣和神韵。就是现藏于白沙瓦博物馆的佛涅槃图浮雕,作为犍陀罗佛教艺术的杰作，也没有第158窟卧佛的那种不可言说的美。

围绕卧佛像的三壁，是菩萨、弟子、俗众，以及众多神和人的涅槃举哀图。南壁绘处之泰然的诸菩萨，以及悲痛欲绝的大迦叶和扑地啼哭的阿难等十大弟子（实绘十一身）。北壁绘世俗信徒各国国王极度悲痛和自残的场景。西壁，即卧佛像背后的壁面上，绘菩萨、比丘、天龙八部。菩萨们面带沉思，比丘们悲不自胜，四大天王以及天龙八部表情惊恐。曾辅助释迦教化众生的老年维摩诘悲痛不已（也有学者认为这不是维摩诘）。最有特点的是北壁壁画所表现的众国王痛不欲生的场景，他们以割耳、割鼻、锥心、剖腹等自残方式，表示对释迦牟尼涅槃的悲痛和哀悼。[11]

第158窟有着长方形的盝形窟顶，窟顶壁画画的是九方净土，即东方净土、南方净土、西方净土、北方净土、东北方净土、东南方净土、西北方净土、西南方净土和上方净土，另加佛床前壁中央小龛内画的下方净土，共为十方净土。十方净土之各净土之名均有榜题为证。此窟除正壁塑卧佛像，即现在佛释迦牟尼佛外，南壁前部塑立佛像，即过去佛迦叶佛；北壁前部塑善跏趺坐佛像，即未来佛弥勒佛。故第158窟主题表现的是过去、现在、未来三世十方诸佛净土。

卧佛所面向的东壁（前壁）南侧绘画《金光明最胜王经变》，这是根据唐义净译《金光明最胜王经》的内容绘制而成，表现的是释迦牟尼佛在王舍城灵鹫山说种种大乘法的情景。关于此窟东壁北侧壁画的题材，学者说法不一，有的认为是天请问经变，有的认为是思益梵天所问经变,有的认为是密严经变,尚无定论。东壁壁画除部分内容尚未查明,其余内容均与涅槃的主题有关。

艺术家创作这样一尊涅槃像的时候在想什么?他为何在许多可能的选择中,捕获了这样的形式想象?为什么不直接表现死亡?为什么不是司空见惯的庄严的涅槃?为什么仅仅选择简洁的体态和线条?

我后来突然悟到,原来那位艺术家塑造的不是死去的佛陀,而是"佛陀的安眠"。佛在涅槃的境界中,远离生死的幻灭。佛没有死,佛不曾死,佛不会死。涅槃本就是超越生死,死亡对他已经没有了任何意义,也不再有任何威胁,他已经进入那个不生不死的境地。

艺术的创造,也需要一种顿悟。

或许正是顿悟让艺术家完全体验到了在佛陀涅槃的那一刻,灵魂所感觉到的超越性的、全然的自由。正如佛所体悟到的超越和自由那样,伟大的艺术家也感到了一种完全意义上的解脱和重生,他从自己所要塑造的"佛的涅槃"的意象中看到了自己。这位艺术家,没有留下名字。但是他的创造就是对他所有的劳作和智慧的最高嘉奖。

艺术家是"佛"的造物主,人是"佛"的造物主,正是"睡"让佛陀"活"了,正是"如是安睡"让佛陀"如是安在"。如是安在的心,创造了如是安在的佛,即心即佛。《维摩诘经》说"生灭不二",诸法本来无生,也就无所谓灭,一旦悟到"三界世间与出离世间"

的不二，便没有了分别和执着，也就没有了因分别执着而生出的烦恼和悲喜。"生死与涅槃"不二，生死无别。

伟大的艺术凝固了这个时刻，佛的肉身不能寂灭，他的光明也不能暗淡，艺术家要用手中的泥土定格下这个永生不死的瞬间，他要让佛陀的心脏一直跳动下去。未来面对佛陀的每一个凡人，都会感受到爱与生的力量，感受到佛没有死，他只是在那里，他在休息，他要睡了，但他尚有知觉，他无所不在。那泰然自若的表情正是进入了最深的禅定后的智慧觉照。

身无边即涅槃，涅槃佛像周身散发出的无边光明即是真意所在。

这不就是东壁画的《金光明最胜王经变》的大旨吗？佛虽涅槃，但并没有离去，永在灵鹫山说法。壁画正好呼应了涅槃像的意涵，佛陀仍在说法，倾听众生的疾苦，满足世人佑国利乐的心愿。

涅槃是佛教修行所追求的最高理想境界。

人生有限，生老病死，苦海无边。释迦牟尼思考人生为什么苦？主要是人有欲望，佛学是解脱的智慧。涅槃不是死，是超脱轮回和痛苦的境界。生死是什么？生死无非只是妄想，有妄想才有生死。心进入清净正定，就是脱离了生死。如果能做到这样，就不会再有现实和彼岸之间的差异，也不会再遥想那个永生不死的天国和来世，就会从对于天国和来世的祈求与膜拜中，回到这个真实的世界，从而发现这个世界前所未有的意义。原来世界的意义并不取决于物理意义上的空间和时间，而取决于心灵对世界的体验和感知，心的力量是无比强大的。正如《观无量寿经》上的那句话：

> 诸佛法身，入一切众生心想。
>
> 是心是佛，是心作佛。
>
> 当知佛即是心，心外更无别佛也。

小乘佛教与大乘佛教理解不同。小乘佛教认为涅槃就是"灰身灭智，捐形绝虑"，实质上是对死亡的赞颂。大乘佛教认为，一旦证入涅槃，佛身即会具有真正之常、乐、我、净四个特性，称之为"涅槃四德"。

《大般涅槃经》卷二三："二乘（指声闻、缘觉）所得非大涅槃，何以故？无常、乐、我、净故；常、乐、我、净乃得名为大涅槃也。"常，即永恒常在。乐，即无苦痛，充满欢乐（也就是大乐）。我，即自在（大我，谓远离世俗之"我执""我见"等而达到自由自在境界的无所不在之"我"）。《大般涅槃经》卷二三："有大我故名大涅槃。"《涅槃经疏》卷五："大我谓诸如来成就八自在我，于法得自在者。"佛家认为佛陀所证得的涅槃真实自在、常住不变，故称"大我"，即"涅槃四德"中的"我"。净，即断除一切烦恼（大净）。后被认为是佛教理想世界的境界。

如果此生找不到自己心灵安顿的地方，如果心灵一直在流放的路上，就犹如生活在漫漫长夜中。当下就是涅槃，当下就是佛国净土，明白了这一点，莫高窟岂不就是我的佛国，我此生的净土。心的力量真是无比强大！而心的强大，就在于正定，在于守一不移。

敦煌艺术与中原文化

第275窟的交脚弥勒菩萨像，如果和印度弥勒菩萨像，或新疆拜城克孜尔石窟壁画里的弥勒菩萨像相比，其实并不完全一样。印度造像中很多佛像的身体是扭曲的，并不是端正垂直的，身体造型往往呈现S形，胸部和臀部都很夸张。但是第275窟的佛像不是这样。这说明了什么？

敦煌的佛像造型和印度或者其他很多地方的都不一样。这是敦煌造像艺术研究的重要方面，就是从形态特征的差异去研究造型背后的文化成因。敦煌的石窟艺术体现了佛与儒、道的结合，两晋南北朝时期这种结合已成为普遍现象。敦煌是中西文化交流的咽喉之地，直接受到我国新疆地区龟兹壁画的影响，间接受到印度和阿富汗佛教壁画的影响。除了佛像的造像形式外，其他如人体解剖学、明暗晕染等表现技法，对敦煌壁画也有影响，这种手法提升了形象的真实性和色彩的丰富性。总的来说，敦煌壁画就是在外来的佛教思想和佛教艺术上渗入了中国的儒、道思想，以传统的壁画技法，吸收并融化了外来的艺术风格，逐渐创造出具有中国气派的佛教壁画。

这也是当时敦煌的历史环境、宗教思潮和人文环境的产物。汉晋以来，敦煌历史上出现过许多有名的儒学家，敦煌、吐鲁番也出土过大量儒家经典、道家文书，这都表明儒家、道家思想早已深入人心，而且形成了以儒家伦理道德思想为准则的社会秩序。作为外来的宗教艺术，进入这样的地区，必然要受到当地文化思想的影响，适应当地的风土人情，否则不能扎根生长。所以西域非常流行的印度式的"丰乳、细腰、大臀""遍体圆净光"的裸体菩萨和裸体舞女，一到敦煌就变成了优雅的菩萨、伎乐、飞天的形象。这是为了适应儒家伦理道德观念和审美习惯而发生的变化。

张骞两次出使西域，河西走廊地区收归汉朝之后，设立河西四郡。从汉代开始，中央政府就多次从中原往敦煌地区迁移人口，屯兵戍边，为这个地区的文化核心奠定了基础。屯兵戍边的军队，既要守边，又得解决粮食问题，敦煌地区的主体民族逐渐就成了汉族。到公元366年开窟，中间经过了数百年的历史，可以想见，敦煌郡包括河西整个地区都已经被汉化了。这个汉化的过程最重要的意义就表现在儒家文化的浸染，行政建制郡县、法律制度、军队编制全部是中原的。十六国时期的河西地区先后建立了前凉、后凉、南凉、北凉、西凉等封建政权。凉州成为中国北部的文化中心，敦煌又是凉州文化的中心，名流学者代不乏人。所以敦煌文化的基础不是完全西化的文化，而是中原文化。

从这段历史可以看出，河西地区历来有汉人在此生活戍边，加之中原的儒生为躲避战乱曾先后来此讲经传道，使儒家思想在这荒蛮之地不断得以传播。他们是最有文化的知识分子，不仅把中原的技术带到这里，而且把中原的人文也带到这里。曹魏时期，就有敦煌人周生烈参加注经。西晋时敦煌已成长出索靖、索统、索袭、宋纤等一批名儒。尤其是在十六国之后，西凉太祖李暠从敦煌迁都酒泉（405）之前这近百年间，由于中州战乱，敦煌成了中原人避难的去处，成了儒家典籍免受战火焚毁的保存地。不少著名的儒家学者也长期生活在敦煌。偶尔的断层不足以剪灭汉文化的影响，敦煌石窟艺术也显示了汉文化根深蒂固的存在和影响。

比如北朝中心塔柱窟，它虽受到印度支提窟的影响，但改变了原来印度覆钵式圆形塔的形式，成为方形楼阁式的塔形；窟顶改变了印度圆拱顶的形式，成为两面斜坡的人字披形式，体现了中国传统建筑的精神。隋唐以后敦煌石窟流行覆斗顶方形窟、佛坛窟，这是以中国传统的斗帐形式和殿堂形式对佛教石窟的改造。

造像艺术在印度和在敦煌也完全不同。印度佛教桑奇大塔东门门柱与横梁之间，雕刻有公元1世纪左右的树神药叉女的裸体像，药叉女被看成是印度女性人体美的典型。药叉女是印度古文化中生殖力崇拜的象征，她的形体是以极其夸张的S形方式表现的，乳房和臀部浑圆硕大，超过了人体的正常比例。印度艺术并不忌讳表现性，性征的夸大包含的是印度文化对于创造能力和繁衍能力的崇拜。但是受汉文化浸润的敦煌艺术没有过于强调性征的造像。

在敦煌石窟中，最精致、最美的塑像，是菩萨。菩萨的姿态和表情呈现出一种理性与和谐，以及对世人的"仁慈"，这同儒家倡导的"仁"有关系。菩萨是一种社会理想人格的完美代表，是儒家思想对于外来塑像艺术的改造和创化。

犍陀罗的艺术风格到了敦煌，从造像的形态、衣饰和长相来看，也都渗透着典型的中国风格。这种"端庄的犍陀罗"是印度艺术在中国的创作和变形。为什么会产生变化？因为文化的土壤不一样。儒家思想统治下，佛像和菩萨都呈现出文静优雅的姿态，端端正正地立着，绝对不会夸张，也不可能突出性的特征。当时的僧人、工匠在造像的时候都受到了中原文化的影响，创造了中国的佛教艺术。另外还有第220窟，这是贞观十六年的洞窟，是第一个出现大经变的洞窟，它是从哪儿来的呢？很多学者认为是外来文化的影响，我认为是中原文化的影响。因为除了胡旋舞、莲子灯这些具有西域特色的物件，整个构图都濡染着中原文化的影响。

　　经过北朝和隋代对具有浓厚印度和西域样式雕塑的消化吸收，及与中国本土塑像艺术的长期融合，到了唐代，彩塑艺术逐渐创造出了富有中国审美精神，动态、神韵具有民族化特征的经典传世之作。

　　壁画中表现最多的是佛教人物，北朝人物画多模仿外来佛教艺术人物画的形式和技法，隋唐人物画吸取了外来艺术中人物造型准确、比例适度、凹凸法晕染的长处，同时与中国讲究线描和神韵的传统绘画技法相结合，创造出新的佛教人物形象，丰富和提高了佛教人物画的表现力，成为能充分表现中国审美、中国神韵的佛教人物画。

　　进入隋唐，中国的佛教绘画艺术发展到了高度成熟的时期。长安、洛阳首先出现了具有中国本土特色的佛教经变画。经变画由丝绸之路传到敦煌后，成为敦煌石窟唐代及以后各时代长期盛行不衰的绘画样式。经变画是中国艺术家创造的具有中国风格、中国气派的佛教艺术，敦煌石窟共有三十多类经变画，它们形式多样，充满奇思妙想。经变画融合已高度成熟的中国传统人物画、山水画、宫观台阁的建筑画、花鸟树木的风景画，撷取现实生活中各种美好的风情元素，运用中国式的空间构成法，形象地表现了佛经描绘的佛国世界宏伟壮丽、气象万千的场景，展现了大唐的恢宏气象。

还比如第275窟中的"出游四门"，可以看到城门建筑画有中国传统的"城阙"，此窟"阙形龛"的样式只有莫高窟有，别的石窟寺都没有。"阙形龛"在莫高窟从十六国一直延续到北魏末，后面就没有再出现这样的形制。"阙"体现了非常典型的汉民族的建筑特点，敦煌的"阙"是从哪来的呢？就是从中原文化中来的，中原的许多陵墓前头都建有墓阙。敦煌地区过去的贵族祠堂、坟墓，还有城市、房子前面都建有阙，这说明中原文化早就传到了敦煌。

在雕塑形式上，与希腊阿佛洛狄忒及印度女神有所不同，敦煌的菩萨大多比较端庄娴静，这是造像背后的文化在起作用。中国人对自己的生存环境有一种特殊的创造能力。就是这种特殊的创造能力，把儒、释、道的观念和思想加以融合，创造出了敦煌的艺术。

敦煌的佛教艺术，也是在佛教传入之后同中国文化与思想充分融合的一种佛教艺术。她和印度佛教艺术完全不同，和龟兹地区有着浓重西域气息的石窟艺术也不完全相同。我们今天所看到的敦煌，从一开始就是中国的，从开凿到建窟中间持续了几个世纪，始终以中华的文化融化其他文化，不断创化出新的文化形式。

中国佛教宗派的形成过程，实际上也就是中华文明不断地吸收、消化外来佛教文化，并加以创造、发展的过程。佛教东传在壁

敦煌莫高窟外景　孙志军 / 摄影

敦煌三危山　孙志军 / 摄影

敦煌土窑墩的丝路古道遗迹　孙志军／摄影

2011年8月，检查加固
后的莫高窟北区洞窟
孙志军／摄影

敦煌阳关烽燧　孙志军／摄影

敦煌莫高窟北区石窟群　孙志军／摄影

敦煌崔木图山　孙志军／摄影

莫高窟第285窟，《伏羲女娲图》（西魏） 孙志军／摄影

莫高窟第217窟,《观无量寿经变》(盛唐) 孙志军 / 摄影

莫高窟第61窟,《五台山图》(五代) 孙志军 / 摄影

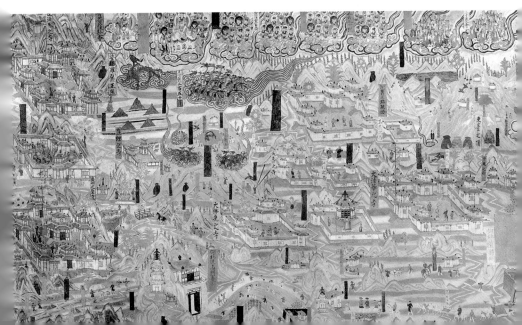

莫高窟第257窟，
《鹿王本生图》部分（北魏）
孙志军／摄影

莫高窟第259窟，
禅定佛（北魏）
孙志军／摄影

2004年5月，在莫高窟第85窟壁画修复现场检查工作
孙志军 / 摄影

2004年8月，在莫高窟第272窟考察现场
敦煌研究院 / 供图

莫高窟第130窟,
南大像 (盛唐)
吴健 / 摄影

莫高窟第61窟，东壁北侧供养人（五代）　孙志军／摄影

2009年8月，在莫高窟第85窟指导敦煌石窟壁画数字化工作
孙志军／摄影

参加2014年全国政协会议　敦煌研究院 / 供图

2008年7月5日，在莫高窟传递北京奥运会火炬
敦煌研究院 / 供图

2015年7月下旬，
樊锦诗、彭金章夫妇在贵阳

樊锦诗部分编著作品
吴绍侠 / 摄影

《莫高窟第266—275窟考古报告》书影
吴绍侠 / 摄影

星空下的莫高窟前部分舍利塔
孙志军 / 摄影

莫高窟第158窟，涅槃佛（中唐）孙志军／摄影

画中就能找到证据。第220窟有一幅初唐时期的经变画——《维摩诘经变》。画面表现的内容是维摩诘病了，文殊菩萨去看望并与他辩法，诸国帝王均来听法，其中最突出的是中国皇帝，只见他昂首阔步，不可一世，头戴冕旒，身着襟袍，前扶后拥的群臣小心翼翼地从旁伺候。

为什么《维摩诘经变》需要突出皇帝作为至高统治者的形象呢？这与佛教传入中国之后，需要解决皇权与佛教的矛盾有关。佛教有明确的规定——"沙门不敬王者"，也就是说和尚只敬拜佛，而不敬国王。然而最高统治者怎么能够允许佛高于他自身呢？这个矛盾倘若不解决，佛教就无法传入，因为佛教根本不可能得到政治的支持。《维摩诘经变》中对中国皇帝的突出描绘，生动地折射出佛教思想灵活的变通。佛教在宣扬的过程中采取了一个极为巧妙的办法，那就是把皇帝视为佛转世，这样一来，沙门给皇帝跪拜，就等于是给佛跪拜，既不违背佛法，也不违背世间法。北魏和尚法果曾说，圣上"即是当今如来，沙门宜应尽礼"，并且进一步说，王就是佛。

南北朝时期，慧远曾写过一篇《沙门不敬王者论》。文章标题好像是佛教对王权的拒斥，其实不然。文中承认佛是最高的权威，但也表明沙门不敬王就是破坏礼，佛教应当为王权服务。因为二者的目的都是为了泽流天下，大庇生民。东晋高僧道安曾说，"不依国主，则法事不立"，唐代高僧玄奘也一直跟唐太宗保持着良好的关系。

在莫高窟的壁画中，还有许多表现忠孝内容的故事，"目犍连救母"就是常常出现的题材。这个故事贯穿的主题就是"孝道"。这些壁画呈现出佛教在传入的时候，它所要努力解决的第二重非常尖锐的矛盾——佛教和儒家之间的矛盾。佛教主张"沙门不敬父母"，认为家庭和世俗社会是痛苦与烦恼的根源，只有脱离社会和家庭，方能得到解脱。而中国传统的儒家则主张孝。一个人如果背离父母，不顾家庭，剃度出家是不孝的表现。所以，要想解决佛教的出离和儒家孝悌观念之间的矛盾，只有把儒家的忠孝思想纳入佛教的范畴。

中国不仅善于吸收改造异域传入的佛教艺术为我所用，而且还发展创造了中国特色的佛教艺术，创造了中国自己的经变画和佛教史迹故事画。佛教作为外来的宗教，为了在中国发展，也充分利用了文学和艺术的手段来传播其教义。

临摹需要达到无我之境

临摹是敦煌艺术保护和研究工作中一个极为重要的工作，壁画和彩塑的临摹品一方面自身拥有文物价值，另一方面临摹本身就是一种保护和传承。

常书鸿先生就非常注重临摹。敦煌文物研究所建立之初，研究工作首先从壁画和彩塑的临摹开始。20世纪50年代，在段文杰先生的组织和领导下，研究所的画家通过刻苦学习、研究、探索，使壁画临摹从形似到神似，从局部临摹到大幅、巨幅壁画临摹，进一步到对原大整窟的成功临摹。七十多年来，经过几代人在大漠戈壁极端艰苦的环境中潜心钻研和实践，使敦煌石窟艺术的临摹工作取得了重大的成绩。截至目前，共完成原大复制洞窟13个，壁画临摹品2000多件，彩塑临摹品30多身。这些高质量的敦煌壁画和彩塑的临摹精品多次在国内外展出，为弘扬敦煌艺术起了重要作用，为加强文化交流做出了积极贡献。

一些人把临摹看得很简单，认为临摹不就是"依样画葫芦"吗，那有什么难的啊？其实不然，要真正把一千年敦煌壁画原作的精、气、神画好，是极其艰难、极其不易的。早期临摹敦煌壁画还没有标准和要求，画家们面对洞窟中画幅巨大、内容复杂、时代不同的壁画，究竟该怎么临摹，尚无经验。经过段先生这些老一辈的敦煌艺术家的潜心研究和探索，才逐渐形成了临摹敦煌壁画的标准和要求。

20世纪50年代来到莫高窟参与临摹工作的画家，大多有着绘画的功底。一般来讲，艺术家都渴望在绘画中表达自己的性情和个性，尤其是深受西方绘画技巧影响的人，他们对佛教壁画的线条是陌生的。为了忠实于壁画的原貌，首先要求临摹者锤炼描线的技巧，因此每个初到莫高窟的年轻画家，都必须在老院长段文杰的带领下进行描线的基础训练。来到敦煌的青年画家们，总是被老先生们告知，"先收起艺术家的浪漫和激情"，"先喝惯这里的水，吃惯这里的饭，临摹十年，再谈创作"。据关友惠回忆，"练笔力"是莫高窟夜晚的最重要的功课。为了节约纸张，他们第一次用淡墨，第二次用深墨，第三次用浓墨，然后再反过来在背面练习，如此反复锻炼腕力。

　　为了保护壁画,绝对不允许上墙拓画稿。除了用现成的稿子,临摹都采取打格对临的办法。用中心线找构图关系,研究人物比例,吃准人物特征。对临的难度极大,但这样是为了训练画师的眼力和造型能力。这种类似训练工匠的方法,和各大美术学院尽可能鼓励学生发挥创造力的教学有着天壤之别,一些刚来的年轻人总是会下意识地用油画的技巧去修改和修饰。据说史苇湘先生的第一次临摹,就以失败告终。他用了一星期临摹了第285窟的几个局部,在临摹时不自觉地运用了油画技巧。他自己对临摹的画作还比较满意,可同事们认为,这是西画的线描,有形无神。

　　壁画的临摹是一件苦差事,似乎毫无意趣,因为要完全约束自我的个性,就好像在孙悟空的头上套个金箍儿。画家必须把心念完全集中在古人的线条、笔触和色彩中。临摹的顿悟,总是需要在很长时间后才发生。艺术观念的冲突总是会在多年以后突然在心中消融。随着实践和研究的深入,每个人都发自内心地认识到临摹绝非简单地照猫画虎,它既是技术,也是一项不可替代的研究工作。

　　一尊佛像或菩萨,远看时慈眉善目,微笑盈盈,但当你近距离观察的时候,可能会发现其面部五官的各个部分非常夸张。要把作品画到远距离看的时候,还能异常生动传神,这绝非一日之功。临摹的过程,就是在不断地琢磨每一根线条的变化和内在结构比例中所蕴含的艺术奥理。比如莫高窟的彩塑菩萨像,佛教传入之后,菩萨虽然出现女性化的倾向,但是塑匠在表现的时候不能够表现夸张的女性胸部特征。为了避免造型和线条的单一,突出变化的柔美的形体曲线，塑匠们为菩萨立像做出了突出的富有肉感的腹部，衣裙束在肚脐之下，露出上半部分突出的腹部，这样显得特别自然和优美，也特别富有安详的意趣和真实的质感。

临摹者的艺术修养、技术水平，都可以在临本中得到呈现，不同的人临摹同一幅画绝对不会完全一样。释迦牟尼、观音菩萨、大势至菩萨的衣饰、璎珞、珠串还有眉眼，每一根线条看起来或许平淡无奇，但是在光线很好的时候才能发现其中微妙的动态和层次，才能体会古代画工的良苦用心。唯有如此，才能体悟古人的笔法、墨法、用色、构图之神妙。因此，临本本身就是一种心灵的再创造，具有艺术和审美的价值。

段先生是怎么研究和探索的呢？他刚到敦煌，就一头钻进洞窟，在洞窟中"面壁写生"。凭着扎实的基本功，他很快就使临摹达到与敦煌壁画相似了，可他并不满足于此。经过苦学、苦钻、苦思，他明白了之所以"缺少神清气逸的效果，究其原因，是对敦煌壁画的思想内容和艺术特征认识不足"。于是他开始注意进行一系列临摹前的研究工作。段先生主要从三个方面进行研究，一是通过大量阅读与敦煌壁画佛教艺术及其内容有关的史书、古籍、佛经，弄懂临摹对象的思想内容；二是认真辨别分析从十六国北凉到元代共十个朝代之间既不相同，又有联系的复杂的壁画风格特征；三是弄清各时代壁画制作的程序与方法。

除了以上三个方面，段先生还对敦煌壁画的三个技术性极强的环节进行了分析和练习，这就是线描、晕染和传神技巧。具体来说，段先生在对洞窟进行深入细致的观察、探索和研究后，分析了不同时代、不同物象的线描、晕染和传神技巧的演变规律、时代特征，总结了古代画师绘画的程式和方法。然后他又亲自对线描、晕染和传神等运笔技术反复练习，反复试验。苦学和苦练使他熟练地掌握了敦煌壁画不同时代、不同物象的起稿线、定形线、提神线、装饰线等各种线描的技巧；掌握了不同时代的衬色、涂色和填色，以及凹凸晕染法、红晕法和一笔晕染法等各种赋色晕染的技巧；掌握了人物不同的眼神和五官肢体的动态变化表达的传神技巧，终于达到得心应手、形神兼备的地步。段先生完成的敦煌壁画临本数量最多，质量最高，最接近原作神韵的高度。

20世纪60年代初，段文杰先生在临摹壁画时，为复原一幅唐代壁画，查阅了百余种有关古代服饰的文献资料，通读了二十四史中的《舆服志》，摘录了两千多张卡片，为以后进行敦煌服饰研究打下了基础。段文杰先生主张，临摹一要客观忠实地再现原作面貌；二要在精细的基础上突出原作总体神韵；三是绘画技巧不能低于原作水平，这至今仍然是敦煌壁画临摹的指导原则。

为提高敦煌艺术研究所的整体临摹水平，段先生把自己的全部经验毫无保留地介绍给刚到敦煌石窟的青年画家们，然后让他们到洞窟里去实际操作。大家也完全接受并按照段先生的临摹经验进行练习，很快就掌握了敦煌壁画临摹的要点。

段先生之所以要艰苦探索并建立临摹敦煌石窟壁画的标准和要求，目的是要把敦煌壁画的临摹，作为文物的临摹来要求，必须做到忠实于原作，只有这样才能重现真实的古代艺术品的原貌和神韵，才有意义和价值。段先生指出张大千等人，包括研究所成立之前曾来敦煌石窟临摹壁画的大多数画家，在敦煌的时间还是太短暂了，太匆忙了，以至于有些临品只画了一个大概，经不起推敲。他认为用现代人的造型观点和审美观点随意改动古代壁画上的原貌，这样所谓的敦煌壁画临摹品，背离了敦煌壁画的本来面貌，背离了它的神韵，就不是真正意义上的敦煌壁画临摹品。

那么，什么是原作，用什么方法临摹才能忠于敦煌壁画原作的原貌呢？段先生认为敦煌壁画的原作，应是敦煌古代壁画的本来面貌。可是现在的敦煌壁画，已经历了一千六百多年的历史沧桑，由于自然和人为因素的作用，留存至今的敦煌壁画，与古代壁画原作面貌相比，已发生了不同程度的复杂变化，如变色、残破、病害等。段先生通过探索实践和分析研究，总结出不带随意、不带想象成分，且完全忠于原作的三种临摹方法。

一种是客观临摹。就是按照壁画现存残破变色情况，完全如实地写生下来。这种临本可以给人以壁画现状的真实感。这种方法是现在临摹工作的基本方法。

另一种是旧色完整临摹。在壁画的组织结构、人物形象、色彩变化等种种方面，都一一依照壁画现存状况描摹，但残破模糊的地方，在有科学依据的情况下，有意识地令其恢复完整清晰。这样的临本，可以免去观众在残破模糊的画面上寻找人物形象的困难。

还有一种方法是复原，就是要恢复原作未变色时清晰完整、色彩绚烂的本来面貌。这需要认识和研究古代艺术，要学习古典艺术遗产，首先要找出它的本来面貌。复原工作是很重要的，也是比较困难的，必须以研究工作为基础，必须有充分的科学依据，做到

"物必有证"，绝不能随意添补，凭空臆想。只有这样才能比较真实地再现原作失去的光彩。

莫高窟第254窟《尸毗王本生》临本、第194窟《帝王图》临本、第158窟《各国王子举哀图》临本，都是段先生的客观临摹和旧色完整临摹的代表作。又如段先生完成的第130窟《都督夫人礼佛图》的研究性复原临本，不仅被公认是复原临摹作品的典范之作，而且由于这幅壁画的原画已变得完全漫漶不清，所以段先生的这幅复原临本，确实是抢救并保存了一幅唐代大幅仕女图。

据段先生回忆，他认识到《都督夫人礼佛图》这幅壁画水平很高。1955年，这幅壁画虽然很多地方还能看清楚，但脱落漫漶之处也很多，他估计随着时间的推移，可能还会进一步模糊退化，所以临摹这幅壁画也是一次抢救性保护措施。复原临摹的要求非常严格，为了把这幅壁画临摹好，他做了很多研究对比工作。形象不清处，要从其他相似且保存完整的地方去找根据，并反复考证，再将其补全。这样才能做到准确无误，忠于原作。

今天，段先生总结的上述三种临摹方法，仍被继续遵循运用。虽然现在能运用数字化技术复制敦煌壁画，但是经过画家细致观察、分析研究后临摹的壁画临本，所表现的壁画原作的精、气、神，特别是旧色完整临摹方法、复原临摹方法，是科技所不能替代的。

临摹过程就是进行研究的过程，通过临摹实践又为进一步的研究工作打下基础，这是段先生长期在敦煌石窟临摹实践中思考研究总结出来的真知灼见。段先生本人在敦煌壁画临摹方面做出了重大贡献，就是因为他的临摹伴随着对艺术的研究。而长期的临摹实践，又使他在敦煌艺术研究上取得了非凡的成就。敦煌石窟是延续千年创造的佛教艺术丰碑，它有清晰的艺术发展脉络，形成了敦煌石窟特有的艺术体系。段文杰先生在艺术研究上的贡献，首先就在于他能从美术史的角度把握敦煌艺术的时代发展脉络，对各个时代的敦煌石窟艺术做了宏观的梳理和研究，并从美学的角度领悟敦煌艺术的风格特征。

临摹到了最神妙处，就仿佛在和几百年前的工匠对话。不仅模仿外在的画面，并且好像进入了画工当时的心境、用笔的习惯、处理的妙意，甚至可以感觉到他呼吸的声音和心跳的节奏。所谓"下笔如有神"，也就是这样的一番体悟吧。

每一个临摹壁画的莫高窟人，都有一种心定神闲的气质，大概和他们常年的"修行"不无关系。艺术家收藏起自己的"个性"，忘我地体悟千年前画师们落笔时的心灵节奏。在排除一切杂念和我执之后，通过日复一日的练习，将古人技法运用自如，最后把古人的方法变为自己的创造。临摹，其实是一场去掉我执和妄念的修行。

---

〔1〕敦煌研究院编：《中国敦煌》，江苏美术出版社2000年版。

〔2〕段文杰：《段文杰敦煌艺术论文集》，甘肃人民出版社1994年版。

〔3〕季羡林主编：《敦煌学大辞典》，上海辞书出版社1998年版。

〔4〕段文杰：《敦煌石窟艺术研究》，甘肃人民出版社2007年版。

〔5〕弥勒经有《上生经》（全称《佛说观弥勒菩萨上生兜率陀天经》）和《下生经》（全称《佛说弥勒下生成佛经》）。

〔6〕施萍婷：《敦煌经变画》，《敦煌研究》2011年第5期。

〔7〕赵声良：《敦煌石窟全集·山水画卷》，香港商务印书馆2002年版。

〔8〕中国历史上，早在公元1世纪初王莽就曾封刘歆为国师，时称"国师公"。然而，以佛教高僧为国师，大约从北齐文宣帝高洋封高僧法常为国师开始。其后至西夏正式设立帝师和国师之制，一直沿用到元代及以后。《西夏官阶封号表》列有"国师"封号，其地位在诸王和中枢、枢密之间，主要的工作是主持国家重要的译经事务。

〔9〕段文杰：《敦煌石窟艺术研究》，甘肃人民出版社2007年版。

〔10〕柴剑虹：《西域飞天与"天人合一"——关于飞天艺术的一点思考》，《传统文化与现代化》1998年第1期。

〔11〕这些自残行为，即史书所说"劓面"，是古代西域少数民族表示悲痛的习俗。

第九章　保护就是和时间赛跑

莫高窟保存面临的风险

莫高窟绵延千年，地处戈壁沙漠腹地，气候干燥，雨量稀少，洞窟内微环境相对稳定，壁画和彩塑所用矿物颜料性质稳定不易变化，历史上鲜有灾难性战事和社会动荡，这些是洞窟本体、壁画和彩塑得以保存至今的重要条件。但自然因素和人为因素也在不断地威胁着莫高窟洞窟及其壁画和彩塑的保存。特别是16世纪中叶明朝政府封闭嘉峪关，关外人民内迁，敦煌沦为边荒之地，石窟停止开凿，繁荣兴盛的佛教圣地趋于冷寂，以致逐渐被人遗忘。

从封关到1944年敦煌艺术研究所成立的近四百年间，莫高窟无人看管维护，任由窟檐糟朽、窟门缺失、窟室坍塌、风吹日晒、沙子侵入、河水倒灌，还有旅人或散兵居住投宿、修炕搭灶。这个时期的种种自然和人为的破坏，加速了莫高窟壁画和彩塑多种病害的爆发。至20世纪40年代，历经沧桑的莫高窟，已呈现一派荒凉破败的景象。

敦煌研究院保护专业人员经过对莫高窟洞窟崖体及其壁画和彩塑，以及石窟大环境和洞窟微环境的多年调查、监测和研究发现，莫高窟文物的保存受到多种风险影响和威胁，壁画和彩塑本体的许多病害往往是多种风险因素综合作用的结果。这些风险因素长期威胁着石窟本体、壁画和彩塑及石窟环境的保存。

首先是来自风沙的自然侵害。

莫高窟地处戈壁沙漠边缘，千百年来长期受到风沙的威胁。稍有风吹，就有鸣沙山的流沙从莫高窟崖顶飞泻而下。风沙流会吹蚀洞窟围岩，磨蚀露天壁画，甚至造成岩体坍塌，风沙一旦进入洞窟还会破坏壁画和彩塑。

特别是16世纪中叶以后，因莫高窟长期无人管理和看护，洞窟门窗破损，倾泻的沙子不同程度地积存于许多洞窟中，吹入窟内的沙子直接磨蚀壁画和彩塑。倘若遇到强降雨，窟前积水灌入洞窟，窟内积沙储水，就会导致洞窟湿度增高，引起壁画霉变、酥碱等病害。风沙还会造成窟前环境污染，所以要经常清扫，拉运积沙。20世纪80年代以前，工作人员每年要从窟区清除积沙约3000—4000立方米，耗费大量人力财力。经过多年的风沙防治，风沙危害已基本得到控制；但每年春季开始，常有沙尘天气。细小的沙尘飘入洞窟，沉积在壁画和彩塑表面，依然不利于文物保护。

其次是水的入渗和可溶盐的危害。

敦煌壁画大致由支撑体（洞窟岩壁）、地仗层（草泥层）、画面层（颜料层）组成。莫高窟每年夏季有季节性降雨。雨水沿崖体裂隙渗入岩层，溶解了岩体中的盐分。溶解后的可溶盐随水分运移到洞窟岩体、壁画地仗层和颜料层中，使壁画潮解。待水分挥发后，可溶盐在壁画地仗层和颜料层中结晶。降雨时，潮湿空气进入洞窟，被壁画地仗和岩体吸收，再次使盐分溶解。这个过程反复发生，导致岩体疏松，壁画出现空鼓、起甲、酥碱等病害。这些病害对壁画的破坏非常严重，且难以控制。

　　最可怕的是地质灾害。莫高窟建造在砂砾岩体中，且位于甘肃省河西地震区边缘。在自然营力的缓慢侵蚀与历史上各类突发地质灾害的叠加作用下，开凿洞窟较多的岩层存在着许多纵向和横向裂隙，风蚀、雨蚀致使裂隙发育加剧，破坏了岩体赖以固结的泥质、钙质胶结物。一千多年时间，引起莫高窟立面岩体局部垮落、坍塌，一些洞窟的甬道和前室部分已不存在。这种状况，在1964年的加固工程之后得到缓解，不稳定的脆弱岩体得到了加固，阻止了岩体的坍塌。

　　还有一种灾难就是人为导致的破坏，最典型的就是臭名昭著的华尔纳之流剥离、盗窃敦煌壁画的行径。1923年9月，华尔纳一行从西安出发，第一次代表美国哈佛大学福格艺术博物馆在中国实地考察。这支考察队轻车简从，只带了滑膛枪、自动手枪、地图、化学药品以及照相器材。这是一次蓄谋已久的文物盗窃，华尔纳一开始就瞄准了中国美术品。他相信，只要带回实物的壁画，就能在哈佛大学实验室的帮助下，弄清唐朝壁画名家所使用的颜料及其来源，解答艺术史上一些难以捉摸的问题。华尔纳利用特制的化学胶布粘取了26方最为精美的壁画，还盗走了几尊经典的彩塑。

严重的人为破坏还有沙俄残军在莫高窟洞窟里的肆意破坏。俄国"十月革命"后，沙俄旧部阿连阔夫率领的军团败退中国新疆境内。1921年，新疆省省长兼督军杨增新派兵，将沙俄残军经哈密遣送到甘肃省境内。此前，甘肃省省长兼督军陆洪涛一再呈电北京政府，表示甘肃敦煌难以安置沙俄残军，但"未蒙允许"，最终在迫不得已的情况下，于1921年6月11日，在敦煌莫高窟安置了469名沙俄残军，还派出军队监视。沙俄残军自安置之日起，至1922年9月迁出，他们居然在莫高窟洞窟中搭炕砌灶，生火做饭，烟熏火燎，胡乱刻画，造成了许多洞窟的壁画被熏黑，彩塑被毁坏。

此外，一度也有敦煌当地人进洞点火做饭，甚至把洞窟充当羊圈，还有在壁画上乱写乱画的。王道士除了出卖藏经洞文书之外，为了方便往来各个洞窟，他居然在洞窟之间打了穿洞，以开辟行走的通道，极大地破坏了许多洞里的壁画。常书鸿先生主持敦煌文物研究所的工作之后，实施了封洞。现在我们还能在莫高窟看到被封堵上的王道士的穿洞。

此外，如果管理不善，旅游对莫高窟也势必会产生负面影响。

莫高窟在历史上是供奉佛陀的殿堂，是佛教徒参拜的场所，本不具备开放博物馆的条件和功能，又不能按照博物馆展陈的要求进行任何改造。莫高窟大多数洞窟空间狭小，据统计，面积在100平方米以上的大型洞窟仅18个，50—100平方米的洞窟21个，25—50平方米的洞窟41个，10—25平方米的洞窟123个，10平方米以下的洞窟289个，其中面积在25平方米以下的洞窟占了洞窟总数的83％以上,因此洞窟可承载的游客量十分有限。

自1979年正式向社会开放以来,莫高窟的游客人数逐年增加。特别是进入21世纪以后,随着西部大开发,旅游业大发展,游客数量快速递增。2001年超过30万人次,此后每隔两三年,年游客数量就会增长10万人次,到2014年达到80万人次;2015年激增到115万人次,增速为43.75%;2016年增至135万人次,增速为18.4%;2017年增至170万人次,增速为25.9%;2018年增至195万人次,同比增长14%。预计2019年会突破200万人次。随着旅游业的迅猛发展,未来莫高窟的游客数量可能还会不断突破纪录,这会给莫高窟本体及其赋存环境的保护和游客服务管理能力带来极大的压力。大量游客进入洞窟参观,使得洞窟内的温湿度波动剧烈,相对湿度和二氧化碳浓度的增加,对洞窟的长期保存和游客的健康均有十分不利的影响。

持之以恒的沙害治理

1944年,敦煌艺术研究所成立。常书鸿先生担任所长期间,采用引流冲沙,就是把宕泉河的水引到提前筑好的水坝里,希望能够放水把积沙冲走;尽管如此,仍不能有效阻断流沙对莫高窟的侵蚀。从50年代留下的照片来看,南区有些洞口的流沙堆积高达四五米,一直淹没到第二层石窟的地面。第129窟到第109窟的流沙,已经直接堆到石窟门口;第108窟到第100窟的流沙甚至已经封堵了窟门。第79窟到第21窟,流沙甚至比下层石窟地面还要高出几十厘米到一两米不等。

为了治沙，敦煌文物研究所的工作人员想尽了各种办法。防治风沙的试验工作从20世纪五六十年代就开始了。当时曾经在石窟的山崖边上修建防沙墙，通过铺压碎石等方法进行小规模防沙试验，短时间内起到了一定效果，但后来相继失效。老一辈的敦煌文物研究所人，几乎每天早上都要出工，清理积沙。几十年如一日，以牛车运沙，用人力在窟前清除积沙。

80年代末开始，敦煌研究院与中科院兰州沙漠研究所合作，在美国盖蒂基金会的支持和美国盖蒂保护研究所的直接参与下，实施莫高窟崖顶风沙危害综合防治试验研究。通过对莫高窟地区风沙活动规律及强度的监测和研究，基本掌握了莫高窟崖顶风沙迁移的规律，经过专家反复论证，在莫高窟崖顶安装了长达3240米的"A"字形高立式尼龙防沙网，使洞窟前的积沙减少了70%—80%。

经过几年对防沙效果的观察，工作人员发现吹向窟区的沙子堆积在防沙网两侧，像一道沙筑的小长城，每年必须清除防沙网两侧的积沙。为解决这一问题，后又在"A"字形沙障往西，培植了两条人工防沙林带，种植了梭梭树、花棒和沙拐枣等沙生植物，应用滴灌节水技术育林。这两条防沙林带长约两公里，大约十八公顷。防沙林带大幅度减少了防沙网两侧的积沙，防沙效果得到明显提升。

2008年开工的敦煌莫高窟保护利用工程的子项目风沙防护工程，在原有风沙防护项目的基础上，增加砾石铺压，扩大了高立式阻沙栅栏、草方格和植物固沙林带防护,进一步完善了莫高窟崖顶风沙防护体系,将风沙对莫高窟的危害程度降至最低。

抢救和预防:保护工作的"二重奏"

我的胃不好,每天都要吃"多酶片",还有胡庆余堂的"胃复春片"。萎缩性胃炎让我基本没有什么胃口,饭量很小。我体检下来浑身都是毛病,和莫高窟一样了,莫高窟也是每一个洞窟都有病。

我深知莫高窟会慢慢走向衰老,这是不可逆转的自然规律。自然界任何物质到了一定时候都要转化成另一种形态,莫高窟的"消失"最终也是不可阻挡的。但我们不能就这样任凭其消亡,而是要想办法做一些抢救和补救,尽可能延缓它的衰老,延长它的寿命。

莫高窟保护是一个永恒的主题。因为这些壁画、彩塑是泥土、草料、木料、矿物颜料、动物胶制作出来的,非常脆弱,总有一天会消失。我们的保护就是要和时间赛跑。

莫高窟最早的洞窟距今已有1653年,最晚的也有七八百年的历史。历经千年的莫高窟,有着不同程度的病害。"文革"之前基本上都是抢救性保护。那段时间,对于壁画空鼓、起甲、酥碱,崖体风化、坍塌等问题进行了抢救性保护修复,同时完成了莫高窟危崖体加固、部分洞窟的防渗等工程。

目前,莫高窟壁画病害主要有三种,即空鼓、起甲、酥碱。画工绘制壁画之前,要用泥土混合碎麦秸,然后涂抹在岩壁上作为壁画的泥质地仗层。隋唐以前大都直接在地仗层上作画，自隋唐开始，画工会在地仗层上再抹上一层薄如蛋壳的白灰，经过打磨后才可以作为壁画的底色。洞窟历经千年之后，泥质的地仗层逐渐从岩体上脱离开来，形成了壁画与岩体之间的空隙。这种空隙对壁画是致命的，一旦遭遇地震或大风，壁画很容易整体脱落。壁画脱落掉至地面就会"粉身碎骨"，很难修复了，这是最可怕的。这种病害就是空鼓，是壁画保存所面临的严重问题之一。

还有起甲的问题。起甲的表现形式是壁画白粉层及其上面的颜料层发生龟裂，进而形成鳞片状翘起。翘起来的龟裂层，时间长了就会脱落。久而久之只剩下壁画的泥层，严重的还会导致壁画消失。

还有一种病害就是酥碱。壁画的酥碱病害，被称为壁画的"癌症"，其现象是壁画地仗泥层黏结性丧失，泥土颗粒逐渐掉落酥粉。在水和潮湿空气的作用下，崖体及壁画地仗层中大量的硫酸钠和氯化钠活动迁移，聚积在壁画地仗层和颜料层中，反复溶解、结晶，从而产生酥碱病变。

因为年代久远，几乎每个洞窟都存在着不同程度的病害。壁画的病情恶化是一个渐进的过程，而且将会持续下去。如遇到下雨等恶劣天气，潮湿空气进入洞窟，将加速恶化，即使在进行保护修复的同时，这种过程也不会停止。我们从事壁画保护修复的专家，就好像是"壁画医生"，每天早上睁开眼睛就想着这群"病人"，想方设法要医治这些"病人"。

壁画的很多病害是肉眼不可见的，譬如壁画的酥碱。针对这种问题，现在采用的方法就是先把盐给脱出来，然后用医用注射器将合适的修复黏结材料注射到病害的地方，以此缓解病害的程度。整个过程是一套有序的工艺，既要有适合的修复材料，也要有科学的工艺。这也是我们开展国际合作的一个重要内容。

80年代末，敦煌研究院率先在国内的文博系统中开展对外合作，学习国际先进保护理念和先进保护技术。我们意识到石窟保护需要从过去单一的抢救性修复，转化为系统的科学保护修复。文物保护不仅是文物病害发生之后的修复，而且要根据环境影响和制作材料及制作工艺，对壁画病害的原因和发生过程进行综合研究，从而能够从病害发生源头加以防控，以达到减缓病害发生的目的。也就是要逐渐从"抢救性保护"过渡到"预防性保护"，努力使洞窟环境保持安全稳定，最大限度地阻止或延缓壁画和彩塑病害的发生乃至最终劣化，做到防患于未然。[1]

我们除了不断探索壁画的科学抢救性保护修复技术外，还在国家文物局的支持下，采用互联网技术建立了莫高窟监测中心，加强了莫高窟预防性保护体系的建设和完善。目前，每一个开放洞窟和部分重点洞窟均安装了温度、湿度和二氧化碳传感器。在监测中心，装置了能够显示莫高窟窟区大环境、洞窟微环境、游客数量、参观线路、安防情况等多个内容的屏幕。它们占据了整整一面墙，由24个小屏幕组成的大屏上实时传送着各个洞窟和窟外情况的各种监测数据和画面。管理人员能及时了解掌握莫高窟所有开放洞窟和个别重点洞窟的微环境变化和窟区大环境等各个方面的最新"情况"。目前，监测范围已全面覆盖敦煌研究院所管辖的三处石窟群（敦煌市莫高窟、西千佛洞、瓜州县榆林窟），监测内容还

2004年5月19日,在第454窟调查壁画题记
孙志军 / 摄影

包括遗产地周边环境、大气降水、风沙、地震、洪水，甚至壁画病害的微小变化等。

抢救性保护和预防性保护是莫高窟保护的"永远的二重奏"。

一方面，莫高窟就像一位饱经风霜的"老人"，年代久远，十分脆弱，病害不断，需要开展更加精细化的修复保护工作；另一方面，还需要不断深入开展对这位"老人"病害原因和老化速度的研究，为预防性保护提供更多的理论依据，进而制定更加有针对性的保护措施，使精美的洞窟保存得更为长久。

研究院多年的努力换来了国家文物主管部门的肯定和认可。2004年9月，国家文物局批准在敦煌研究院建立"古代壁画保护国家文物局重点科研基地"。壁画基地以壁画和彩塑为对象，开展专门的科学研究和保护修复工作，并将研究成果应用于丝绸之路沿线乃至全国的壁画保护工作中。敦煌研究院还获得了国家文物局颁发的"文物保护工程甲级勘察设计资质单位"和"文物保护工程一级施工资质单位"证书。2009年，经科学技术部批准，依托敦煌研究院建立了国内首个文化遗产领域"国家古代壁画与土遗址保护工程技术研究中心"。

多年来，敦煌研究院除了承担敦煌石窟的保护修复任务外，还先后完成了青海瞿昙寺、塔尔寺，宁夏西夏王陵，西藏布达拉宫、罗布林卡、萨迦寺、古格王朝遗址，新疆交河故城，河南少林寺，浙江杭州凤凰寺，山东岱庙壁画，河北北岳庙壁画以及甘肃境内众多石窟和土遗址等的国家重点文物保护工程任务，为中国文物保护做出了一定的贡献。

壁画修复的缓慢节奏

敦煌研究院是国内最早开展壁画修复研究工作的机构。经过几十年的持续探索和努力，研究院在壁画保护修复技术方面，已经研究并探索出了成熟的起甲壁画修复技术、酥碱壁画修复技术、壁画揭取搬迁技术和空鼓壁画灌浆脱盐加固技术等一系列针对壁画病害的修复技术。

任何成熟的修复技术，都需要操作娴熟、经验丰富的修复师去操作实践。况且壁画修复操作是一项极为专业的工作，文物不可再生的特点决定了修复操作不允许出现任何失误，更不允许失败。这就需要修复师在操作时不仅能够驾轻就熟地应用各种技术，而且还要有超乎常人的细心和耐力。

李云鹤先生是我国壁画修复的顶级专家，被誉为壁画修复的"魔术师"。五十多年前，莫高窟晚唐第161窟就是他主持修复的。那时，整窟壁画病变严重，特别是起甲问题，基本已没有希望了。眼看满窟的壁画即将毁于一旦，怎么办？常书鸿先生心急如焚，就找来李云鹤，让他"死马当活马医"，马上寻找修复办法。当时李云鹤先生才二十九岁，他和几个年轻的工友，在第161窟一待就是两年。他们从吹掉壁画上的沙子和灰尘开始，一厘米一厘米地吹，每天吹得腰酸背痛、头晕眼花。然后是壁画的粘贴，也是一厘米一厘米地粘贴，每个地方注射三次、粘贴三次。最后工友们都受不了这个罪，李云鹤先生仍在咬牙坚持。

　　1964年,通过不懈的琢磨试验,李云鹤成功地摸索出了修复起甲壁画的方法,使濒临脱落的壁画起死回生,维持了原来的面貌。

　　在很多时候,敦煌文物保护工作就是这样,没有现成的经验,必须边干边摸索,必须有舍我其谁的勇气和破釜沉舟的决心。第161窟的修复是敦煌研究院历史上自主修复的第一座洞窟,也是敦煌起甲壁画修复保护的起点。

　　在敦煌壁画的修复工作中有一个技术难题:怎样才能把修复材料准确无误地送到壁画和墙壁之间?当时国外普遍采取的方法是用针筒注射修复材料,再在壁画表面敷上纱布并碾压,当时来敦煌传授修复技术的捷克专家用的就是这种方法。但这个方法还有问题,比如用针筒注射很难控制量,若注射过多,修复材料就会顺着壁画流下来,从而污染壁画。一天,李云鹤先生见一个同事的孩子在玩一个血压计上的打气囊,他一下子有了灵感。他将注射器和气囊组装到一起,这样一来,修复材料的灌注就变得更加容易和安全了。他还用裱画用的纺绸代替了纱布,这样一来,被压过的壁画就不会留有纱布的织纹,平整如初。

　　当时,壁画的修复材料在国际上一直是壁画修复的秘密。修复用的是什么材料?来自外国的专家讳莫如深,严格保密。为了寻找和试验理想的"秘方",李云鹤先生和当时的壁画修复专家找到了能想到的数十种修复材料,并向化学材料专家反复请教。经过多次试验,终于找到了适合起甲壁画修复用的材料。用这种材料修复的壁画,效果很好,国外同行也拍案叫绝。

　　后来,李云鹤先生还将距离敦煌市五十多公里的西千佛洞附近的两个洞窟，整体搬迁到了莫高窟的北区石窟群。搬迁后的洞窟壁画严丝合缝，完全看不出迁移痕迹。石窟整体搬迁技术难度极大，他的技艺更是令人赞叹。他自己管这种整体剥离壁画的方法叫"挂壁画"。此外，他还用同样的方法主持修复了青海塔尔寺大殿的壁画。

壁画修复是一项极其精细的工作，也是一项需要智慧和耐力的工作。有时候一天只能修补一小块壁画。工匠的生命就在这样缓慢的注射、粘贴过程中度过。就像敦煌研究院临摹壁画的画家一样，他们每一天就是在模仿古代画工的笔触，以求接近那最准确的真实。时间一分一秒在缓慢的工作中流走；几十年光阴过去，不知不觉，黑发已经变成白发。

与互联网时代快速的生活和工作节奏完全不同，敦煌的保护工作总是在一寸一寸中推进，要把那在时光中逐渐变得模糊的壁画，一寸一寸地从不可挽回的命运中拯救出来。洞窟外老一辈莫高窟人栽下的白杨不知不觉已经高耸入云，而敦煌的保护和修复工作还将继续它缓慢的节奏。

但是我想，也许没有了这种慢节奏，整个时代将会变得肤浅。

与盖蒂的合作

1989年，美国盖蒂保护研究所通过联合国教科文组织，想在中国寻找一处遗产地开展保护合作工作。我得到消息后，立即到北京向国家文物局申请，提出在敦煌开展洞窟壁画保护的国际合作，时任国家文物局副局长的沈竹先生非常支持。后经国家文物局批准，敦煌研究院与美国盖蒂保护研究所签订了关于开展莫高窟壁画保护的合作协议，拉开了长达30年合作的序幕。

美国盖蒂保护研究所是盖蒂基金会的下属机构，1985年成立。作为国际性的科学保护研究机构，它在保护科学研究、现场文物保护、保护中的记录、文物保护教育和培训等方面都有所成就，是国际上享有盛誉的文物保护机构。该机构与各大洲的国家合作，开展国际文物保护研究。盖蒂的研究人员也来自世界各国，并为各国的研究人员提供不同的合作研究机会。

1989—1991年，敦煌研究院与美国盖蒂保护研究所开展了第一阶段的合作，这个阶段主要完成了对莫高窟风沙规律的研究，并在莫高窟崖顶安装了高立式尼龙防沙网。防沙网的尼龙材料全部从澳大利亚进口，能够抵御强紫外线和各种恶劣气候的老化作用。防沙网阻隔了从崖顶向窟区移动的沙流，使得每年窟区的积沙明显减少。为摸清莫高窟外部环境和风向变化的规律，美国专家在莫高窟安装了能够自动传输各项气象数据的全自动环境气象站，而在当时，中国只有南极科考站有这样先进的气象站。

在与美国盖蒂保护研究所的第一阶段合作取得重要成果后，敦煌研究院积极努力争取，希望继续与美国盖蒂保护研究所开展合作。1991年，经国家文物局批准，敦煌研究院与美国盖蒂保护研究所开始了第二阶段的合作。关于合作研究内容，我们提出希望通过合作，解决困扰我们多年的壁画空鼓、起甲、酥碱病害等问题。经中美专家共同协商，选择敦煌莫高窟第85窟为对象进行研究。

第85窟开凿于晚唐，是张议潮归义军时期的第二任河西都僧统翟法荣为自己修建的功德窟，从咸通三年（862）开始兴建，历时五年完成，是莫高窟的一个重点洞窟。之所以选择第85窟，是因为此洞窟是敦煌的"重症病人"，洞内大约有一百一十平方米的壁画存在着莫高窟最典型的三种病害——空鼓、起甲、酥碱。如果能"治愈"第85窟，莫高窟的许多问题也将迎刃而解。这是给美国盖蒂保护研究所专家出的一道难题，对他们来说也是一个巨大的挑战。

美国盖蒂保护研究所的专家们在莫高窟的工作方式很独特。这些外国专家并不急于进实验室，而是先请敦煌研究院的学者们为他们讲解每一幅壁画的内容、含义，了解其中的珍贵价值，记录下大量的笔记。这种工作方式给了我一个莫大的启示。文物保护表面上看是以技术为主导，但实际上保护工作者首先要面对的不是物理意义上的一道墙，或者一堆泥土，而是人类文化遗存的价值。就莫高窟而言，每一个正在发生病变的洞窟都是不可复制、不可替代的艺术博物馆。在对待这些壁画的时候，如果能够有一种人文的情怀和素养，将会激发起自己的使命意识和奉献意识。能够通过自己的技术，让奄奄一息的人类杰作获得重生，这本身就是一项伟大的艺术创造。

通过中美专家大量的评估、调查、分析、环境监测和反复试验，最终发现，潜藏在壁画崖体和地仗层中的可溶盐硫酸钠和氯化钠，是导致壁画病变的罪魁祸首。莫高窟洞窟开凿所依托的崖体中含有大量可溶盐，它们会随着水分和湿度的变化潮解和重新结晶。

如此周而复始，盐分不断地向壁画地仗层和颜料层迁移，日积月累，结晶造成的体积膨胀就会对壁画造成伤害。如果能去除壁画地仗层中的盐分，无疑会大大消除壁画病变的隐患。

在反复试验之后，专家们最终摸索出一种方法——"灌浆脱盐"。也就是往脱离开崖体的壁画地仗泥层背后灌注浆液，让水汽携带可溶盐移动到壁画表面，然后在壁画表面贴敷脱盐材料。这个过程能够去除分布在壁画地仗泥层中的大量可溶盐。去除掉大部分盐分以后，再对壁画表面进行修复，这样不仅能治标，更能治本。

为了寻找一种适合"灌浆"的材料，专家们用了整整四年时间，共试验了八十多种配方，并对材料的黏结性、收缩性、透气性和操作性等诸多性能指标进行反复试验比较，才筛选出了适合壁画灌浆的"81号"材料。后来，这种材料也广泛地应用于其他洞窟的修复与保护。

前后八年的修复工作遇到无数的问题，也积累了大量经验。首先是壁画的价值评估、窟内环境监测、保存现状评估、壁画材质分析、壁画病害原因和机理分析，在上述工作的基础上，研究筛选修复材料和修复工艺。经过反复试验，最后确定了适合的修复程序、修复材料和修复工艺。经过细致的修复，不仅使第85窟的壁画起死回生，而且在研究中总结出了一套研究保护病害壁画的科学方法和科学程序。这套程序经过不断完善，已成为中国壁画保护修复工作所必须遵循的规范。这个项目极大地推动了我国壁画保护科学技术的进步，具有里程碑意义。

《中国文物古迹保护准则》的制定和出台

在莫高窟第85窟保护项目进行的同时，国家文物局与美国盖蒂保护研究所、澳大利亚遗产委员会合作起草并制定了《中国文物古迹保护准则》（以下简称《准则》）。我有幸参加了《准则》的起草工作。

《准则》是一项在中国文物保护法规体系的框架下，对文物古迹保护工作进行指导的行业规则和评价工作成果的主要标准。在《准则》的起草修改过程中，为了检验《准则》的可行性，在国家文物局的指导下，敦煌研究院和美国盖蒂保护研究所选择了正在进行的莫高窟第85窟保护项目作为实施《准则》的试点，以推动敦煌石窟保护的技术和管理工作向科学化、规范化迈进。

通过中外合作，严格按照《准则》的规则，提高了敦煌研究院保护管理人员对文化遗产地本体及其环境实施科学保护管理重要性的认识，也培养了他们科学保护管理的理念。关于文物古迹的保护，我有以下几点重要体会：

第一，国家和社会需要实行法制化、规范化的管理。文物作为珍贵的文化资源，也需要法制化、规范化的管理。《准则》是依据《中华人民共和国文物保护法》制定的。在《准则》的指导下，莫高窟第85窟的保护修复工作取得了成功，证明了《准则》的可行性。无论是保护管理项目，或是保护技术项目，都应该按照《准则》的规则去操作。

第二，《准则》指出"保护必须按程序进行"。保护工作要严格按照《准则》所规定的程序一步一步地去操作，这些程序规定的步骤环环相扣，缺一不可，是规范保护工作的保证。不能省略或跨越程序规定的任何步骤，否则，必然会影响下一步工作的顺利开展，甚至造成下一步工作的失误，以致影响整个保护工作的质量。过去一些保护项目或保护工程之所以没有做好，原因就在于没有一个科学的程序指导整个保护工作，尤其是缺少充分翔实的评估和论证。

第三，《准则》指出"制定保护规划必须根据评估的结论"，评估是文物古迹保护工作的关键步骤，只有准确的评估才能制定出科学、合理的目标、对策和措施。没有准确的评估，就没有科学与合理的规划。当然，正确评估的前提是要掌握翔实、全面的资料。

第四，《准则》第20条指出，"定期实施日常保养，是最基本和最重要的保护手段"。文物古迹的保护工作是贯穿于文物古迹始终的持久工作，是一项长期且经常性的工作。在做必要的大型加固工程和抢救性修复之前和之后，都要认真做好日常的保养、维护和监测，及时排除不安全因素和轻微损伤，避免更多干预行为，这是做好保护工作的根本保障。

第85窟项目的完成和《中国文物古迹保护准则》的制定和实施，不仅推动了莫高窟壁画保护技术的进步，而且推动了中国文物古迹保护的科学化。负责此项目的美国盖蒂保护研究所首席项目专家内维尔·阿格纽先生因对中国文物保护的巨大贡献，获得了

2005 年度"中华人民共和国国际科学技术合作奖"，受到了党和国家领导人的接见。

追忆平山先生

与莫高窟隔河相望，有一个"敦煌石窟文物保护研究陈列中心"。陈列中心建成的时候，是当时国内唯一的石窟类文物保护研究陈列机构。这个陈列中心展示了八个原大原状复制洞窟，还有敦煌石窟出土的许多文物精品。这个陈列中心是日本政府无偿援助十亿日元建设的，是中日友好的一个见证。

"敦煌石窟文物保护研究陈列中心"的建成，也是敦煌研究院历史上的大事，说起这件事情就不得不提平山郁夫先生。平山郁夫先生与敦煌莫高窟结缘于 1958 年 1 月，当时敦煌文物研究所在东京举办"中国敦煌艺术展览会"，平山先生敏锐地发现了日本文化与敦煌之间的渊源。

1958 年，常书鸿先生携大批敦煌临摹壁画出访日本。在东京展出的敦煌临摹壁画，使平山郁夫自此与敦煌结下终身缘分。这次展览对平山郁夫的艺术生涯意义重大，他之后创作的《佛教传来》使他最终跻身日本一流画家的行列。画面中玄奘指向远方的手，也把平山先生自己的命运与那座荒漠里的艺术圣殿紧紧地联系在一起。他深知，在日本的佛教壁画之外，他找到了比之更古老的艺术渊源。

从此，敦煌成为平山先生魂牵梦绕的地方。

平山郁夫在少年时代经历了惨绝人寰的第二次世界大战,在生与死的边际挣扎过。他是广岛原子弹爆炸后的幸存者。由于受核辐射的影响,他身体羸弱,面色苍白。出于对战争灾难的亲身体会,他一生坚定地奉行和平主义,立志用美感化人类,唤醒人类良知,借助绘画祈愿人类和平,倡导文化交流,通过保护文化遗产促进和平。出于对和平的希冀与对艺术的热爱,自青年时代开始,平山郁夫就关注到佛教和佛教艺术在东西方文化交流中所起的纽带作用,并以唐僧玄奘大师作为自己人生的楷模,产生了沿着丝绸之路追寻日本文化之源的宏大理想。

由于历史的曲折,直到1979年,平山郁夫先生才第一次来到向往已久的敦煌莫高窟。我至今清晰地记得,他住在莫高窟前简陋的小土屋里,不顾鞍马劳顿,从早到晚,用一切可用的时间,如痴如醉,一个接一个地欣赏洞窟。在饱览敦煌艺术瑰宝之后,他说"世界性名作都齐集于敦煌",赞叹敦煌艺术"超越时代、超越国境、超越所有价值观"。在日本奈良时期建造或绘制的唐招提寺和药师寺建筑、东大寺戒坛院雕塑、法隆寺壁画、当麻寺收藏经变画等,都能看到与敦煌石窟佛教建筑、彩塑、壁画佛教人物、经变画等的相似之处。

平山郁夫认为,莫高窟第220窟前壁门上方的说法图和日本法隆寺的观音壁画,无论是笔触、起势、转折、运笔走向,线条的运用或是色彩的配置都极为相似,相隔四千多公里的两幅壁画仿佛失散多年的孪生姐妹。他在笔记中写道:"两处壁画的观音像从画风到肌肤的颜色、线条、花纹、璎珞的颜色完全一样。"经平山郁夫考证，这两幅壁画应该是根据同一个底稿画出来的画，一幅被画工携往莫高窟，一幅被遣唐使带回奈良，它们都来自唐朝的长安画坊。

这次难忘的敦煌之行不仅了却了他多年的夙愿，也使他对敦煌产生新的深刻认识。自此，他与敦煌的不解之缘愈加深厚了。

平山郁夫是莫高窟的知音。他后来多次造访敦煌，每到敦煌必至洞窟欣赏、揣摩，百看不厌。他还拿起画笔抒写自己对敦煌的感悟，创作出许多以敦煌为题材的上乘之作。他在担任东京艺术大学教授、校长时，更是要求本校日本画科的学生必须到敦煌石窟考察实习一次，吸收敦煌艺术的营养。这些举措，对于向日本和世界弘扬敦煌艺术做出了重要贡献。

平山先生是敦煌石窟的新供养人。出于对敦煌艺术的酷爱，他认识到了敦煌石窟保护的重要性和迫切性，萌生了帮助敦煌研究院培养人才和提高保护研究水平的善念，并将它作为崇高的使命，开始为保护敦煌这个佛教艺术圣地积极奔走，不懈努力。

他多次向日本政界要员介绍保护世界文化遗产莫高窟的重大意义，以引起他们对敦煌莫高窟的重视。他曾陪同敦煌研究院段文杰院长谒见日本前首相中曾根康弘。1988年，他又陪同日本时任首相竹下登先生访问敦煌。最终促使日本政府无偿援助十亿日元建设敦煌石窟文物保护研究陈列中心。

在陈列中心的建设中，平山郁夫几次专赴莫高窟，亲自参与项目的选址、设计、施工。1994年，中心建成后，他再一次陪同竹下登首相参加落成典礼。敦煌石窟文物保护研究陈列中心以其朴素雅致的建筑风格，完善的功能，精彩的陈列，为古老的敦煌增加了新的景点，为展示和保护莫高窟发挥了积极作用，是中日文化友好史上的一座丰碑。

平山郁夫还努力唤起日本国民对世界文化遗产保护的关注。他大力推动日本各界人士来敦煌参观考察，使众多日本国民越来越向往和关心敦煌。他还于1988年倡导成立了日本文化财保护振兴财团，动员日本民间力量，用"红十字"精神抢救濒危的人类珍贵文化遗产。敦煌石窟是这项活动的受益者之一。文化财保护振兴财团先后给敦煌研究院捐赠了价值不菲的图书、器材和科研设备，并提供了莫高窟地区供水设施建设资金，极大地改善了敦煌研究院的研究和生活条件。

在他的促成下，从20世纪80年代中期开始，敦煌研究院与日本东京国立文化财研究所合作进行敦煌石窟科学保护研究工作，这项合作持续了三十多年。1990年，敦煌研究院与日本东京国立文化财研究所正式签署协议，选择莫高窟第53窟、第194窟开展壁画保护研究项目，在壁画环境监测、病害机理研究、修复材料筛选研究、多光谱壁画调查方法、壁画修复履历记录系统开发、中日修复用语词典编写等方面取得了丰硕的成果。项目进行过程中，中方先后有三十多人次赴日研修，为敦煌研究院培养了文物保护人才，也加深了中日两国在文物保护方面的交流与合作，是文物保护国际合作方面一个非常成功的范例。

平山先生是敦煌研究院的挚友。在他的关怀和推动下，由日本文化财保护振兴财团、野村国际文化财团、鹿岛学术振兴财团资助，从1985年开始，东京艺术大学美术学部的保存修复、东洋美术史、日本画科等研究室为敦煌研究院培养文物保护、美术、敦煌学专业人员，迄今已经持续34年。先后有五十多人在东京艺术大学研修，帮助敦煌研究院培养了一批急需的高素质人才。

尤其令人感动的是，1989年，平山郁夫先生将举办个人画展的全部收入两亿日元捐赠给敦煌研究院，资助敦煌石窟的保护研究。敦煌研究院用此善款设立了"平山郁夫敦煌学术基金"，后又在此基础上扩大成立了"中国敦煌石窟保护研究基金会"。敦煌研究院在平山先生这项基金的资助下，举办了敦煌学国际学术会议，组织学者赴国外学术访问和交流，资助出版学术著作，添置购买科研设备，修建文物保护设施等，对推动敦煌文物事业的全面快速发展起到了重要作用。

平山先生是我院的名誉研究员。在长期保护弘扬敦煌文化艺术的过程中，不居功、不自傲，亲切待人，奖掖后学，与敦煌研究院众多职工结下了深厚友谊，敦煌研究院也早将先生当成了异国的挚友和编外的同事。为了感谢和纪念先生对敦煌文化遗产保护研究事业的巨大贡献，1994年，敦煌研究院在莫高窟为他建立了一座纪念幢。

2007年，时逢平山先生喜寿之年，我专程到日本为先生祝寿，并邀请他在8月参加由甘肃省政府和国家文物局举办的"段文杰先生从事敦煌文物保护和艺术研究60年纪念活动"。段文杰先生是平山先生深交多年的挚友。平山先生愉快地答应了我的邀请，偕同夫人平山美智子，亲临兰州、敦煌两地参加活动，发表了多场感人肺腑的演讲。

　　想不到，与平山郁夫先生2007年敦煌之行的见面，竟成永别！ 2009年12月2日，平山先生离世。他一生热爱敦煌，关怀敦煌石窟的保护，他开启的中日携手保护敦煌的行动，以及亲手缔造的日本各界与敦煌研究院的友谊，永远留在我们心中。

与时俱进的保护理念

　　"文革"十年动乱结束不久，我被任命为敦煌文物研究所副所长，分管业务工作。当时虽尚未恢复正常秩序，但我与很多同事的心情一样，都急切地希望将荒废的时间追回来，能尽快把业务工作正常地开展起来。要做的工作很多，可是首先抓什么呢？ 一时没有头绪。我知道，凡被国家确定为文物保护单位的不可移动文物，都要求做到"四有"，即有保护范围，有保护标志，有科学记录档案，有专门管理机构。研究所已完成了"三有"，还有"科学记录档案"这项工作没有做，这是必须完成的工作，那我就负责将敦煌石窟"科学记录档案"这项工作抓起来吧。

　　当时，"科学记录档案"究竟应该怎么做，并没有具体规定和要求。我是学石窟考古的，我认为若要反映莫高窟全部洞窟的基本状况，建立敦煌石窟科学记录档案，就应该每个洞窟都做一份记录档案。当时莫高窟北区洞窟尚未发掘清理，南区有492个洞窟，就要做492份档案。每个洞窟的科学记录档案，起码要有简单的洞窟平面、剖面图；要有档案照片，最少要保证有窟形、窟顶和四壁各一张，共计六张照片；要有简明的文字，说明每个洞窟的基本内容和它的保存与保护现状，有无损坏等，这样才能算得上一个洞窟最起码的一份全面记录档案。照片以6（张）×492（窟）计算，就是近三千张洞窟档案照片。而在20世纪70年代末到80年代初的敦煌文物研究所，既无像样的照相机，又缺经费支持，要完成数量如此庞大的照片采集工作，其艰巨可想而知。受照片拍摄困难、经费不足、人手短缺等问题影响，工作人员前后用了近十年时间，才完成了敦煌石窟科学记录档案。

后来我才知道，其实绝大多数文物保护单位的档案都很简单，有的一处文化遗产就只有几页纸，唯有敦煌文物研究所的档案是一个洞窟一本档案，而且是每个洞窟都有全面、简明的平面和剖面图，以及照片、文字等专业记录。

这个消息传到敦煌研究院之后，一些人说樊锦诗这个人太傻了，这个力气好像白费了，国家文物局根本没有要求这么做。我也觉得吃惊，但我吃惊的不是别人说我傻，而是文物档案居然可以是区区几页纸。我对他们说："这就是我们莫高窟人对于洞窟档案的理解，我觉得这个理解没有错，应该是这样的一种理解。几页纸的科学记录档案，那还是档案吗？这种档案有价值吗？"在我看来，我们下的功夫非但没有什么了不起，而且离真正的洞窟档案还有距离。后来，敦煌研究院做的洞窟档案得到了当时国家文物局领导的肯定。

正因为洞窟科学记录档案的编制，才使我进一步发现了壁画保护保存的严重问题。因为要做档案，必然要查找过去的老资料，特别是要和老照片做比对，以了解洞窟及窟内彩塑和壁画等文物的保存变化情况。当看到1908年由法国人伯希和拍摄，后来出版的《敦煌图录》图片时，着实令我吃惊不小。因为对比同样的洞窟、同样的文物的照片，现在见到的彩塑和壁画等文物，或退化，或模糊，或丢失，已经大不如七八十年前伯希和拍摄照片时的清晰和完整！真是不看不知道，一看吓一跳。当时我还是把希望寄托在我们正在着手做的敦煌石窟科学记录档案，特别是档案照片上。可是，尽管莫高窟壁画可以大量采用摄影技术保留其信息，但照片不能展示敦煌每个洞窟全貌。摄影师也跟我说，时间长了照片也会坏的，而且传统胶片摄影技术包括摄像技术也存在难以克服的弊端。我又试图用录像代替照片，他们又说录像带也是一样，随着时间的推移，胶片的褪色，磁带的消磁，还有图像复制过程中信息的衰减丢失，都将使图像产生质量上的蜕变。此外，档案照片都是黑白的，壁画却是色彩缤纷的，照片不够大，壁画的细部无法看清。看来现在的记录档案的照片或录像都无法保证洞窟文物信息的永久保存！

　　我进一步意识到敦煌壁画保护的任重道远。莫高窟的很多洞窟及其壁画在逐渐退化和病变，照片和录像也无法长久保存壁画的历史信息。难道我们就眼睁睁地看着世界上独一无二的敦煌石窟艺术逐渐消亡吗？

　　我心里清楚，建立能长期保存洞窟文物真实信息的档案已是刻不容缓。壁画的退化和病变又是另一回事，科技保护的根本就在于延缓和改善这种病变和退化，延长文物的寿命。壁画在退化！壁画在退化！壁画在退化！这句话像魔咒一样，日日夜夜死死地缠着我，就是在梦里，我也会梦见墙体上的壁画一块块地剥落……那一阵子，我走路吃饭睡觉都放不下，一直在琢磨，怎么才能延缓壁画的退化，同时又可以把壁画历史信息忠实地保存下来，以免壁画退化到一定程度，就连历史信息都没有了。我觉得自己有责任留下一部关于莫高窟石窟艺术真实历史信息的稳定档案。

在20世纪80年代末的时候，电脑还没有普及，计算机技术还未广泛推广，大部分人还都不了解电脑的编程和使用。1989年左右，中科院计算中心出售的一台内存为640K，双软驱，分辨率为756×380配置的单显PC机，当时的市场价格是6480元人民币，非常昂贵。就在那时，我去北京出差，一个偶然的机会，第一次看见了有人在使用电脑，给我在电脑上展示图片。我觉得这个东西就像变戏法似的，太有意思了。我忍不住就问那个在电脑上展示图片的人："那你关机之后，刚才显示的图片不就没了吗？"那个人说："不会！因为转化成了数字图像，它就可以永远保存下去了。""图像数字化后储存在计算机中可以不变"这句话，顿时让我兴奋起来。我迫不及待地向他请教："那壁画可不可以数字化保存？"他告诉我："没问题。"这使我深受启发，朦胧地感到长久保存莫高窟好像有了新的希望。

真是踏破铁鞋无觅处，得来全不费功夫。我心想，如果数字的储存可以使壁画信息永远"保真"，那么就应该把所有洞窟的壁画全部转成数字保存，这一定是未来最佳的文物信息保存手段。经过不断琢磨，一个大胆的构想渐渐明晰起来：要为敦煌石窟的每一个洞窟及其壁画和彩塑建立数字档案。我的设想是利用数字技术，把以莫高窟为代表的敦煌石窟，包括敦煌莫高窟、西千佛洞、肃北县五个庙石窟、瓜州榆林窟和东千佛洞的彩塑和壁画的历史信息，永久地保存下来。

回到兰州之后，我立刻到甘肃省科委做了汇报，提出了利用计算机技术进行敦煌壁画、彩塑艺术历史信息永久保存的构想。省科委的一位常处长很有眼光，他认为这项新的技术用在文物保护方面，是个非常好的创意；如果成功，还具有推广价值。省科委立即设立甘肃省科委"八五"重点科技攻关项目"敦煌壁画的计算机贮存与管理系统的研究"，下拨给敦煌研究院30万元经费，用于敦煌石窟数字档案建设的研制。于是，敦煌研究院在文物界首先开始了壁画数字化的试验。后来，敦煌艺术历史信息以数字化永久保存的构想也得到了国家科委的大力支持，国家科委、甘肃省科委的科研课题为敦煌莫高窟壁画数字化突破关键技术奠定了基础。

没想到敦煌研究院根据构想开始的莫高窟数字化试验，恰好符合1992年联合国教科文组织启动的"世界记忆工程"的理念。该项目指出：要在世界范围内在不同水准上用现代信息技术使文化遗产数字化，以便永久性地保存，并最大限度地使社会公众能够公平地享有文化遗产。这一理念的提出，标志着在世界文化遗产保护和利用领域，以信息技术为主要手段的数字化时代的到来。

敦煌莫高窟壁画数字化试验开始的初步效果，及1992年联合国教科文组织启动的"世界记忆工程"，促使我认识到敦煌石窟数字化不仅要永远保存敦煌石窟艺术的历史信息，而且还要用于为公众享受文化遗产。于是，我又提出"永久保存、永续利用"人类珍贵文化遗产莫高窟的想法。这也成为敦煌研究院未来长期的使命和职责。应该说"数字敦煌"历史信息保存和利用理念的最终形成，是莫高窟保护发展的理念跟随科技发展步伐的结果。

"数字敦煌"的实现

敦煌石窟文物数字化是采用数字采集、数字处理、数字存储、数字展示、数字传播等数字化技术，使敦煌石窟所辖的敦煌莫高窟、西千佛洞和瓜州榆林窟及其每个洞窟的建筑、壁画和彩塑通过转换、再现、复原，成为可共享、可再生的数字形态，并以多种新的手段对敦煌石窟艺术进行解读、研究、保存、保护、传播、弘扬和科学管理，以达到永久保存、永续利用的目的，这让我意识到："用最好的技术保护莫高窟都不为过。"

"数字敦煌"包含两个方面的设想。第一，数字化的敦煌壁画信息库建设。真实保存壁画本真信息，同时也可以真实反映壁画当前的状态，使数字化的敦煌壁画图像日后成为第一手的壁画信息资料，既可以为敦煌艺术的保存和研究提供基础性的信息，也可以为制定壁画保护的措施和研究壁画变化的原因提供最可靠的依据，作为壁画保护的重要档案资料，同时也将分散在世界各地的敦煌文献、研究成果以及相关资料汇集成电子档案。第二，找到一种方式，将洞窟、壁画、彩塑及与敦煌相关的一切文物加工成高级智能数字图像，利用敦煌数字档案开发数字电影，使敦煌艺术走出莫高窟,游客可以"窟外看窟",减轻洞窟的开放压力,真正地实现一劳永逸。

　　莫高窟依山而建,据崖而凿,因壁而绘,洞窟形状不同、大小不一,壁画数量大,且大多数洞窟壁面凹凸不平,壁画绘制在有起伏的墙面上,这会给壁画数字化摄影造成一定的麻烦。摄影采集平面的不统一,定位纠正拟合的正射投影面与摄影采集平面会产生一定的夹角,整幅壁面的摄影采集分辨率也会不一致,这些都给数字化采集工作带来了很大的困难。加之对于摄影平台架设、灯光系统设计等步骤的要求非常高,而当时国内还没有成熟的技术支持。

　　尽管如此,我坚信利用数字摄影和图像处理技术,拍摄、存储壁画的高分辨率影像,是唯一能完整记录并永久保存壁画信息的技术手段。我们必须全力以赴,攻克各种难题。

　　敦煌研究院开始壁画数字化试验,给了我们希望,但试验的效果与最初的构想存在较大距离。20世纪90年代末,敦煌研究院利用改革开放的大好机遇,积极寻求国际合作。1998年,在威廉·G.鲍文会长领导的美国纽约安德鲁·W.梅隆基金会的支持下,敦煌研究院与美国芝加哥的西北大学合作,引进了当时比较先进的数字技术,采用了覆盖式图像采集和电脑图像拼接的壁画数字化方法。这种方法借助轨道,让相机平行于壁面移动,依次对壁画多点、分层拍摄多张正投影照片,然后通过电脑软件,将多张照片拼接成整幅壁面的图像,终于研发出"多视点拍摄与计算机结合处理"的莫高窟壁画数字化方法。2005年底,与梅隆基金会的合作项目结束,该项目完成了22个75 DPI采集精度的莫高窟典型洞窟（包括安西榆林窟）的数字化，以及5个基于QuickTime VR技术的虚拟漫游洞窟。

西北大学传授的这种采集和拼接方法是有效的，其基本方法我们至今还在沿用。但是，由于他们图像采集用的还是柯达胶片，加上当时数字技术的局限，其成果还存在许多不足，不能满足高质量的敦煌数字档案要求。2006年4月，敦煌研究院数字中心成立，吴健、刘刚和孙志军带领自己的团队，继续外引内联，与国内外合作，经过持续不断的试验、探索和研究，共同持续攻克了建立敦煌数字档案工作中遇到的一个个技术难题。例如，在复杂的洞窟环境中，如何在图像采集过程中精确地打光，是一项技术难点。如果不能做到精确，由于光源误差，将造成照片的色彩不统一。为增强采集图像的综合质感，又不伤害壁画，我们不断地探索改进摄影照明方式。最初使用排灯直射，后改用直射式柔光箱，最后应用自主设计的反射式柔光箱，并采用标准色温（5500 K）冷光源照明系统，保证了图像采集的色彩质量，最大限度地保护了洞窟壁画。经过反复尝试，敦煌研究院数字中心终于摸索出了一套灯光及色彩管理系统。

针对在轨道上手工移动相机不稳定从而影响采集图像质量的问题，我们不断进行着试验和改进。目前已成功研制出四种规格的壁画自动采集轨道系统，可支持不同大小、不同形制洞窟的摄影采集。轨道系统既能适应不同的拍摄环境，又能准确控制相机的移动，可从下至上、从左至右逐层逐幅地取得稳定、一致、相邻重合度高的图像，确保了原始摄影数据的准确性，提高了壁画摄影采集的效率。

2006年，在敦煌石窟高精度数字摄影工作现场　敦煌研究院/供图

如何控制图像拼接产生的形变，同样也是一项技术难点。图像形变直接影响了数字档案质量。为了精确控制图像形变，工作人员试验并总结了基于三维点云的图像定位纠正测量技术，利用三维激光扫描仪，获取洞窟密集而精确的三维点云数据，取得没有形变的强度图像，再运用定位与纠正技术对拼接后的图像进行畸变纠正处理，使拼接图像达到毫米级的拼接精度。

随着数码相机的像素逐渐提高、镜头成像能力逐渐增强，计算机软硬件的更新换代，存储能力逐渐扩大，为了满足高质量的敦煌数字档案的要求，采集精度也不断提高，从75 DPI提升至150 DPI，又进一步提升为300 DPI。从75 DPI提升到300 DPI是什么概念呢？以1平方米壁画为例，用75 DPI分辨率拍摄只要两张，用300 DPI拍摄的话要60—70张，拍摄和后期图像拼接的工作量大幅度增加。当影像品质达到300 DPI后，意味着技术工作的要求增加到难以想象的程度。从无到有，这项工程艰难而又曲折。仅2013年一年中完成的27个洞窟的数字化工程，就包括了至少10万张照片，它们都是由数字中心的工作人员一张一张手动调试完成的。转眼间，80年代的那一批青年摄影师，如今都已年过半百。

由于佛龛中平面的壁画和立体的塑像结构不同，摄影采集空间不足，因此佛龛内的数字化采集成为一项技术难点。我们与微软亚洲研究院合作，经过反复试验，研发了10亿像素级相机。这部相机在符合分辨率为300 DPI的条件下，能够用一幅照片就拍摄一个完整的中型佛龛及龛内的塑像和壁画，而且利用该相机特有的功能，使得佛龛内每尊塑像、每处壁画都呈现焦点清晰的影像，阴影区域也保留了丰富的细节。这是敦煌石窟数字档案采集的一个重要突破，把过去无法拍摄高分辨率的佛龛和塑像照片变成了可能。

壁画数字化技术日趋成熟，而彩塑的三维数字化问题，同样也一直在困扰着我们。近年来随着三维数字技术的发展，我们积极查寻相关资料，搜集调研国内外信息，与合作单位共同探索雕塑三维数字化的方法，目前已探索出一种在洞窟中利用图像三维重建的方法。该方法从各个角度拍摄塑像360度的图像照片和光栅照片，利用特制的软件对照片进行雕塑三维计算，重建塑像的形体结构和表面纹理。重建后的塑像结构相对准确，色彩信息也能基本呈现。现在已完成莫高窟二十余尊雕塑的三维重建工作。借助先进的数码技术，可以实现用3D打印制作出纤毫毕现、色彩逼真的佛像，我们已将部分雕塑进行3D打印，并在多处展览。

在各合作单位工作人员的共同努力下，我们最终形成了一整套集合了数字影像采集、色彩管理、图像拼接、图像检查、图像定位纠正和数据存储等的壁画数字化技术及规范。目前已完成两百余个洞窟的图像采集、一百余个洞窟的图像处理，呈现了石窟艺术的许多精妙细节，包括在自然光中看不清楚的细节，以及洞窟内被背屏或中心柱等建筑遮挡的壁画；完成了两百余个洞窟的VR节目制作，让洞窟在一个或者多个视点上进行全景式360度拍摄，全方位记录洞窟所有信息，包括窟顶和洞窟地面；完成了莫高窟、榆林窟两处大遗址外景三维重建；完成了45000张底片数字化，以及榆林窟43个洞窟的模拟录像资料与1989年拍摄的莫高窟模拟录像资料的数字信号转换，所有数据都按规范建立数据档案。

在不断的探索过程中，我们深切体会到，目前社会上对不可移动文物的数字化采集、加工、存储、传输、交换、服务等方面没有统一的规范标准体系，方式多样、参差不齐，还会产生信息孤岛等问题。我们根据不断探索和试验积累的经验，制定完成了多项不可移动文物数字化技术国家行业规范和标准，有效解决了上述难题。

数字化技术不断成熟，数字化成果内容丰富，在继续完成敦煌石窟数字化的同时，数字化成果在敦煌石窟的保护、研究和弘扬领域得到了充分的应用。

大量游客进入狭小的洞窟空间，会引起窟内温度、相对湿度和二氧化碳浓度升高，使洞窟微环境劣化，进而给石窟艺术保护带来潜在威胁。为了有效保护洞窟内的文物和满足游客的体验，我们充分运用"数字敦煌"数据库的资源和先进的展示技术。经过不断探索，在2003年3月政协第十届全国委员会第一次会议期间，我联合其他24位全国政协委员提出了《建设敦煌莫高窟游客服务中心[2]的建议》的提案。借助先进的数字技术，我们创作了4K超高清宽银幕主题电影《千年莫高》和全球第一部展现文化遗产的8K高分辨率球幕电影《梦幻佛宫》。参观者可以在展示中心的两个宽敞、舒适的影院中，一边了解敦煌石窟建造的历史文化背景，一边欣赏精美的敦煌艺术。数字电影的创作和放映，不仅提升了观众的参观体验质量，也有效实现了文物保护与利用的平衡。

　　"数字敦煌"资源库档案将为文物保护及"敦煌学"学者的研究提供重要的信息资源。档案可让学者将图像的具体细节拉近放大，进行仔细研究。由于图像的分辨率极高，学者既可以看到诸如绢画织物的经纬线或绘画线描技法这样的细节，也可以浏览石窟内景的拼接全景，得到身临其境的感觉，还能看到本来看不到的画面。档案将使学者能够接触本来无法接触的敦煌壁画和其他流散在世界各地的敦煌资料，可对敦煌图像进行比较研究。档案将使学者得以扩大和深入对敦煌艺术内涵和价值的研究，更充分了解敦煌艺术在中国乃至世界美术史上的重要地位。

　　研究院在开展数字化工作的同时，还将逐步展开对敦煌石窟出土文物、藏经洞发现文献、多年积累的大量胶片及老照片和大量模拟录像带拍摄的洞窟资料、壁画摹本、敦煌学研究文献的数字化工程；还有大遗址及彩塑三维重建数据、洞窟实景虚拟漫游节目、石窟艺术多媒体展示节目及其他文物数字资源信息。这些都是珍贵的历史资料，是研究院数十年记录的信息，也应将它们汇总起来，通过数字化永久地保存下来，建立全面、科学、规范的敦煌石窟数字资源库，丰富石窟数字档案的内容。

　　在石窟考古研究工作中，采用三维激光扫描测绘技术对洞窟结构、壁画和彩塑进行扫描和建模，利用制图软件，按照国家制图标准，绘制石窟考古报告测绘图，可达到准确、科学地记录敦煌石窟洞窟的全部信息，还提高了绘图效率；在学术研究工作中，学术性的电子档案为文物保护、教育、学术和文化工作者提供准确的信息资源，使学术研究工作更加便捷。

传统的壁画临摹，起稿是个难点，既费工又费时。借助壁画数字化技术，依据准确的数字图像打印稿为底图，可方便美术工作者直接在上面拷贝起稿、上色，较好地解决了过去临摹工作的难点，提高了工作效率，减轻了临摹工作的强度。此外，结合过去对壁画颜料的研究和壁画颜色变化的机理研究，在电脑上试验壁画颜色演变和色彩复原，成为壁画复原研究的重要辅助工具。

2016年5月1日，"数字敦煌"第一期平台上线。观众只要轻轻点击鼠标，就可以在世界的任何一个地方登录"数字敦煌"资源库平台，高速浏览超高分辨率图像，进行图像、视频、音频、三维数据和文献数据的智能关联，基于敦煌学词汇的高效检索，实现大数据分析与数据价值挖掘，也可以在电脑或手机上对30个洞窟进行720度全景漫游浏览。充分运用新媒体、网络平台、手机APP等方式传播展示敦煌文化的艺术魅力，使古老的敦煌文化与现代技术相融相通。截至目前，敦煌研究院全媒体平台的访问量已达4500万次，积极落实了"互联网＋中华文明"的战略部署。

近年来，"数字敦煌"使文物从敦煌石窟的洞窟中走出来，活起来，使到不了敦煌的人民大众也能切身感受远在西北的祖国优秀传统文化的辉煌灿烂。我们在兰州举办敦煌艺术常设展；为在敦煌举办的首届国际丝绸之路博览会，我们做了综合"数字敦煌"展览（多投影异型幕结构的电影、戴VR眼镜观看的洞窟虚拟漫游）；我们在八个省市和地区举办了十余次敦煌艺术大展；推进敦煌文化艺术"进校园、进社区、进军营、进企业、进乡村"，通过"敦煌文化驿站""莫高讲堂"等公益学术展示平台举办高质量敦煌文化讲座，尤其是敦煌壁画艺术精品进高校公益巡展，已在全国四十多所高校举办，获得了社会各界的广泛欢迎，取得了良好的效果。通过这些方式，展示敦煌艺术的精美，阐释其深刻的内涵和价值。我们不仅立足国内，还走出国门，到美国、英国、法国、俄罗斯、奥地利、意大利、日本等多个国家举办敦煌艺术展览，面向世界展示具有中华民族气派和风格的优秀文化艺术，"讲好中国故事，传播好中国声音"。

通过多学科结合，敦煌石窟数字化工作，已经从初期壁画数字化试验，发展到现在可以实现洞窟壁画高精度图像的采集制作、真实洞窟三维模型构建、洞窟虚拟漫游、球幕电影节目制作、动漫创作等，逐步建设起包括石窟图像资源、视频资源、全景漫游资源等在内的"数字敦煌"资源库，以及可实现资源共享的平台：数字资产管理系统和保障"数字敦煌"资源存储运行的永久保存系统。

壁画数字化的技术和方法，以敦煌研究院设立的"国家古代壁画与土遗址保护工程技术研究中心"为平台，推广至新疆、西藏、山东、宁夏、内蒙古、河北、甘肃、山西等省区的相关文化遗产地，为它们提供了人员培训与技术支撑。

与此同时，敦煌研究院通过近三十年的开放合作、探索研究，在敦煌数字化建设持续前进的道路上，培养了一支能长期扎根大漠，掌握先进理念、先进数字技术、先进管理方法，并能担负起运用数字技术记录和保存敦煌石窟信息重任的近百人的队伍。数字中心的工作人员从一开始的二十多人增加到八十多人，正是凭借这股精神，莫高窟数字化从无到有，开辟出了一个崭新的、在业界遥遥领先的局面。

"数字敦煌"的意义就是永久保存、永续利用，可以说是与时间赛跑，具有抢救文物的历史信息的重要意义。莫高窟文物得到保存，通过敦煌数字化，既可以做保护档案，也可以为研究提供资料，还可以为旅游开发数字节目。即使实物退化了，它还在，它的意义是为国家、为世界保存人类的文明和文化信息。

发展文化遗产事业，必须转变观念。推动文化与科技的融合，有助于打造文化遗产保护的新平台，拓展文化遗产的开发空间。未来，世界遗产的数字化进程需要国际合作，共同综合利用资源和各类技术手段，才能更好地保护和弘扬世界文化遗产。

未来的敦煌，我们会基于"数字敦煌"资源库，加大敦煌石窟综合保护体系的建设，把一个真实完整的莫高窟传给我们的子孙后代。

数字技术的发展是数字化、信息化、智能化、智慧化逐步完善的一个过程。敦煌研究院现在开展的数字化工作与智慧化之间还有较大距离。首先将信息技术应用到莫高窟，再达到智慧化的最高限度，还需要提高检索能力，实现智慧化检索；丰富数据库内容，构建以知识图谱为线索的知识库；继续创新展示形式；推动敦煌艺术素材的提取和文创发展；推进预防性保护；等等。敦煌研究院必须以智慧化作为未来的发展方向，站在时代的高度，紧跟科技发展的进程，与时俱进，开拓创新。

敦煌石窟的每个洞窟及壁画和彩塑的数字化，要达到高保真水平，并能永久保存、永续利用，不是一件简单的工作，而是一项浩大艰巨的工程。当敦煌研究院开始实施敦煌石窟数字化档案工程以后，便引起了社会的广泛关注。距敦煌千里之遥的香港更是分外关心和重视。

到21世纪初，参观访问敦煌石窟的香港同胞逐渐增多，一些香港有识之士更是多次造访敦煌，对敦煌研究院正在实施的敦煌数字化档案保护工作关注有加。他们认为敦煌石窟的数字化档案工作，对保护敦煌石窟十分重要，希望集合社会各方人士之力，为保护和保存敦煌石窟艺术尽一份力，让中华民族优秀的传统文化，能得到持续传承。2010年，一群热爱中华文化和敦煌艺术的香港文化学者，策划发起成立"香港敦煌之友"公益性组织，以支持敦煌石窟保护事业，得到香港各界人士的热情响应和支持。

近十年来，"香港敦煌之友"的各位会员，以无私的大爱精神，不取分文，兼职义务为敦煌石窟数字化档案保护工作募集善款，积极推介敦煌石窟艺术。有的会员还解囊捐赠善款，用实际行动号召更多的大德为敦煌石窟保护做贡献。他们的工作做得有声有色，颇具创造性。近十年来，"香港敦煌之友"的辛勤工作有效地支持了敦煌石窟数字化档案工作。他们所募集的善款，不仅用于制作敦煌石窟数字档案，使完成数字化的洞窟数量按计划逐年递增，而且还支持建设了敦煌研究院文物数字化研究所办公楼，命名为"饶宗颐楼"；支持了敦煌石窟数字化研究工作，配置了展映的硬件设施等，改善了工作条件，使敦煌数字化档案工作的技术水平得以不断提高，保障了洞窟数字化工作顺利实施。

多年积累的高保真敦煌数字图像资源，除能永久保存敦煌石窟艺术信息外，还为资源的永续利用发挥了重要作用。高清的敦煌数字图像资源，妥善地平衡了石窟保护和利用的关系问题，有效地支持了敦煌石窟科学保护、动漫制作、美术临摹、文创工作等。特别在弘扬敦煌艺术方面，敦煌数字图像资源可使深藏在敦煌石窟中的敦煌艺术活起来，走出石窟、走出敦煌、走出甘肃、走出国门，在国内外举办各类不同的数字展览，使得作为中华民族优秀传统文化"金名片"的敦煌石窟艺术的影响越来越大。

---

〔1〕参见苏伯民、陈港泉、王旭东等：《WW/T0001-2007中华人民共和国文物保护行业标准：古代壁画病害与图示》，文物出版社2008年版。

〔2〕后改为莫高窟数字展示中心。

第十章　永久保存，永续利用

莫高窟人的拓荒和坚守

七十五年来，敦煌研究院坚持保护、研究和弘扬敦煌石窟文物，几代莫高窟人为之付出了青春和毕生的精力，现在已经是"几代同堂"了。从大漠中的无人区到世界瞩目的研究院，这中间确实走过了许多风雨和崎岖。

第一阶段是敦煌艺术研究所时期（1944—1950）。根据于右任先生提出的"寓保护于研究之中"的倡议，研究所以保管研究敦煌莫高窟为主，也兼及敦煌西千佛洞、瓜州榆林窟的保护。这三处石窟统称为"敦煌石窟"。

首任所长是常书鸿先生，他带领十多名有志青年，从大城市来到荒凉的西北边陲，等待他们的是一片破败不堪的石窟。那时候莫高窟的洞窟都没有门，可以随意进出。据孙儒僩先生回忆，1948年，他亲历了敦煌浴佛节（农历四月初八）的庙会。据他描述，那天昏暗的洞窟里传出了高亢的秦腔，莫高窟的树林中到处都是牛、马、骡。敦煌的地主、商人和农民们几乎倾城而出，他们在洞窟间穿梭，在许多断臂甚至断头的佛像面前合掌祈祷，倾诉自己的愿望。累了，就倚在画满壁画的墙壁上抽旱烟小憩，莫高窟的工作人员前来劝阻时，往往还会发生争吵。

为了保护这些没有窟门遮挡的洞窟，孙儒僩和敦煌艺术研究所的二十多个同事，整日在洞窟间巡视。他们向前来赶节日热闹的村民宣传保护文物的注意事项，不厌其烦地一遍遍复述几年前就贴在九层楼前的布告。然而，仍然有不少前来礼佛的老人无法理解，当他们被请出洞窟的时候，情绪激动。

最为艰苦的工作要数清除数百年来堆积在三百多个洞窟前和窟内的积沙，这是每天必须进行的工作。在常书鸿先生的带领下，工作人员拆除了窟内俄国人搭建的全部土炕土灶，对石窟做了力所能及的初步整修。通过募款，还为部分重点洞窟装了窟门，修建了长一千余米的围墙以阻挡人为的破坏和偷盗。

与此同时，工作人员还开始着手给洞窟编号，做壁画内容调查，进行壁画临摹，同时设置陈列室以展示文物，制定进窟工作制度和参观办法，并在南京、上海、重庆等地举办敦煌艺术展览。他们克服了无房、无电、无自来水、无交通工具、经费拮据、缺少人手、孩子不能上学等各种难以想象的困难，一边保护，一边研究，筚路蓝缕，含辛茹苦，开创了敦煌艺术研究所保护、研究、美术临摹等方面的业务方向，为敦煌石窟事业的继续发展奠定了坚实的基础。

第二阶段是新中国成立后的敦煌文物研究所时期（1950—

1984)。新中国成立后，中央政府高度重视敦煌石窟的保护，文化部将国立敦煌艺术研究所更名为敦煌文物研究所，提出了"保护、研究、弘扬"的工作方针，还组织国内文物、考古和古建方面的著名专家，对莫高窟做了全面综合勘察，制定了保护和研究方案，明确了敦煌西千佛洞和安西榆林窟也由敦煌文物研究所负责管理。1961年，敦煌莫高窟、西千佛洞和安西榆林窟被国务院批准公布为第一批全国重点文物保护单位。

　　这个时期敦煌文物研究所的生活仍然非常艰苦，工作条件也十分简陋，但清苦的生活和简陋的工作条件并没有动摇大家坚守保护的职责、潜心壁画研究和临摹工作的热情和决心。"文化大革命"期间，虽业务工作一度停顿，但全所职工对保护敦煌艺术宝藏的认识完全一致，因此在这期间，敦煌石窟的文物没有受到丝毫破坏。

　　这个时期最迫切要解决的是壁画和彩塑病害频发、崖体存在风化和坍塌的潜在危险，以及风沙侵蚀等问题。针对这些问题，在中央的直接关心和支持下，研究所实施了大规模的抢救性保护工作，如扶正加固倾倒塑像，采用铆钉固定、边缘加固抹泥和局部灌浆等方法加固濒将脱落的空鼓壁画；针对起甲、酥碱病害的壁画，与国外专家一道试验采用新的修复材料和工艺方法进行修复。特别是60年代初，在周恩来总理的关心下，国家拨巨款，以"支""顶""挡""刷"的技术，对裂隙纵横的莫高窟南区危崖和洞窟实施了大规模的全面崖体加固工程，使濒临坍塌的洞窟脱离了险境。为了防止风沙对壁画和塑像的磨蚀，还在崖顶做了设置挡沙栅栏的试验。

　　这个时期也是敦煌艺术临摹工作的黄金时期。在此时期完成的敦煌壁画和彩塑临本数量多、质量高、内容丰富，首创了整窟临摹，同时积累了行之有效的临摹经验，总结归纳出了三种临摹方法，对日后的临摹工作具有重要指导意义。此外，还在北京、上海等大城市，以及波兰、捷克、印度、日本等国举办了敦煌艺术展览，扩大了敦煌艺术的文化影响力。

　　这个时期敦煌学的研究主要是开展藏经洞文献的整理研究，以及撰写敦煌石窟考古报告等一系列基础研究。藏经洞的文献虽然分散在世界各地，但研究所还是收藏了一些藏经洞的敦煌文献，学者对这批文献开展了整体性的梳理和研究。配合莫高窟南区危崖加固工程，对莫高窟南区窟前遗址开展大规模考古发掘清理，完成了《莫高窟窟前殿堂遗址》考古报告；协助武威天梯山石窟搬迁保护，完成了《天梯山石窟》考古报告。经过不断调查研究，掌握了敦煌石窟壁画图像、彩塑的基本内容，出版了《莫高窟内容总录》和《莫高窟供养人题记》等重要学术成果，成为后来研究敦煌石窟所必备的基础资料。

　　第三阶段就是敦煌研究院时期（1984年至今）。1984年，甘肃省政府决定将敦煌文物研究所扩建为敦煌研究院，增加了职能，扩大了编制，增添了员工，增设了部门，这是敦煌研究院发展最好的一个黄金时期。在此阶段，敦煌研究院与国内外著名科研机构和大专院校合作的局面被打开，合作研究开阔了我们管理和保护的视野。通过送出去、引进来，加大了人才培养力度，同时学习国外先进理念和技术，提高专业人员的能力和水平，逐步形成了一支文理兼备的多学科专业人才队伍。许多基础设施也得到进一步完善，员工的生活和工作条件得到较大改善，初步改变了以往的艰苦和闭塞状态。

这个时期莫高窟开始面向社会开放，加重了石窟保护管理的工作任务。1987年，莫高窟被联合国教科文组织批准成为我国首批世界文化遗产。联合国教科文组织的文件指出："莫高窟符合世界文化遗产的第一、二、三、四、五、六全部六项标准，主席团提请中国当局注意，这一文化财产（壁画）面临危险，必须特殊保护。"（87教科常字280号"世界遗产委员会主席团会议简报"）旅游开发和入选世界遗产，对我们的保护管理提出了更高的要求，同时也需要面对许多新的问题和情况。敦煌研究院开始全方位探索在新的历史条件下，如何提高莫高窟的科学保护、研究、弘扬和管理水平，这是时代赋予我们的课题。

经过数年努力，我们学习国内外先进经验，在管理法规的制定、科学保护和开放管理等方面深入研究，制定出了与敦煌石窟相应的法律法规、科学技术、人文学科研究、合理利用、科学管理等综合措施，正确处理旅游开发和文物保护之间的矛盾，形成了具有国际水平的莫高窟管理保护能力和行之有效的"莫高窟经验"。

"保护文物也是政绩"

如何平衡经济发展和文化发展，如何协调文化遗产保护和旅游开发的问题，这是我接任敦煌研究院院长的职务之后遇到的最棘手的问题。

1998年，我从前任院长段文杰先生手中接过院长重担的时候，已经六十岁了。上任不久，我就遇到了一件棘手的事情：为了发展地方经济，全国掀起"打造跨地区旅游上市公司"的热潮，有关部门要将莫高窟与某旅游公司捆绑上市。消息一出，敦煌研究院上下震惊，我更是寝食难安。我心想："捆绑上市，万变不离其宗，就是把莫高窟交给企业，就是拿稀有的遗产和文物去做买卖，成为企业赚钱的工具。为了局部利益，他们会不顾法律、法规，不顾文物的安全。如果把莫高窟捆绑上市，那将是中国文保事业的一个大悲剧。"我深知，敦煌莫高窟如果上市，这是违反《中华人民共和国文物保护法》的。世界遗产怎么能上市？！尽管我个人对法律条文已经烂熟于心，但当时遇到的实际情况，使我那段时间茶饭不思，陷入深深的忧虑。我自从担任院长之后，还没有哪一件事像这件事情一样让我心急如焚、如坐针毡。因为过去有太多的历史教训，让我担心自己这一次也许真的无力再保护莫高窟。但又一想，莫高窟是具有特殊价值的人类物质文化遗产，绝不能拿去做买卖、捆绑上市，否则会给莫高窟带来无法挽回的恶果。我决心，无论付出多大的代价，都要阻止这件事情的发生。

几十年来，为了有效保护和合理利用，避免各种风险因素对敦煌莫高窟文物造成破坏，研究院同仁们辛勤工作，殚精竭虑，苦苦探索。当时我想到的是，《中华人民共和国文物保护法》明文规定，文物单位要有保护机构。而敦煌研究院是国家设立的保护管理敦煌莫高窟的唯一合法机构。要是将莫高窟与旅游公司捆挷，擅自改变其保护管理机构，就是违法。旅游公司会不顾文物法规，肆意在莫高窟周边大搞旅游开发，无节制地安排游客参观，还将削弱对文物的保护工作，任凭文物毁损，一味赚取短期利益，后果将不堪设想，保存千年的珍贵石窟壁画将会面临灭顶之灾。

毫不夸张地讲，那些日子里，我只要一想到让旅游公司经营管理莫高窟这样具有特殊价值的人类文化遗产，就会惊出一身汗来。同时我也感到，要改变地方政府的想法非常困难。怎么办呢？一时间束手无策。恰在2012年12月19日，国务院印发了《关于进一步做好旅游等开发建设活动中文物保护工作的意见》（国发〔2012〕63号）（以下简称《意见》）。《意见》内容包括严格执行文物保护法律法规，严格履行涉及文物的旅游等开发建设活动审批，合理确定文物景区游客承载标准，加大对文物保护的投入，加强文物旅游的指导和监管，切实落实文物保护责任，认真履行文物保护职责，依法纠正违法违规行为这八个部分。我按照文件精神，多方奔走，最终使得捆绑上市的悲剧没有在莫高窟发生。

2014年8月21日，国务院发布的《国务院关于促进旅游业改革发展的若干意见》（国发〔2014〕31号），提出必须树立科学旅游观、增强旅游发展动力、拓展旅游发展空间、优化旅游发展环境、完善旅游发展政策等一系列指导意见。该文件一时间被许多地方的旅游部门当作"尚方宝剑"，许多省市相继提出"大景区"概念，出台相关政策，纷纷成立"旅游管委会"，并赋予管委会统一管理包括文化遗产遗址和周边各个景区旅游活动的巨大权力，而不论文化遗产是世界级的、国家级的、省级的或是县级的，其人、财、物均由管委会统一管理。在2014年，很多人都觉得"大景区"模式是发展旅游业在体制方面的创新，势在必行。

正在这个时候，又发生了一件令我感到无法接受的事情。敦煌市政府委托有关单位编制出台了厚厚一大本《敦煌莫高窟—月牙泉大景区建设规划》。整个规划设计目标完全从旅游出发，"大景区"把莫高窟纳入其中，认为莫高窟不应该由敦煌研究院管理，应归到敦煌市管理才合理。该规划认为，应把莫高窟交给当地政府办公室管理，由政府办公室交给当地旅游局协管，再由旅游局交给企业开发。

负责编制规划的是一个名为"北京大学××旅游景观规划设计院"的单位。我见到这个规划之后，非常气愤，心想："难道连北大也这么糊涂吗？怎么能够不做调查研究，就出台这样一个规划呢？"但转念一想，这个机构以前没有听说过，必须先要了解清楚这个"北京大学××旅游景观规划设计院"和北京大学是个什么关系。我当即给北大校长办公室打了电话。

接听电话的校办工作人员问："你是谁？"我自报家门说："我是北京大学的一个老学生，老校友，我的名字叫樊锦诗。我想核实一个情况，北京大学有没有一个'北京大学××旅游景观规划设计院'？这个设计院为甘肃省敦煌市政府设计了一个旅游景区的规划，存在严重问题，我认为这不代表北大的水平。我从爱护母校声誉角度出发，也为了弄清挂着北京大学牌子的这个机构是什么性质，特此求证。"校办工作人员回答说马上进行调查。

然而就在我等待北大方面答复的时候，第二天就接到了一个陌生人的电话。此人在电话中说自己是"北京大学××旅游景观规划设计院"的负责人。我听电话那头的声音半是道歉半是试探："樊院长，我们早就想向您请教了。您是这方面的专家，我们没有及时请教是我们的问题。"我就回复他："你不用给我戴高帽子。是谁告诉你我的电话的？我不认识你。"就毫不犹豫地挂断了电话。就在挂电话的一瞬间，我突然感到有些后悔，心想应该通过此人了解更多的情况。也是在那个时候，我感到了一种不安。接下来还会发生什么情况？为什么我刚向北大请求调查，就马上有人找上门来？

就在这样的忐忑不安中过了一段时间，北大纪委给我打来了电话，回复说经过他们调查，这个所谓的规划设计院和北京大学没有丝毫关系，是个人冒用北大招牌的机构，北京大学方面已经对其提出警告，要求他不准再打着北大的招牌招摇撞骗。后来据我了解，2015年，该机构已改了名，不再使用北京大学的名号了。

之后，也有人不时提醒我说"大景区"是势在必行，不是旅游局可以左右的，同样也不是敦煌研究院可以左右的。如果不是省里统一的规划，不可能有此推进的速度和规模。果然到了2014年12月21日，《甘肃日报》刊登了《甘肃丝绸之路经济带建设大景区总体规划纲要》。根据规划，到2020年，将计划建成年接待游客300万人次以上的大景区共20个。大景区建设将分两步走，第一步计划到2017年，将率先建成8个大景区，其中就有"敦煌莫高窟—月牙泉"景区。

报上公布，网上转发，这不就是代表省里的意见吗？我只觉得心头特别压抑。像敦煌莫高窟如此珍贵、如此脆弱的世界文化遗产，对其保护应是第一位的，必须有专门的保管机构，不应该和其他的所谓景区按一种模式、一个标准进行管理，甚至不受限制地进行旅游开发。敦煌研究院负责保管莫高窟，这是《中华人民共和国文物保护法》规定的文物管理体制。明明有法律规定，却睁着眼违背国家法律，他们想干什么？如果真的改变莫高窟的管理体制，将莫高窟的旅游开发管理权抵押、租赁给企业去经营，变成企业追逐利益的"唐僧肉""摇钱树"，想方设法用尽耗竭，这样珍贵脆弱的文化遗产将很快就被破坏，多年辛苦聚集起来的人才队伍也将流失殆尽，前途实在令人担忧！

我心里明白，《中国共产党章程》规定党员个人服从党的组织，少数服从多数，下级组织服从上级组织，还有一条就是党员可以向组织反映情况，反映自己的意见。我作为一名共产党员，为了保护中华民族优秀传统文化，应该向上级党组织如实反映情况和阐明自己的看法。为了不牵连研究院其他人，我决定以个人的名义给省领导写一封汇报信，明确表示旅游发展中应注意保护莫高窟。

这封信的主要内容为：

一、莫高窟文物在全国乃至全世界具有独特性和唯一性，应有专门机构负责保护管理。

二、莫高窟文物历时千年，十分脆弱，保护工作极为紧迫、繁重、复杂。敦煌研究院在古代壁画、土遗址保护的理论创新、技术实现、队伍建设等方面居国内领先位置。

三、敦煌研究院对莫高窟文物保护和开放旅游的成果已被联合国确认为典型经验，并证明了现行体制的合理性。

四、按照《意见》强调的景区管理体制改革必须遵循分类管理的原则，建议对世界文化遗产与其他景区加以区别。

五、按照《意见》明确提出的"一区一策"原则，建议保持敦煌研究院管理莫高窟的现行体制。

汇报信的每一条后面和信后的附件，都引用了法律和事实加以说明。这封信引起了省领导的重视，并做出了相关批示。

就在这个时候，国务院参事室的一些参事和中央文史研究馆的一些馆员，正在做一个文化遗产的调查项目，莫高窟是他们调查考察研究的对象之一。他们从网上获知，莫高窟将被并入大景区，交旅游局统一管理。于是他们组织了一个考察团，到兰州找有关管理部门的领导座谈，听取意见。他们也到了莫高窟，和敦煌研究院全体工作人员进行了一次座谈，听取意见，并做了一些调查。考察团经过调研，就莫高窟要成为大景区这件事，形成了一份考察报告，就莫高窟的保护现状向国务院正式提交了这份报告。报告特别强调了在旅游发展中加强莫高窟保护的重要性。这份报告引起了国务院的高度重视，国务院主管领导的批示很快就送到了甘肃省委，省委领导也很快做出了莫高窟管理权属于敦煌研究院的批示。

回想起来，我觉得真是天意，没有这么多同事的支持和专家的帮助，单凭我一己之力，难以力挽狂澜，也无力阻止莫高窟被企业管理的命运。这份报告保住了敦煌研究院负责保护管理莫高窟的职能和权力。

后来《纽约时报》派出记者到敦煌来采访我。我在接受采访时，主要介绍了莫高窟的保护，同时也向记者透露了我的担忧。后来有人认为，我随便接受外国记者采访十分不妥。我回答说："这没有什么不妥，我没有说任何不利于我们国家和民族形象的话，我只是接受海外媒体的采访，说了一些关于莫高窟保护的担忧而已。"

那段时间，我吃不好、睡不好，身体健康也出了问题。从下决心扭转局面、保住莫高窟保管的现行体制的第一天，到事情最后得到圆满解决的那段日子里，我瘦了整整十斤。在这个过程中，有人被我的坚持所激怒，有人不断向上级告我的状，有人说我没有修养，有人说我不识大体，也有人劝我识时务，还有人说敦煌研究院只考虑保护，不考虑地方的发展……

我一个年近八十的老人，为什么敢于坚持这样的事情？因为我没有私心杂念，我热爱莫高窟。很多历史名城和文化遗址就在"大景区"的情势下，在某些官员希望确立"政绩"的诉求中"消亡"了。自然因素对文物的影响是缓慢的，一旦以发展旅游为目的进行开发，很多古城和遗址的历史文化基本生态往往会在一夜之间被"开发"殆尽，包括莫高窟在内，将来就会丧失基本的生态而沦为"盆景"。水和土都坏了，种出的庄稼还能吃吗？

如果有一点私心，就不可能置自身的健康和安危于度外。只有尊重历史和事实，才敢于讲真话。我如果不当院长我也不会管，也管不了，但既然是我做这个院长，就要对莫高窟负责。

尽管莫高窟是个小地方，但是她对中华民族的意义很重大。我们都是历史的过客。我们这些人走了，莫高窟还会在。人的一生能做的事情本来就很有限，怎么能光盯着钱，光盯着自己的官位？怎么能干上对不起祖宗，下对不起子孙的事情？

旅游和保护是永远的矛盾，那么怎样才能从根本上改变一些人的想法呢？当遗产保护和当地的经济发展发生冲突的时候，怎么办？如何确保未来莫高窟文物和周边环境不受改变，完整地传下去？个人的力量是有限的，每想到扭转这件事情的艰难过程，我就心里发堵。要改变一些人的看法，谈何容易。我们只能依靠法律，依法办事。为了保护莫高窟，我把《文物法》和《旅游法》全部研究了一遍。我也说过这样的话："按照法律规定，你们怎么拿走的，还得怎么还回来！"

孔子说："君子不器。"意思是说君子不仅仅是"器"。君子要有良心，有正义，有道蕴，有操守；君子要有根据良心和正义而做出是非判断的能力和眼界；要有不为外力所胁迫而坚持正义的勇气。他关注人类一般事务，并保持自己的良知。对人类一般事务，或整体命运与未来，他都有基于正义的判断，基于判断的见识，基于见识的行动。

我非常感念国务院参事室和中央文史研究馆的参事和馆员，他们的身上有着作为知识分子的担当。我感谢敦煌研究院的上下团结，他们都有着基于文化的整体命运、基于正义和良知的判断。

在一切关于人类道德和文化的事务上，我们需要立足于人类整体利益做出价值判断，而不是计较个人的得失和一时的利益。学者的良知源于文化的责任。在任何情形下，如果因为个人的失职而导致莫高窟的毁坏，那他就是历史的罪人。

2016年4月，在全国文物工作会议上，习近平总书记对文物工作做出的重要指示给我增添了信心。总书记明确提出"保护文物也是政绩"，并且指出，要"统筹好文物保护与经济社会发展，全面贯彻'保护为主、抢救第一、合理利用、加强管理'的工作方针，切实加大文物保护力度，推进文物合理适度利用，使文物保护成果更多惠及人民群众。各级文物部门要不辱使命，守土尽责，提高素质能力和依法管理水平，广泛动员社会力量参与，努力走出一条符合国情的文物保护利用之路，为实现'两个一百年'奋斗目标、实现中华民族伟大复兴的中国梦作出更大贡献"[1]。

习近平总书记强调，我国是世界文物大国，又处在城镇化快速发展的历史进程中，文物保护工作依然任重道远。他还强调传承历史文化的重要性，强调通过文化维系民族精神，提出保护文物"功在当代、利在千秋"。我听到这八个字的时候倍感亲切和安慰，深受鼓舞。

"申遗"成功给我的启示

1986年，国家文物局决定把莫高窟申报为世界文化遗产。接到通知后，我负责撰写莫高窟"申遗"材料。世界遗产申请材料的填写内容非常繁杂，为确保每项内容都填写完整，我除了整理总结莫高窟各方面情况的资料外，还查阅了《中华人民共和国文物保护法》等法律法规，参阅了联合国教科文组织制定颁布的《保护世界文化和自然遗产公约》（以下简称《世界遗产公约》）和《实施〈保护世界文化和自然遗产公约〉的操作指南》（以下简称《操作指南》）等国际保护世界文化遗产的文件。

材料要求内容很多、很细，如遗产地的经纬度，位于中国什么位置，国家现在有什么法律法规，遗产地保护现状如何，以往做了哪些保护工作，保护工作还存在什么问题，引用历史资料证明遗产地的价值等，林林总总，还有地理、历史、意识形态以及文献等方面的要求。完成这个申报材料，就等于写了一本著作。

1987年12月，联合国教科文组织世界遗产委员会主席团第十一届会议审议批准，将莫高窟列入《世界文化遗产名录》。按照遴选条件规定，文化遗产只要达到六项标准中的一项，就可以被列为世界文化遗产，而莫高窟符合全部六项标准，充分说明莫高窟是一处具有全世界突出意义和普遍价值的文化遗产。

这次撰写"申遗"材料给了我一次极好的学习机会，使我更深入地理解了世界文化遗产的普遍价值及其意义，保护管理世界遗产的重要性，以及如何进行遗产地保护管理工作。更重要的是，我对国内和国际保护世界文化遗产的法律法规以及这方面的研究成果有了全面系统的了解，也促使我开始钻研、思考和探索莫高窟的保护管理。

有效保护世界文化遗产，是每个《世界遗产公约》缔约国向世界所承诺的国家责任。依我粗浅的理解，缔约国的责任应是制定保护管理世界遗产的法律、法规、政策以及提供科学保护技术和经费的支持，而要真正落实国际和国内保护管理世界遗产的法律、法规及相关措施，则要依靠世界遗产地保管机构切实贯彻执行，担当起它们的保护管理责任。我作为莫高窟的管理者，在"申遗"中已把有效保护管理莫高窟的国家责任，以及《操作指南》中指出的"世界遗产的保护与管理须确保其在列入名录时所具有的突出的普遍价值以及完整性和真实性在之后得到保持或提升"的要求，自觉地作为心中不懈追求的工作指引和崇高目标。

"申遗"又使我知道了世界文化遗产保护不仅是缔约国之事，也是全人类共同关注的大事。通过联合国教科文组织驻华代表的大力帮助，20世纪80年代末，敦煌研究院开始与美国盖蒂基金会及盖蒂保护研究所合作开展莫高窟的保护管理研究，此后逐步扩大到与其他国家保护研究机构的合作。在国际合作中，我和同事有机会与美国等国的专家共同对世界文化遗产地的保护管理进行考察和讨论研究。这些都是极好的学习机会，使我们学习和引进了国际文化遗产保护的先进理念、先进技术、先进经验，并将其付诸莫高窟各项管理保护工作中，极大地提升了敦煌研究院的保护管理水平。

近年来，我国世界遗产的保护和利用有了很大发展。但随着工业化、城镇化的持续快速发展，保护与利用之间的矛盾日益尖锐。我个人觉得，我国世界遗产的保护管理水平总体偏低。一流的遗产，得不到一流的管理，与欧美发达国家存在一定差距。这些问题主要有以下几个方面。

第一，我们对于世界遗产保护和利用的认识存在偏差。有人把"申遗"当作摘取"金字招牌"，发展旅游，增加经济收入，"申遗"成功后便把对公约承诺的义务和责任丢在脑后。还有人对国际公认的真实、完整和可持续保护的理念，对文物缓慢退化、极易损坏、不可再生的特性缺乏深入了解，对文物修复"最低限度干预""不改变原状"的原则认识不到位，导致重申报，轻管理；重利用，轻保护，甚至重建的现象普遍存在。

第二，法律法规的衔接不完善。《中华人民共和国文物保护法》是我国文物保护管理的专门法律，但此法没有明确的世界遗产保护法律支撑。有关世界遗产的申报、保护与管理等依据，均散见于国务院和相关政府部门的行政法规、行政规章中。

第三，规划统筹不到位，多种规划交叉重叠。我国世界遗产保护规划编制、管理申报分属不同部门，由于各部门规划标准、时限、审批程序、权限不同，修编的规划一旦出现冲突，往往难以协调。一些地方为了经济利益最大化，短期内多次随意修订规划，造成规划朝令夕改。经批准的规划又缺乏刚性效力保护。

第四，职能交叉，多头管理。我国不少世界遗产集文物、寺庙、古城、山林、水系、风景名胜、旅游景点于一地，故除文物主管部门外，还涉及文化、城建、林业、规划、国土、环保、宗教、旅游、财税、公安等政府部门，形成多头管理格局。而且世界遗产地的管委会大多以抓旅游为主，虽有文物管理部门，但文物保护并没有得到应有的重视。

第五，缺乏有效的监管。从实地调研情况看，一些世界遗产保护区、缓冲控制区违规经营，破坏景观、自然环境建设。有的经营、建设项目明显与世界遗产的历史和文化属性不协调，如清东陵保护区由于限制批地，存在农村大量宅基地违法建设、私搭乱建、占林地搞种植甚至蚕食核心区的问题。长城沿线控制区，存在搞建设破坏历史风貌、景观和自然环境问题。由于相关法律法规缺乏刚性的约束，对这些违法、违规行为，一般来说无可奈何，法人违法现象屡禁不止。

第六，世界遗产保护管理经费严重不足。一些世界遗产所在地政府在保护管理经费方面投入不足；保护管理机构设置臃肿，负担很重；为"申遗"整治环境，改进基础设施建设，投入大量资金而负债累累；门票收入的相当部分被用于旅游开发；主管部门的专项经费只能专门用于重大保护维修项目，日常保养维护与监测的经费严重不足，存在结构性偏差；研究和管理经费短缺。

第七，世界遗产管理机构设置参差不齐，管理层次偏低。有的世界遗产由部级管理，如故宫博物院属文化部；有的由省政府管理，如敦煌莫高窟、秦始皇陵；有的由世界遗产所在地市县政府属地管理，政府又通过内设派出机构具体管理，如承德避暑山庄、湖北武当山，文管部门或管委会均为内设机构。不少遗产地位置偏、待遇低，难以吸引人才。这些机构真正从事日常保养维护和监测的人员紧缺，其领导班子成员、管理人员和技术人员的管理和专业水平大多偏低，难以承担起一流的世界级遗产保护、科学管理与合理利用的任务。

我认为，其一，要完善法律法规。适时修订《文物保护法》，明确世界遗产保护的法律地位和世界遗产保护的理念和原则，完善相关部门法律法规体系。按照《世界遗产公约》及技术规范要求，进一步在明确核心区和缓冲区划定标准、范围、程序、审批权限以及相关的法律责任。此外，修订的《文物保护法》应当明确由国务院文物主管部门代表国家承担起世界文化遗产保护管理与合理利用重大事项垂直管理的责任。由各方面资深专家学者组成的国家文物保护咨询委员会协助工作，以真正有效地从国家层面加强对我国世界文化遗产的保护管理。

其二，试行多规合一。为避免一个部门管不住，多个部门多头管理的弊病，在"多规合一"的试点基础上，实行城乡区域统一区划，由省级以上人民政府和国土空间规划部门，负责组织与世界遗产有关部门，按照世界遗产地保护优先的原则，统一协调编制区域专项规划区划方案，科学划定世界遗产地核心区、缓冲区四至范围，对核心区、缓冲区范围内涉及民生和建设服务等事项从严统筹规划。各部门联合按照统一区划划定的范围做好详细规划。进一步优化国土空间开发利用和保护的格局，妥善处理发展与保护的关系，促进世界遗产地的可持续发展，为子孙后代留下不可再生的宝贵资源。

其三，要严格执法监管和项目审批。各级政府主管部门要根据世界遗产区域特点和文物保护的实际，既要在国务院文物主管部门设督察专员，专司世界遗产地保护与利用督察；也要建立高效的监督联动机制，切实做到早发现、早制止，把违法违规问题解决在萌芽状态。对新发生的违法建设项目，要限期治理，达不到治理要求应当拆除，及时申请人民法院依法拆除。在依法划定的世界遗产核心区、缓冲区内的建设项目，不论是新建还是扩建，都要由世界遗产保管机构核准，核心区内未经批准的建设项目视为非法项目，应予拆除。涉及国家重点工程和军事等重大工程建设的需报国务院批准。为了防止权大于法、法人犯法破坏文物及其环境，修订的《文物保护法》要增加追究法人违法责任的内容。

其四，应当形成稳定的经费投入机制。随着财政收入和旅游经营收入的逐年增加，国家要逐年增加对世界遗产地的投入，地方财政也要逐年相应增加配套资金。设法吸引社会资金投入，比如设立基金、发行文物保护彩票等，以弥补世界遗产地经费不足。国家、地方和社会三者的投入应打包使用，对投入经费的使用制定严格监管制度。

其五，加强人才培养。为了真正提高世界遗产地保管机构的管理层次，国务院文物主管部门和所在地省政府要共同选好领导班子，选用思想品德好，既有政策水平，又有业务能力，还能耐得住寂寞的人才，班子内一定要配备一至两名懂业务的专业人员。主管部门要对世界遗产地的领导班子加强培训，定期考核。要适当增强，并设法培养或引进多学科的保护、研究和管理人才，加强科技保护能力和必要的科技保护手段，逐步形成世界遗产地自己的一支基本专业队伍，才能提高科学保护管理和合理利用的水平。

其六，要提升世界遗产地管理规格。国务院办公厅转发文化部、建设部、文物局等部门《关于加强我国世界文化遗产保护管理工作的意见》（国办发〔2004〕18号）明确要求："目前由县级人民政府管理的世界文化遗产保护管理机构，对其中贯彻执行国家法律法规不力、管理混乱并造成文化遗产毁损的，可由省级人民政府指定的机构负责实施管理。"根据这项意见，可否将部分县级管理的世界遗产提升到省级管理的规格？因为省级管理无论价值理念、依法管理水平、业务水平，还是人力、物力、财力，都要优于市县级的保管水平。

2016年，我受中央文史研究馆的委托，执笔起草的《世界文化遗产保护管理与合理利用存在问题及对策建议》一文，就集中谈了上述几个问题。

制定《甘肃敦煌莫高窟保护条例》

自20世纪90年代初开始，我主要负责敦煌研究院保护、旅游开发和部分敦煌学研究的管理。我常常思考，如何使莫高窟的保护管理水平符合国际标准确定的目标和理念呢？我的结论是：一要继承和发扬前辈们奠定的保护、管理和研究基础，以及几十年莫高窟人艰苦奋斗铸成的可贵精神；二要学习和吸收国际保护管理的先进理念、先进技术、先进经验，以国际文化遗产保护管理的标准和发展视野来思考莫高窟未来的工作；三要尽快改变"文革"之后敦煌研究院对外交流的闭塞状况，加快改变院里缺乏人才、缺少仪器、极差的工作和生活条件的状况；四是莫高窟的保护不能只停留在本体的加固和修复，还要扩展到包括莫高窟本体及其周

围人文和自然环境的保护，要对威胁莫高窟保护、保存的自然和
人为因素进行调查研究；五是已向公众开放的莫高窟，应按《世
界遗产公约》和《中华人民共和国文物保护法》的要求，既要发挥
好它的教育和传播作用，又要对开放的洞窟实施科学管理，制定
以保护为主的开放策略。

我比较关注学习国际和国内关于文化遗产保护管理的新法
规、新技术和新经验，以及国际文化旅游宪章和国内旅游政策、规
则。另外，我还应国家文物局聘请，与国内外专家学者一起起草了
《中国文物古迹保护准则》，进一步加深了对保护管理世界文化遗
产理念的理解。面对不断出现的新问题，我强烈地意识到，要妥善
保管莫高窟这样的世界遗产地，最重要的是改进和加大对莫高窟
科学保护管理的力度，必须遵循《世界遗产公约》和《中华人民共
和国文物保护法》，运用法律武器，这样才能真正做到保护好莫高
窟的突出普遍价值。

我在长期的领导工作中认识到一点，那就是科学管理的重要
性。我发表的《敦煌莫高窟的保存、维修和展望》《敦煌莫高窟今
后保护工作设想》《敦煌莫高窟开放的对策》《敦煌莫高窟的保护
与管理》等论文都是在思考探索如何科学地保护、管理敦煌莫高
窟。我觉得遗产的保护必须依靠法律，不能是哪个个人说了算。

不知不觉到了21世纪。我意识到，由于市场经济体制的确
立，文物保护工作遇到了许多前所未有的新情况、新问题。大规
模的基本建设和旅游开发与文物保护不可避免地产生了突出的矛
盾，在外部环境、政策不断变化的时代，要做到莫高窟的长期保存，

稳定保护机构，稳定保护管理和研究人才队伍，需要有一部专门的法律来保障。为此，我开始思考这部法律的具体内容，并负责组织起草工作。

在那段时间里，我积极向上级主管部门反映莫高窟保护方面面临的问题与困难，如遗址管理的体制问题、遗址的保护范围、遗址保护与利用的问题等，解释说明这些问题和困难将对莫高窟保护构成的潜在威胁，积极提出建议，并及时与地方政府沟通保护和管理的有关情况。我们的工作得到了上级和地方政府的理解和支持，各方达成广泛一致意见。大家都意识到在市场经济迅速发展的形势下，要使敦煌莫高窟得到有效而又持续的保护，解决保护管理问题的根本手段是制定适合莫高窟实际的专项法规。

但是，在《甘肃敦煌莫高窟保护条例》（以下简称《条例》）的起草过程中，围绕着莫高窟保护范围的划定问题，我还是不能自持地发火了。当时地方上一些人认为原来划定的莫高窟保护范围太大了，他们提出将已经划好的保护范围从文化路口零公里退到六公里。为此事，我们和地方政府开了若干次会议，我也多次去省里向主要领导汇报情况。而地方政府这种违反法律，又不利保护的想法，竟影响了我们院内和省里主管部门的一些领导。我们一些同志不知道，这是地方政府要搞开发，想用退出的六公里地方修建铁路。如果这样做，势必破坏莫高窟周围的历史环境和风貌。

再说改变保护范围，我们无权决定，必须有批准的手续。我坚决不同意，为此，我专门到省里有关部门去阐明不能改变保护范围的理由，这是为了保护莫高窟及其周边的历史环境和风貌，绝对不能让步。在我的一再坚持下，最终守住了保护范围。

《条例》明确了莫高窟的保护对象、范围；明确规定了文物保护管理机构的职责，保护工作应遵循的方针和原则；也明确规定了政府机关、社会团体和公民在保护莫高窟方面的权利、义务和应遵循的行为准则和责任。《条例》由甘肃省人大常委会第31次会议通过，并于2003年3月1日起颁布施行。这是甘肃省第一部文化遗址保护专项立法。

《条例》颁布后，社会上仍然有人向敦煌研究院提出，压缩莫高窟保护范围，在保护范围内修建与保护无关的设施，企图在保护范围内搞开发建设，建议莫高窟"捆绑上市"，要在莫高窟核心区建设商业设施，要改变已被省政府批准的莫高窟总体规划，把莫高窟交给企业经营等诉求，我们都依照《条例》进行了解释、说服和制止。《条例》为莫高窟的保护、利用与管理提供了强有力的法律支撑和法律保障。《条例》的颁布实施，对莫高窟的保护与管理产生了积极而又深远的影响。这是进一步做好莫高窟有效保护与合理利用等各项工作的里程碑式的大事，从根本上改变了以往认为保护文物只是文物部门的事这种错误观念。

同时，这个《条例》的颁布也为甘肃省其他石窟或大型遗址的保护立法提供了经验，将大大促进甘肃省大遗址保护管理立法的进程。敦煌研究院一代又一代的莫高窟人薪火相传，在莫高窟保护、利用开放和管理工作中严格遵循《保护世界文化和自然遗产公约》《中华人民共和国文物保护法》《中国文物古迹保护准则》等国际公约，国内法律、法规和行规制定的方针、理念、思想、原则、程序，确保莫高窟这样一处全世界绝无仅有的人类遗产地化解了一次次的危机。

按照《中国文物古迹保护准则》的要求制定 《敦煌莫高窟保护与管理总体规划》

1997年，我受聘参与《中国文物古迹保护准则》（以下简称《准则》）的起草工作，在《准则》基本内容完成后的1999年，为验证《准则》的科学性，敦煌研究院、美国盖蒂保护研究所、澳大利亚遗产委员会三方以敦煌莫高窟遗址为例，以《准则》规定的保护程序、保护原则为指导，合作制定了《敦煌莫高窟保护与管理总体规划》（以下简称《总体规划》）。经过几年间中外专家数次召开研讨会，广泛征求意见，多次对《总体规划》进行全面修改，最终形成了我国在《准则》指导下的第一份遗址保护与管理总体规划。

《准则》[2]第9条规定，文物古迹的保护工作"要制定保护规划、实施保护规划"。《〈准则〉阐述》指出："凡是具有环境要素的和群体规模的保护单位，都应当编制保护总体规划。"《准则》所指的"保护是指为保存文物古迹实物遗存及其历史环境进行的全部活动"。因此，要有效地实施遗址的保护和管理，其任务十分艰巨和复杂，必须经过充分调查、论证、评估，确定恰当的目标、对策和措施，这样的工作也就是指制定保护与管理总体规划。

《规划》制定的第一个步骤就是文物古迹资料的收集与价值、

现状的评估。

《准则》第13条规定："制定保护规划必须根据评估的结论。"第11条规定："评估的主要内容是文物古迹的价值，保存的状态和管理的条件，包括对历史记载的分析和对现状的勘查。"按照上述要求，全面、翔实、准确地收集遗址资料是制定遗址总体规划的基础。

《总体规划》的资料收集的范围，就内容而言，包括文物内涵和价值、保护历史与现状、日常维护、环境与景观、游客管理、展示陈列、基础设施建设、运行管理等；就形式而言，包括文字资料、口头传说、图片资料、测绘资料、考古资料、技术资料等；就时间而言，有过去的历史记载和现在的保护和管理状况资料。

莫高窟文物和敦煌藏经洞文物已历经国内外学者近百年的整理、研究，积累了极其丰富的资料，取得了极其丰硕的研究成果。莫高窟的保护工作也已积累了近六十年的经验和技术资料。这些资料和研究成果，成为我们制定莫高窟《总体规划》时评估敦煌莫高窟文化价值及保护和管理现状的依据。

《准则》第5条规定："对文物古迹价值的评估，应当置于首要的位置。"

对遗址价值的认识和研究的深度和广度，直接影响到保护的效果。在制定莫高窟《总体规划》中，价值评估至关重要。像莫高窟这样的大型遗址及其周围环境，因其有较长的形成过程和丰富内涵，大多具有独特的、多方面的价值。做好遗址的价值评估，除认识其普遍价值之外，更应注重发现其特有的价值。我们在评估莫高窟遗址文化价值的过程中，努力挖掘各方面价值的特有内涵，归纳出了莫高窟特有的历史价值、艺术价值、研究价值和社会价值。

遗址价值的认识是一个长期的研究过程，随着研究的深入，对遗址价值的认识会逐渐深化。所以，遗址价值评估应在不断的研究中逐渐得到深化。通过这次为制定敦煌莫高窟《总体规划》而进行的文化价值评估，使我们在以前认识的基础上，加深了对莫高窟独有的特征、丰富的内容、多元的价值，及对当前社会重要现实意义的认识。

要对遗址保护和管理做出正确的决定，在评估文化价值的同时，还要评估遗址保护和相关管理条件的现状。保护现状的评估，首先，要全面分析莫高窟文物保护的有利条件和不利条件，着重调查分析哪些不稳定、哪些发生退化、哪些发生病害的状况；这些不稳定、退化、病害的状况，是早已有之，还是后来产生的，甚至是在继续发展的；这些退化或病害发展的特征和速度的状况，以及构成退化或病害的原因、性质，应通过全面调查、监测、分析，做出尽可能客观、科学的评估说明。

其次，遗址的保存状况，离不开遗址环境因素的影响。因此，影响莫高窟保护的自然环境因素，也应通过调查、监测、分析，做出有利和不利的科学评估。除自然因素外，对来自人为的破坏，以及越来越多的游客压力，也要做出调查研究，进行评估。

再次，在对保护现状做出评估后，可能会产生许多不同的保护方案和对策供我们选择。选择什么方案和对策，都受到相关管理条件的制约。具体地说，遗址的日常维护、环境管理、遗址开放、展示陈列、游客管理和服务、学术研究、职工队伍、法律地位、基础设施、经费等各方面的状况，都会影响到规划能否付诸实施，所以对莫高窟开放、展陈、日常维护和各项管理条件，也要做出有利和不利条件的分析评估。遗址的管理条件对保护十分重要，不能轻视忽略，对遗址的管理条件做出全面、客观的评估，也是决策前必须做好的工作。

对文化价值的评估，进一步全面、充分、深入地展示了莫高窟独特的、珍贵的、多元的文化价值和重要意义；对保护和管理现状的评估，更加全面、清晰、深入地反映了莫高窟的保护现状，更明确了目前保护中存在的问题；对各项管理条件的评估，找到了影响莫高窟保护的制约因素，找到了我们在保护和管理工作中的差距。上述评估，为莫高窟《总体规划》下一步确定目标和对策打下了基础，为敦煌研究院改进保护和管理工作指明了方向。

关于制定《总体规划》总目标与实现总目标的原则，《准则》第2条指出，"保护的目的是真实、全面地保存并延续其历史信息及全部价值"，"文物古迹应得到合理的利用"。这是制定《总体规划》总目标的灵魂和指导思想。莫高窟保护与管理的根本目的是要保护莫高窟保存至今的全部历史信息及其多方面的文化价值，采取多种技术和管理的综合措施，延缓多种自然力的破坏，制止开放使用中的人为损伤和破坏，确保莫高窟的文物得到长久保存；在保护好的前提下，进行合理的利用，满足人民精神文化的需求；对莫高窟丰富的内容，进行深入的探讨研究，推动敦煌学的发展，弘扬优秀的敦煌文化。

我们按照《准则》的要求，根据莫高窟价值与现状评估的结论，特别是针对保护与管理中存在的主要问题，制定了2001—2010年的《总体规划》的四项总目标：

一、保护——防止遗址的进一步退化，通过采取诸如科技、修复、日常维护和游客管理以及安全预防措施等各种保护手段维护其文化价值；

二、研究——通过整理研究敦煌石窟和藏经洞文物，丰富敦煌学的研究成果和人类知识；

三、教育弘扬——提高世界人民对遗址价值的认识和知识水平；

四、文物回归——尽管无法近期实现此目标，但是莫高窟长远目标之一是把莫高窟流散文物回归遗址，以便加强遗址文化价值并为研究工作创造便利条件。

为实现总目标，避免保护和管理活动中的失误，《总体规划》确定了必要的保护原则。我们在遵循《准则》制定的各项保护原则的基础上，根据莫高窟的价值和现状评估的结果，制定了有针对性和可操作性的14条具体原则。这些原则说明了为什么要保护、怎样保护，能做什么、不能做什么，用以指导莫高窟各项保护与管理活动，以保证遗址的文化价值完整、真实地得到保护。其内容可归纳为以下四个方面：

一、必须遵循《中华人民共和国文物保护法》《中国文物古迹保护准则》《保护世界文化和自然遗产公约》以及相关法律法规，依法保护和管理；

二、所有的保护与管理活动，应尽量减少对文物的干预，所有的活动以及采取的对策和措施，都以不损坏遗址的文化价值为前提，各项保护技术的使用，必须经过前期试验、论证；

三、保持遗址及其环境景观的原貌，遗址的视觉景观应受到全面的保护，不能增加破坏原貌的任何建筑物、构筑物，莫高窟窟前不准进行任何商业活动；

四、遗址的利用功能应与其文化价值相协调，游客人数限制在遗址允许的承载量之内。

按照《准则》要求制定《总体规划》的过程，加深了我们对遗址保护规律的认识和对保护本质特征的理解，也加深了我们对严谨科学的制定过程为真正做到保存遗址真实性和完整性提供了科学保障的认识。同时，参与莫高窟《总体规划》制定的实践活动，不仅提高了我们保护和管理的水平，而且使得《准则》所规定的保护程序、保护原则在保护活动中得到推行和重视，培养了保护人员应用《准则》的自觉意识。自此之后，《准则》的保护程序和保护原则已普遍应用到我们所有的保护管理工作中，并取得了很好的效果。

敦煌莫高窟窟区　孙志军/摄影

莫高窟告急！

20世纪90年代，我担任敦煌研究院常务副院长，因段文杰老院长年事已高，院里的日常工作主要由我主持。当时我年纪也不小了，可是谁知在六十岁时又被任命为院长。刚上任不久，就遇到了莫高窟游客数量迅速递增的问题。

莫高窟自1979年正式向社会开放以来，游客人数逐年增加。起初是一年为一两万人次；至1984年为年10万人次；1998年为年20万人次，15年内增加了10万人次。到2001年，年游客人数已达31万人次，仅仅三年就增加了11万人次。

原来这与"西部大开发"有关。2000年1月，国家正式提出了"西部大开发"战略，国务院成立了西部地区开发领导小组，由时任国务院总理朱镕基担任组长，时任国务院副总理温家宝担任副组长。经过全国人民代表大会审议通过之后，国务院西部开发办于2000年3月正式开始运作。甘肃则相应提出了"西部大开发，旅游大发展"的口号。

其实，当年段文杰院长已经考虑到这个问题。为了缓解游客的压力，他考虑在未来建一座博物馆，这样可以把一部分游客分流到博物馆去，平衡游客进洞参观的数量。段文杰和当时来访的日本画家平山郁夫谈了这个想法。在中日双方的努力下，敦煌石窟文物保护研究陈列中心成立了。陈列中心实际上就是一个敦煌的博物馆，博物馆建成后，展示了不少1：1原大复制的洞窟。

可是，中心建成后没几年，就发现一个问题：游客不爱看。为什么不爱看？因为他们认为这些复制洞窟是"假"的。真的莫高窟洞窟就在旁边，已经看过了，为什么要再看"假"的？其实陈列中心展示的复制洞窟，都是敦煌研究院老一代资深画家花很长时间临摹的精品，欣赏效果是很好的，但是游客不买账。莫高窟的压力依然没有解除。

当时，我凭着对莫高窟游客数量突然增加的敏感，预估到甘肃的旅游可能还要继续发展，未来莫高窟游客的数量很有可能会加速度增加。我同时想到，如果真的发生了这种情况，莫高窟的保护和安全，游客参观的体验，如何管理游客等问题就会变得非常严峻。为什么这么想？道理很简单，因为莫高窟是"具有特殊的和全球性的价值"的文化遗产，是许多人一生都向往的地方。而古代莫高窟是私家礼佛的家庙，并非为公众参观而建造的场所。洞窟大小不一，多数洞窟面积狭小，过量游客参观极易损害壁画和彩塑，改变洞窟的微环境。另外，莫高窟壁画均采用泥土、草料、木料和颜料等十分脆弱的材料制作而成。千百年来，受自然因素和人为因素影响，现存壁画和彩塑，也不同程度地患有多种病害，并呈逐渐退化的趋势。总之，莫高窟的洞窟及彩塑和壁画，既特别珍贵稀有，又特别脆弱易损。

通常游客到博物馆参观，是去展室看文物，而不是到文物库房看文物。但莫高窟洞窟及彩塑和壁画，不能做任何改造，不能做任何移动。它作为博物馆展示开放，实际是开放了文物库房在供参观。越来越多的游客进入空间狭小、脆弱多病的洞窟参观壁画和彩塑,无疑对文物的保护存在着极大的潜在威胁。

另一方面,敦煌研究院的办院工作方针是保护、研究和弘扬。保护和弘扬都是研究院不可推卸的重要任务。我们不能孤立片面地考虑文物保护,也不能孤立片面地考虑控制游客数量。《中华人民共和国文物保护法》规定的"保护为主、抢救第一、合理利用、加强管理"的文物保护总方针,正确地体现了文化遗产保护与利用的辩证关系。所以我认识到研究院首先应该始终坚持保护为主、合理利用的原则,要处理好保护与利用两者的关系。因为保护是利用的基础和前提,没有保护就谈不上利用。只有把文物保护搞好,把文物保护贯穿于旅游开发的全过程,才能形成两者的良性循环,才能保证文物的可持续利用。所以我始终坚持提倡负责任的旅游,既对文物负责,也对游客负责。坚持在保护好的前提下合理利用,在开放利用中加强保护。绝不因旅游开发而牺牲文物本体及其赋存环境的真实性和完整性,也不能因保护文物,将游客拒之门外。

基于上述想法,敦煌研究院既以保护和传承弘扬中华优秀传统文化——莫高窟敦煌艺术为己任,也始终正视客观存在的文物保护与旅游开发之间的矛盾问题,以及游客参观需求问题,并就如何化解莫高窟保护和利用的矛盾,如何找到两者矛盾的平衡点,做了不懈的研究和探索;研究院为了达到持久保护莫高窟的珍贵价值和可持续旅游的双赢目的,整合全院之力,在莫高窟文物本体与赋存环境保护以及做好游客参观接待工作上,下足了功夫。

自2002年起,敦煌研究院和美国盖蒂保护研究所合作开展了

"莫高窟游客承载量研究"项目。

第一，开展莫高窟开放洞窟微环境的常年实时监测和洞窟的全面调查，去找出洞窟影响参观的各种限制条件，以达到防止因参观而损害洞窟及彩塑、壁画和满足游客舒适的需求。从2000年起，工作人员从两个方面开展对开放洞窟的监测和调查。

一方面，科研人员在全部开放洞窟中安装了传感器，对进窟参观游客的数量和流量，游客进入洞窟后产生的温度、相对湿度、二氧化碳浓度等各项微环境指标的变化进行实时监测和分析；选择位置相近、空间大小几乎相同的四个洞窟作为试验洞窟，两个为开放洞窟，两个为不开放洞窟，在四个洞窟内选择病害部位进行定点照相监测，并制作壁画模拟试块放在洞窟中，对比观察开放洞窟和不开放洞窟内病害和试块变化的情况，结合环境监测结果，综合评估开放参观对壁画所造成的影响等；研究引起壁画酥碱等病害的可溶盐的潮解湿度，通过实验室实验，测试确定引起可溶盐潮解的最低湿度。

另一方面，对莫高窟所有洞窟进行调查和游客的参观分析，即测量了每个洞窟的面积大小，每个洞窟开放参观的可利用条件和不利条件，有无观赏性和安全性，有无病害；研究游客团队的最大数量是多少，可参观洞窟的最小面积，每个洞窟参观的最短时间，以及从游客健康、安全和舒适度考虑，参观洞窟内的二氧化碳浓度的上限等。

确定了开放洞窟的壁画和彩塑必须有观赏性，有重大病害的洞窟不宜开放等一系列标准；规定开放洞窟相对湿度不能超过

62%（因为如超出62%相对湿度标准，可溶盐会潮解而诱发壁画病害的发生或发展）；二氧化碳含量不能超过1500 ppm（国家标准为1000 ppm）；根据接待能力，每批进窟游客不能超过25人次；为保证给游客提供一定的参观空间，不发生拥挤，开放洞窟面积不能小于13平方米（给每位游客留出最小参观面积为0.5平方米）；单个洞窟的游客参观滞留时间定为不超过10分钟。可开放洞窟仅为近80个（综合洞窟监测的数据、洞窟调查及参观游客分析诸因素得出）。

第二，确定日游客最高承载量。我们综合洞窟文物安全和游客参观质量的多种因素，严格执行保证有观赏价值的典型洞窟向游客展示，保证壁画和彩塑有重大病害的洞窟不开放，开放洞窟的文物不能有任何损失，避免游客过量进洞参观而引起洞窟微环境改变，而诱发壁画病害的发生或发展，保障游客的参观质量和安全的原则；并以洞窟监测的科学数据、洞窟调查及游客参观分析，得出的洞窟承载力和开放洞窟数量为依据，确定莫高窟日游客最高承载量不超过3000人次（当时尚未建立莫高窟数字展示中心，游客只单一参观洞窟）。

第三，创新旅游开发和保护管理模式。首先，严格执行莫高窟日游客最高承载量。这是关系到洞窟文物安全和游客观赏体验，涉及保护和利用的关键性举措。必须通过实行游客参观预约制度，以达到有效控制莫高窟日游客最高承载量的目标。其次，既要严格执行控制莫高窟日游客最高承载量，以保护文物；又要面对海量增加的游客，提升游客参观质量和感受，不能不改变莫高窟多年来，游客只是单一进入洞窟参观敦煌艺术的旧思路、旧方式，另辟蹊径，采用调整洞窟保护和利用关系的新措施、新的展示方式。研究院经过不断反复探索，找到了既不影响石窟保护，又能最大限度满足社会和游客参观需求的新方式，就是利用敦煌莫高窟洞窟数字档案资源，制作敦煌数字电影，建造莫高窟数字展示中心设施，将洞窟内的文物搬到窟外展示，增加观赏敦煌艺术的展示内容，拓展窟外敦煌艺术展示空间，满足游客参观敦煌艺术的需求。再次，创新设计出了既向游客展映敦煌数字电影，又让他们适当实地参观莫高窟洞窟，还可控制游客参观数量的"数字电影+实体洞窟"的预约参观方式，实施以"总量控制、网上预约、数字展示、实地看窟"为特点的莫高窟旅游开发新模式。

耗资四亿的数展中心

要实现旅游开发新模式，离不开敦煌艺术数字展示，即数字电影放映，为此必须建造用以放映敦煌艺术数字电影的基础设施。

在2003年3月政协第十届全国委员会第一次会议期间，我联合其他24位全国政协委员提出了《建设敦煌莫高窟游客服务中心的建议》的提案。提案建议：在莫高窟游客数量快速增长的背景下，为了更好地保护好这一世界文化遗产，有效的对策是建设数字化保护利用功能的基础设施。采用数字展示技术，将洞窟内的敦煌艺术搬到洞窟外向游客展示。

该提案受到了全国政协领导的高度重视。贾庆林主席、王忠禹副主席分别做了重要指示，全国政协提案委员会也将此提案列为重点提案。2003年8月，全国政协提案委员会联合考察组赴莫高窟进行实地考察调研后，向全国政协提交了《关于敦煌莫高窟保护、利用设施建设的调研报告》。该调研报告认为，建设莫高窟保护利用设施项目的设想，从中国国情出发，借鉴国外保护利用设施建设的先进经验，不仅是从根本上解决敦煌莫高窟保护与开发的有效措施，而且对于全国解决类似问题具有先导和示范作用，应当立足文物保护，积极支持，抓紧落实。

2003年9月15日，政协全国委员会办公厅向中共中央办公厅、国务院办公厅报送了《关于敦煌莫高窟保护、利用设施建设的调研报告》（政全厅发〔2003〕54号），温家宝总理、陈至立国务委员等国务院领导在该调研报告上做了重要批示：莫高窟的保护应予重视，并提出切实可行的方案。

为落实中央领导的重要指示，敦煌研究院按照国家项目的立项程序，于2003年11月，委托中国建筑设计研究院编制完成了《敦煌莫高窟保护利用设施建设项目建议书》（以下简称《项目建议书》）。文件从莫高窟保护利用现状与需求分析、项目建设的必要性、项目建设方案的初步构想、投资估算与资金筹措、项目评价、风险分析、场址选择等方面，全面阐述和分析了敦煌莫高窟保护利用设施建设的必要性、紧迫性、前瞻性和可操作性。此文件由敦煌研究院于2003年12月12日上报。根据国家文物局批复意见，敦煌研究院责成设计单位中国建筑设计研究院对《项目建议书》再次做了必要的修改。在此基础上，甘肃省发展和改革委员会又综合其他有关内容使《项目建议书》的内容更加完善，于2004年2月26日正式上报国家发展和改革委员会。

2004年3月12日，国家发展和改革委员会正式委托国家投资项目评审中心对《项目建议书》进行评估。

2004年5月30日，国家投资项目评审中心在北京召开了项目关键技术调研会，对展示关键技术的可行性进行了深入讨论，专家们认为目前的技术是可行的。

2004年6月14日，国家投资项目评审中心完成了对《项目建议书》的评审，形成了《敦煌莫高窟保护利用设施建设项目建议书评审报告》（评审字〔2004〕70号）。评审报告认为，该项目建设规模和所需投资主要取决于所采用的技术方案，由于该项目所采用的技术方案处于开发论证阶段，其建设规模和投资额难以确定。评审中心建议：一、建设敦煌莫高窟保护利用设施是必要的，采用的数字化漫游技术也具备了一定的客观基础，总建设规模与总投资可在可行性研究阶段进一步落实；二、由于技术方案尚未确定，建议目前可不单独批复立项，待工艺、技术确定后一次性批复可行性研究报告。

2007年12月4日，国家发展和改革委员会《国家发展改革委关于甘肃敦煌莫高窟保护利用工程可行性研究报告的批复》（发改社会〔2007〕3302号）下发甘肃省发展改革委，批复甘肃敦煌莫高窟保护利用工程正式立项，确认我作为莫高窟保护利用工程的项目负责人。同时指示项目单位在下一步工作中，须对建设方案做进一步优化，委托有资质单位编制项目初步设计方案和投资概算报国家发展改革委审批。

2008年12月获国家发改委批复（发改投资〔2008〕3538号）。国家发改委在批复中核定该项目总投资26547万元（其中专项补助中央预算内投资18270万元，省内自筹8277万元，以后若有超支均由甘肃省负责解决）。国家发改委要求，在项目建设过程中，要严格按照国家规定的建设程序，加强对建设项目的管理，实行项目法人责任制、工程监理制和招投标制，从严控制建设标准和总投资。

2008年12月29日上午，敦煌莫高窟保护利用工程开工仪式在游客中心（后改为数展中心）建设工地隆重举行，这标志着备受社会各界关注，历经六载反复筹划，集综合保护、展示为一体的敦煌莫高窟保护利用工程正式开工建设。时任甘肃省副省长咸辉及地方政府和有关部门的领导、嘉宾出席了开工仪式。

与此同时，为了正式开工建设，2008年末，敦煌研究院成立了敦煌莫高窟保护利用工程领导小组。由我任组长，还有党委书记纪新民（负责监察）、常务副院长王旭东（负责工程指挥部总指挥）、副院长罗华庆（负责数字节目制作）等几位协助工作。工程领导小组下设监察组和工程指挥部。工程指挥部下再设工程部、财务部、办公室、管理部。

数展中心这项建设工程，对作为建设单位的敦煌研究院来说，是从来没有接触过的建设工程，尤其是放映数字电影的建筑设施，国内没有可以借鉴的建设案例，对建筑设计和施工都是极大的挑战。为了高质量地完成这项工程，工程领导小组成员非常辛苦，特别是常务副院长王旭东、副院长罗华庆同志。王旭东除负责施工现场的工程外，还于2009年带领指挥部工程部、办公室、管理公司、监理公司有关人员对国家大剧院（北京）进行了考察，重点调研、学习了国家大剧院建设阶段的组织机构、管理体制、运作模式，现场考察了国家大剧院主要功能设施，并初步了解了国家大剧院的经营运作模式。罗华庆为了负责数字电影院和数字电影的制作，做了大量深入的调研、考察，几乎跑遍了国内外的所有数字电影院。

莫高窟数字展示中心建在哪里呢？选址是个大问题。

莫高窟数字展示中心（以下简称"数展中心"）的选址，颇费周折。最初的构想是将数展中心建在莫高窟保护区内，观看数字电影和参观洞窟就近放在一起，既便于研究院管理，又便于游客参观。可是也想到如果游客太多，会出现拥挤、饮水、垃圾、如厕、停车等各种问题。2006年，敦煌研究院委托兰州大学环境影响中心就"敦煌莫高窟保护利用设施项目"对环境影响进行评价。根据兰州大学环境影响中心的环境影响评价报告的指导意见，为了完整、真实地保护莫高窟的自然风貌，减少人为的干扰与压力，建议把数字展示中心设施和游客接待设施的选址迁移至莫高窟保护区之外建设。为此，2006年8月19日，甘肃省文物局在敦煌莫高窟组织召开了敦煌莫高窟保护利用设施项目比选方案讨论会，会议决定在莫高窟保护范围以北、安敦公路以南范围内选择建设地点。

对于新的选址，2006年12月，敦煌研究院向国家环境保护总局上报《关于报批〈敦煌莫高窟保护利用工程环境影响报告书〉的申请》（敦研院发〔2006〕39号）。2007年4月6日，国家环境保护总局《关于敦煌莫高窟保护利用工程环境影响报告书的批复》（环审〔2007〕141号）下发敦煌研究院，同意把数字展示设施和游客接待设施的选址确定在莫高窟保护区之外建设。

最终，中心选址建在距离莫高窟北约13公里，建设在敦煌市省道314线南侧，太阳村东侧500米处，占地面积60亩。建筑面积22292平方米，游客服务设施面积10740平方米。现在回头想想，这个决定太对了，缓解了莫高窟环境污染等诸多问题。

选址方案确定之后就是建筑设计方案的落实。数展中心的建筑设计，经过招标，由中国建筑设计研究院建筑设计大师、中国工程院院士崔恺先生担纲。他独具匠心地将敦煌艺术的精美线条和戈壁沙漠的千姿百态融入设计之中，使呈现在我们面前的这座建筑看似朴实无华，与大漠戈壁、周围民居和谐相融，又是一座独具韵味、造型新颖的精美现代建筑。建筑内部既为游客提供了舒适的服务空间，又将四个数字电影厅的空间完美结合。数展中心建筑占地面积约10万平方米，建筑面积1.18万平方米。整座建筑内部包括游客接待大厅、球幕影院、数字影院、贵宾接待厅，以及购物、餐饮、办公、设备用房等。

接着是展示关键技术与设备的问题。数展中心的数字展示系统的核心是两个球幕影院和两个高清数字影院。球幕影院能展现莫高窟壁画艺术的洞窟式的呈现效果，让观众有身临其境的虚拟体验效果。而高清数字影院将从不同视角弥补球幕影院展示内容的不足，从历史、文化、艺术等角度向观众全方位介绍莫高窟。它和球幕影院组合成一个综合介绍和展示莫高窟的技术系统。

国家投资项目评审中心于2004年6月14日提出《敦煌莫高窟保护利用设施建设项目建议书评审报告》（评审字〔2004〕70号）。国家发展和改革委员会办公厅于2004年8月21日对敦煌莫高窟保护利用设施项目审批复函（发改办社会字〔2004〕1390号）。按照上述评审报告和审批复函意见，在甘肃省发改委的领导下，敦煌研究院组织国内外的专家对项目拟制作的数字展示节目和采用的工艺技术进行了实际验证。2005年9月，由甘肃省发改委、甘肃省文物局组织并邀请国内计算机、文物和数字电影界的专家，分别在上海和北京召开了"敦煌莫高窟保护利用设施项目"数字展示技术验证专家论证会议，就项目可行性研究中有关数字展示技术这一核心问题验证结果进行了专家论证。

在技术的选择上，经历了长时间的考察、研究和摸索过程，对当时不同类型球幕影院进行了技术测试。当时国内的球幕影院主要集中在科技馆和天文馆，采用的播放系统多是6通道DLP投影系统，投影分辨率达到4K。还有一些采用了两通道LCOS（硅基液晶）投影系统，由于单个LCOS分辨率是4×2K，所以最终球幕系统分辨率也是4K。世界首套由6通道LCOS投影系统构建的高精细8K球幕系统落户于北京天文馆，随后澳门科学中心安装完成了世界首套8K立体球幕系统。项目组分别在采用4K投影系统的上海科技馆、南宁科技馆、广州科学中心测试了莫高窟石窟壁画展示，并在采用8K球幕系统的北京天文馆和澳门科学中心测试了壁画的展示效果。不论业内人士还是行业专家，都一致认为技术升级的8K球幕系统，能更好地展示敦煌莫高窟壁画的艺术效果。

同样，对于数字影院投影系统的选择，为了保证所展现内容的艺术效果，同时考虑设备的一致性和便于维护，我们选择同样的LCOS作为数字高清影院投影系统，采用兼容球幕播放的播放系统软件，这样能够最大限度地实现一体系统整合，方便控制管理。

在数字影院中展示什么内容？采用什么制作技术呢？现在我们看到的是4K高清宽银幕主题电影《千年莫高》，以及8K超高清实景球幕电影《梦幻佛宫》。

4K高清宽银幕主题电影《千年莫高》，从人类文明史的角度看敦煌，超越民族、国家与宗教的界限，站在历史的新高度，看敦煌出现的必然，最终展现敦煌所包含的灵魂和内涵。用活动的影像呈现敦煌莫高窟延续至今一千六百多年的历史，使得游客在参观洞窟之前，对敦煌的历史与文化有一个全面的了解，让游客不仅能观赏佛教艺术，更能充分认识和领悟到敦煌巨大的历史和人文价值。片长约20分钟。

8K超高清实景球幕电影《梦幻佛宫》是将数字化的精美洞窟壁画，利用球幕特殊的空间形状，呈现几乎接近真实洞窟空间的展示效果。游客能够欣赏到比真实洞窟更加清晰的高清数字化壁画图像，感受震撼的视觉体验。在球幕电影制作方面，还借用电影艺术的表现手法，引领游客进入洞窟里的宗教与艺术氛围，欣赏莫高窟最优美的壁画和雕塑，深切体会古人的高度智慧与创造。片长约20分钟。

通过影院场次轮替固定的时段人数，能够让每天的参观人员按时段平均有序地进入洞窟，降低洞窟参观人数峰值，起到保护敦煌壁画的作用。

球幕电影内容的制作也是颇费周折。从2004年开始进行球幕电影技术展示莫高窟的探索与验证工作。由于实景还原技术难度超出一般文物数字化保护的范畴，因此，在节目制作中采用了不同于常规化的技术手段，包括航空测量、考古绘图、激光扫描、逆向工程与影视建模等技术，并自主开发了用于节目制作的软件和插件。节目制作的工程量浩大，投入的人力和物力也超出了一般性的球幕电影。仅仅是计算机数据获取这一项工作，就有近四十位专业技术人员在莫高窟每天工作十二个小时，持续了整整七个月时间。节目画面的超高分辨率，形成海量数据，也给后期制作带来巨大挑战，仅仅渲染一项，即使依靠强大的渲染农场，制作完成的8K单帧画面通常需要渲染两个小时，一秒钟的画面大约需要六十个小时，全部渲染完成需要耗时近一年时间。

虽然是只有约20分钟的球幕电影，前后共有近百人的专业创作与制作团队用了四年多的时间才得以完成。球幕电影被称为"沉浸式新媒体"，主要用于科技馆、天文馆的星象类节目放映。为了保护莫高窟，我们决定采用球幕电影技术展示莫高窟，这在世界范围内还是首次。敦煌研究院及其团队所做的球幕电影展示技术取得了重大突破，是世界上第一个实景再现石窟的球幕电影，也是世界上第一个采用8K画面分辨率的球幕电影，画面清晰度是当前流行的IMAX巨幕电影画面分辨率的四倍，是现代数字科学技术与艺术的完美结合。2005年，国家发改委组织了包括数名中科院、工程院院士及考古与艺术专家参加的专家组评审，各位专家一致通过了对该技术的论证。

数展中心建筑的外观仿似沙漠中起伏不平的沙丘，与周围环境融为一体。除容纳展厅和各类办公功能的空间外，还需建设两个半球状的球幕影院和两个数字影院，这在建筑上称为"异形建筑"。由于球幕电影厅的建筑主体是个半球，而且球的直径很大（一般外壳直径达35米），因而在建筑施工上，本身就比一般建筑复杂得多。球网架安装、屏幕的固定、厅内排气换气、消防报警等施工项目，都是建筑过程中的难点，特别是在建筑声学处理上，更是关键。然而，就在工程即将竣工的时候，由于连续两年受洪水灾害影响，该工程后期建设资金缺口逾亿元人民币，遇到了资金不足的瓶颈问题。后来由国家发改委和甘肃省追加了将近两亿人民币，展示中心才得以建成。

建筑空间、球幕电影、设备技术、展示内容，这些都是有形的设计。数展中心要成为一个现代化的展示中心，还需无形的管理的充实和保障，其中最主要的就是参观模式的确定。

在数展中心建成以前，游客的参观方式是直接进入洞窟，讲解员用小手电指着壁画或者塑像来介绍。尽管大家距离塑像或者壁画很近，但游客仍难以看清洞窟四壁的壁画，讲解员也无法在有限的参观过程中将莫高窟的历史背景等丰富信息介绍给游客，游客获得的知识是碎片化的。数展中心播放的两部影片介绍了莫高窟的历史背景和开凿过程，通过球幕电影展现了八个精美洞窟的壁画和彩塑，将莫高窟最具特色的洞窟全部展示了出来，而且局部细节的放大更让大家对莫高窟壁画、塑像有更直观的印象，细致的讲解也能让游客对莫高窟有更深的了解，有助于在之后的实地参观中获得更大的信息量。

此外我们还四处取经，学习接待经验。为了提升游客中心的服务水准，我特意回上海取经。当时，世博会刚刚结束，上海正在准备办一个世博会展览，我向当时上海世博会的俞力馆长请教管理服务的模式。俞馆长搞世博会展览非常有经验，我向他请教了很多场馆管理问题，还邀请他到敦煌做专题讲座。之后，我还把游客中心接待部的工作人员派到俞力馆长那儿去学习场馆管理经验。我的设想是一定要达到世博会场馆协调和管理的水准，要有五星级宾馆的服务。

数展中心投入使用后，将使以往游客只有进窟参观两个小时左右的单一游览模式，改变成为在游客中心观赏敦煌艺术高清数字电影与在莫高窟实地体验相结合的复合参观模式。通过观看数字电影，游客将对敦煌艺术获得更好的欣赏和全新的视觉体验；然后再到莫高窟用75分钟左右的时间实地参观。在高效配置旅游资源，优化参观流程，均衡分配客流的前提之下，将使莫高窟单日游客承载量由3000人次增加到6000人次。莫高窟参观游览模式的改变，既有利于减少游客在洞窟滞留时间，降低洞窟开放对文物保护的压力；又有助于提高莫高窟游客承载量，帮助游客更好地欣赏敦煌艺术，获得高品质的体验，切实缓解莫高窟文物保护与旅游开发之间的矛盾，达到文物保护与开放利用的双赢。

数展中心共有两家数字影院，分别为1号影院和2号影院。每组影院分别由一座主题影院和一座球幕影院构成。每座影院均可以容纳200位观众，即单位时间内四个影院可容纳800位观众同时观影。同时，为了能够更好地为外国游客服务，影院系统内配备了多语言红外语音系统，能在观影的同时提供多语种服务。

目前，莫高窟形成了比较成熟和稳定的参观流程。[3] 游客中心试运行之后，反响极好，参观模式的设计和制定有效地缓解了游客压力。我心里的石头终于落地了。

敦煌旅游的特点是旅游旺季特别旺。以2018年为例，全年游客总量为195万人次，5—10月的旅游旺季游客总量为177.6万多人次，占全年游客总量的91.1%。莫高窟合理的日最大游客承载量为6000人次。超过日游客最大承载量的天数为131天，其中超过1万人次的为62天，超过2万人次的为15天。国庆黄金周期间，有一天的参观人数竟突破2.6万人次。

莫高窟核心区的南区是游客开放区，而自南到北总长1000米，洞窟前面仅有宽5—20米的宽度，是个狭长地带。窟区原有的停车场，仅能停300辆车。如没有莫高窟数展中心的建设，遇到旺季，莫高窟停车场难以承载来自全国各地蜂拥而至的车辆，汽车加上庞大的人流会使莫高窟区域内拥挤不堪，弄不好甚至会导致混乱无序、拥堵踩踏的恶性事故的发生。另外，大量游客进入洞窟参观，不仅会损坏文物，也极大地破坏了游客参观的感受。

莫高窟数展中心建成后，加上游客参观新模式的实施，远道而来的车辆均停在远离窟区的13公里外，窟区没有了社会车辆，游客可在更大的空间活动，心情舒畅。此外，电影场馆场次的轮替，使得一天中每个时段的游客平均化，即使日游客数量超过日最高游客承载量6000人次，莫高窟区域仍然秩序井然。

为满足旺季蜂拥而至的海量游客的参观需要，除预约的6000名游客外，在网络上没有买到票的游客，研究院采取了得当的应急参观模式。这部分游客不再在数展中心观影，而是直接到窟区参观四个大型洞窟。但所有游客均从数展中心乘坐大巴到达窟区，依然能够将到达窟区的游客数量控制在合理范围之内。2017年7月，敦煌莫高窟日接待量突破1.8万人次，提前一个月网上发售的6000张票，发售不久就全部售罄。那段时间，虽然游客人数很多，但窟区参观环境还是能够保持宽松，不拥挤，各大新闻媒体都报道了这个消息。如果不是数展中心的使用，如果不是网上预约机制和应急模式的实施，如此数量的游客对莫高窟而言是不可想象的，而数展中心建成后，莫高窟接待万人以上的游客，就比较游刃有余了。

2015年，甘肃省审计厅对莫高窟数展中心工程项目的审计报告，肯定了莫高窟数展中心建设项目的绩效："敦煌莫高窟保护利用工程建设，实现了利用数字技术对世界文化遗产莫高窟历史文化信息的完整记录和永久保存，开辟了一条文物保护利用的全新途径。游客在洞窟内平均滞留时间减少了约40分钟，合理动态游客承载量从建设前的2920人次／日，提升到6000人次／日，提高了游客承载能力，实现了文物保护和旅游利用的双赢目标。宕泉河二桥项目的新建，优化了游客参观线路，使得各种设施总体布局更加合理。数字漫游等人机交互方式的采用，使游客对莫高窟的认识有了全新体验，对宣传中华民族的历史文化，加强爱国主义教育，增进文化创新，加强文化交流，促进先进文化的发展等均具有显著作用，对促进中国乃至人类的文化创新均具有积极的推进作用和显著的社会效益。"

敦煌莫高窟数字展示中心的建成开放，是科技与文化深度融合的新成果。现代高科技的运用，使莫高窟艺术得到了完美展示，也是敦煌研究院不断提高科技创新能力，实现世界遗产保护创新发展的成功尝试，莫高窟开放利用由主要依靠资源要素发展，进入科技驱动发展的新阶段。

习近平总书记提出："让收藏在博物馆里的文物、陈列在广阔大地上的遗产、书写在古籍里的文字都活起来。"[4]敦煌莫高窟数字展示中心的建成开放，以新的方式展示敦煌文化的独特魅力，让人民群众更充分地享受敦煌历史文化所蕴含的价值，可以说是"让文化遗产活起来"的成功范例。

我现在还会经常去数展中心走一走，为的是听听游客真实的声音。我就怕要是有什么闪失，国家花了那么多钱，砸锅了怎么办？一切都是为了游客，如果游客不接受怎么办？如果数展中心发挥不了作用怎么办？那样的话，这笔钱就真是打了水漂。我的观察打消了这些疑虑。

遗产的保护，牵涉许多问题，一定要未雨绸缪，否则迟早要出事。数展中心从立项到建设，再到最后投入运行，经历的困难太多了，波折太多了。如果我会写小说，真可以写出一本小说了。这个工程做完之后，我想我对怎么搞一个建筑公司都一清二楚了。

但是，在这背后有一个大家看不见的因素，那就是——研究，一切的决策都要建立在实事求是的研究基础之上。

不能"武大郎开店"

人才是一切工作的核心。常言道："好样的人才能办好样的事。"管理的成败关键在人。人的进步，特别是理念的更新尤为重要。敦煌文物事业之所以能取得一些成绩，最重要的就是在前辈的倡导下，培养了一支高水平的专业人员队伍。

这些年，在与国外合作进行保护研究的过程中，我越来越认识到，技术固然重要，但先进的保护理念和先进的管理更重要，好的技术还要有好的管理，而最重要的是人，因为再好的技术和再好的管理，总要有人来掌握。敦煌石窟的保护、研究涉及多种专业、多种学科，要做好敦煌石窟保护和敦煌学研究，取得优秀成果，人才是关键。因此，我们必须培养自己的人才。

做事要靠天时、地利、人和，可我们在这山沟里头，虽然石窟很好，可其他条件太差。过去，很少有人愿意到我们这里，我们只好自己来培养。多年来，我院采取了一系列吸引、培养、使用人才的措施和制度，制定了人才队伍建设规划，确立了人才队伍建设的原则和目标。

20世纪80年代以来，我们努力通过各种途径培养专业人才。研究院鼓励青年人攻读硕士、博士学位，不断深造。培养不同层次的人才，是莫高窟持久发展的根本保障。借助国际国内交往多的有利条件，我们选送中青年专业人员前往日本、加拿大、印度、美国、英国等国的大学、科研机构（如盖蒂保护研究所）研修深造，只要有条件，就把自己的研究人员送出国去学习。我们还选送青年骨干到国内大专院校进行学历教育和培训。

王旭东原来是学工程地质专业的，在张掖地区水利处下属的一个水利勘察设计队工作。因为90年代敦煌研究院准备和美国盖蒂保护研究所开展莫高窟保护的国际合作项目，急需水文地质与工程地质的专业人员，王旭东被推荐到敦煌工作。赵声良是大学毕业来的敦煌，后来我们把他送到日本去，他在那里读了硕士，硕士读完他要念博士，我们也都同意并支持他。很多机构都向他伸出橄榄枝，我们不断地向他招手，就怕别人挖了去。当时研究院也有传言说："赵声良不回来了。"赵声良回来后表示，自己还想继续做博士后，我就对他说："如果你想继续做博士后，我们肯定也支持你。"但我心里在想，这个书何时能够念完啊？好在他有一天来找我说："我不念了，我应该给研究院做点贡献了。"我很感动，对他说："小赵，我太感谢你了。我何尝不想念，但是我能去念吗？大家都跑出去念书，一念就好几年，那院里就要散伙了。"

改革开放以来，敦煌研究院在保护方面，与美国、日本、英国、澳大利亚、法国等国和国内的高等院校、科研院所持续开展合作，共同对莫高窟的保护、传承和管理进行了探索研究，吸收了国内外的先进保护理念和成功管理经验，结合莫高窟保护管理存在的问题难点，与国内外专家合作研究、联合攻关，在洞窟保护方法和修复工艺方面，取得了很大的进步，逐渐与国际接轨，在我国古代壁画和土遗址保护研究领域居于领先地位。

后来我们发现，长期的国际合作研究是培养高素质人才的最佳途径。通过合作，在科研实践两方面，带动高层次人才的培养。于是，我们从单方面派遣研究人员出境学习，发展到与国外联合培养和双向对等培养人才。

2005年，我院与英国伦敦大学考陶尔德艺术学院、美国盖蒂保护研究所、兰州大学开展了联合培养壁画保护研究方面高级专业人才的国际合作项目，我院的六名青年科研人员以及来自美国、日本、意大利、英国的六名学生，成为壁画保护硕士研究生班的首批学员。从2006年开始，我院为日本培养壁画修复的专门人才已成为与东京国立文化财研究所合作的一项主要内容。

在与国外同行一起工作的过程中，年轻学者很快提高了水平。事实证明，这种合作对人才能力的培养是多方面的。可以让青年学者掌握国际学术最新动态，迅速进入专业领域前沿，开阔眼界，拓宽思路，吸取国际学术界先进的思想和营养，丰富与提高国际学术交往的能力，将自己的研究成果提升到国际承认的水平，逐渐成为具有国际视野的复合型人才。看与不看是不一样的，站到更高的点去看世界，这样成长也会更快。现在敦煌研究院的中青年博士、所长等骨干，之前来到敦煌的时候多半是毛头小伙子，而现在都已经成为各个领域的专家了。

为了培养高层次人才，我还提出与兰州大学合作，联合建立了敦煌学博士学位点和文物保护硕士学位点，申请到了历史文献学（含敦煌学）的博士点；与上海东华大学联合建立了敦煌服饰硕士学位点。我们倡导设立了敦煌研究院院级课题制度、中青年优秀科研成果奖励制度，就是为了激励中青年专业人员积极从事科研工作，多出成果，出好成果。我们还多方筹集出版经费，资助学术著作的出版。

为了适应新的形势，研究院大胆起用一批青年专家走上中层领导岗位，让他们挑起敦煌保护、研究、弘扬的大梁，以事业留人。讲信仰奉献是一回事，但是你也要关心员工实际的困难。我们一直十分重视提高专业人员的生活待遇，从科研经费、工资待遇、住房条件等方面给予倾斜。近年来，敦煌研究院陆续出台和实施了提高专业人员工作和生活待遇的政策和举措。制定了岗位津贴发放办法，充分体现"一流人才、一流业绩、一流报酬"的分配原则，制定了"敦煌研究院中青年优秀科研成果奖"评奖办法，在一定程度上打破专业人员职称晋升制度的限制，对一些专业骨干低职高聘，并给予相应待遇。目的就是为了"近者悦，远者来"，不仅来，来了还能待得住。

这些措施和制度，有力地推动了我院高层次人才的培养工作，逐步建成了一支理工、人文、艺术多学科的专业人才队伍，为敦煌文化遗产的保护传承事业提供了人力资源支撑。目前敦煌研究院的这支年轻化的专业人员队伍中，有绘画、雕塑、摄影等专业的艺术人才，有历史、考古、文学、宗教、图书馆学等人文社会科学方面的人才，有化学、物理、地质、生物、建筑、计算机等自然科学技术方面的人才，还有熟练掌握日、英、法、德、韩等外语的讲解人才；这支专业人才队伍，为敦煌文化遗产保护、研究、弘扬事业的长远发展奠定了良好的基础。

办好一流的敦煌研究院，必须培养一流的人才，拥有一流的人才。敦煌研究院近六十年的发展历程使我们认识到，人才是最重要的资源，是事业发展的根本因素，应该长期坚持把一流人才的培养置于战略高度的地位来对待。

现在敦煌研究院的主力都是20世纪60年代生人，像我这样的30年代末期出生的人，早就应该退下来了。现在40年代的老人几乎都没有了，50年代也陆陆续续退了。为什么要返聘？各个领域的拔尖人才有限，所以有些退了休的研究员我们继续返聘，因为他们的身体健康，还可以发挥作用。

我们不是人才太多了，我们是人才太少了。人才的培养最忌讳"武大郎开店"。我樊锦诗个子很矮，水平也有限，但是希望研究院每个人都超过自己。如果我认为研究院进的人都不能比我高，那不就是"武大郎开店"了吗？如果招来的人一个比一个矮，那最后研究院不就萎缩掉了吗？自古"文人相轻"，研究院里学者之间难免会有问题，我的原则就是知人善任，秉持公正客观的立场。

当然，现有人才的培养是一个长期过程。对于敦煌学迅速发展的需求来说，仅此途径远远不够，必须再辟新途，即引入外来人才。敦煌研究院应有这样的气魄，使得在她所选择的重点发展领域上，都有世界一流的专家为她服务。目前，敦煌研究院聘请了三十多位国内外兼职研究员，他们都是各领域的佼佼者，参与研究院的决策咨询，承担研究院的重大研究项目，承接研究院内的重大事务等。可以预见，随着敦煌研究院的发展，随着外来人才对敦煌研究院信心的增强，以及合作成效的显现，一些外来人才很可能会自愿成为敦煌研究院的一部分。

拥有人才，就意味着拥有竞争力。全世界的事，最后就是人才。谁都缺人才，谁都缺钱，但首先是人才。所以我认为，天下事，一个是人的事，一个是钱的事，但说到底人比钱更重要。

科学保护让敦煌永生

数十年来，我们为病害壁画的保护修复，做了艰辛的工作，抢救保护了大量珍贵的壁画，现在已建立了保护修复的程序和步骤，以及研究筛选和运用修复材料、修复技术和工艺的规范，建立了抢救性保护的科学技术体系。与此同时，基于风险管理理论指导下的预防性保护的科学技术体系也已初步建立。

但是，与发达国家相比，我国的文物保护科学还正处在发展的阶段，莫高窟的科技保护才仅仅有二十多年的历史。而作为主要保护对象的莫高窟文物之脆弱、病害之多、环境之复杂、保护总量之巨大在遗址保护方面并不多见。因此，研究院要达到能与世界遗产相适应的文物保护水平，目前还有一定的差距。

敦煌莫高窟的保护已从原来的抢救性保护阶段过渡到科学化保护阶段，最终将在大量保护科研成果的基础上向全面的、规范化的预防性保护转化。预防性保护是现代世界文物保护的发展方向。文物保护的目的就是延缓文物的衰老过程。因此，预防文物病害的发生，成为文物保护科学研究的更高目标。

为了解决敦煌石窟保护中不断出现的新问题，要求保护工作必须进一步深化和提高。敦煌研究院将建立敦煌石窟保护研究中心。这一新机构将是学科门类齐备、科学设备齐全、科学人才荟萃的世界一流的国际保护中心。它将与世界文物保护技术接轨与交流，并确保使莫高窟这一世界遗产得到全面、妥善的保护。

自1977年以来，在长期的管理工作实践中，我们恪守联合国教科文组织颁布的《保护世界文化和自然遗产公约》规定的各项原则，和中国政府颁布的《中华人民共和国文物保护法》所确立的"保护为主、抢救第一、合理利用、加强管理"的文物保护工作方针，提出"科学研究、开放合作、培养人才"的办院工作原则，总结出了一套符合敦煌石窟保护、研究和弘扬工作特点的科学保护管理体系，不仅能做好敦煌石窟自身的保护管理工作，而且也为其他文化遗产的保护管理提供了借鉴模式。

莫高窟的保护从长远来看，首先要恪守科学管理，让保护进入法制化、规范化轨道。我深刻认识到，只有使敦煌石窟走上法制化、规范化轨道，才能切实保障一系列科学化管理工作的落实和推进。多年来，敦煌研究院全院职工的艰苦探索和不懈努力，目的就是把敦煌文化遗产的科学保护、管理推向法制化、规范化的轨道。

　　其次是利用科技加强保护，像敦煌石窟这样珍贵的世界文化遗产，用再好的仪器保护它都不为过。所以，我们坚持将世界上最先进的科技方法和手段引入敦煌石窟的保护工作，使敦煌石窟的保护从抢救性保护，逐步发展到科学化保护。敦煌石窟病害壁画和彩塑的修复，莫高窟崖顶风沙治理、崖体加固和栈道改造，石窟安防工程改造等文物本体保护及其周边环境整治，对石窟环境、石窟本体、石窟安全防范和游客管理等实施监测，石窟日常保养和监测体系……可以说，原来最严重的问题得到改善，都有赖于先进的科技和管理手段。

　　此外就是加强国际合作，使敦煌石窟保护管理与国际接轨。从20世纪80年代我国实行改革开放以来，我们就先后与日本的东京国立文化财研究所、大阪大学，美国盖蒂保护研究所、梅隆基金会、西北大学，澳大利亚遗产委员会，英国伦敦大学等大学和机构开展了一系列合作项目，如莫高窟壁画病害及治理、莫高窟环境监测与评价、莫高窟风沙治理、莫高窟壁画颜色退化的分析监测、敦煌壁画的计算机存贮与再现、莫高窟游客承载量研究等项目的合作研究均取得了一批成果。

　　国际合作保护不仅帮助我们引进了国外先进的仪器设备，建起了一流的保护实验室，学到了国外先进的保护科学技术和工艺，同时也培养了我们自己具有文化遗产保护和管理的先进理念和经验的队伍，以及一批高素质的青年业务骨干。国际合作保护使敦煌研究院的保护研究达到一个新的高度，成为我国文化遗产保护国际合作的成功典型。

为了敦煌石窟的永久保存和永续利用，我们需要进一步建设"数字敦煌"系列工程。早在20世纪90年代初，我就提出利用计算机技术实现敦煌壁画、彩塑的永久保存构想。为此，我们与美国梅隆基金会、西北大学合作，努力攻克壁画近景摄影测量、几何校正和色彩还原等技术难题，促进敦煌壁画数字化存贮与再现技术持续提高水平，使敦煌石窟壁画和彩塑艺术的珍贵价值及其信息得到高保真、永久性保存，也为敦煌文物的保护、研究和展示提供了高质量的数字信息。

当然所有的这些努力，为的是让敦煌延缓衰老和消亡，为的是让更多的人了解敦煌石窟博大精深的文化内涵，从而弘扬传承中华民族优秀传统文化。莫高窟历来是我国爱国主义教育基地和"中国最值得外国人去的五十个地方"之一。人类的敦煌，要让人类了解，敦煌历史文化只有为人们欣赏，才能在激发人们热爱敦煌文化艺术的同时，自觉地保护敦煌石窟。总而言之，要让石窟（文物）的保护走上法制化、规范化管理的轨道，在任何时候都要依托法律得到切实的保障和持续发展；要用科学技术引领保护、研究、弘扬与管理各项工作，不断提高石窟（文物）保护管理的科技水平。敦煌研究院率先开展的敦煌壁画遗产数字化工作，成为保存敦煌石窟艺术有效的、科学的方法和手段；加强文化遗产保护的对外合作，不断吸收国际上先进的文物保护理念和技术；有效解决石窟（文物）保护和合理利用之间的矛盾，使保护和开放得到协调发展；建设有较高素质的多学科人才队伍，为敦煌石窟事业的长远发展奠定人才基础——这些都是敦煌研究院全体人员不断探索、摸索出的洞窟保护的"根本大法"。

2010年在巴西召开的世界遗产委员会第34届会议上，会议文件指出："莫高窟（指敦煌研究院）以非凡的远见，展示了有效的遗产地旅游管理方法，以保护遗产地的价值，树立了一个极具意义的典范形象。"并将敦煌莫高窟保护管理、旅游开发经验作为典型案例，向各国世界遗产地传播。2012年11月，国家文物局召开的世界文化遗产工作会议上，时任中央文化部副部长、国家文物局局长的励小捷在讲话中说："敦煌研究院从预约、展览、游线、讲解、流量控制等多方面做好游客服务工作，被世界遗产委员会评选为世界遗产旅游管理的最佳案例。"

现在，研究院上下都很明确一个理念，那就是遗产地的保护一定要做到把"保护、管理、开放"结合起来。要开放，就不能不考虑遗产地和文物的安全，也不能不考虑游客的感觉。"保护为主、抢救第一、合理利用、加强管理"，这四点概括得很清楚，有合适的管理，才能解决遗产地的保护和开放问题。

---

〔1〕《习近平对文物工作作出重要指示》，新华社2016年4月12日。

〔2〕以下关于《准则》的内容均来自《中国文物古迹保护准则》（2000年版），2015年，中国古迹遗址保护协会正式发布修订版。

〔3〕参观流程如下：

一、游客必须提前通过莫高窟预约参观网络平台完成参观预约及在线支付，通过短信提示进行订单确认。

二、游客抵达敦煌以后，凭预约订单上的取票号到市区或数展中心的预约售票点取票。

三、游客按照电影场次时间提前30分钟抵达游客中心，须经安检、检票之后方可进入接待大厅；参观展陈之后观看主题电影和球幕电影；观影结束后进入摆渡车候车区。

四、游客乘坐专用环保观光车直达莫高窟窟区进行参观活动。

五、洞窟参观结束后，游客还可以免费参观藏经洞陈列馆、陈列中心、院史陈列馆以及老美术馆。

六、所有窟区参观活动结束后，游客再一次乘坐摆渡车返回游客中心，经过餐饮区和购物区，整个参观过程结束。

〔4〕《习近平谈文物保护的三句箴言》，人民网2016年4月13日。

第十一章　春风化雨润心田

回顾敦煌研究院走过的历程，历届党和国家领导人都特别关心莫高窟文物保护工作，不少首长亲临莫高窟视察指导工作，参观欣赏敦煌石窟艺术。正是在他们的直接关心和重视下，在党和政府正确的方针政策的指引下，一代又一代莫高窟坚守者不断增强保护传承祖国文化遗产的自觉，在困难与挑战面前敢于担当，不懈创新，使得千年遗产重新焕发青春，敦煌文物保护事业得到不断壮大发展。

拉开大规模抢救的帷幕

周恩来同志在担任政府总理的二十六年间，虽然日理万机，一直没能亲自到敦煌视察参观，但他十分重视我国的文化遗产事业，十分关心敦煌艺术，为莫高窟的保存起到了关键作用。

1950年，政务院就曾向甘肃省政府发出过对敦煌文物加以保护的电文。1951年，为了配合抗美援朝运动中的爱国主义教育，周恩来总理批准在北京举办一次敦煌艺术画展。由政务院文教委员会社会文化事业管理局局长郑振铎任敦煌艺术画展筹备委员会组长，敦煌文物研究所所长常书鸿任副组长。展览于当年4月初筹备就绪。

展览开幕前的一个星期天下午，周总理来到现场，兴致勃勃地观赏、参观了展览。当他看到一千多件摹本、实物、图表以及摄影资料，特别是那些精美绝伦、出神入化的敦煌壁画和彩塑摹本时，周总理高度赞扬了敦煌文物研究所全体艺术家和工作人员献身艺术、保护国宝的可贵精神和已经取得的可喜成绩。

这个展览取得了巨大成功，吸引了首都各界人士竞相前去参观，每天络绎不绝的参观人群在展览馆门口排起了长队。在周总理的安排下，外交部还专门抽出一天时间安排外国驻华使节和国际友人前往参观此次艺术展，将我国敦煌学的研究成果第一次推向世界。展览结束后，中央人民政府政务院文教委员会举行了表彰大会，经政务院批准，给敦煌文物研究所全体工作人员颁发了奖状和奖金，时任中华全国文学艺术会主席的郭沫若亲笔书写了奖状。

1961年3月4日，国务院公布敦煌莫高窟为第一批全国重点文物保护单位。1962年，敦煌文物研究所针对莫高窟保护中存在的严重问题，向中央文化部呈交了关于加强保护莫高窟的报告。报告经文化部呈送国务院后，派出由文化部副部长徐平羽同志率领的十余名专家学者，组成工作组前来莫高窟进行考察。

考察组回去后，立即起草了莫高窟的保存现状和抢救方案，由文化部向国务院做了汇报。当时，国家财政特别困难，全国各地已停止基建，全力以赴发展工农业生产，但周恩来总理仍果断做出决定，批准拨巨额专款100万元，一步到位，用于抢救敦煌莫高窟的危崖和洞窟，实施加固保护工程。

就这样，在周总理的关心重视下，新中国第一次敦煌莫高窟的大规模抢救拉开了帷幕。这项工程由铁道部承担施工重任，自1963年秋季开始，历时三年多，于1966年竣工。整个工程范围全长576米，加固洞窟354个，有效制止了岩体裂隙发展，可抗7级强度地震。工程还封堵了王圆箓当年开挖的串洞，并安全地解决了这些洞窟上下四层之间的往来通道。这项工程外观庄重朴实，代表了当时全国文物保护工程的最高水平，也成为周恩来总理关心和保护敦煌艺术的历史见证和不朽丰碑。

1964年，第三届全国人民代表大会召开期间，周恩来总理还特意邀请常书鸿到休息室，专门询问敦煌石窟的保护情况和存在的困难。1973年，周总理抱病陪同法国总统蓬皮杜参观云冈石窟时，他还想起常书鸿，并过问他的近况。这说明周总理对敦煌文物事业始终念念不忘。

在改革开放初期，敦煌被列为第一批对外开放的城市。由于有了60年代的大规模加固保护，莫高窟以崭新的面貌，吸引了五湖四海的学者与游客，迎来了周总理希望的全盛时期。如今面对绿树掩映、巍峨壮观的莫高窟时，我们总会想起周总理四十多年前为保护敦煌文化遗产时所做的决策和贡献。

五六十年代，彭德怀、叶剑英元帅，以及胡耀邦、习仲勋等同志先后视察莫高窟，并题词勉励敦煌文物研究所的文物工作者。

"敦煌的保护是件事，还是件大事！"

1981年8月7日，改革开放的总设计师，时任中共中央副主席、中央军委主席的邓小平同志和夫人卓琳，在时任中共中央政治局委员王震同志和中共中央宣传部部长王任重同志的陪同下来到敦煌。

上午9时左右，邓小平同志一行从柳园火车站下了专列，乘面包车驶往敦煌，下榻在敦煌宾馆。中午就餐时，邓小平同志一边吃饭，一边讲述了对敦煌的向往之情。言谈是那样坦率，情意是那样真切，在场的人听了都感到非常温暖。

8月8日上午，邓小平同志兴致勃勃地到莫高窟视察。此前在北京休养的常书鸿先生也专程来到莫高窟陪同视察。在敦煌文物研究所简陋的会议室里，邓小平同志首先听取了当时主持工作的第一副所长段文杰先生关于敦煌文物保护和敦煌学研究的情况汇报。在听汇报的过程中，邓小平同志一再叮嘱，敦煌文物天下闻名，是我国文化的宝贵遗产，一定要想方设法保护好。他十分关心大家的工作情况，段文杰如实汇报说："现在最大的问题是文物保护、学术研究方面的经费存在困难，莫高窟南区和北区的一些洞窟还需要加固。要想完成这些工作，过去得100万，现在要加固最少得300万。"接着，他又汇报了专业人员太少，需要的人才调不进，大学生分配没人来，以及职工的工作和生活条件需要改善等问题。邓小平同志听完点了点头，指示一定要落实解决相关工作。

视察过程中，邓小平同志兴趣一直很浓，不仅看了底层洞窟，还沿着很陡的台阶，登上高层洞窟，参观了第158窟精美的卧佛和第156窟《河西节度使张议潮统军出行图》的历史画卷。在第220窟里，段先生向邓小平同志详细介绍了这座洞窟的历史和艺术价值。临出来时，邓小平同志说："敦煌的保护是件事，还是件大事！"[1]

邓小平同志回到北京后，仍惦念着敦煌。在他的关怀下，中央财政部拨出专款300万元，国家文物局和甘肃有关部门派工作组来敦煌调查研究，落实邓小平同志的指示。敦煌文物研究所利用这笔经费，在莫高窟对面的山谷里修建了办公楼、科研楼和宿舍楼，使敦煌文物研究所的职工从此告别了长达四十年的寺庙土坯房，告别了那段没有自来水、没有电灯、无处就医看病、子女无法正常上学的艰苦岁月。敦煌文物研究所通了电，有了自来水，并在敦煌市内盖起了家属院宿舍，使职工的工作环境和生活条件得到了极大改善，特别是解决了职工子女教育就学问题。

邓小平同志的到来，不仅帮助我们解决了很大的实际困难，而且使我们在精神上受到了极大的鼓舞，敦煌文物研究所上下精神振奋。

中央第二代领导集体也都十分重视和关心莫高窟的保护、研究与弘扬工作。1986年8月18日，时任国务院副总理的万里同志自新疆来到敦煌视察。听取了我们的汇报后，万里同志指示说，要找到办法，既保护好文物，又搞好旅游开放。旅游上不能光想着赚钱，还要想到文物。文物保护要搞现代科学方法。他还鼓励我们要向壁画保护工作做得好的法国、意大利等西方国家积极学习，开展合作，并多与联合国教科文组织联系。在参观过程中，万里同志表示参观都要买门票，不能搞特殊，一共买了20张票。那时的门票非常便宜，甲票4元，乙票5角。临别时，他还对研究院反映的一些实际困难，指示甘肃省政府和文化部研讨落实解决方案，一定要保护好、利用好敦煌文物。万里同志视察结束后没多久，8月底，时任文化部常务副部长高占祥同志、甘肃省政府及国家文物局的领导同志便赶赴敦煌落实了万里同志的指示，解决了敦煌研究院建院遇到的一些实际困难。

对保护和传承文化遗产的关怀和重视

1992年8月，时任中共中央总书记的江泽民同志到莫高窟视察。在观看壁画时，由段文杰院长讲解。江总书记对文化遗产十分熟悉，对石窟保护工作更为关心，不时询问保护与研究的情况，并提出一些问题。看到窟前参天的大树，江总书记说，绿化工作很重要，多种些树，对保护石窟有好处。当得知我们长期坚持开展治沙工作，修复植被，阻挡流沙对洞窟的侵害时，江泽民同志表示赞同，指示我们一定要把古代文化遗产保护好。临别时，他高兴地接受了研究院赠送的《敦煌》画册，并题名留念。

在此之前，1992年5月11日，刚刚参加完全国文物工作会议的政治局常委李瑞环同志来到了敦煌，并于当天下午视察了西千佛洞。次日上午，李瑞环同志来到莫高窟，视察了敦煌研究院保护研究所、保卫处，细致查看了仪器设备与石窟档案资料。在参观洞窟时，李瑞环同志不仅对敦煌文化艺术十分感兴趣，而且对壁画病害看得很仔细，说我们的抢救任务还很重，多次指示对有些年久失修的栈道要尽快抢修加固。他表示，启动要早一点，进度要快一点，可开发的要开发一点，安全工作要做得更好一点，抢救与维修的要求要更为严格一点，有的还需要做相当长的科研。希望敦煌研究院老中青三代人，把莫高窟这份文化遗产保护好、研究好，同时也要把开放和弘扬的工作做好。研究院全体同仁备受鼓舞。

1999年，敦煌研究院开始筹备2000年藏经洞发现100周年纪念活动。这一年的9月，时任政治局常委、国家副主席的胡锦涛同志莅临敦煌视察，由我负责接待讲解。胡锦涛同志早年长期在甘肃工作，对敦煌的文物保护工作十分了解。在视察途中，胡锦涛同志问起不少敦煌研究院的情况，十分关心研究院的发展现状。胡锦涛同志在敦煌艺术、文物保护等方面的知识面非常广，不但饶有兴趣地听取了我的介绍，看得十分认真，还不时为其他陪同考察的同志答疑解惑，深入说明。参观完后，当我汇报为纪念藏经洞发现100周年，将于次年在北京举办"敦煌艺术大展"时，胡锦涛同志主动说他到时候一定要去参观。由于胡锦涛同志平易近人，我也大着胆子说："胡主席，我可就没礼貌了，到时候我一定要请到您。"胡锦涛同志乐呵呵地答应了。

第二年，北京"敦煌艺术大展"筹备工作即将完成时，我真的写了一封邀请信,邀请胡主席莅临观看展览。2000年7月6日晚,胡锦涛等几位领导同志亲临中国历史博物馆(今中国国家博物馆)观看大展。后来,我还有几次有幸见到胡锦涛同志。在2008年,十一届全国政协一次会议拍摄全体委员合影照时,胡锦涛主席还特意停在我跟前说:"樊老师好!"这不仅是我个人的光荣,也是敦煌研究院全体同仁的骄傲。

2003年,在十届全国政协一次会议上,我和其他24位委员提交了《建设敦煌莫高窟游客服务中心的建议》的提案,得到领导人的高度重视,全国政协将其列为当年的重点督办提案,并组成专题调研组,赴敦煌莫高窟进行了实地调研,提出了翔实的报告与意见。当年10月13日,国务院总理温家宝同志就此事做出"莫高窟保护应予高度重视,请中央有关部门和甘肃省政府研究解决"的批示。随后,中央和甘肃省政府及相关部门积极贯彻几位国家领导人的批示,我们也抓住机遇努力推动敦煌莫高窟文物保护工作的发展。经过前期艰苦的探索和多次的论证,提案建议的项目最终由中央批准立项,并已于2008年底开工实施。该项目建设内容包括莫高窟数字展示中心工程、崖体加固与栈道改造工程、风沙危害综合防护工程及安全防范系统建设,是莫高窟文物保护史上规模最大、涉及面最广的一项综合性保护工程。项目的成功实施,将使敦煌莫高窟向实现永久保存、永续利用的理想又迈出一大步,为莫高窟的未来奠定了一个持续繁荣发展的坚实基础。

温家宝总理一直牵挂着敦煌文物保护工作。他多次做出重要批示,一定要把敦煌保护好、管理好,把敦煌的生态环境搞好。[2]

2007年3月6日，温总理在参加十届全国人大五次会议甘肃代表团审议时，指出要坚决保护好敦煌的生态环境和文化遗产。2008年全国"两会"期间，温总理在参加甘肃团讨论时，又一次深情地表示，一定要保护好敦煌的生态环境和文化遗产。

2018年1月31日，李克强总理主持召开座谈会，听取教育、科技、文化、卫生、体育界人士和基层群众代表对《政府工作报告（征求意见稿）》的意见和建议。李克强总理希望大家直截了当地谈看法、提建议，使政府工作更识民情、通民意、达民心，使各项政策与群众期盼更好地紧密对接。

会上有九位代表结合自身工作做了发言。我发言的主题是"要加强文化遗产保护与利用，提升中华优秀传统文化国际影响力"。总理对我说："你在敦煌坚守了五十多年，守护着敦煌石窟这处全球罕见的文化遗产，谢谢你！"总理还问我，现在石窟的保护工作有没有什么特殊困难。我说："敦煌石窟当前接待游客数量已经超出了旅游承载量，希望加强文化遗产保护与利用的平衡发展，同时加大科技对文化遗产保护和利用的支持力度，提升中华优秀传统文化的国际影响力。"总理表示高度重视这些意见，当即指示参会的科技和文物部门负责人有针对性地研究这一问题。他在会上指出，一些发达国家不仅运用高科技手段对文物进行保护，还开发了一整套科技系统，对游客流量进行精准控制。令我印象深刻的是，总理还说："敦煌石窟不仅显示了中华文化雍容大度包容的文化内涵，更是东西方文化交汇的结晶。对这些非常珍贵的中华民族瑰宝，我们一定要用最现代的科技手段保护好，要不惜重金！"[3]

"做好新时代中华文化的继承者、传播者、创新者"

随着国家综合国力的跃升，我们的民族自信心、自尊心也得到了空前的提高。以习近平总书记为核心的党中央对于敦煌莫高窟这一珍贵的民族文化和历史遗产高度重视，给予我们文物工作者深切的关怀。

2013年，我作为全国劳模代表赴北京参加了"用辛勤劳动托起中国梦——2013年庆祝'五一'国际劳动节活动"，受到了习近平总书记等党和国家领导人的接见，并与来自全国31个省区市的26位全国劳模、39位全国五一劳动奖章获得者参加了"共话中国梦——全国劳动模范代表座谈会"。在这次座谈会上，习近平总书记亲切地问候了我，充分表达了党中央对敦煌文物工作的关心和重视。我说："我是代表敦煌研究院全体职工到北京参会的。敦煌研究院取得的成绩，是几代莫高窟人艰苦奋斗、勇于创新，淡泊名利、甘于奉献，通过脚踏实地的辛勤劳动实现的。让莫高窟这个古老的中华民族文化明珠永放光彩，是几代敦煌人梦寐以求的，也是实现中国梦的重要内容。"习近平总书记要求我们："立足本职、胸怀全局，自觉把人生理想、家庭幸福融入国家富强、民族复兴的伟业之中，把个人梦与中国梦紧密联系在一起。"[4]

2016年5月17日，习近平总书记召开全国哲学社会科学工作座谈会，我当时在美国，正要参加一个重要的会议，还要做主题发言。我突然接到一个电话，对方问："你是樊锦诗吗？"我说："你是谁？"电话那边就说让我赶回北京开会。我说我刚到美国，准备开会，还要发言，现在如果回北京的话还得赶回来，史学界有比我厉害的专家学者，可以找找他们。但是对方一再表示希望我代表史学界的代表参会。

当我了解清楚情况之后，立即返回北京开会。

我在会上聆听了习近平总书记在哲学社会科学工作座谈会上所做的重要讲话。会后，我又多次学习了习总书记的讲话。我感受和体会到，习总书记的讲话有深刻的理论性，有很强的说服力，令人深受教育和启发，对坚持和发展中国特色社会主义，加快我国哲学社会科学进一步繁荣发展具有重要的指导意义。

给我印象最深刻的是，习总书记在讲话中强调指出，我们要"努力构建一个全方位、全领域、全要素的哲学社会科学体系"。习总书记还指出："要加快发展具有重要现实意义的新兴学科和交叉学科，使这些学科研究成为我国哲学社会科学的重要突破点。""要重视发展具有重要文化价值和传承意义的'绝学'、冷门学科。""总之，要通过努力，使基础学科健全扎实、重点学科优势突出、新兴学科和交叉学科创新发展、冷门学科代有传承、基础研究和应用研究相辅相成、学术研究和成果应用相互促进。"[5] 习总书记的这些论述，对我们哲学社会科学工作者具有重要的战略性的指导意义。

我作为敦煌石窟保护研究的文物工作者，学习习总书记的讲话，倍感亲切、倍感鼓舞。敦煌学是一门"方面异常广泛，内容无限丰富"的学科，其研究对象主要包括敦煌石窟和藏经洞文献两大方面,涉及宗教、艺术、历史、考古、地理、经济、语言文学、民族、民俗等众多哲学社会科学领域,它属于交叉学科,其中也含有"绝学"、冷门学科的领域。习总书记的讲话,对包括敦煌学在内的交叉学科、"绝学"和冷门学科的发展既指明了方向,也寄予了期望。

从事敦煌学研究的学者应该按照习近平总书记提出的要求,不能满足于以往成就,要在以往研究的基础上,力求突破创新,取得新的拓展。一方面应该发挥优势,集中国内历史学、考古学、艺术史的高端学者和那些能够解读古代少数民族文字的专家,集中力量对丝绸之路与敦煌学难题进行研究;另一方面要对敦煌学与丝绸之路历史和文化进行系统研究,分别在历史学、语言学、艺术学等领域取得集成性成果,从而使我们对中国传统文化、对丝绸之路文化获得更加全面的认识,这也必将为国家"一带一路"的倡议提供重要的文化参考。

我一点也不知道要表彰100名改革开放杰出贡献者的事情。大概在2018年11月26日前后,有朋友给我发来《人民日报》刊登的一篇《关于改革开放杰出贡献拟表彰对象的公示》,里面有我的名字。这时我才知道。

12月5日左右,单位就通知我做好到北京开会的准备,但没有说明到底是什么活动。我那时不在敦煌,而在上海。因为事先不知道有如此隆重的表彰,没有特别准备衣服。12月13日到北京报到,还安排亲属、单位和省委组织部各有一人陪同。14日接到通知,晚上去人民大会堂参加庆祝改革开放40周年"我们的四十年"文艺晚会。到了人民大会堂落座之后,工作人员告诉我们说:"等一下习近平总书记等党和国家领导人入场，要从你们这一排人前经过，你们要做好准备。"我看到旁边的一位同志，正襟危坐，胸前挂满了奖章。再看自己呢，穿一件灰蓝色的毛衣，灰色羽绒休闲坎肩。有人说，你就这样见总书记呀，我自己也感到有点不太礼貌。那到了这会儿还能怎么办？干干净净就好了。过了一会儿，习近平总书记等党和国家领导人步入会场，首先与我们这一排一一热情握手。

12月18日正式举行"庆祝改革开放40周年大会"。这下我有点发愁，我只有一条黑色裤子，像样一点的上衣只有一件枣红色的毛衣。那天，我就穿着这件毛衣，围了条红围巾，去大会堂参加大会并领取了"改革先锋"奖章、奖状。我的双胞胎姐姐在电视上看到后很高兴，因为这件毛衣是她亲手给我打的。

这次大会开得特别隆重，全体政治局常委都出席了会议，所有受表彰者都坐到了主席台上。李克强总理宣布大会开始后，先举行庄重的颁奖仪式，由政治局常委王沪宁同志宣读《中共中央 国务院关于表彰改革开放杰出贡献人员的决定》，还宣布受表彰者的名单，给每位受表彰者冠予一个称号，如樊锦诗被冠以"文物有效保护的探索者"称号。宣布表彰决定后，又有中央领导人亲自为每位受表彰者挂上"改革先锋"奖章并颁发奖状。待所有受表彰者回到座位后，又有少先队员向受表彰者献花。这时中央领导人转过身，为受表彰者们鼓掌。我也曾获过一些奖，但从来没有像这次表彰活动那样隆重、庄严。

颁奖仪式结束之后，习近平总书记做了重要讲话，他回顾了改革开放40年的光辉历程，总结了改革开放的伟大成就和宝贵经验，并向全党全国各族人民为实现"两个一百年"，为实现中华民族伟大复兴继续不懈奋斗发出了动员令。大会结束后，习近平总书记等党和国家领导人，与获奖者合影，并再次一一握手。在这种时刻和氛围下，我非常感动，但想到更多的还是，改革开放是新中国成立以来一次伟大的历史性变革，几代人的奋力开拓和无私奉献铸就了今日的辉煌，国家综合国力极大跃升，民族自信心、自尊心空前高涨。改革开放以来，国家对历史文化遗产也高度重视。可以说，没有党和国家40年的改革开放，就没有文化遗产事业的发展，也没有敦煌事业的今天。

如果问我获得"改革先锋"奖章后是什么感觉，那一定是内心十分激动，因为这是党中央、国务院授予的最高荣誉。但荣誉背后，我并没觉得自己有什么了不起。当前，莫高窟的保护、研究、弘扬和管理现状和发展前景均处于历史最高水平，这种巨大变化是新中国成立70年来在社会主义文化建设方面取得的众多成就之一。但敦煌石窟保护事业长足发展的根本原因，和改革开放分不开，和敦煌研究院全体职工的奋发图强、开拓进取分不开。所以这个荣誉应该属于敦煌研究院全体职工，我只不过是一个代表。我也想到了敦煌研究院前辈们的筚路蓝缕，开基创业，想到了老彭的支持。我想，"改革先锋"这个荣誉可以告慰敦煌研究院的前辈们，告慰老彭，也一定会成为激励我和敦煌研究院的同仁们继续前进的动力。

2019年8月19日，是值得敦煌研究院和我永远铭记的一天。这一天，习近平总书记到敦煌莫高窟视察，他先后在莫高窟数字展示中心观看了主题电影《千年莫高》和球幕电影《梦幻佛宫》，参观了莫高窟代表性洞窟，在敦煌研究院察看了珍藏的敦煌文物、壁画临摹品和学术成果，并在院里召开了座谈会，听取了我和其他两位同志的发言，发表了鼓舞人心的重要讲话。他对敦煌文化保护研究工作给予了高度的肯定，他强调敦煌文化是中华文明同各种文明长期交流融汇的结果。我们要铸就中华文化新辉煌，就要以更加博大的胸怀，更加广泛地开展同各国的文化交流，更加积极主动地学习借鉴世界一切优秀文明成果。研究和弘扬敦煌文化，既要深入挖掘敦煌文化和历史遗存蕴含的哲学思想、人文精神、价值理念、道德规范等，更要揭示蕴含其中的中华民族的文化精神、文化胸怀，不断坚定文化自信。要加强对国粹传承和非物质文化遗产保护的支持和扶持，加强对少数民族历史文化的研究，筑牢中华民族共同体意识。要推动敦煌文化研究服务共建"一带一路"，加强同沿线国家的文化交流，增进民心相通。要加强敦煌学研究，广泛开展国际交流合作，充分展示我国敦煌文物保护和敦煌学研究的成果。要关心爱护科研工作者，完善人才激励机制，为科研工作者开展研究、学习深造、研修交流搭建更好平台，提高科研队伍专业化水平。他还强调，要十分珍惜祖先留给我们的这份珍贵文化遗产，坚持保护优先的理念，加强石窟建筑、彩绘、壁画的保护，运用先进科学技术提高保护水平，将这一世界文化遗产代代相传。[6]

习近平总书记在座谈会上充分肯定了敦煌研究院75年里所做的工作，更为敦煌研究院今后的发展指明了方向，也提出了更高的要求。他讲道，敦煌研究院做了大量工作，取得了显著成就，今后要更进一步做好新时代中华文化的继承者、传播者、创新者；敦煌研究院要走出去、引进来，展示我国敦煌学的成果，掌握国际敦煌学的话语权；要做好敦煌流散文物的数字化回归，要做好敦煌文化艺术的数字共享，讲好敦煌故事，传播中国声音；要把敦煌研究院既建成我国文化遗产保护传承的典范，又要建成国际敦煌学的高地。他还殷切提出，文物保护只能加强，不能削弱；文物要保护好，就得靠科技；世界文化遗产保护好是第一位的，旅游是第二位的，不能只盯着几张门票追求经济利益。

莫高窟保护，任重而道远

古老的丝绸之路曾经为人类经济发展和文化交流发挥过巨大的作用，莫高窟是丝绸之路上留下的一座多元文明荟萃的精神、文化、艺术宝藏。敦煌是历史文明的积淀，它守护过往，蕴育久远。面向未来，现代文明的进步，须要保护、记录、传承辉煌的历史文明，催生创新的激情。

敦煌研究院建院75年来，尤其是新中国成立70年来，在历届党和国家领导人的亲切关怀下，一代又一代莫高窟人以常书鸿、段文杰为代表的前辈们做榜样，薪火相传，凭着"坚守大漠、甘于奉献、勇于担当、开拓进取"的"莫高精神"，在文物保护、学术研究和弘扬传承敦煌文化艺术方面取得了一些成绩。新时代向我们提出了更高的要求。为了贯彻落实习近平总书记关于推动中华优秀传统文化创造性转化、创新性发展和文物保护的重要指示精神，我们绝不能满足于现有成绩，要遵照习近平总书记在敦煌研究院座谈会上的重要讲话精神，继续勇往前进。继续加大对文物保护的科技攻关力度；更加深入地挖掘、研究敦煌文化艺术价值，使其达到更大化；探索更加多样的传播方法和形式，丰富敦煌文化艺术的传播内容；充分发挥敦煌研究院在国际文化遗产领域的重要影响力，继续加强中外文化交流互鉴，促进丝路沿线国家文化资源共享，联合建设具有丝绸之路特色的文物保护和文化弘扬基地，为"一带一路"建设做出新贡献。

我经历了伟大的新中国成立70年和改革开放40年的全过程。我的工作就是为敦煌莫高窟的保护、研究、弘扬和管理服务，我一定要和敦煌研究院的同仁们一道，坚定改革开放再出发的信心，把莫高窟做成一个名副其实的世界遗产，做成可以积极弘扬中华优秀文化艺术的世界性的遗址博物馆。

早在2003年，我就在一篇文章中谈过自己对莫高窟及其保管机构敦煌研究院未来发展的想法：敦煌研究院要成为世界一流的博物馆，要有世界一流的遗产收藏、世界一流的遗产保护、世界一流的遗产研究、世界一流的展示服务，同时要加强人才培养和国际合作。我提出的这个框架，到后来即成为敦煌研究院规划的四个目标，即建成世界一流的壁画保护中心、世界级研究中心、世界级展示中心和世界级资料中心。

"路漫漫其修远兮，吾将上下而求索。"莫高窟保护任重而道远！我想，做事没有最好，只有更好，如今要谈敦煌研究院的未来，只有不懈地探索奋进，不断地开拓创新，让敦煌这颗历史的明珠永远焕发出不朽的光辉。

_____

〔1〕李荣珍：《邓小平关怀甘肃发展大业》，《甘肃日报》2014年8月20日。

〔2〕参见甘肃省发展改革委员会、水利厅、酒泉市编制的《敦煌水资源合理利用与生态保护综合规划（2011—2020）》。

〔3〕《这些人士被请进中南海，总理鼓励他们直截了当提建议》，中国政府网2018年2月2日。

〔4〕《实干才能梦想成真》，载《习近平谈治国理政》（第一卷），外文出版社2018年版，第45页。

〔5〕《加快构建中国特色哲学社会科学》，载《习近平谈治国理政》（第二卷），外文出版社2017年版，第344—345页。

〔6〕《习近平在甘肃考察时强调　坚定信心开拓创新真抓实干　团结一心开创富民兴陇新局面》，新华社2019年8月22日。

第十二章　四十年后终成卷

敦煌石窟考古研究百年回望

如果要追溯敦煌石窟考古历史的话，有清末学者徐松于道光初撰写的《西域水道记》，陶保廉于光绪辛卯年撰写的《辛卯侍行记》等，在敦煌地区的沿途考察中，对所经地域的城镇、人物、风俗、名胜、古迹、碑铭都做了记述，其中有关于敦煌史地和莫高窟的考察记载。

1900年藏经洞发现后，很快引来了一些西方学者和探险家对敦煌石窟的考察和劫掠。他们在考察中开始以考古学的方法对洞窟做了编号、测绘、照相、文字记录，公布了敦煌石窟的部分照片和资料。

1907年和1914年，斯坦因先后两次到敦煌莫高窟考察。1907年第一次考察时，除了从王道士手中骗购了藏经洞发现的文献和绢画外，他还对莫高窟的洞窟建筑、雕塑、壁画进行了考察，编了

20个洞窟窟号，做了一些测绘、摄影和文字记录。他于1921年出版了《西域考古图记》《千佛洞》，2012年印度钱德拉等人整理、出版了《印度国家博物馆藏敦煌的佛教绘画》，刊布了莫高窟壁画、绢画等照片和资料以及部分榆林窟壁画照片。

　　1908年，伯希和到莫高窟调查，又骗购了藏经洞出土文物的精华，同时对大部分石窟做了描述、记录，拍摄了照片，还第一次给莫高窟有壁画的洞窟做了编号，对石窟的年代和壁画内容做了考订，对残存题记进行了记录，这是最早以近代科学的方法对敦煌石窟进行的编号和内容记录。伯氏于1920—1924年编著出版了《敦煌石窟图录》(1—6册)；1993年由我国甘肃人民出版社出版了伯希和著，耿昇、唐健宾译的《伯希和敦煌石窟笔记》；2014年中国藏学出版社出版伯希和著，耿昇译的《伯希和西域探险日记》。

　　1914—1915年，奥登堡在伯希和考察的基础上，对莫高窟做了比较全面、系统、详尽的综合性考察。除了对伯希和的测绘做了补充、修改，新编、增编了一些洞窟编号外，还逐窟进行了拍摄、测绘并做了较详细的文字记录，对重点洞窟做了临摹。在测绘南区洞窟单个洞窟平面图、立面图的基础上，拼合出了总立面图和总平面图，形象地记录了莫高窟当年的真实情况。他的测绘图和来自敦煌莫高窟的收藏品，20世纪90年代开始陆续由上海古籍出版社整理出版《俄藏敦煌艺术品》共6卷，《俄藏敦煌文献》共17卷，这些成果直到近年才逐渐被整理发表。

　　1924年和1925年，美国华尔纳率哈佛大学考古队两次赴中国西北考察，除窃取了莫高窟第328窟一尊彩塑和十多方壁画外，也对敦煌石窟进行过调查，还对榆林窟第5窟（今编第25窟）的壁画做了专题研究，发表了《万佛峡：一所九世纪石窟佛教壁画研究》。

这一时期，国外还有一些学者依据斯坦因、伯希和公布的照片和资料，对洞窟进行了研究。在分期研究方面，由日本学者小野玄妙于1924年首先开始，此后有1931年巴切豪夫、1933年喜龙仁等人发表研究文章。由于掌握的石窟资料有限，他们的分期大都失之偏颇。

值得一提的是日本学者松本荣一。他根据斯坦因、伯希和从敦煌骗购的藏经洞出土的绢画、纸画以及在敦煌拍摄的壁画照片，写出了图文并茂的巨著《敦煌画的研究》，初版于1937年，再版于1985年，至今仍然是研究敦煌艺术的重要参考书。但是松本的研究也有缺点，他没有将各类经变画放在中国历史和佛教、美术发展史的长河中进行系统地宏观考察，因而未能提示出各类经变画产生、发展以及式微的历史规律。他对壁画内容的研究主要是重于对艺术的描述。

20世纪初至40年代初敦煌艺术研究所成立之前，是敦煌石窟历史考古研究的发端，主要是对石窟的考察、调查、记录和资料的公布。同时，研究人员对石窟进行了一些粗疏的分期，还开始了对石窟内容的考释和研究。

1925年，北京大学陈万里随美国华尔纳哈佛大学考古队，对敦煌石窟进行了考古调查，他回去后所著的《西行日记》是我国学者对敦煌石窟的第一次科学考察记录。

1931年，贺昌群的《敦煌佛教艺术的系统》是中国学者关于敦煌石窟艺术的第一篇专论。

1941—1943年，张大千对洞窟做了一次编号清理，对洞窟内容做了调查和记录，对年代做了初步判断，之后出版了《莫高窟记》。他还指导谢稚柳完成了《敦煌艺术叙录》。后者对敦煌莫高窟、敦煌西千佛洞、安西榆林窟、安西水峡口石窟逐窟做了洞窟结构、塑像、壁画、供养人位置及题记的记录。

1941年，教育部组织以王子云为团长，画家何正璜、卢善群等为成员的文物艺术考察团到敦煌，与中央摄影社合作，对莫高窟进行了调查和拍照。1942年，何正璜来莫高窟调查，根据张大千的编号，记录了305个洞窟的原建、重建、内容布局、时代和保存现状，次年发表了《敦煌莫高窟现存佛洞概况之调查》。

1942年，中央研究院组织"西北史地考察团"，向达、劳干、石璋如等赴敦煌，考察莫高窟、榆林窟，还对敦煌周边古遗址做了调查。1942年考察的主要成果有石璋如整理的三卷本《莫高窟形》，用考古学的方法对莫高窟各个洞窟的窟形做了测量、照相、文字记录。1944—1945年，中央研究院和北京大学组成"西北科学考察团"，向达、夏鼐、阎文儒等对敦煌莫高窟进行考察，还调查了敦煌的汉长城遗址，发掘了一些古墓葬。向达的两次敦煌考察，对敦煌石窟大部分洞窟登录内容，抄录碑文、题记，考证洞窟年代等。他以《瓜沙谈往》为总题，发表了《西征小记》《两关杂考》《莫高、榆林二窟杂考》《罗叔言〈补唐书张议潮传〉补正》等四篇文章，创立了将敦煌文献研究与实地考察调查、考古调查相结合的科学研究方法。

第二个时期是从1944年敦煌艺术研究所成立开始至1950年改名为敦煌文物研究所之前。

在于右任先生的倡导下，经过一年的筹备，于1944年在莫高窟正式成立了敦煌艺术研究所，常书鸿任所长。当时的研究所，在人员稀少、工作和生活条件极其艰苦的背景下，做了许多保护、临摹、展览工作，还对敦煌石窟做了全面的清理，聘请工程师盛其立测绘莫高窟南区立面图，请陈延儒工程师测绘了部分洞窟的平面、剖面图。至50年代，又由孙儒僴、何静珍完成了莫高窟北区立面图。

研究所针对过去历次编号存在的多有遗漏和混乱无序的问题，做了一次全面有序的编号。这次编号虽然也存在一些不足，但较以前的几次编号，有了较大的改进，便于使用和查找，这次编号使用至今。这一时期洞窟的调查、记录工作成果累累，有着重要的历史价值。史岩调查完成了《敦煌石室画像题识》，这是最早的莫高窟供养人题记抄录汇集。1944年李浴完成了《莫高窟各窟内容之调查》（未刊），对洞窟的记录更为详尽。1946年阎文儒著《安西榆林窟调查报告》，对榆林窟的内容做了调查、登录和研究。敦煌艺术研究所将敦煌石窟内容和供养人题记的调查与记录，作为一项长期工作，组织多人反复调查、核对、校勘、修改和补充；调查一次比一次更为完善，这些资料为日后敦煌石窟内容总录和供养人题记的出版奠定了基础。此外，研究人员开始围绕敦煌石窟对不同领域资料进行查阅和探索。这些应看作是敦煌石窟研究的开端,为日后敦煌研究的发展打下了坚实的基础。

第三个时期是从1950年改名为敦煌文物研究所开始至1966年"文化大革命"之前。这个时期是敦煌石窟研究的发展时期,包括考古研究在内的各项研究工作逐步开展起来。遗憾的是,"文化大革命"期间,敦煌石窟的各项工作处于停顿状态。

这个时期,我国的一些考古学家探索运用考古学的方法对敦煌石窟进行科学调查、记录,进而探讨排年、分期研究。50年代初,夏鼐在《漫谈敦煌千佛洞与考古学》一文中,首先谈到了如何将考古学运用在敦煌石窟研究中的问题。1951年,宿白、赵正之、莫宗江、余鸣谦到敦煌石窟勘察,指出了敦煌石窟保护中存在的各种问题,提出了加强保护的建议,特别提出要加强对石窟的建筑、壁画、塑像的研究,形成《敦煌石窟勘查报告》一文。

1956年,宿白著《参观敦煌莫高窟第285窟札记》,初次运用考古类型学的方法,通过莫高窟第285窟壁画的研究,对莫高窟的北朝洞窟做了分期。1957年,文化部曾经召集专家学者制订了编辑出版《敦煌石窟全集》的计划。

1962年9月,宿白先生带领北京大学历史学系考古专业学生到敦煌莫高窟实习。在此期间,他在敦煌文物研究所做了著名的《敦煌七讲》学术讲座。他指导学生按照这个科学的方法,选择莫高窟典型洞窟进行实测和文字记录实习。敦煌文物研究所在听取和学习了宿白先生的《敦煌七讲》之后,正式开始了对莫高窟崖面遗迹的全面测绘和文字记录,以及对敦煌莫高窟洞窟考古报告的文字记录、实测绘图和照片摄影工作,完成了第248窟、第285窟的测绘图和第248窟考古报告初稿。这是对石窟考古研究的初步实践。

这一时期莫高窟窟前遗址发掘取得了很大收获。1963—1966年，配合莫高窟南区危崖加固工程，对莫高窟南区北段和中段长约380米的区域内进行了清理和发掘，共清理出不同时期的22座窟前殿堂遗址、3个洞窟和4个小龛。底层洞窟之下发现的3个洞窟，不仅搞清了莫高窟崖面的洞窟分布有五层之多，而且揭示了莫高窟创建初期窟前地面高度，要低于现在的地面4米以上。修建现底层洞窟窟前殿堂遗址，乃唐后期窟前地面升高所致。探明了南区底层洞窟在五代、宋、西夏、元时期曾建有窟前殿堂，形成了"前殿后窟"的建筑空间格局，殿堂的建筑结构有包砖台基的殿堂式建筑和没有包砖台基的土石基窟檐式建筑两种。相当于五代、宋的曹氏归义军政权时期的整修，使莫高窟的外观达到了历史上最为宏伟壮观的时期。

过去的石窟内容和供养人题记的调查、记录，在这个时期又做了进一步校勘、增补，使其内容不断完善、准确。在调查过程中对石窟内容和时代有了新的认识，新的发现。

第四个时期是改革开放以来的四十年，这一时期是敦煌石窟研究的全面发展时期。

敦煌文物研究所扩建为敦煌研究院。扩建后的研究院扩大了编制，增设了部门，汇聚了人才，在敦煌石窟考古报告、洞窟断代分期等方面，都取得了一批为学术界瞩目的研究成果。

这一时期敦煌研究院的石窟考古研究包括以下几个方面的

工作。

第一,石窟内容和供养人题记调查、记录和出版。

石窟内容和供养人题记调查、记录是石窟研究的基础性工作。至七八十年代,在前人研究的基础上,经过再次复查、校勘、增补,凝结了几代人心血的重要研究成果——《敦煌莫高窟内容总录》《敦煌石窟内容总录》《敦煌莫高窟供养人题记》等终于问世,为学术界研究敦煌石窟提供了实用的权威基础资料。

第二,敦煌石窟考古报告编撰。

20世纪80年代末期开始再次将敦煌石窟考古报告提上议事日程。经过长期的探索历程,扩大了考古报告的团队力量,在研究院考古研究所成立了考古报告编写小组,院里成立与考古报告有关专务部门组成的《全集》工作委员会,拟定了《全集》编辑出版规划,确定了石窟考古编写的体例,加强了科技手段。经过反复挫折、反复修改,综合考古、美术、宗教、测量、计算机、摄影、物理、化学等人文和自然学科领域的研究成果和技术,终于编纂出版了具有科学性和学术性的《敦煌石窟全集》第一卷《莫高窟第266—275窟考古报告》。

第三,石窟遗址和洞窟的清理发掘。

1979—1980年,恢复了60年代中断的莫高窟南区窟前殿堂遗址发掘。此次在莫高窟南区南段清理出的第130窟窟前下层遗址,是莫高窟窟前规模最大的铺砖殿堂建筑遗址。1985年,将“文革”前后的莫高窟南区窟前殿堂遗址发掘资料进行整理,出版了发掘报告《莫高窟窟前殿堂遗址》。

1999年10—11月，为配合莫高窟窟前环境整修工程，对第96窟（北大像）窟前和窟内进行了清理发掘。窟前发现了民国、清代、元代、西夏及初唐时期的殿堂遗址和遗物；窟内发现了民国、清代、元代、西夏及初唐时期的洞窟地面和遗物。这一次的发掘，首次发现了莫高窟初唐时期的窟前殿堂遗址，恢复了北大像的原有高度，为莫高窟南区窟前地貌变迁提供了资料。

1988—1995年，经过了对莫高窟北区洞窟六次大规模的清理发掘，这项重要的考古发掘工作，为揭开莫高窟北区神秘的面纱，了解莫高窟的全貌和营建历史，提供了宝贵的实物资料。通过对莫高窟北区长达700米的崖面上已暴露和被沙掩埋的全部洞窟进行清理和发掘，探明该区共有洞窟248个（含已编号的第461—465窟），基本上弄清了每个（或组）洞窟的结构、使用状况、功能和年代。其中有僧众生活的僧房窟、修行的禅窟、仓储的廪窟、葬身的瘗窟等，形制有别，功能不同。洞窟的分布大致是，北朝洞窟从该区南部开始，隋唐的洞窟分布在中部，西夏之后的洞窟集中于北部。清理中还出土了不少遗物，有钱币类的波斯银币、开元通宝、宋代铜铁钱币、西夏铁币，木质文物的木雕彩绘俑、回鹘文木活字，泥塑类的脱塔、脱佛、影塑经变，金属类的铜质十字架、铁质削刀以及文献类的汉文、西夏文、回鹘文、藏文、蒙文、梵文、八思巴文、叙利亚文等多种民族文字文献和日常生活用品等。遗迹和遗物说明北区是僧众活动的区域。出版了《敦煌莫高窟北区石窟》考古报告三卷。

莫高窟南区遗址和北区洞窟的全面清理，既揭示出了莫高窟在漫长的营建过程中外貌景观的变化，也揭示了莫高窟在公元4—14世纪不仅持续不断地修建了南区众多的礼佛窟，而且还在北区修建了僧众从事修行和生活的洞窟。两种不同性质、功能的洞窟既做了分区布局，又组成了统一、完整的石窟寺。这些重要的考古发现，具有很高的学术价值和研究价值，将有助于进一步探明莫高窟的性质、功能和营建历史。

第四，石窟的分期与断代研究。

运用历史资料，首先要搞清其年代，年代不明，其历史资料就无法应用。要研究古代石窟寺，也同样要弄明白洞窟文物的年代。因此，洞窟的分期和建造年代是石窟研究的一项基础性研究工作。在过去研究的基础上，敦煌研究院在这一时期对洞窟分期断代的研究主要表现在以下三个方面：

1. 大量没有纪年的洞窟，采用考古类型学和层位学的方法，对洞窟形制结构，彩塑和壁画的题材布局、内容等区分为若干不同类别，分类进行型、式排比，排出每个类型自身的发展系列；又做平行不同类型系列的相互比较，从差异变化中找出时间上的先后关系。将类型相同的洞窟进行组合，从雷同相似中找出时间上的相近关系，并以遗迹的叠压层次关系，判断洞窟及其彩塑、壁画的相对年代。又以有题记纪年的洞窟作为标尺，结合历史文献断定洞窟的绝对时代。采用这种方法，完成了敦煌莫高窟北朝、隋代、唐前期、吐蕃时期，以及敦煌莫高窟和安西榆林窟西夏时期的洞窟分期断代，揭示出了莫高窟各个时期洞窟发展演变的规律和时代特征。特别是分出了莫高窟北周、回鹘时期的洞窟，以同样的方法，对莫高窟北周时期洞窟做更进一步的分期排年，排出了这个时期十余个洞窟年代上的先后关系。对莫高窟中心塔柱窟做了分期和年代探讨。

2. 史苇湘认为："编辑整理石窟内容总录，分期断代与内容考证是两个不可分割的关键环节。我们在石窟调查中发现考证一些壁画的内容常常从壁画的时代得到启发；而判断洞窟的时代早晚，又常以壁画内容作为佐证。"[1] 史苇湘结合敦煌文书和石窟资料，主要从佛教艺术史角度，对石窟进行了分期研究，与考古分期相比较，两者的分期结果基本一致，如莫高窟北朝洞窟也是分为四期，各期包括的洞窟也完全一致。

3. 依靠洞窟的供养人题记、敦煌文书、碑铭，结合历史文献，考证出了一批唐、五代、宋、西夏时期洞窟的具体修建年代及其窟主。根据崖面的使用情况，将洞窟崖面排列顺序与窟内供养人题记、敦煌文书相结合综合研究，断代排年。

运用不同方法对洞窟分期和年代的研究，相互结合，互为补充。在敦煌石窟分期排年研究中取得的学术成果，不仅确定了洞窟本身的时代，而且为敦煌石窟各项研究提供了时代依据，为敦煌石窟的深入研究奠定了基础。

《敦煌七讲》：中国石窟寺考古学的建立

"考古"一词，汉语早已有之，北宋元祐七年（1092）金石学家吕大临就曾著《考古图》一书，但当时所谓的"考古"，仅限于对一些传世的青铜器和石刻古物的搜集和整理。近代清末至中华民国时期的"古器物学"虽接近于近代考古学，但其含义和现代意义上的考古学并不是一回事。

考古学研究的基本方法就是田野调查和发掘，考古报告简单说就是对于田野考古发掘出来的遗迹和遗物进行全面、系统、准确的记录。科学的田野考古和科学的田野考古报告的出现，使考古学正式成为一门学科，正式成为历史学科的重要组成部分。20世纪20年代第一批留学欧洲的考古专业人员把西方的考古学带入国内，也把西方考古学的方法带了回来。考古就是对遗址进行科学的挖掘和记录。

考古学的年代学也称"地层学"或"层位学"。"地层学"是由地质学引入的名词。地质学中的地层学，目的是研究地球形成的历史，其研究资料是由各种岩石形成的一连串地层系列，这是在自然力量的作用下形成的。考古学中的地层学，目的是研究人类形成的历史。天然形成的土层称"生土"，由人类活动而形成的土层称"熟土"。在多种人为力量的连续作用下堆积形成了一层又一层的地层（考古学称为文化层）系列。古代的遗迹和遗物在一般情况下，是顺着年代顺序被埋在地下的，就是说下层地层出土的遗迹和遗物要早于上层地层出土的遗迹和遗物。我们可以用文化层的相对位置来判断考古出土遗迹和遗物的相对早晚年代。

简单来说，考古学的田野发掘清理，就是从地面按照土层结构，一层一层地往下挖掘，每一层土层是属于哪个年代的，它会分别出土不同的器物。比如说发现青花瓷了，那可能是明代、清代，也可能早到元代。再往下挖，也许会看到"开元通宝"，这就有可能是唐代的地层，但是也不一定，因为晚期的地层也有可能保存早期的器物。再往下挖，一层一层直到挖到生土层。已经发掘的每一土层的遗物都要分开记录，及时贴上标签，分别保存，不然回到室内就无法整理。还要同步照相、测图和记录，挖掘的过程和发现的遗物都要记录在案，这样最后整理出的考古报告得出的结论才能有根有据。

石窟考古，是从考古学角度研究石窟，对于敦煌学的主要研究对象敦煌石窟而言必不可少，因为它是深入敦煌石窟研究的基础。那么，怎么做敦煌石窟考古呢？

我的业师宿白先生有个外号，叫"活字典"，无论是文献还是考古，你问他什么他都能给你解答。涉及魏晋南北朝隋唐宋元时期的遗迹和遗物特别庞杂，如墓葬、古建筑、古遗址、城市规划、瓷器、窑址、丝绸……他博学多才，什么都能讲授。我想，有这么一位师长，真是太幸运了。

早在我还在读中学的1957年，在文化部的高度重视下，由文化部副部长郑振铎亲自主持，制订了编辑出版《敦煌石窟全集》的计划，由当时全国著名的历史学家、考古学家、建筑学家、艺术家等20人组成编委会，当时宿白先生是编委会中少有的几位青年编委之一。编委会先后开过三次会议，出台了出版规划纲要、选题计划、编辑提纲和分工办法等文件的草案，说明了编写、出版一部系统地著录敦煌石窟全面资料的出版物的重要性和必要性。诚然，当时想做的实际是"敦煌石窟记录性图录"形式，不同于现在的敦煌石窟考古报告，又因当时没有考古人员参与这项计划，工作很难展开。

20世纪60年代，宿白先生带北大学生到敦煌实习，特地为敦煌文物研究所做了系列专题讲座，一共讲了七讲，这就是今天文物界广为人知的《敦煌七讲》。正是在这次系列讲座中，宿白先生首次提出了中国石窟寺考古学，系统阐述了理论和方法，为建立中国石窟寺考古学奠定了基础。

宿白先生将田野考古调查发掘，以及田野考古发掘的遗迹和遗物的科学记录，与对全国石窟的长期调查研究的实践结合起来，经过长期的艰苦探索和思考研究后创立了中国石窟寺考古学。在《敦煌七讲》这个系列讲座中，他提出了许多创见。

他的石窟考古研究观念，改变了20世纪50年代以前国内外学者都用美术史的方法调查研究石窟寺佛教遗迹的状况，为我国建立了用科学的考古学方法调查、记录和研究石窟寺佛教遗迹的基本理念和方法，对于全国石窟寺的研究具有普遍的理论指导意义。

宿白先生在讲《敦煌七讲》时，特别讲了敦煌石窟的"正规记录"。宿先生所说的正规记录，就是用考古学方法来全面记录石窟，即通过文字、测绘、摄影的手段，完整、科学、系统地记录石窟。要记录的内容包括洞窟内外的结构、塑像和壁画的各种遗迹及遗物的测绘，尺寸登记表、照相草图和登记工作，墨拓工作，文字卡片记录和简单小结卡片等。他认为正规的石窟记录"即是考古学的全面记录"，"就是石窟的科学档案，也就是对石窟全面了解的材料"。这样可以永久地保存敦煌石窟的科学档案，永久地为各种人文社会科学研究提供科学资料。

宿白先生认为"正规记录"的作用和意义还不止于此，他所要达到的最高标准，是可以根据正规记录，在石窟"破坏了的时候，能够进行复原。这一点对石窟遗迹来讲，尤其重要"，"从逐渐损坏到全部塌毁，要知道它的原来面目，就需要依靠全面详细的记录"。

具体地说，当时宿白先生就提出了要求实测洞窟与洞窟之间连续平面、立面图，分窟的平面图，纵、横剖面图，各壁的立面、壁画原画和后画的实测图，窟顶的实测仰视图，塑像原塑和后塑的正视、侧视实测图，窟前木结构和遗址实测图，轴测投影图；要将洞窟结构、壁画和彩塑各个部位的尺寸全面登记；对洞窟与洞窟的关系，洞窟的外立面，洞窟结构、各壁立面、壁画、彩塑、窟顶、窟前木结构和遗址全面照相记录；对上述测绘和照相所记录的各个部分以及眼睛所观察到的各种现象做出全面、翔实、客观的文字记录；在实测、登记、照相、文字等客观记录的基础上，对记录内容进行小结，对洞窟与洞窟之间的关系，洞窟的原修与重修，坍塌情况，壁画和彩塑的原修、重修及保存状况进行小结。

宿先生在讲《敦煌七讲》时，不仅讲了石窟寺考古学的内容和方法，还讲授了"敦煌两千年"的历史，"石窟寺考古学简介"，"石窟寺研究的专业知识"，其中包括做石窟寺研究必须准备的"历史知识""艺术史知识""佛教著述和敦煌遗书的知识""石窟寺研究成果的知识""石窟寺专题研究知识"等，"有关敦煌石窟的几个重要问题""石窟记录与排年""佛像的实测和造像量度经"等。宿先生的《敦煌七讲》,可以说开创了讲授敦煌石窟和敦煌学研究的先河,对推动敦煌文物研究所开展石窟考古研究产生了重要影响,打下了理论基础。

宿先生通过讲授《敦煌七讲》,建议敦煌文物研究所要把编写科学、完整、系统的多卷本敦煌石窟考古报告,提到议事日程上。

学术界一直希望我和敦煌研究院的同仁们能将宿先生开创的以中国石窟寺考古学方法指导的石窟记录工作进行下去,能有计划、有体系地刊布敦煌石窟的分卷记录性考古报告。但由于工作量大、牵涉面广,缺乏专门的团队,这项工作进展迟缓。直到20世纪90年代才得以创造条件,组织力量,加大力度,记录性考古报告工作才有进展。到了21世纪初,经过反复修改,并经宿先生的指导,考古报告的第一卷才得以完成和出版。

考证与分期

佛教考古涉及的研究方面很多,可做断代研究、社会历史研究、佛教史研究、艺术史研究或综合研究、各种专题研究等。考古研究也好,石窟艺术史的研究也好,石窟的分期断代是个基础。做考古研究之前,必须先做好两项基础研究:分期断代和考古报告,否则无法开展对石窟的深入研究。

什么是分期断代呢?简单地说,任何研究工作都离不开收集资料,收集资料时首先面临的问题就是判断材料年代。考古工作者在对田野发掘的考古资料进行整理研究时,最基本的一项工作,就是要先判断遗迹和遗物的年代问题，年代不清，资料便无法引用。这是一项基础的考古研究。同样，对石窟寺洞窟研究时，也要首先判断其年代。分期断代不能有主观的想象和臆测，必须要有充分的证据和论证。宿白先生在《敦煌七讲》中讲了石窟寺考古的年代学和类型学的分期断代方法。

考古学的年代学分期断代方法，是指用文化层次的先后来判断考古出土遗迹和遗物的相对早晚年代。还有一种方法是类型学，即通过科学地归纳分析对考古资料进行分类。对石窟寺的类型学研究而言，就是对若干洞窟中的每个洞窟的建筑形制、塑像、壁画、纹饰和技法的分类排比，研究其演化过程和规律，从而排出许多序列。类型学的另一个部分是组合问题，如许多序列中有多个系列的变化时期相同，则可归纳为同一组合，也即同一时期。这种成组的变化可作为分期的标准，不同的组合，即不同时期，产生不同组合，又有了不同的时期，即有了分期。由此可确定各洞窟的相对年代的早晚关系。我就是遵照宿白先生讲授的这种分期断代方法，做的敦煌莫高窟的北朝、隋代、唐代洞窟分期工作。

我们这一代人真正开始学术研究很晚，很长一段时间不能做研究，大量的时间都荒废了。我是学考古的，当年我来敦煌主要是为了做出敦煌石窟考古报告的，但是半个世纪过去了，现在仅仅出来第一卷，我觉得我欠的债太多了。如果说还做了一些事的话，就是我和石窟考古的同事合作做的敦煌莫高窟分期断代研究。我们引入年代学和类型学的考古学方法，经过对洞窟资料的反复排比和分析，结合洞窟中供养人题记、碑铭、敦煌藏经洞文献和历史资料,对敦煌石窟早期十六国北朝时期的三十多个洞窟和中期隋唐时期的三百多个洞窟做了断代分期的研究,先后发表了《敦煌莫高窟北朝洞窟的分期》《莫高窟隋代石窟分期》《莫高窟唐代前期洞窟分期》《吐蕃占领时期莫高窟的分期研究》等论文。

　　敦煌石窟分期断代的学术成果既完成了对敦煌莫高窟北朝、隋代、唐代前期和中期洞窟的分期断代,确定了一批洞窟本身的时代,揭示了各个时期洞窟发展演变的规律和时代特征,还为敦煌石窟的各项人文学科研究奠定了时代基础。这些研究成果得到国内外学术界的认可和采纳。

　　分期断代的研究很重要。莫高窟第290窟的开凿年代过去众说纷纭,日本小野玄妙认为此窟是法良禅师所开,向达先生认为是北魏正光时期开凿,日本福山敏男认为是西魏时期开凿。20世纪80年代初,我和马世长、关友惠联名发表了《敦煌莫高窟北朝洞窟的分期》的文章,我们以北朝仅有的第285窟北壁西魏大统四年至五年(538—539)纪年题记为标尺,采用考古学类型学排比分析的方法,将莫高窟十六国北朝时期洞窟分为四期。根据第290窟的各种特征,排列在第四期,即相当于北周(557—581)时期,得到学界认可。后来,我发表了《莫高窟第290窟的佛传故事画》的文章。此文运用图像学的方法,考证出莫高窟第290窟窟顶画面的题材内容是佛传故事画,还阐述了在北周时期的洞窟绘画长达87个画面的长篇佛陀传记故事,与北周佛道斗争和北周武帝灭佛的关系。这些研究的基础,是对洞窟及其佛传故事画内容的准确的时代判断,由此文章的论断才能够成立。

考证和断代分期不是想象出来的，而是需要通过很多历史文献和资料，以及具体的勘查最后确定下来的。比如对敦煌吐蕃占领时期（786—848）莫高窟洞窟的分期断代研究，首先系统地收集吐蕃占领时期约57个洞窟的资料，包括洞窟结构，壁画的布局、题材与内容，塑像的组合与内容，造像特征，供养人服饰等，参考了前人在装饰图案与屏风画方面的研究成果，选出了47个保存较好的洞窟。研究人员在历史文献的基础上，以纪年洞窟为标尺，按照考古类型学的方法将以上各项资料进行分类排比，按各类型自身的发展规律排出序列，然后分析各洞窟在类型上的异同，从而将相近洞窟进行组合，再根据文献资料所反映的历史背景，结合洞窟自身发展变化的规律进行分期与年代的研究，并得出相关结论。

因为莫高窟吐蕃时期的洞窟紧接盛唐时期的洞窟而建，在做吐蕃时期洞窟资料排比分析时，还必须将之与前代盛唐时期洞窟的承接和区别做比对，弄清其特征的发展变化，要对盛唐末期的洞窟从窟形、塑像、造型、装饰图案等方面一一考察。比如盛唐末期的前一阶段的菩萨身形有明显的"S"形曲线，不佩戴长璎珞，头部较初唐变得较小，面型宽短且五官细小集中，脖颈粗短，腹部进一步增大且圆鼓，肌肤丰肥。到了后一阶段，菩萨的身形变得直立而无曲线，不戴冠及装饰品，上身着圆领小衫，披巾宽大，下着曳地长裙，花卉图案色调清淡，神态端正凝重，气度雍容典雅，更富女性特征。此类形象的特征更接近吐蕃时期的造型，为吐蕃时期造型样式的确立打下了基础。

而"开凿有人，图素未就"的洞窟，正是当时唐代社会动荡不

1964年,在敦煌文物研究所工作　敦煌研究院/供图

安的表现。因此还要结合文献研究"安史之乱"后河西地区的社会状况,才能了解清楚敦煌佛教活动受到的影响,甚至洞窟停工的原因。根据洞窟的比对,文献的研究,确定吐蕃统治的早期共建洞窟约29个,补绘前代洞窟约20个,后代重绘者约5个。吐蕃统治晚期,共开窟约28个,后代重绘者约6个。

在分期研究的过程中,我也考证出了一些原来没有弄清楚的问题。我主要从事敦煌石窟考古研究,虽然并不专门从事藏经洞敦煌文书研究,但也离不开这些文书资料。因要研究敦煌石窟佛传故事画,也要寻找藏经洞文书中与佛传有关的内容,我查阅了藏经洞出土P.3317号文书《〈佛本行集经〉第三卷已下缘起简子目号》(以下简称《简子目号》),撰写了《P.3317号敦煌文书与莫高窟第61窟佛传故事画及其榜题关系研究》。

该文书存56行,首尾完整。古代佛教将释迦牟尼佛一生之传记故事,称为"佛本行"。该文书的题目本身已明确告诉我们这样一个信息:它的内容源于《佛本行集经》的第三卷已(以)下缘起(开始的)简子目号(选出的佛传故事情节,用简约的文字逐一列成条目,每条条目作为子目,按故事情节的顺序,以自然数字序号系统地编排为一份完整简要的子目集成)。

经与隋代阇那崛多所集的《佛本行集经》核对,《简子目号》虽在佛经中找不到对应的文字,但均是从该经经文中提炼的佛传故事情节。《简子目号》的子目情节相连,排列有序,共118条,其每条子目的文字少则几个字,多则十多个字,每条子目之末都有一个"处"字,应是一份佛传故事情节集成的目录性文书。那么为什么要写这件文书呢？

《简子目号》文书的内容源于《佛本行集经》，共118条。莫高窟第61窟佛传故事画及画面上榜题文字的内容也出自《佛本行集经》，有128个画面，数字比较接近。既然两者有相似之处，我就将它们做比对，研究两者之间的关系。因藏经洞有一些出土文书是属于莫高窟壁画榜题文字的底稿，我曾经猜想《简子目号》文书的子目文字，是否可能是佛传故事壁画上榜题文字的底稿。经比对研究，我发现《简子目号》的子目文字的佛传故事情节和佛传故事画及其榜题文字相合，但不相同。所谓相合，是指两者所表达的内容一致，且都指向同样的画面，这说明它们存在着某种联系。所谓不相同，是因为《简子目号》的子目文字，与佛经经文不相对应，字数较少，只点出了佛传故事情节，而佛传故事画上的榜题文字较多，少则三四十个字，多则一百多个字，且是直接摘录于《佛本行集经》经文。所以，完全可以排除《简子目号》的子目文字是佛传故事画榜题文字底稿的可能性。那么，《简子目号》的子目文字与佛传故事画及其榜题文字又有何联系呢？

再观察第61窟的三十三扇屏风所绘佛传故事画，并不是平均分配画面，每屏画面多少不一。少则一屏两个画面，多则一屏八个画面，还有一屏三、四、五、六、七个画面的。每屏无论画面多少，画面情节及其榜题文字的内容都相吻合，三十三扇屏风与屏风之间画面情节及其榜题文字的内容又是相连相续的；《简子目号》除少量子目外，大多子目的顺序基本与第61窟佛传故事画面情节及其榜题文字的内容相一致。

这足以说明《简子目号》与第61窟佛传故事画面情节及其榜题文字之间有关联。那么是什么关联功能呢？第61窟三十三屏128个画面一个不漏，并连接有序，没有错乱，说明上壁面绘画的128个画面的佛传故事不可能是随意绘画的，应有事先的设计布局。既然《简子目号》与第61窟佛传故事画和榜题文字如此相合，则可推断《简子目号》为第61窟佛传故事画和榜题文字的情节设计稿。此稿的完成大致经过如下：首先从《佛本行集经》第三卷以下至第四十二卷的相关卷次中选出佛传故事情节的所需经文；接着从选出经文中提炼出佛传故事需要的情节，形成简约文字的一个个条目，即子目；然后将单个子目按佛传故事情节发展顺序进行排列，依次在每个子目前冠以数字序号，在排序好的子目旁，以小字注写相关子目的《佛本行集经》的相应卷次号，为了做好佛传故事画的总体布局和每个画面情节内容的准确定位，在条目后缀以"处"字；最后，依照《简子目号》子目旁所注的相应卷次号，从《佛本行集经》中摘录相应经文，形成书写于相应画面的榜题文字。

《简子目号》产生后，设计者和绘画者为了将其设计的128个画面全部绘制于第61窟南壁后半部、经西壁至北壁后半部下部的45.9平方米壁面上，根据莫高窟中唐以来故事画多半绘于屏风上的传统与佛传故事画内容的需要，将45.9平方米壁面划分为三十三扇屏风。128个画面要画在三十三扇屏风内，没有一番精心的整体划分，是无法安排好的。为了给每个画面做出具体准确定位，只有将《简子目号》写有数字序号并尾缀"处"字的整条子目文字,书写于每扇屏风已划分好的相应壁面的位置上,表明此处壁面是应画某情节之处,以保证绘画过程各个情节准确到位,不会发生错乱。至于《简子目号》的那些子目条文,在佛传故事画的绘画和榜题文字的书写过程中,势必已逐渐被覆盖了。

因为没有发现第61窟佛传故事画的画稿,也没有掌握如何绘画的证据,所以我无法说明第61窟佛传故事画到底是怎么画的,只能破解《简子目号》文书乃第61窟佛传故事画及其榜题文字的情节设计稿,指导着佛传故事画绘制的全过程。

如果这一结论成立,那么《简子目号》应产生于曹氏归义军政权统治时期。因第61窟是归义军节度使曹元忠妻"浔阳郡夫人翟氏"的功德窟,此窟建造于五代(947—951)。曹氏归义军政权在敦煌设置了画院,因此,《简子目号》及根据此文书设计绘画的第61窟佛传故事画及其榜题文字,均应由曹氏画院的画师所作,他们甚至可能是莫高窟第61窟及其壁画、彩塑的作者。

考证和发现的过程是缓慢和艰辛的。但是这是基础,只有你弄明白了,搞准确了,别人才能放心地使用,否则就会以讹传讹。佛教考古必须要熟悉佛教经卷和文献,这样才能将壁画内容与文献内容做比较,并做出有说服力的解读。

比如世俗画的研究,敦煌壁画中的世俗画有很多表现的是民间宗教仪式,也就是做道场。做道场需要有请神送神的仪式。世俗画和当时的社会文化和习俗究竟是一种什么关系?绘画背后的历史和文化是什么?这样由世俗画的研究就会辐射出许多历史、宗教、哲学、习俗、礼仪的问题。所以,敦煌学的研究,如果要深入,就必须下基础的功夫。

如果敦煌学的基础工作不扎实，就会影响未来学术研究的高度。实物研究必须和文献研究结合起来，文科和理科必须结合起来。如果固守一小块研究领域去钻牛角尖，钻着钻着，就会停滞了。比如说《妙法莲华经》《金刚经》《维摩诘经》都有经变，需要有人系统研究，这些经变所依据佛经的不同译本和来源都需要下功夫考证，设法弄清楚。夯实最基础的研究，做最扎实的学术，这就是敦煌研究院的学风。

我们做的研究必须要经得起后人的检验。佛教考古只要钻研进去，是没有底的。有时候人家问我，你在那里待了五十多年了，你老专家都弄通了吧？我说，很惭愧，没有。每一个洞都有其主题，有其功能，有的我说得清，有的我说不清。佛教考古只是一个专业，敦煌学是一门交叉学科，仅靠一个专业是做不好研究的。敦煌学的研究要多专业、多学科结合，方能做出学问。

为了"还债"

我大学毕业的时候，苏秉琦先生特意找我谈话，叮嘱我到敦煌后要完成敦煌石窟考古报告。宿白先生更是非常关心这件事。可是这个报告迟迟没有完成，这是我平生欠下的最大的一笔债。自大学毕业到2000年前后，我在敦煌工作已近四十年，报告却还没有完成。

记得20世纪80年代初，宿白先生来敦煌讲学，他特意来看望我。到了宿舍,发现我桌子上放着一些关于文物保护方面的材料和文件,就问我:"你弄这个干什么?"我回答宿先生:"我现在分工负责敦煌的保护工作。"

宿白先生毫不客气地说:"你懂保护吗?"我说:"我不懂。"宿先生说:"你不懂你怎么管?"其实,我非常明白宿先生的意思,他的意思就是让我好好做学问,专心做自己的考古研究,其他事情少管,不能把大量时间耗费在和自己专业无关的事情上。我真是有苦说不出,只有咬牙坚持,心下暗暗发誓,总有一天我还是会回到石窟考古的。

我刚来到敦煌文物研究所工作时,曾试着做过莫高窟北魏第248窟考古报告的初稿,这只能算是一个刚毕业的大学生的习作,谈不上什么成果。后来,"文革"使业务工作长期停顿。20世纪80年代,敦煌文物研究所已恢复正常业务工作。因人手不足,石窟考古报告的编写工作到80年代后期才得以恢复。因工作量大,有不少难点,考古报告工作进展缓慢,但我们还是在努力做测绘,收集资料,做好文字编写工作。

2000年前后,我们带着尚未完成的考古报告和遇到的问题,来到宿先生家里,向他请教,征求意见。此前,宿先生许久听不到我做考古报告的消息,误以为我根本就不搞考古报告了,不免对我这个学生有点意见。我突然来向他请教,他奇怪我怎么又做起考古报告了。宿先生直截了当地说:"你怎么现在想起写考古报告了,你是为了树碑立传吧?"我当时哭笑不得,只能说:"宿先生,我拿这个考古报告怎么树碑呀?考古报告能树什么碑?"其实宿白先生这么说是有原因的,因为当时常有电视台采访我,有报道我的新闻。所以宿白先生是想借此机会提醒我,不要老在电视里晃来晃去,不要把时间都浪费在那些毫无意义的事情上,要专心致志地对待自己的学术研究。

过了一阵子,我又去向宿先生请教,他又问我:"你写考古报告是不是为了树立政绩?"我半开玩笑地回答说:"宿先生,您真了不起!居然还知道'政绩'这个词。我要是为政绩的话,就不知把多少升官的机会丢掉了。"宿白先生不说话了。

又过了一段时间,在我负责的考古报告第一卷工作将要完成之前,我再去向宿先生请教,他又问了我一个问题,这一次我不说话了,只是点头。宿先生问我:"你是不是为了还债?"还债,就是还债,确实是还债!我心下暗想,如果不把石窟考古报告做出来,这一辈子到敦煌来干什么来了?把院长当得再好也没用。宿先生当时又慢悠悠地说:"现在书太多了!"我也慢悠悠地跟他讲:"我做完第一卷,还要继续做后面的考古报告,问题是考古不好做。聪明人、能干的人都不爱做这个事,那么就让我这样的笨人做吧。"

这就是宿先生的风格,他对自己、对学生严格了一辈子。他从来也不表扬学生,永远都是敲打。他可以对不认识的人非常客气,但一旦发现自己学生的问题就立马"收拾"。我理解宿白先生说"还债"这句话的意思,那就是你终于回到正题了,做了该做的事了。当年,宿先生把我带到敦煌去实习,就是希望我在学术上能够做些成绩,可是这么多年过去,我为了敦煌的事业,几乎耽误了自己的专业。宿白先生是出了名的严谨和严格,毫不客气地对自己的学生"当头棒喝"，不过正是宿先生的"棒喝"，才督促了我，才使我不忘老师的叮嘱和要求，不忘自己作为石窟考古工作者的使命，才促使我下了不完成一卷敦煌石窟考古报告就不罢休的决心，也教会了我一辈子无论做事、做学问，都要守一不移。

　　宿白先生严格，但是也很爱学生，如师如父。有一年，我回北大，为的是完成一篇论文。当时宿先生不在北京，但是他念及我没有地方住，就告诉我到哪儿取他家里的钥匙，让我住到他家里去。还说等他回来要再请我吃饭。后来很多次我去北京拜访宿先生，宿先生都要留我在家住。我少年离家，父亲过世早，常年一个人生活在西北大漠，早已把北大和老师的家当成了精神上的家。宿先生可能也感受到了这些。

　　2016年9月，北京大学人文社会科学研究院正式成立，邀请我回母校做访问学者。那一次我和老彭一起回母校，我们两人就一同去看望宿先生。当时宿先生已是九十四岁高龄了，见到我们他很兴奋，表扬了彭金章的《敦煌莫高窟北区石窟》(3卷)考古报告。宿白先生从来不表扬学生，这次表扬老彭是很少见的。

敦煌石窟考古报告的重要和困难

　　敦煌石窟是甘肃省西端的敦煌市莫高窟、西千佛洞、瓜州县榆林窟、东千佛洞、水峡口下洞子石窟、肃北县五个庙石窟、一个庙石窟等石窟群的总称。这些石窟都在古敦煌郡境内，地域相近，历史条件相同，内容相仿，风格相似。

莫高窟是敦煌石窟中的典型，也是闻名于世的中国最大的石窟群。位于今敦煌市东南25公里处的鸣沙山东麓的峭壁上，坐西朝东，前临宕泉河，遥对三危山。它创建于公元366年，连续营建十个世纪，14世纪停止开窟，经历从北凉到元十个朝代。莫高窟崖体高30到50米不等，崖面上洞窟左右毗邻，密若蜂房，大小不一，上下错落四至五层，分为南、北两区。在1700多米长的峭壁上，现存735个洞窟，其中南区487个洞窟内有塑像2000多身、壁画45000平方米，是礼佛的殿堂，1900年发现的藏经洞内存有50000余件文书和艺术品；北区248个洞窟，除5个洞窟外，其余洞窟无塑像和壁画，只有土炕、灶台和小壁龛，是和尚修行坐禅、生活居住的场所。人们进入有彩塑和壁画的洞窟，在面前展现的是领域异常广泛、内容无限丰富、艺术美不胜收的文化艺术殿堂，它形象地反映千年佛教和佛教思想的发展和本土化演变；2000多尊彩塑，真实地了反映了千年彩塑发展创新的成就和脉络；数万平方米壁画真迹，真实地再现了已失传千年的诸多绘画名家的人物画、建筑画、山水画、花鸟画、经变画、图案画等不同画种发展创新的成就和脉络；壁画中描绘了千年间农耕狩猎、婚丧嫁娶、生老病死、衣食住行、音乐舞蹈、体育百戏等充满情趣的社会生活和民情风俗场景；又是千年中外文化艺术和我国多民族文化艺术交流的见证。莫高窟艺术的成就，是世界上留存至今的任何佛教遗址所无法比拟的。站在世界文明的角度来看，莫高窟代表了世界多种文明之一的中华文明艺术的杰出成就，也是世界多种文明融合的结晶。由于莫高窟具有特殊的和无与伦比的珍贵价值，

1961年被国务院公布为第一批全国重点文物保护单位，1987年被联合国教科文组织世界遗产委员会列入《世界文化遗产名录》。

我到敦煌工作的任务，主要是从事石窟考古的工作，特别是要做敦煌石窟考古报告。"文革"前自己只是一个刚毕业的学生，当时做考古报告的时间极短，没有多少想法，只是沿袭实习时的做法而已。20世纪80年代初，敦煌文物研究所刚恢复业务，我想自己还没有做什么业务，却已在敦煌度过了二十载，内心很着急，想尽快恢复石窟考古报告的工作，可是做来做去没有什么进展，越做越难。因此，我的内心十分苦恼、焦虑、无奈，也非常自责。

当时，全国各石窟寺保管研究机构，包括敦煌研究院在内，没有拿出过一部石窟寺考古报告。虽然日本学者采用文字、照片、测绘、拓片等手段，编写出版了大型《云冈石窟》报告，但也只能算是调查报告，称不上真正的石窟考古报告。可以说，石窟寺考古报告并无先例可参考。

那么，敦煌石窟考古报告应该怎么做才能做好呢？我再次学习了宿白先生《敦煌七讲》的"正规记录"，在宿白先生的中国石窟寺考古学理论和方法的指导下，我反复考察敦煌莫高窟崖面和洞窟的特征，又阅读了一些非石窟寺的考古报告，对敦煌石窟报告究竟怎么做进行了反复思考和探索。

古代遗迹和遗物均具有不可再生性。古老的遗迹和遗物，均已经历了久远的时代，因自然和人为因素的作用，几乎都患有不同程度的病害，处于逐渐退化的状态。科学的保护纵然能延长它们的寿命，却很难阻挡它们逐渐退化，它们很难永久存在下去。具有特殊的全球性价值的敦煌莫高窟也不例外，所以做好石窟的调查记录十分重要。

20世纪以来，包括敦煌研究院在内的国内外敦煌学各研究领域，取得了很多研究成果，仅敦煌研究院研究介绍敦煌石窟的出版物就有大约两百多种。然而，迄今还没有一部科学、完整、系统地著述敦煌石窟全面资料的出版物。可是，文物保护专家，艺术和人文学科研究的专家、学者都期盼了解掌握敦煌石窟每个洞窟的全部信息资料。故及早规划并编辑出版多卷本记录性的考古报告《敦煌石窟全集》，对于永久地保存世界文化遗产——敦煌石窟的科学档案资料，无疑十分必要，对于推动历史文化遗产的研究，满足国内外学者和学术机构对敦煌石窟资料的需求，也具有重要意义。而且，在石窟遗存逐渐劣化甚至坍塌毁灭的情况下，科学而完整的档案资料将成为文物修缮乃至复原的依据。

做好不可不做的敦煌石窟考古报告，对石窟考古工作者而言是不可推卸的职责。再麻烦、再难，也要按照石窟寺考古学的"正规记录"方法，通过文字、测绘、摄影等手段，全面、翔实、客观地记录下洞窟所有遗迹和各种现象。这确非容易之事。因为留存到今天的洞窟，多则一千六百多年，少则八百年，每一个都是内容丰富、辉煌灿烂、各呈特色的博物馆。洞窟所有遗迹和各种现象的记录之复杂可想而知。这个记录不只是对洞窟在石窟群中所处的位置、层次、高度、方位等的简单记录，还包括洞窟建筑结构、洞窟中塑像和壁画的题材内容等。

从内容来看，除题材内容外，壁画中丰富的人物、建筑、服饰、器具、乐器、舞蹈、山岭、河流、图案纹样等内容，也都是各种专题研究的重要历史资料，都是不能不记录的重要信息。从彩塑和壁画作为古代艺术品的角度来看，其造型、面相、动态、姿势、构图、敷色、线条用笔等特点，以及制作工艺等，也需要记录下来。从保护和研究的角度来看，敦煌石窟的洞窟建筑结构以及彩塑、壁画使用的泥土、木料、草料、颜料等制作材料，也必须一一记录下来。泥土是什么成分，木料取自哪种树，草料来自哪种草，这些问题都必须研究清楚。颜料则更为复杂，不同颜色，甚至同种颜色无机颜料的矿物质组成各不相同，不同颜色有机颜料的有机染料的组成也不同；还有使用这些材料的制造工艺，都必须记录下来。从洞窟的历史变迁方面来看，一定要阐明原建、原状，是什么时代，为什么；有没有重建、重画、重塑；如有，是发生在什么时代，为什么；洞窟在历史上有无损毁、坍塌、修缮的遗迹，损毁的年代及程度等具体状况，现当代对其保护、修缮、加固的各种举措等。上述方方面面的资料信息，皆要全面、系统地调查、提取、整理、研究，通过文字、测绘、摄影等不同方法记录下来。

做一部记录洞窟全部遗迹的石窟考古报告，成为真正能够永存的敦煌石窟科学档案资料，可谓一项复杂的工程，困难可想而知。

困难之一，是多卷本考古报告的编排和体例问题。多卷本《敦煌石窟全集》（以下简称《全集》）考古报告涉及敦煌研究院负责保管的敦煌莫高窟南区487个洞窟、北区5个洞窟，共492个洞窟（北区243窟业已编写出版《敦煌莫高窟北区石窟》考古报告）、西千佛洞19个洞窟、瓜州榆林窟41个洞窟，三处石窟的洞窟总数达552个。《全集》必然是由多个分卷洞窟考古报告组成的，这就存在分卷的编次问题。

分卷的编次可以有不同的排列，或按洞窟考古的先后排列；或按先重点、后非重点的顺序排列；或按窟号的顺序排列；或按洞窟的时代排列，并且每个分卷的分量不能有太大差异。如果编排不当，会造成整个多卷本《全集》的混乱和重复，所以要做好整体规划，选择较合理和规范的编排方法。尽管各个分卷的洞窟并不相同，但编写体例应该基本统一，否则就失去规范，造成混乱。

困难之二，是石窟测绘的问题。敦煌石窟及其窟内壁画和彩塑均不能移动，洞窟结构比较复杂。洞窟的窟形是通过手工打凿形成的，其大小高低形制全凭工匠感觉，靠目测观察、估算而成，看似规整，实际从窟形、佛龛、中心方柱、佛坛、窟顶到四壁，上下左右无一规整。四壁和窟顶的壁面看似平整，实际无论纵向或横向均不平整，略呈波浪形，壁与壁之间无直角。这些都给测量带来了很大的困难。

传统的手工测量工具，有小平板测量仪、三角尺、皮尺、垂球、方格网等。多年实践证明，用手工测量工具测量结构复杂而极不规整的洞窟及其彩塑和壁画，做不到准确，误差特别大，无法得到科学数据，那么也不可能得到准确的测绘图，考古报告也就无法得到科学的数据记录，有待改换先进的测量工具。

困难之三，是制作材料的提取和复杂的内容记录问题。佛教神祇的生动彩塑，内容丰富的灿烂壁画，它们由草料、木料、颜料和泥土等多种物质材料构成，靠精湛的制作技术造就。它们又都由多层构成，如壁画支撑层的石壁、壁画地仗层的草泥、绘画层的多种和多层颜料；彩塑有骨架、捆扎的草绳、地仗层的草泥、绘画层的颜料等。这些制作材料和制作工艺是考古报告不可缺少的构成部分，属于遗迹信息，不仅要细致观察和记录，而且要融合理工科的多种学科知识。洞窟内除洞窟建筑、塑像、壁画的主要内容外，壁画中还涉及服饰、器具、建筑、纹样、美术等多种内容，这些内容又涉及佛教题材之外的多种专题问题。

困难之四，考古报告编撰的工作量较大。

为了做出一卷真正科学、完整、系统的敦煌石窟考古报告，只有调动自己的思维，寻找和学习突破困难的科学方法！

四十年终于完成《敦煌石窟全集》首卷

经过多年思考研究，与多学科合作，不断增强团队力量，特别是邀请了文物出版社原图书编辑部主任、资深编审黄文昆先生的加盟，又反反复复修改，2011年，多卷本《敦煌石窟全集》第一卷《莫高窟第266—275窟考古报告》由文物出版社出版，这被认为标志着石窟考古进入一个新的阶段。

《敦煌石窟全集》考古报告分卷编排规划的制定，来自一个最基本的认识，那就是：经过对敦煌石窟崖体上洞窟分布的细致观察和分析研究，发现洞窟开凿的早晚和它的排列顺序有极密切的关系。为了使《全集》所含所有洞窟的考古报告具有系统性、科学性、学术性，并为今后《全集》考古报告能有序地、持续地进行下去，我们选择了以洞窟时代为序编排。我们依据多年来对崖面遗迹的考察和断代分期研究成果，经过反复推敲，确定以洞窟开凿时代的早晚作为脉络，兼顾洞窟布局形成的现状，编制了多卷本《全集》考古报告分卷规划。规划包括各分卷的洞窟组合、编排序列，以及编辑体例等。其他排列方法多带有主观因素，缺乏科学依据，因此均不予采纳。

《全集》拟分为"敦煌莫高窟分编""敦煌西千佛洞分编""瓜州榆林窟分编"三部分。通盘考虑三处敦煌石窟的数量、体积、保存程度等具体状况，《全集》拟编成100卷左右。第一卷《莫高窟第266—275窟考古报告》，包括公认敦煌建造最早的"早期三窟"。由此卷开始至第86卷为敦煌莫高窟分编，第87卷到第89卷为敦煌西千佛洞分编，第90卷至第99卷为瓜州榆林窟分编，第100卷为总卷。

《敦煌石窟全集》是20世纪50年代遗留下来而一直未能付诸实行的老课题。数十年来，中国考古学和科技发展表明，在新时代完成这一重要课题，应以考古报告的科学形式，整理和公布石窟文物资料，取代20世纪50年代规划的"记录性图录"的形式。《敦煌石窟全集》第一卷的出版，就是考古报告的科学形式的成果。

报告根据敦煌石窟特点，以独立的单个洞窟，或以成组洞窟为单位分别设章。每个洞窟由窟外而窟内，先洞窟位置，后洞窟结构，再分层分壁叙述。彩塑、壁画及坍塌破坏和近现代遗迹等，分别依次设节，记录阐述各种遗迹。对各种遗迹的所在位置、内容、特征、尺寸、制作技术、颜色、保存状况都加以详细叙述，有的还辅以表格说明。每章之后，概述洞窟营建历史和内容特征作为小结。报告最后一章为结语，综述本卷各窟的内容、性质、功能、特点，重点阐明早期三窟受到来自西域影响和基于本地传统的各种因素，并分析各洞窟的时代。报告的文字力求简明、准确，结合测绘图和彩色图版，全面、科学、系统地记录阐明了洞窟所有遗迹，体现了较高的科学性和学术性。

《敦煌石窟全集》考古报告最根本的追求是力求科学准确。第一卷考古报告，打破了过去仅限于文字、绘图和摄影结合的方法手段，采用了考古、历史、美术史、宗教、测量、计算机、摄影、化学、物理学、信息资料等多学科联合攻关的方法手段。

为了使考古报告取得准确的数据，我们放弃了原来传统的手工测量和绘图的方法，找到了掌握先进测量技术的专业公司。我带领考古专业人员和绘图专业人员，与专业的测量技术人员充分切磋、磨合和密切合作。敦煌研究院考古专业人员根据敦煌石窟洞窟的特点，提出明确的石窟考古测绘要求，专业的测量技术人员在充分理解石窟考古测绘要求的基础上，做到三维激光扫描测量仪器选型准确，又集成使用全站仪、全球定位仪、水准仪等多种测绘技术，以达到利用三维激光扫描仪的高精度坐标点，利用点云影像校正下的纹理图像绘制矢量线图，在石窟文物测绘图上以方格网线作控制示意，各窟以平立面关系图校正夹角误差，又利用GPS技术取得测图基点的大地坐标数值。在考古学测绘中，这种先进技术的成功运用在我国尚属首次。

虽然通过三维激光扫描技术能够采集精确的测绘数据，但依然存在各种问题，如壁画画面年久模糊，造型复杂的塑像总有被遮挡、无法扫描到的盲点；点云影像图上不同时代的重层遗迹无法用仪器来分辨；测量专业技术人员很难把握考古测图描绘的要点和时代特征；等等。为了克服这些难题，考古绘图人员根据三维激光扫描技术提供的点云影像图，还要按照考古测绘的要求，做进一步分析、校对、修改，区分层位、辨别形象、把握特征，进入洞窟反复核对，必要时还须通过手工测量加以补充和完善。

敦煌研究院的考古绘图人员在测量专业技术人员的帮助下，采用MicroStation（微型工作站）、Cyclone（赛孔）、AutoCAD等计算机辅助设计软件描绘成图，并参照我国国家工程制图标准，执行其规定的线型、线宽。绘图人员在电脑中完成了本卷报告的全部测绘图。先进的测量技术和绘图方法，是石窟考古测绘的重大突破，不仅保证了测绘图数据准确，而且提高了绘图的质量和效率。

除继续采用以往考古报告的文字、测绘、摄影等传统的记录方法以外，报告还采用了塑像等值线图、敦煌莫高窟近景摄影立面图、数码高清全景摄影拼图、"碳-14"年代测定、壁画和塑像制作材料的分析，试图采用更多不同学科的技术与方法，提升考古报告的科技含量。

第一卷考古报告的彩色图版及摄影图版，是通过摄影照片取得洞窟所有遗迹迹象的实证资料。洞窟结构和洞窟各种遗迹十分复杂，要做到全面记录，且能使摄影记录与测绘记录和文字记录相统一,这都决定了它完全不同于石窟艺术摄影。根据石窟考古的要求,报告中采用的摄影资料不仅表现了洞窟的分布位置、整体面貌、窟内结构、彩塑、壁画及其全部细部,而且还充分表现了不同遗迹之间的空间关系,重修、重塑和重绘的迹象,早晚层次的叠压关系,不同时代的施工工艺及近现代遗迹等,并注明了每张照片的拍摄年份。总而言之,在追求科学性方面,本次考古报告超越了以往的考古报告。

考古报告后的附录有六个部分,附录一、二是本报告出版前发表过的对于第一卷所涉及洞窟的全部文字记录及图像资料,用于与报告中的洞窟现状进行对照分析;附录三的论著、资料目录,可供读者研究参考;附录四的本卷洞窟"碳-14"年代测定报告可作为考古分期断代的佐证;附录五是对于先进三维激光扫描测绘技术在考古测绘中应用的说明;附录六是用多光谱无损分析技术与介入性的壁画剖面分析及X射线衍射分析技术相结合,得出了不同层位的塑像骨架、壁画和彩塑地仗的泥土、草料、胶结材料,以及原绘、重绘不同层次颜料的制作材料和技术的结论。

1963年我来到敦煌工作,2011年才出版了《敦煌石窟全集》第一卷考古报告,真是感到无比内疚和惭愧。令人欣慰的是,考古报告的出版得到了国内外学者的认可。第一卷考古报告是永久地保存、保护世界文化遗产敦煌莫高窟及其他敦煌石窟的科学档案资料,推动了敦煌石窟文化遗产的深入研究,满足了国内外学者和学术机构对敦煌石窟资料的需求,在石窟逐渐劣化甚至坍塌毁灭的情况下,它为全面复原提供了依据,使之成为可能。

　　第一卷考古报告的出版，还为敦煌研究院今后继续编写多卷本《敦煌石窟全集》各分卷奠定了基础，也为其他文物机构编辑出版石窟考古报告提供了借鉴。未来，《敦煌石窟全集》将作为敦煌研究院的"世纪工程"，持续地、不间断地、坚持不懈地一卷一卷做下去。

急功近利是学术的死敌

　　敦煌石窟考古报告搞了二十多年才出来一卷，第一卷出版后已经八年过去了，第二卷还没有出来。我经常和同事说，咱们"三个臭皮匠顶个诸葛亮"，我们当不了诸葛亮，但臭皮匠长那么点志气，团结一心，努力学习，不懈探索，也可成为诸葛亮。守着敦煌石窟，我们不做这个苦差事谁做？咬着牙也要把硬骨头啃下来。

　　考古报告是最基础的基础，我们这代人的使命就是在敦煌研究的学术上为后人打下基础。就好像建造一个城市，城市的下水道一定要做好，不能几年就出问题，要保证一个世纪不出问题，这样的基础建设才是经得起考验的。学术也一样，基础研究就是学术的基础工程，是地基，地基必须要打牢，否则都是空中楼阁，是建在沙丘上的。但问题是，现在谁都不愿意给别人打基础，都不愿意给别人做嫁衣裳。

　　敦煌的学术史中，始终有一群人在从事最基础的研究工作。历史赋予他们的学术使命就是铺设研究的地基，犹如为一座城市建造地下工程。它不为人见，也不起眼，但是只有地下工程足够坚实,城市地面以上的工程才能得到保证。一个人也好,一个学科也好,一定要在自己已有的优势和基础上,继续往前走,不能离开原来的基础。

在争取开拓性研究时,我们也不能离开原有的基础。比如,我们过去已经做了分类研究,香港商务印书馆出版的专题分类《敦煌石窟全集》(26卷)凝聚了几代敦煌学者的重要研究成果,包括佛教、艺术、科技、交通、图案等专题研究。这套书是敦煌研究院三十年比较扎实的一个标志性成果,多数同志还是下了功夫。这样的专题还是应该在已有的成就基础上进一步往下深入。敦煌学是急不出来的,必须扎扎实实做基础研究,必须老老实实地做,不能急功近利。学术研究绝对不能只看数量。

再比如"一带一路"的研究。"一带一路"沿线的石窟、遗址和文物与我们的关系最为密切。敦煌是"一带一路"的咽喉之地,在地理上就是一个点,但这个点很了不起。学术研究要重视基础和传统,在原有的基础和传统上继续往前拓展。所以,原来的石窟专题研究,"一带一路"的研究需要我们进一步深入研究。丝绸之路的研究要碰到很多外来文化,外来文化到了新疆和敦煌,发生了什么变化,中西方文化到底以什么样的方式碰撞和交融,产生了哪些变异,形成了哪些新的东西,我们必须要说清楚,并且讲出道理来。比如你说这个图像受到波斯的影响,怎么证明?你要考证,需要有说服力的证据和论证。又比如说乐器,你说这种乐器是从波斯进入中原的,如何证明?依然需要考证。

随便举个例子,第275窟的狮子座,那个狮子座肯定是受到了犍陀罗的影响，我们本土是没有狮子座的。那么犍陀罗艺术怎么影响了莫高窟的造像艺术，这里面有什么渊源关系，就需要刨根问底，刨不清楚，就说不清楚。真正能刨清楚，必须要下功夫。还比如少数民族和少数民族文字，希伯来文、梵文、藏文、西夏文等，那些消失的文字，都需要有专门的人去研究。考证的难度很大，需要很多条件，特别是语言。弄清楚这些问题，需要阅读很多文献；许多文献是外语，甚至是已经消亡的语言，你破解了语言才能知道文字背后的意义。

文科很不简单，但是现在很多人是理科不好了去考文科，文科不好了去考艺术，这样的现象正常吗？文科的研究需要相当智慧的头脑和才干。我对很多人说："你们不要看不起文科，文科才难哪！大学教育分科，虽然在历史上是进步，但是也带来局限。如果每个专业只顾及自己本专业的问题，学术就会走向狭隘。其实，世界上任何事物都有普遍联系，学科之间也是一样。很多年轻的学者一开始没有认识清楚这个问题，等到有一天发现，就晚了。"北大的荣新江教授，他的学术研究视野宽广，跑了很多地方去看敦煌文书。但他又不是光研究书斋里的那点资料，他还熟悉敦煌石窟，他能够把文献研究和实地勘察结合起来，把藏经洞的文献和洞窟的研究结合起来，把莫高窟研究和历史研究结合起来。

目前的学术研究中有一些不良的现象，最突出的就是急功近利，做表面文章。不少所谓的研究成果都是描述性的，重复描述前人已有的研究，而不是贡献自己新的发现和突破。还有一些"伪学者"，认为自己什么都懂，样样精通，可是样样都是皮毛。甚至有个别人对学术研究指手画脚，违背基本的学术准则和规律，随意干扰正常的学术研究，认为学者的考证研究是"小学"。如果严谨的考证成了"小学"，那么陈寅恪、周一良、宿白的研究是不是都成了"小学"？不是所有人都能认识到学术研究的真正意义，这是学术研究的寂寞所在。敦煌学的研究，需要一代又一代的学者持续性地研究，不能中断，特别要重视对于传统的继承。

当年，傅斯年先生说自己一天要花两个小时想问题。对我们来说，如果两个小时太长，那能不能就花个半小时，或者经常想一想，做过的事到底做得怎么样？如果根本不去思考，你还做什么，怎么往前走？所以我不太主张年轻人着急写文章。有的文章如果没有下够功夫，写了也是没有意义的，就是拿着别人的研究成果和观念抄抄改改。我们做石窟考古报告是一种基础研究。考古报告这个课题，聪明的人不愿意做，不聪明的人做不了。做起来费劲费时，一辈子放进去都不够。可它的意义无比重要，因为它能永久地保存石窟的完整科学档案资料，为推动石窟的深入研究，为推动人文科学研究，提供他们所需要的可靠资料，为石窟修复乃至石窟坍塌后复原提供依据。

敦煌石窟第一卷考古报告出版后，有些同行说，这为中国的石窟考古报告贡献了新方法。有的说，这是石窟考古测绘的新突破。也有的说，过去还没有一本考古报告这样细致、详尽，这是一项浩繁的工程。我想我们不能和其他人去比，我们现在和前辈比也没有意义，因为历史时期和具体条件不一样。在新时代完成这一重要课题，应以考古报告的科学形式，整理和公布石窟文物资料。所以说这不是我的贡献，是科技发展到了今天，我只是拿来加以科学运用而已。我们的考古手段、考古工具、考古理念、专业分工都有很大的进步，特别是数字信息的发展给我们带来很多便利，可以做出很多前人做不出的成果。但是，最终是要做出完整、科学、系统的，经得起检验的考古报告。

我的理想是最终这个考古报告不仅让考古学家点头，而且也要使美术家满意；不仅符合科学性，也要符合审美。好多事情就差一步，你迈不过去那一步，就到不了。

---

〔1〕史苇湘：《关于敦煌莫高窟内容总录》，载敦煌文物研究所编：《敦煌莫高窟内容总录》，文物出版社1982年版。

第十三章　莫高窟人和"莫高精神"

"舍身饲虎"的真意

敦煌莫高窟价值特别珍贵，可是由于地处偏远，生活相对艰苦，很难吸引人、留住人。即便是在改革开放以后，生活有了较大改善，有些人到这里一看就说太远了，生活也不好，不愿在莫高窟就业。可是在20世纪40年代，有一位留法归来的著名画家，出于对敦煌艺术的热爱和对古老文化的景仰，毅然留在了这里。他就是常书鸿先生。

当时他面对的莫高窟已经五百多年无人管理，几乎是一片废墟，可他毫不畏惧，不仅没有走，反而把家在重庆的妻子、儿女全都接来了莫高窟，全家在此落户。过了一阵，家庭遭遇变故，妻子突然不辞而别，常先生骑马去追也没追回来。遭遇家庭离散之痛的他并没有离开，他带着两个孩子，继续坚持在莫高窟工作。1945年抗战胜利后，第一批到艺术研究所工作的人几乎都先后离开了敦煌。在这个时候，常书鸿先生仍然坚守不走。不仅如此，他还四处招募青年人才，准备重整旗鼓，继续在莫高窟坚守下去。

为什么常书鸿先生会留下来，一生坚守在莫高窟呢？他曾在自传中写下这样一段感人肺腑的话。他说：

> 在不寐的长夜里，忽而，我脑中又呈现出一幅幅风姿多彩的壁画，那栩栩如生的塑像，继而，我又想到第254窟中著名的北魏壁画《萨埵那太子舍身饲虎图》，它那粗犷的画风与深刻的寓意，又一次强烈地冲击着我。我想，萨埵那太子可以舍身饲虎，我为什么不能舍弃一切侍奉艺术、侍奉这座伟大的民族艺术宝库呢？在这兵荒马乱的动荡年代里，它是多么脆弱多么需要保护，需要终生为它效力的人啊！我如果为了个人的一些挫折与磨难就放弃责任而退却的话，这个劫后余生的艺术宝库，很可能随时再遭劫难！[1]

后来，在与池田大作的对谈中，常先生说道："到了人生的最后阶段，我想我可以这样说：到目前为止，我的人生选择没有错。我没有一件让我后悔的事。"他还说："我不是佛教徒，不相信'转生'。不过，如果真的再一次托生为人，我将还是'常书鸿'。我要去完成那些尚未做完的工作。"[2]

为了保护莫高窟这座人类绝无仅有的文化遗产，多少像常书鸿一样的莫高窟人甘愿献出了自己的一生。莫高窟北魏第254窟的壁画《萨埵那太子舍身饲虎图》，讲述的是释迦牟尼佛的前世萨埵那太子在与两位兄长去山林游玩的途中,为了拯救一只因饥饿而濒死的母虎和它的虎崽们,慈悲而决绝地舍出自己肉身的故事。可以说,这个故事就是莫高窟人的精神写照。常书鸿先生几十年如一日坚守大漠的精神,不就是当代的舍身弘道吗?

"舍身饲虎"作为佛教经典故事,随佛教从印度传入中国。在《贤愚经》《菩萨投身饴饿虎起塔因缘经》《金光明经》《合部金光明经》《金光明最胜王经》等佛经中都有"舍身饲虎"的故事。这个故事宣扬了佛教的核心教义:慈悲与奉献。

宣扬慈悲和奉献的佛教精神,是佛教壁画的使命。

《舍身饲虎图》,画的是敦煌妇孺皆知的佛教故事,许多洞窟都绘制了萨埵那太子舍身饲虎的场面。它本来源于佛教救众生于苦难的宗教意图,借助这种极端情境下的场面,强调佛教对众生的慈悲,以此激励广大信众的决心。这种宗教救赎的意识在于推动和鼓励信众为了自己的信仰而不惜牺牲奉献的精神,并将因信仰而献身的瞬间展现得格外神圣和美好。奉献和牺牲的决心越大,死后进入涅槃境界的可能性就越大。

在所有关于"舍身饲虎"的壁画中,北魏第254窟的这一幅毫无疑问是最特殊的。这幅壁画在一个不大的画面里同时画出了舍身饲虎发生在不同时空的情节。第一次萨埵那太子纵身从山崖高处跳下,由于母虎已奄奄一息,无力去吃躺在面前的萨埵那太子;太子决心已下,便再次登上山崖,以木枝刺颈出血,然后再次跳下。这样就可以让众虎闻到血腥味,先舔其鲜血,等到气力有所恢复后,再啖食全身。画面还呈现了为死去的太子悲痛欲绝的国王、王后等人，他们为萨埵那太子的慈悲功德建塔纪念，并且被他的慈悲所感化。

这幅壁画在不足两平方米的壁面上绘出了二十个人物、八只老虎、五只山羊、两只鹿、一只猴子，还有重重山峦以及一座庄严的白塔。整幅壁画形象众多，内容丰富。它的绘画叙事不是线性呈现情节性的画面，而是一种极具现代性的绘画思维，壁画把复杂的情节整体重叠地处理在有限的空间里。整幅画面的重心非常突出，那就是刺颈的萨埵那与跳下山崖的萨埵那，两个萨埵那手脚相连，刺颈的萨埵那举起的一只手与跳下山崖的萨埵那跃起的脚形成了一种画面的动势和节奏。画师把不同时空里的两个萨埵那同时纳入一个画面，他们前赴后继拯救众虎，形成了凝固的画面中一种时空的动态张力，彰显了萨埵那太子舍身奉献的决心。整幅画面在极度紧张的情境中，却呈现出一种内在的从容和超然。

壁画中先后两次舍身的萨埵那，在我看来是一种超越了单一时空的前赴后继的“自我牺牲”的象征。萨埵那不是一个人，而是意指许多人；不是一个固定时空的牺牲的呈现，而是一切时空的神圣的牺牲的呈现，是超越时空的为理想和信仰而舍身的总体象征。

1944年，一批志士仁人、青年学子远离城市，来到大漠戈壁，艰苦奋斗，初创基业。初创国立敦煌艺术研究所的时候，以常书鸿为代表的第一代莫高窟人，在荒芜凋敝、飞沙扬砾、物资匮乏、交通不便、陋屋斗室、无水无电的艰苦条件下，筚路蓝缕，开基创业。然而，当研究、保护和传承工作初现端倪的时候，又遭遇了政治运动频发的特殊历史时期。在这个时期，一些人遭受不公正的待遇，忍辱负重，历经艰辛坎坷，却始终矢志不渝。

这些"打不走的莫高窟人"在改革开放之后继续砥砺前行，把前辈开创的事业发扬光大。80年代，虽然莫高窟艰苦单调的生活并无多大改变，但仍然有不少风华正茂的青年学子从祖国四面八方"自投罗网"，来到大漠深处。他们舍小家，顾大家，淡泊明志，板凳能坐十年冷。不管是煤油灯下埋首勤学，靠镜面折射借光临摹，踩"蜈蚣梯"考察洞窟，还是不厌其烦，开展石窟数字化，分析壁画病害机理，建设敦煌学信息资源库……道路虽艰，但研究人员乐此不疲，乐在其中，终于在敦煌学的各个领域获得建树。

几代莫高窟人以他们的青春和生命诠释的正是"坚守大漠、勇于担当、甘于奉献、开拓进取"的"莫高精神"。在敦煌研究院的一面墙上，写着这样一句话："历史是脆弱的，因为她被写在了纸上，画在了墙上；历史又是坚强的，因为总有一批人愿意守护历史的真实，希望她永不磨灭。"这句话说的就是七十多年来那些打不走的莫高窟人。

庄子赞叹曾子这个人："养志者忘形，养形者忘利，致道者忘心矣！"以艰苦求卓绝，这就是曾子！以艰苦求卓绝，这也是莫高窟人！坚守和奉献源于对这份事业的热爱，对遗产保护的责任。寓保护于研究之中，寓热爱于责任之中，成为莫高窟人的自觉，也形成了身居大漠、志存高远的传统。

敦煌研究院自诞生之日起就自觉担当，以保护、研究、弘扬中华民族优秀传统文化为自己的崇高责任。从百废待兴，抢救文物到面向世界，科学保护；从制定法规，精心管理到探索"数字敦煌"，永久保存敦煌瑰宝。敦煌研究院在为国宝重现光芒的道路上勇于担当，探索奋进，成为我国文化遗产保护领域的生力军。

国内文物系统首个国家级工程中心的建立；第一个文物出土现场保护移动实验室的研发；大陆第一家敦煌学专业学术期刊《敦煌研究》的创办；《敦煌石窟全集》第一卷《莫高窟第266—275窟考古报告》的完成；数字技术在全国文物单位的率先运用；"数字敦煌"大规模存储；实景超高清球幕电影；原大、原状的整窟临摹；"敦煌重彩"新壁画创作；世界文化遗产地科学管理……从无到有，几代莫高窟人就是以"舍身饲虎"的精神开拓进取，使敦煌研究院在全国文保领域的科学保护、学术研究、文化弘扬发展中填补了一个又一个空白，结出了一个又一个硕果。

"莫高精神"的杰出典范

敦煌研究院的每一个人都知道"坚守大漠、勇于担当、甘于奉献、开拓进取"的"莫高精神"，段文杰先生就是"莫高精神"的杰出榜样。

段文杰先生青年时代于重庆国立艺专求学五年，主攻国画，得到了吕凤子、陈之佛、傅抱石、李可染、黎雄才、潘天寿、林风眠等名师的真传和指导。

20世纪40年代，他被张大千在重庆举办的"张大千临摹敦煌壁画展览"深深地吸引，决心毕业后就去敦煌一睹敦煌艺术的风采。不料，他一到敦煌就沉醉在敦煌壁画艺术的海洋，从此再没有了离开的念头。莫高窟像磁铁一样把他吸引住了。

段先生经历了20世纪40年代初创建的国立敦煌艺术研究所、50年代初改名的敦煌文物研究所、80年代扩建的敦煌研究院等各个时期。他将一生奉献给了敦煌，为敦煌艺术临摹和研究，为推动敦煌学研究的前进，为促进敦煌石窟保护、研究和弘扬各项事业的发展，为铸就"莫高精神"，做出了重大的贡献。

1946年，抗日战争胜利之后，国立敦煌艺术研究所的多数艺术家都选择了东返回家，唯有段先生和其他几位青年学子追随常书鸿所长西去敦煌。1947年和1948年，段文杰刚到不久，还与其他同事一起对莫高窟整体进行了一次编号和内容调查。迄今为止，他们当时所做的洞窟编号被认为是最完整和最科学的。段先生长期生活在天府之国的四川，来到荒漠戈壁，其生活反差之大可想而知。当时的敦煌生活和工作条件都极其艰苦。戈壁沙漠，风沙弥漫，冬天的气温在零下20摄氏度左右，却没有任何取暖设备。他们当时住在破庙里，无水无电，物质贫乏。因为太冷，早上出被窝时眉毛胡子都会结霜。

50年代，段先生成了重点批斗的对象，虽然没有"戴上帽子"，却被降了六级工资，株连妻子也丢了工作。白天让他进洞临摹，晚上罚他参加重体力劳动。他就是在这段时期完成了第217窟的《西方净土变》的临摹。1958—1959年，段先生和其他几位老先生整天都在劳动。农业劳动是艰苦的，最艰苦的是他们被安排去石窟加固工程，搬大石头。平时还要每天清洁厕所，冬天厕所的粪便结冰,还得用铁锹甚至钢钎清理。这样的重体力劳动一直持续到1963年,省里派来了工作组进行调查,对段先生的问题做了平反处理,恢复了他的职务和工资。

在极不公正的境遇之下,段先生遭受着精神和生活的双重压力。但他凭着坚忍的性格和无私的胸怀,始终没有倒下,仍坚持自己热爱的临摹。他说自己只要进了洞,就会全然忘记了烦恼,内心一片平静。

"文革"时期,段先生再一次受到冲击,他被批斗,被除名,最后下放农村。但是他坚持思考和研究艺术与美学。等到后来落实政策,他又回到敦煌文物研究所时,他关于敦煌艺术的文章一篇又一篇地发表了出来,这些成果都是他在最困难的时期做出来的。

50年代,段先生担任过一个时期的代所长,他主持的临摹工作做得有声有色。80年代初,段先生接替常老,任敦煌文物研究所的第二任所长。他不仅具有坚实的国画基本功,在敦煌壁画临摹和敦煌艺术研究方面有很高的专业水平,而且有较强的行政工作能力。更难能可贵的是,他在工作中能坚持原则,不计以往个人得失。"文革"期间难免会形成人与人之间的一些矛盾,但是段先生总能以宽广的胸怀积极化解研究所同仁在历史上形成的矛盾和隔阂,调动全所积极性,把敦煌保护、研究、弘扬各项事业提升到新的高度。

段先生于1984年出任敦煌研究院院长,这个时期也是敦煌艺术临摹的黄金时期。在段先生的组织领导下,敦煌研究院老中青三代美术人员结合整窟临摹复制了一批洞窟,在国内外的展览中

1955年,段文杰先生在第130窟临摹壁画　敦煌研究院/供图

尽显敦煌艺术之美。

段先生特别重视敦煌石窟的保护工作，在他的倡导下，有损壁画的印稿法临摹被禁止，只能用面壁写生法临摹。在他的主持下，1987年，莫高窟被联合国教科文组织世界遗产委员会批准列入《世界文化遗产名录》。也是在他的领导下，我们开展国际合作，学习和引进了国际文化遗产保护的先进理念、先进技术、先进经验，积极培养保护人才，逐步建立起自己的保护科研队伍和实验室，从过去对壁画的抢救性保护走向科学保护，从局部保护走向本体和环境的整体保护。

段先生也看到了我们在敦煌学研究上的薄弱，他接任所长后提出，要迅速提高研究水平，逐步扩大敦煌文物研究的领域，逐步拿出一批有分量的研究成果。他自己率先垂范，夜以继日撰写研究文章，调动老中青三代研究人员的科研积极性，出了一批学术成果，还创办了学术刊物《敦煌研究》。

段先生改变了敦煌学研究的核心主要是藏经洞文献研究的认识，提出还应包括敦煌石窟的研究。敦煌学研究中的敦煌石窟研究，也成为国际显学的热门，越来越多的国内外学者参与其中。段先生带领敦煌研究院的学者以及全国敦煌学界学者共同努力，改变了"敦煌在中国，敦煌学在外国"的状况。

段先生格外重视讲解员的培训。因为那时候敦煌石窟已经正式对国内外游客开放。段先生认为敦煌石窟开放必须做好讲解，没有讲解，游客既看不懂，也看不好。敦煌的讲解员应该可以运用不同语言给外宾做讲解。20世纪80年代初，研究院招聘了一批青年人当讲解员,段先生还亲自为他们讲课,也安排我和其他专业人员给讲解员讲课。后来慢慢在敦煌研究院形成学者为讲解员授课的制度。学者们把自己的研究成果介绍给讲解员,以提升讲解员的知识水平。与此同时,还要求每个讲解员要掌握一门外语。敦煌石窟自1979年开放以后,开放接待效果较好,一直受到游客的好评。

到80年代中期,也是在段先生的努力推动下,日本政府无偿捐赠,建设了"敦煌石窟文物保护研究陈列中心"(即博物馆),实现了段先生的愿望。他还多次积极推动到日本、法国、印度等国及中国香港和中国台湾地区举办敦煌艺术展,每次他还要配合展出做不同内容的敦煌讲座,使敦煌艺术的对外影响不断扩大。总之,在段先生主持敦煌研究院工作期间,敦煌石窟的保护、研究和弘扬各项事业上了一个很大的台阶,极大地推动了中国敦煌学的发展,使敦煌这个边远地区的小城为世界所瞩目,这段时期是他人生最辉煌的一页。

段文杰先生作为敦煌研究院的开创者之一,在极为艰苦的条件下,与常书鸿先生等前辈一道开创了敦煌石窟的保护研究事业。段先生以他的一生诠释了"坚守大漠、勇于担当、甘于奉献、开拓进取"的"莫高精神"。

很多人都知道段先生的一个梦。90年代初,他住院期间在病榻上做过一个与敦煌飞天相遇的梦,那个梦太动人、太美好了!后来,他退居二线任名誉院长后,住到了兰州他儿子那里,据他儿子说他时常"闹着"要回敦煌,不愿在兰州,时常做梦还在敦煌。2006年,他再次回到敦煌,特别兴奋,进了洞窟,精神抖擞地给陪同的人员滔滔不绝地讲解。见到我，反复叮嘱我要把敦煌石窟保护好、研究透、弘扬好！段先生的心中有着根深蒂固的敦煌艺术和敦煌事业情结，他心中爱着敦煌、装着敦煌、想着敦煌，一直到生命的最后一刻！

段先生这一代莫高窟人总是让我们想起孔子盛赞颜回的那段话："一箪食，一瓢饮，在陋巷。人不堪其忧，回也不改其乐。贤哉，回也！"一个人能够做到宠辱不惊、安之若素、得之淡然、失之泰然，非有至高的精神境界所不能。画画的时候就画画，喂猪的时候就喂猪，该思考美学就思考美学，该埋头种地就埋头种地，该做学问就做学问，能够在厄运到来时，处变不惊，一念不生，这真是一种"真者不虚，如者不变"的境界。

段先生说："一画入眼中，万事离心头。"这句诗是对他安贫乐道的人格境界很好的写照。和其他研究院的学者一样，段文杰在"文革"时期曾被下放农村，为生产队养猪。没承想，段先生在农村劳动，不但与乡邻相处和睦，还自给自足。他养猪也养得很艺术，通过改善猪圈的环境，调整饲料成分和喂养的时间，几个月后，他养的猪就长得又肥又壮，段先生也成了远近闻名的养猪专家。[3]

据说当地的县委书记为此专程去拜访他。在那样艰苦的境遇下，段文杰先生依然保持着从容乐观的心态。在回忆录《敦煌之梦》里，段先生轻描淡写地描述着那段苦难的日子和伤害过他的人，却留下大量的篇幅抄录着自己当年在农村记的笔记，密密麻麻记录的都是对敦煌的回忆和对莫高窟意义的追索。他详细记载了自己种种内心变化，竟无一字提及"恨"，也无一字述说他人之过。

他在农村将近两年，努力劳动，自食其力，第一年除了粮食每人六百多斤外，还分得现金190元，加上老伴养鸡，天天有鸡蛋吃，自己养两头肥猪，一头卖给国家，一头自己食用。他还用四川制作腊肉的办法，自制腊肉，过着自给自足的农民生活。没事就挑灯夜读，思考和研究他的艺术与美学。

《楞伽师资记》载述五祖弘忍说："四仪皆是道场，三业咸为佛事。"段文杰先生下放喂猪的从容淡定，就是圆融无碍、应物无方的修为，也呈现了知识分子的高贵。

2011年1月21日，段文杰先生在兰州逝世，享年九十四岁。

我们都是敦煌这棵大树上的枝叶

在人和别的事物之间通常存在着三种联系，一是环绕着他的各个事物之间的联系；二是自身和所有事物的神圣关联；三是那些和他生活在一起的人的联系。与此相应，就形成了人的三重责任，三重义务。这种责任和义务要求人处理好自己与其他人事的和谐关系。

敦煌研究院上上下下，我把他们每一个人看成我自己人生事业的同路者，无论是在任时或卸任后，我都一如既往地重视自己对于这个整体的义务和责任。敦煌文物事业之所以能取得一些成就，最重要的就是前辈倡导并培养了一支高水平的专业人员队伍，为日后的发展打下了坚实的基础。敦煌石窟的保护、研究涉及多种专业、多种学科，要做好敦煌石窟保护和敦煌学研究，取得优秀成果，人才是关键。

自己当了领导之后，我就更要努力理解并关心每一个人。人不能脱离社会、脱离他人、脱离集体而存在，每个人都是这一个整体中不可缺少的构成，他的生命在某种程度上和这样一群人是一体的。在敦煌这样一个偏远的地方，每个人就好像是敦煌这棵大树上的枝叶，一荣俱荣，一损俱损。我自己与这棵大树是不能分离的，敦煌是我生命的重要构成，我也是它的一部分。敦煌研究院的每一个人，在他们身上表现的理想和精神，都和这个整体的理想和精神息息相关。到这里来的人都不是为了做官和发财致富，都是克服了各自生活中的诸多困难。从某种意义上来说，能够坚守在这里的人都是很不容易的，都值得尊敬和珍惜。

院里前些年来了一位有研究才能的武汉大学博士，在敦煌工作几年后，家人就希望他回武汉去。他自己也比较为难。一方面他舍不得研究院的敦煌学研究工作，另一方面夫妻分居两地也是个棘手的问题。加之孩子当时还寄养在外婆家，他实在没有办法照顾到家庭。我感觉他有较大的心理负担，但是他又不好意思向院里提要求，我就把他找来说："我帮你想过了，你们考虑小孩的教育，可以理解。对你而言现在有一处住房的问题很重要。我就把兰州的房子处理给你。"他一开始觉得有压力，因为当时已没有福利分房政策，兰州的房价也涨了。但我和老彭商量了，留下一个人才比留下一套房子重要。我们最后以他能接受的最低价格卖给了他。他们全家起初都不同意，觉得过意不去。我认为，对每个职工来说,还有什么能比一家人安居乐业更重要呢?而对研究院来说,最重要的就是人才!

在我看来,每一个能够离开优渥的生活来到莫高窟的人,都怀着可贵的信念,也都战胜了那些世俗意义上的诱惑和欲望。对那些刚来敦煌研究院工作的年轻人,我一般不问他们的基本情况,因为基本情况我早就了解了。我问他们:"敦煌很苦吧?你来了之后受不受得了,你家里同不同意?"我明确地告诉他们:"年轻人有三条道路可走,一条是黄道,一条是白道,还有一条是黑道。黄道是做官,白道是发财,黑道就是做学问,在黑暗中摸索前进。到了敦煌你就只能走黑道了,没有那两条道路可走。"但是他们留了下来,也成了"打不走的莫高窟人"。这么多年来,我在一件事情上尤为坚定,那就是无论在任何时候,都要善待敦煌研究院的每一位学者和艺术家,包括每一个普通的职工。

近年来,游客数量不断增加,我曾经建议院里提高一线工作人员的补助费标准。因为讲解员讲解的工作量大大增加,非常辛苦。我们的警卫战士要24小时执勤巡逻,保障世界文化遗产的安全,责任重大,比较辛苦,我就关照食堂一定要保证他们每顿有肉菜。有几年的大年初一,我都会到保卫处和警卫战士们一起包饺子,和大家坐在一起吃饺子,拉家常。他们不愿意我掏钱,但是我必须要掏这个钱,请大家吃顿饺子。因为我们都是"出家之人",总得我这个年龄大的"长者"请客才说得过去嘛。

我在任期内出差从不带秘书,都是自己拉个箱子就走了。我自己用电脑写文章,学的是五笔字型输入法,这样写文章就方便多了。我这个人不愿给人家添麻烦，我一个人出差随便住哪儿都可以，因为觉得没必要花那么多钱。我最怕别人把我当领导，给我拎包什么的，这让我很不自在。但现在我年龄大了，研究院不让我一个人出门，怕我出事。

冥冥之中，是相同的志向和追求把我们这么多人引到莫高窟，引向莫高窟的保护、研究、弘扬事业，在这里替国家和人类守护莫高窟世界文化遗产。在现实生活中，难免发生矛盾，难免意见不一，但莫高窟人为了事业形成了一种特别的凝聚力。既好像一颗颗星星有着各自的轨道，又有着内在的默契和统一。你看"文革"中，研究所48个人分成16派，每天有大大小小的斗争，但是对于齐心协力把洞窟守好这件事情从来不含糊。十年动乱，莫高窟没有遭到任何破坏，这不是充分说明了这一点吗？

敦煌研究院经过几十年的发展，已经形成了自己的精神传统，正是这个精神传统把大家感召成为一个整体。有人说这是一个"英雄的群体"，因为他们有着对职业的忠诚。其实我觉得莫高窟人是这个时代的"另类"。老一辈人五十年不走，年轻一代三十年不走，现在有多少人能做到？从新中国成立到现在，埋葬在莫高窟的总共有二十七人。这些人都那么有才，都那么有学问，为什么不离开？哪里没有这儿的吸引力大呀？但他们就是舍不下这几百个洞窟，最后把一生都留在了这里，永远留在了这里。每一个人就像大树上的枝条，枝条和整棵大树一起向上成长，他们共有一个树干，共有一个根基。只有这样，才能像沙漠中的胡杨，才能努力从贫瘠的荒漠里吮吸大地的水分和养料，共同沐浴晨光，目送晚霞，共同抵挡着风沙和岁月的侵蚀。

　　我年轻时是个内向沉默的人，上台说不出话，照相的时候就靠边站。但现在我说话直来直去，大胆与人争论，在很多事情的逼迫下，变得非常爱着急，急了以后就会跟人发生争执，有人说我很"严厉"和"不近人情"。这没关系，严格归严格，该解决问题还是要尽心尽力解决，因为我有责任为敦煌事业的发展留住人才。如果有朝一日我离开敦煌时，大伙儿能说，"这老太婆还为敦煌做了点实事"，我就满足了。

　　我唯一的希望是，啥时候再来敦煌，还会有人微笑着请我吃顿饭。

我沾了莫高窟的光

　　在敦煌和在其他地方工作，同样是做文物的保护和修复工作，但意义不尽相同。因为敦煌特别重要，特别脆弱，也特别有名，全世界都关注这个地方。所以我们这些为敦煌石窟服务的人，沾了敦煌的光。

　　我过去的大学同学中，比我聪明的有的是，比我有能耐的也有的是，今天我能有一点成就，这不是我这个人有多大本事，而是因为我在敦煌这个人类绝无仅有的遗产地，因为我们为文化遗产做了点事情，为敦煌的保护、研究、弘扬和管理做了点工作，这些工作符合全人类共同的心愿，而得到了大家的认可。我活到现在这个年纪，明白名利这个东西，其实是虚的，人都是要死的，死的时候什么都带不走。但是，你来到世界上，该做的事做了，尽到了你应尽的责任，出了你该出的力，你没有愧对祖先和前辈交给你的事业，你可以坦然地说："我为敦煌尽力了！"这就是最大的幸福。

人活的是一种精神，虽然有的人可能觉得这个很虚。我不是说物质就全部可以不要，但是精神还是最重要的，是决定性的。因为只有有了精神，才能有创造物质世界的可能。几十年的战争、浩劫几乎使国家经济到了崩溃的边缘，因为有精神的力量，就有创造新世界的可能。

我想是命运给我这样一个机会，让我到敦煌这个地方来，不是来当什么"头头"，而是要切实地把莫高窟的保护、研究、弘扬和管理工作做好，否则对不起这个国家，对不起创造文化遗产的老祖宗，也对不起开创敦煌事业的前辈。常先生和段先生把敦煌这份遗产交给我，我就要把它管好，要好好善待它。人非圣贤，孰能无过，我也不认为我做得完美无缺。我能够客观地看自己，我也能够客观地看别人。我就这么点本事，我这样一个笨人尽心尽力把这件事做好就安心了。能够为敦煌莫高窟这样的地方做一点事情，是我人生的一种幸运，不是任何人都能遇到的。给了我这样一个机会，一个平台，能为中华民族和人类文化遗产做一点有益的事情，我觉得很有幸。天命也好，国家也好，民族也好，这个机会是非常难得的，因此绝不能大意，绝不能做坏了，做坏了就是罪人，再难也要坚持住。精神不是用来说的大道理，而是脚踏实地的实干。对我来说，就是千方百计把这件事情做好，这个就是精神的力量。再说敦煌石窟的保护，关键是因为得到国家重视，给了我们这么多支持,还有国内外那么多高等院校、科研机构和专家学者来和我们合作,更有前辈和全体同事的努力,就我一个人什么也干不了。

别人说你了不起,你自己别真的以为你了不起,你就是做这么点事而已。人们表扬我,我知道自己也就这么点能耐,我不会忘乎所以的。我就是这么个人,也就是这么个心态。我不是什么都好得不得了,也有短板,也有缺点,表扬或不表扬,该做的事还要做。到了这个年龄,我把很多问题看得比较明白了。现在大家都知道樊锦诗,其实樊锦诗没什么了不起,我樊锦诗只是沾了莫高窟的光。在敦煌研究院人们称呼我樊院长,离开研究院,走到马路上,我就是普普通通的一个公民。我就是这样看自己的。有时候别人以为我架子大,其实是我不记人,人家换套衣服我就认不出来了。

另外,还有老彭的支持。当初老彭来到敦煌,我最怕他彻底改行无事可做,那样我就有愧于老彭。但是他在敦煌找到了他自己的工作,发挥了他的价值。我原来怕他待不下去,他却越来越喜欢敦煌,叫他去北区考古,他就高高兴兴地去了。每天像民工一样,一天下来满身都是土,一身的土腥味,最后把考古报告做出来了。如果他在武汉大学他早就该退了,但是他在敦煌找到了新的兴趣和方向。没有老彭调来敦煌,没有老彭相知相伴,我想,我也不可能坚持下去。

我总想,上天赋予我们生命,活在这个世界上,应该为这个世界做点事。从北区一路看过来,十六国、唐代、西夏、元代……现在还能看到一堆堆枯骨在那里,多少历史的过客!人类历史何其漫长,宇宙那么有限,人只是宇宙的一个瞬间而已。

守护敦煌的究极意义

我觉得世界上有永恒，那就是一种精神。

不管你是西方人，还是中国人，是大人还是小孩，是教授还是普通人，人都应该有种精神。为什么说精神比物质更重要？物质坏了可以再造，精神坏了就无药可救了。抗战为什么会胜利？论物质和枪炮，跟人家无法相比。中华民族的子子孙孙，就是坚决不当亡国奴，大家齐心协力让中华民族坚强地屹立在东方，我想这就是精神力量的胜利。我们国家要发展，就靠这个精神。我们还得有这么一点精神，始终有这么一种精神，这个国家才有希望。

这么多人来到敦煌，守护莫高窟，每天都要和佛经、佛像照面，他们的精神来自对敦煌石窟艺术的热爱和对这份事业的执着追求。这个追求的过程在某种程度上和佛教徒的信仰非常相似，因为这也是一个需要"布施、持戒、忍辱、精进、禅定、般若"，需要不断超越、获得智慧的过程。

佛教的布施有"财布施""法布施""无畏施"。如果从佛教"布施"角度来看的话，敦煌莫高窟的保护事业，超越世俗的名利，在困境中保持从容，也是一种"法布施"和"无畏施"。敦煌在西北荒漠，远离城市的繁华。莫高窟是一片净土，是不可复制的人类遗产。在此工作的人肩负文化的使命，需要很高的修养，有为有不为，是为"持戒"；莫高窟人坚守着大漠，在这个过程中还可能受到指责，有时还可能要应对不公正和不合理的待遇，是为"忍辱"；凡是对莫高窟有利的工作,当仁不让,尽力去做,是为"精进";画家们几十年如一日地临摹壁画,专注于线条和笔触,以守一不移的心态应对快速发展的世界和外界的诱惑,是为"禅定";博览群书、提升学识、涵养心性、磨炼心智、度化方便、圆通万事,从个体人生的无明和烦恼中走向智慧和觉悟的人生,不正是"般若"境界的追求吗?

敦煌莫高窟的保护、研究和弘扬工作,是一个漫长的过程,需要不断地开拓、探索。这不是几代人、几十年所能完成的事情,需要世世代代不断地为它付出,不断地努力。这个事业是艰巨的、复杂的、带有挑战性的、永远没有尽头的事业。

莫高窟人的墓地在宕泉河畔

莫高窟人的墓地在宕泉河畔,那里安葬着常书鸿、段文杰两位老院长,还有敦煌研究院早期的同仁。每年清明,全院上下都会去宕泉河畔扫墓。

第一个安葬于宕泉河畔的是李仁章,他是一位年轻的雕塑家,曾经在延安鲁艺任教,研究所把他借调来临摹莫高窟唐代洞窟雕塑。1964年,莫高窟南区崖体和洞窟正在进行加固,搭起了高高的脚手架。当时传来了我国第一颗原子弹试爆成功的消息,李仁章情绪十分激动,加之部分脚手架还没有绑好,他一不小心踩空摔了下去。当时从外表看什么伤口都没有,大家马上把他扶起来送往医院,路上他还一直说自己没事。结果没想到是内出血,当时敦煌的医疗条件很差，他就这样一直出血，几个小时后就去世了。他去世的时候只有三十二岁，非常可惜。我们最后把他安葬在宕泉河畔的山坡上。

第二个安葬于宕泉河畔的是许安，她生于1936年，原本在铁路上工作，为了解决与丈夫的两地分居问题，60年代调到敦煌文物研究所来当会计。她是两个孩子的母亲。同样是因为敦煌医疗条件的落后，她两次剖腹产引发肠粘连，最后死于肠梗阻。她走的时候是1976年10月份，我记得特别清楚，我陪着她的丈夫李先生坐着敞篷卡车送她到三百多公里外的玉门去火化，取回骨灰后在宕泉河畔安葬。许安离开的时候也才四十岁。她和李仁章其实都死于落后的医疗条件，令人惋惜。

第三个安葬的是毕可，他在敦煌文物研究所工作的时间不长，1957年被送去接受劳动改造，后来在那里去世，年仅三十岁。

常书鸿先生1994年逝世，我们为他在宕泉河畔举行了隆重的安葬仪式。段文杰先生2011年逝世，同样安葬在宕泉河畔。这以后就有"文革"前到研究院工作的老同事问我，他们走了以后是否可以埋在宕泉河畔。我到敦煌的时候，算我在内研究所共有48名职工。后来有的人调走了，有的人去世后葬在了别处，有的人还健在。现在的研究院已有近千名职工，如果每个人都葬在宕泉河畔，根本没有这么大的地方，更何况国家已经出台了规定，文化遗产地不能作为安葬的陵园。为此，我们甚至还考虑过要不要把现有的墓统统迁走。最后经商议决定，常书鸿、段文杰等老前辈一生奉献于莫高窟,已长眠于此,人数不多,为了永远学习和纪念他们的功绩和精神,他们的墓都不迁。但地面上已有的坟头都要符合规定,常书鸿、段文杰两位先生用立式墓碑,其他前辈用卧式墓碑,以后葬者不再起坟头,不再用立式墓碑。"文革"前到研究院工作的人员并不多,可安葬在宕泉河畔;"文革"以后来的工作人员越来越多,就不能埋在这里。经过这样处理的墓地,是为了保护莫高窟作为世界文化遗产的整体风貌,游客从远处根本看不到这片小小的墓地。

在宕泉河畔长眠的人中,有许多钻研业务的学者。霍熙亮先生,国立艺专毕业,他跟段文杰先生是1946年同一批到敦煌的。他也是学美术出身,既会临摹也能搞研究,尤其对壁画时代的判断很精准,还善于用考古方法发现一些我们不知道的经变,为人特别谦虚。贺世哲,1930年生人,八十岁去世,一生治学严谨,对敦煌石窟图像和时代有深入的研究,有不少突破。孙修身,1935年出生,2000年因为心脏病去世,他致力于佛教史迹画和中外文化交流研究,有新发现和自己的创见。

也有手工技艺突出的工匠前辈。窦占彪师傅很聪明,是非常好的一个人。当年常书鸿先生到敦煌成立艺术研究所的时候,窦师傅就在了。几乎每个洞窟都离不开窦师傅爬上爬下修修补补。有的塑像离开了墙,是窦师傅想办法重新固定好,使塑像恢复了原位。我曾经请窦师傅帮忙砌一个灶,砌好后他也不坐下歇会儿,连一杯水都没喝就走了。提到敦煌石窟的保护工作,不能忘了窦师傅,他很了不起。李复师傅也是敦煌的"老人",张大千来敦煌临摹壁画的时候他好像就在，是一位老资格的裱画师。他个子大、胳膊长，裱画技术非常好。

还有很多老前辈，比如范华，他也是国立敦煌艺术研究所一成立就来了，为人憨厚老实，后来在行政办公室工作，一生奉献给莫高窟的保护事业。吴信善是园林工人，他来以前，我们单位的绿化工作没有系统规划，树木种植比较零散。他对树木非常爱护，把绿化搞得很好。我们见了这些前辈都特别尊重，敦煌研究院事业的开创离不开他们的付出。

其他安眠于此的老前辈还有李其琼、潘玉闪、赵友贤、张学荣等。敦煌研究院的前任书记刘鎀也在河畔落葬。他是一位好干部，非常尊重知识分子。刘书记去世的时候才六十岁，非常突然。他有心脏病，但是敦煌医疗条件差，他平时没注意心脏的问题。敦煌的冬天非常寒冷。有一天晚上，他突然给我打电话说感觉很难受，我就马上打电话叫救护车。因为是深夜，路不好走，救护车到莫高窟用了一个多小时。人最终没有救回来。每次想到刘书记，我心里就特别难过。

宕泉河畔还葬着几对夫妻：常书鸿和李承仙，段文杰和龙时英，史苇湘和欧阳琳。段先生夫妻的合葬给我留下了很深的印象。段先生的妻子龙时英原本是四川省某小学的正式教师，他们夫妻两地分居十余年，龙老师终于经文化部调令来到敦煌。那时候段先生在运动中受冲击，被扣了工资，龙老师一到敦煌就被株连下放。我第一次到敦煌实习的时候，正好与段先生家是邻居。龙老师对段先生很好，我经常看到她背着背篓捡梨树叶，为了喂养兔子补贴家用,照顾丈夫和儿子。"文革"开始后,他们一起被下放到敦煌农村,段先生干起了喂猪的工作,两个人相依为命。1972年落实政策后终于可以回到单位,他们有说有笑,感情比从前更好了。龙老师的身体不太好,1984年就走了。她下葬的时候段先生哭得异常伤心,段先生给妻子写了一封信,放入墓坑里。段先生2011年去世后,他的儿子希望将父母合葬。为龙老师移墓时,我特意叮嘱工作人员一定要留意找到那封信。后来我们又把那封信重新埋进了他们合葬的墓穴里。

宕泉河畔的老先生、老前辈们大多高寿,很多人感到不解,为什么生活条件这么艰苦,还能如此高寿?我想那是因为他们心无旁骛,守一不移。一辈子心里只想着一件事,画画就画画,研究就研究,纯粹地去钻研业务,心态自然不一样。

我觉得我能把一生奉献给敦煌莫高窟的保护事业,能够为这样一个绝无仅有的人类最伟大的文化遗产服务,非常幸运。如果还有一次选择,我还会选择敦煌,选择莫高窟。

衰老和死亡是自然的规律。其实真正让人感到悲哀的是人生有许多遗憾无法弥补,真正让人感到恐惧的是不知心归何处。死亡会使我们无可奈何地告别生命中那些有价值的事物,使我们放下那些饶有趣味和意义的事业,使我们再也没有机会重新来过,所有你所喜欢的、不喜欢的,留恋的或者厌弃的全部都将离去。

我以前听过一个关于死亡的故事。古罗马有一位贤士,在他即将被暴君处死的前夕,依然保持着从容和镇定。行刑之时,他正在下棋,他既没有痛苦地抱怨自己的命运,也没有恐惧,甚至没有乞求怜悯和赦免，而只是对着要处死他的人说，自己刚才在棋局中领先一子。他借助棋局的领先一子，告诸世人他不仅赢得了比赛，而且赢得了人生。在通往行刑的路上，有人问他即将赴死的心情，他说自己已经准备好了去观察死亡到来的那一刻，以便了解在那个时刻，灵魂是否会意识到他正在离开身体。这就是他面对死亡的态度，这样的一种人能够一以贯之地保持着暴风雨中的安宁。

相似的故事在中国也有，比如嵇康。嵇康这个人长得很美，《世说新语》中记载他身长七尺八寸，风姿特秀。当时人说他"龙章凤姿，天质自然"，山涛说他"岩岩若孤松之独立"，"其醉也，傀俄若玉山之将崩"。他的书法和他的人一样美，"如抱琴半醉，酣歌高眠"，"又若众鸟时翔，群乌乍散"。嵇康弹琴，和他的生命追求融为一体。他四十岁被司马昭杀害。据记载，他临刑东市，神气不变，顾视日影，索琴弹之，奏《广陵散》，曲终长叹说："《广陵散》于今绝矣。"嵇康的音乐和生命合二为一，升华为崇高的人格境界和审美境界。叶朗教授说，嵇康这样的大艺术家在生命行将结束的那一刻，用自己的崇高人格和生命创造了诗意的人生境界，为中国美学的人格之美定下了一个绝对的高度。

面对死亡，只有那些确信自己已经发现并且得到生命中最有价值之物的人，才会具有这样的从容和勇气。正如王阳明临终前，学生问他还有什么心愿，他留下了八个字："此心光明，亦复何言？"

我已经八十多岁了，总有一天会走的，我已经做好了准备。聊以欣慰的是，我兑现了自己的承诺，我为莫高窟尽力了！

〔1〕 常书鸿:《九十春秋：敦煌五十年》,甘肃文化出版社1999年版,第72页。

〔2〕 池田大作、常书鸿:《敦煌的光彩：池田大作与常书鸿对谈、书信录》,中国社会科学出版社1991年版。

〔3〕《敦煌：众人受到召唤》,广西师范大学出版社2015年版。

樊锦诗年表

1938年7月9日 出生于北平。

1946年9月 就读上海市彼得小学(愚园路)一年级。

1947年9月 就读上海市求德小学二年级。

1948—1952年 就读上海市善导小学(海宁路一小)三至六年级。

1952—1958年 就读上海市新沪中学初一至高三。

1958—1963年 就读北京大学历史学系考古专业。

1963年9月 就业于敦煌文物研究所。

1963—1966年 配合敦煌莫高窟南区危崖加固工程,参加莫高窟南区窟前遗址发掘清理工作。

1964—1965年 在甘肃省山丹县花寨公社参加社会主义教育运动。

1966—1976年 参加敦煌七里镇汉墓、义园湾晋墓、文化路晋墓、孟家桥唐墓发掘清理;参加党河古墓葬调查。

1967年1月15日 在珞珈山和彭金章先生结婚。

1968年11月17日 大儿子彭予民在敦煌出生。

1972年 担任敦煌文物研究所考古组负责人。撰写《莫高窟发现的唐代丝织物及其他》(与马世长合写),发表于《文物》。

1973年10月26日 小儿子彭晓民在武汉出生。

1974年 经苏永年、吴小弟介绍加入中国共产党。

1975年 撰写《敦煌甜水井汉代遗址的调查》(与马世长合写),发表于《考古》。

1977年 任敦煌文物研究所副所长、党支部委员。

1978年 参与编撰《敦煌彩塑》(与段文杰合写),由文物出版社出版。

1979年 主持编纂敦煌莫高窟、西千佛洞、瓜州榆林窟全部洞窟的保护档案。

1980年 撰写《敦煌莫高窟北朝洞窟的分期》。

1981年 撰写《近五年来敦煌文物研究所的研究工作》,发表于《中国历史研究动态》1981年第9期。

1982年 评为馆员专业技术职称。撰写《敦煌莫高窟北朝洞窟的分期》(与马世长、关友惠合写),发表于由文物出版社与日本平凡社合作出版的《中国石窟·敦煌莫高窟》(第一卷)。主持筹办并参加在日本举办的"中国敦煌壁画展"。

1983年 担任中国敦煌吐鲁番学会理事,中华全国青年联合会第六届委员会委员。参加"1983年全国敦煌学术研讨会",并发表论文《敦煌莫高窟唐前期洞窟分期》。撰写《莫高窟第290窟的佛传故事画》(与马世长合写),发表于《敦煌研究·创刊号》。

1984年 敦煌文物研究所扩建为敦煌研究院,任副院长。撰写《莫高窟隋代石窟分期》(与关友惠、刘玉权合写),发表于由文物出版社与日本平凡社出版的《中国石窟·敦煌莫高窟》(第二卷)。

1985年 荣获"全国优秀边陲儿女"银质奖章。受聘为中国考古学会会员。撰写《莫高窟壁画艺术·北凉》，发表于由甘肃人民出版社出版的《敦煌艺术小丛书》。

1986年 荣获"全国优秀共产党员"称号。作为申报"敦煌莫高窟世界文化遗产"项目负责人，主持编写敦煌莫高窟世界文化遗产的申报材料。赴乌鲁木齐参加"全国敦煌吐鲁番学会第二届年会"并发表演讲。

1987年 当选中国共产党第十三次全国代表大会代表。应邀参加香港中华文化促进中心和香港大学中文系中国文化研究所联合主办的"国际敦煌吐鲁番学术会议"，发表论文《莫高窟北周石窟造像与南朝的影响》。主持筹办"1987年敦煌石窟研究国际讨论会"，并发表论文《敦煌莫高窟唐前期石窟的洞窟形制和题材布局》。

1988年 评为副研究馆员专业技术职称。率团赴日本东京艺术大学进行文物环境保护科学考察。撰写《丝绸古道话沧桑》，发表于《人民日报》(海外版，9月20日)。

1989年 随国家文物局沈竹副局长赴美国洛杉矶，与盖蒂基金会签订合作研究保护莫高窟协议。

1990年 主持筹办"1990年敦煌学国际学术讨论会"。主持榆林窟加固工程。率团赴日本与东京国立文化财研究所商谈中日合作保护敦煌莫高窟事宜，并起草合作保护协议。应邀赴加拿大参加"第33届亚洲与北非研究国际学术会议"。

1991年 荣获"全国文化系统先进工作者"称号。赴美国洛杉矶，与盖蒂基金会签订第二阶段合作协议。主持新建"敦煌石窟文物保护研究陈列中心"展览陈列。应邀为甘肃联合大学文博大专班讲授《中国石窟考古概论》。

1992年 享受中华人民共和国国务院颁发的政府特殊津贴。被国家文物局与美国盖蒂保护研究所聘为"中国石窟管理培训班"教员,讲授《敦煌莫高窟遗址的管理》。参加中美联合召开的"丝绸之路古遗址保护国际学术会议",发表论文《敦煌莫高窟崖顶风沙危害的研究》。

1993年 担任敦煌研究院常务副院长。聘为中国丝绸之路协会理事。任第八届全国政治协商委员会委员。参加由敦煌研究院、美国盖蒂保护研究所、中国文物研究所联合在莫高窟举办的"丝绸之路古遗址保护国际学术讨论会",并发表论文《敦煌石窟保护五十年》。应邀赴北京参加"迎接21世纪的中国考古学国际学术讨论会",发表论文《敦煌考古四十年》。

1994年 评为研究馆员专业技术职称。为纪念敦煌研究院成立50周年,主持筹办"1994年敦煌学国际学术讨论会——敦煌研究院建院50周年"。赴台湾参加"海峡两岸博物馆事业之交流与展望学术研讨会",发表论文《敦煌莫高窟的保护》。负责向国家计划委员会申报莫高窟用水工程项目。负责向国家财政部争取到莫高窟通信设施的经费。

1995年 担任中国宗教学会第三届理事会理事。荣获甘肃省优秀专家称号。主持完成榆林窟东崖危崖锚杆加固和裂隙灌浆工程。应邀赴泰国参加"亚洲的未来国际学术会议",并发表论文《敦煌莫高窟开放的对策》。在美国盖蒂保护研究所发表主题演讲《莫高窟今后保护工作的设想》。

1996年 主持筹建"中国敦煌石窟保护研究基金会"，并参加在人民大会堂举行的成立大会，担任副理事长。主持敦煌研究院、日本东京都美术馆、朝日新闻社、朝日电视台联合举办的"沙漠中的美术馆——永远的敦煌"筹展工作。应邀赴日本参加敦煌莫高窟保存与相关问题国际研讨会，发表论文《敦煌莫高窟的保护与国际合作概要》。

1997年 应邀赴印度英迪拉·甘地国家艺术中心参加"收集整理中亚文物信息国际讨论会"，发表论文《敦煌莫高窟及其保护、研究工作》。与美国盖蒂保护研究所阿格纽先生合作撰写《敦煌——中国佛教宝藏》，在《科学美国人》(*Scientific American*)杂志上以英文发表，在《科学》杂志上以中文发表。赴日本与东京国立文化财研究所协商继续合作研究保护莫高窟事宜。为北京大学中文系古典文献专业实习学生做主题讲座。

1998年 任敦煌研究院院长。任第九届全国政治协商委员会委员。赴浙江大学签署《多媒体与智能技术的集成及艺术复原》课题协议书。为美国丝路基金会考察团做《敦煌莫高窟分期的方法与成果》学术讲座。赴山西大同参加"首届中华石窟旅游讨论会"，并做了《如何处理好保护与旅游关系》的发言。编著《中国美术分类全集·中国壁画全集·北周卷》，辽宁出版社出版。

1999年 被聘为中国敦煌吐鲁番学会副会长。主持启动敦煌研究院与梅隆基金会、美国西北大学的合作项目"敦煌壁画数字化档案"。编著的《安西榆林窟》由甘肃民族出版社出版。论文《丝绸之路上的敦煌莫高窟（二）·敦煌艺术的创造和它的创造者》发表于日本《近畿化学工业界》。

2000年 全面主持筹办"2000年敦煌学国际学术讨论会""敦煌藏经洞发现百年特别展""敦煌藏经洞发现百年纪念座谈会"。出席敦煌藏经洞陈列馆揭幕仪式。应邀担任"香港敦煌佛迹防护功德林计划"筹备委员会委员,为莫高窟防沙治害、绿化植树募集资金。赴英、法考察散失的敦煌文献和敦煌绢画等文物,应邀为大英图书馆做学术讲座。主编并撰写的《中国敦煌》由江苏美术出版社出版,《发现敦煌》由香港商务印书馆出版,《敦煌图史》由上海古籍出版社出版,主编的《敦煌图案摹本》由江苏古籍出版社出版,《敦煌:纪念敦煌藏经洞发现100周年》由朝华出版社出版。

2001年 应邀赴日参加敦煌研究院在日本岐阜市举办的"敦煌艺术展"和日本文化学园举办的"敦煌石窟和丝绸之路染织展"开幕式,发表论文《莫高窟出土的丝织物与壁画中的丝织物形象》。参加"中国文物古迹保护准则研讨会",发表论文《根据〈中国文物古迹保护准则〉进行的莫高窟第85窟保护项目》。参加"21世纪初中国面临的重大理论与对策问题"历史学学科选题研讨会,发表论文《坚持国家为主的管理体制,坚持文物保护的方针和原则,推动新世纪的文物保护工作》。参加联合国教科文组织世界遗产中心副主任梁明子女士考察世界遗产的保护、管理情况座谈会,发表论文《1996—2000年敦煌石窟的保护工作》。参加全国文物外事工作会议,发表论文《开展国际合作,科技保护敦煌》。

2002年 荣获"全国杰出专业技术人才"称号。主持与美国盖蒂保护研究所和澳大利亚遗产委员会共同开展的《莫高窟游客承载量及开放对策研究》。与美国梅隆基金会合作开展《敦煌艺术电子档案》项目，并与美国梅隆基金会共同草拟并上报了"第三期合作协议"。与日本东京国立文化财研究所共同商定并签署了《第四期中日合作研究保护敦煌莫高窟第194窟、第53窟合作计划》和《第四期中日合作研究保护敦煌莫高窟第194窟、第53窟协议书》。参加"联合国教科文组织2002年丝绸之路国际学术研讨会"。与浙江大学合作编撰的《敦煌：真实与虚拟》由浙江大学出版社出版。

2003年　主持制定的《甘肃敦煌莫高窟保护条例》由甘肃省人大审议通过，自2003年3月1日起正式颁布实施。担任第十届全国政治协商委员会妇女界委员，在全国政协十届一次会议期间，起草并与24位全国政协委员联名递交了《建设敦煌莫高窟游客服务中心的建议》提案（政协十届一次会议提案第1412号），全国政协提案委员会将此列为当年的重点提案。应邀参加印度英迪拉·甘地国家艺术中心召开的"玄奘与丝绸之路"国际学术讨论会，发表论文《玄奘译经和敦煌壁画》。应日本《佛教艺术》杂志约稿，撰写并发表了《敦煌石窟研究百年回顾与展望》。启动《敦煌艺术大辞典》（上海辞书出版社）的编撰工作。主编的《敦煌鉴赏精选50窟》（中文版）由江苏美术出版社出版。

2004年　担任中国古迹遗址保护协会副主席。主持"第二届石窟遗址保护国际学术讨论会""敦煌研究院成立60周年暨常书鸿先生诞辰100周年纪念活动""2004年石窟研究国际学术讨论会"的组织和筹备。专著《敦煌石窟全集》第四卷《佛传故事画卷》由香港商务印书馆出版。编著《敦煌石窟》由中国旅游出版社出版。撰文《为了敦

煌久远长存——敦煌石窟保护的探索》,刊于《人民政协报》。参加
2004年全国文物外事工作会议,发表论文《面向未来,国际合作保护
迈上新台阶》。主持完成由国家文物局委托、8个科研单位联合攻关
的《国家文化遗产保护中长期科学和技术发展规划研究》课题。接
受中央电视台《正大综艺》栏目《守望敦煌》、《面对面》和《东方之
子》栏目专辑拍摄,协助中央电视台成功直播了《敦煌再发现》大型
节目。

2005年 被国务院授予"全国先进工作者"荣誉称号。在上海
和北京主持召开了"敦煌莫高窟保护利用设施项目数字展示技术验
证专家论证会",组织开展《莫高窟保护利用项目管理系统可行性研
究》。主持完成"古代壁画保护国家文物局重点科研基地"的机构
设置和组建,于2005年11月30日正式挂牌。完成《敦煌石窟全集》
(专题分类全集)26卷编辑出版。参加2005年国际古迹遗址理事会
(ICOMOS)亚洲区域性讨论会,发表论文《莫高窟保护与旅游的矛盾
及对策》。参加"国际古迹遗址理事会(ICOMOS)第十五届大会",
做了题为《按照〈准则〉原则制定〈敦煌莫高窟保护总体规划〉》的
专题发言。主持完成《敦煌石窟保护与利用研究》《全数字摄影测量
技术在莫高窟文物保护中的应用研究》课题。

2006年 参与部署敦煌研究院与兰州大学、美国盖蒂保护研究
所、英国伦敦大学考陶尔德艺术学院联合开办的壁画保护研究生班
以及教学工作。为配合敦煌莫高窟保护利用设施项目可行性研究,
赴美国考察博物馆数字展示技术以及游客组织、管理和服务措施。
参加"世界遗产地旅游可持续发展规划与管理国际研讨会",做了题

为《加强旅游管理，让莫高窟为人类做出更大贡献》的主题发言。与赵声良合写的《灿烂佛宫》由浙江文艺出版社出版。与中央电视台合作拍摄大型纪录片《敦煌》；与日本铁木真电视公司合作制作专题片《中国石窟鉴赏——敦煌莫高窟》；协助完成了中央电视台《探索发现》栏目组《守护莫高窟》、德国电视二台《穿越新疆》节目、韩国MBC电视台《黄河》节目。

2007年　被聘为中央文史研究馆馆员。获得甘肃省"三八红旗手"和"全省各级领导干部作风建设先进个人"的荣誉称号。主持举办"纪念段文杰先生从事敦煌文物和艺术保护研究60年"和"敦煌壁画艺术继承与创新国际学术研讨会"系列活动。主持编撰的《解读敦煌：从王子走向神坛——释迦牟尼的传奇人生》，由上海人民出版社出版。主持完成国家文物局课题《敦煌文物资源对当地经济发展的贡献》。应邀参加"2007年《中国文物古迹保护准则》研讨会"，做了题为《〈中国文物古迹保护准则〉在莫高窟项目中的应用——以〈莫高窟第85窟保护研究〉和〈敦煌莫高窟保护总体规划〉为例》的主题发言。受美国普林斯顿大学和亚洲基金会邀请，赴美国新泽西州普林斯顿大学、纽约梅隆基金会、西雅图艺术博物馆、硅谷亚洲艺术中心、加州大学伯克利分校等机构参观访问。

2008年　担任第十一届全国政治协商委员会妇联界委员；荣获全国妇联颁发的"全国三八红旗手"荣誉称号；在庆祝北京大学建校110周年纪念活动中，荣获"北京大学杰出校友"荣誉称号。作为甘肃省第一棒火炬手，2008年7月5日在敦煌莫高窟九层楼前完成2008年北京奥运会火炬传递活动。配合奥运会主持筹划了"盛世和光——敦煌艺术大展""中国故事——多彩甘肃,魅力敦煌"和在天津举办的"丝路放歌,情系奥运——2008年天津敦煌艺术大展"。参加"世界遗产保护·杭州论坛暨2008国际古迹遗址理事会亚太地区会议",发表论文《基于世界文化遗产价值的世界文化遗产地的管理与监测——以敦煌莫高窟为例》。参加"2008古遗址保护国际学术讨论会暨2008国际岩石力学学会区域研讨会"。作为中央文史研究馆馆员,向国务院领导提交了《正确认识国家扩大内需政策对文化遗产事业的推动作用》。应邀赴美国考察访问,并在斯坦福大学东亚系发表题为《敦煌莫高窟与世界文化遗产价值》的演讲。

2009年　荣获"100位新中国成立以来感动中国人物""时代领跑者——新中国成立以来最具影响的劳动模范""新中国成立60周年感动甘肃人物"和"感动甘肃·十大陇人骄子"荣誉称号。主持筹办了"文化和自然遗产地旅游可持续发展国际研讨会",参加会议并发表论文《敦煌莫高窟保护管理现状、面临的挑战及其对策》。参加"微软亚洲研究院年会",发表论文《敦煌石窟艺术及其数字化保存与展示》。应文化部之邀,为文化部发表题为《敦煌石窟及其世界文化遗产价值》的专题演讲。应日本早稻田大学文学学术院邀请,赴日本开展学术考察和文化交流活动。向十一届全国政协提案委员会提交了《关于坚决要求改变敦煌—格尔木铁路设计方案敦煌段线路的建议》的提案,此提案得到全国政协的高度重视,敦—格铁路设计方案敦煌段线路得到妥善解决。

2010年　入选"甘肃省领军人才"。主持筹办"2010敦煌论坛:吐蕃时期敦煌石窟艺术国际研讨会"。参加上海举办的国际博协大会并做《对敦煌莫高窟文化遗产保护与旅游和谐发展的探索》的主题发言。撰写《横亘在文明交融中的莫高窟》发表于《光明日报》。主编的中英文版《敦煌石窟》由伦敦出版集团（香港）有限公司出版。主编的《敦煌与隋唐城市文明》由上海教育出版社出版。主编的《解读敦煌》（全13册）系列丛书由华东师范大学出版社出版。先后接受《人民日报》《光明日报》《中国社会科学报》《中国文化报》《甘肃日报》《明报》《生活》《外滩画报》，以及中国国际广播电台和西部大开发记者团等媒体杂志的采访。

2011年　主持并编写《敦煌石窟全集》第一卷《莫高窟第266—275窟考古报告》，于2011年8月由文物出版社出版。主持编制的《敦煌莫高窟保护总体规划》已通过国家文物局评审，由甘肃省政府公布实施。主持筹办"2011敦煌论坛：文化遗产与数字化技术国际学术研讨会"，并发表论文《三维激光扫描技术在〈敦煌石窟全集〉第一卷莫高窟第266—275窟考古报告中的应用》。应邀赴法国法兰西学院、远东学院参加法中敦煌学讨论会并发表文章《段文杰先生对敦煌研究事业的贡献》《敦煌石窟考古报告的编撰》。为配合2011年深圳世界大学生运动会，主持筹办深圳关山月美术馆"博蕴华光——敦煌艺术展"并发表题为《丝绸之路与敦煌莫高窟》的主题讲座。

2012年　荣获"感动甘肃·十大陇人骄子"称号。为庆祝香港特别行政区成立15周年，应邀赴英国参加以"敦煌与香港：通往古代及现代中国之门"为主题的研讨会，并做了题为《敦煌莫高窟艺术表现的东西方贸易和文化往来兼谈敦煌莫高窟保护》的主题发言。应文化部邀请,赴埃及和希腊开展学术考察和文化交流活动,发表题为《中国的世界文化遗产地——敦煌莫高窟》的演讲。赴日本神户、东京等地开展学术交流活动,并出席神户大学美术史学部举办的"敦煌·丝绸之路国际学术研讨会"和日本创价学会和东洋哲学研究所联合举办的"《法华经》——和平与共生的启示展"的开幕式,分别发表了题为《从莫高窟壁画看日中文化交流》,以及《敦煌石窟中见到的东西贸易与文化交流》的学术报告。应邀赴土耳其开展文化交流活动,参加由中国文化部、土耳其文化旅游部和中国驻土耳其大使馆共同举办,敦煌研究院和中国对外文化集团公司共同承办的"印象敦煌——中国文化大展"开幕式,并发表题为《敦煌壁画中所见到的东西方贸易和文化往来》演讲。参加上海博物馆60周年庆祝活动,并发表题为《满足人民文化需求,充分展示敦煌文化艺术魅力》的主题演讲。参加敦煌研究院与中国科学院上海高等研究院共建"文物保护联合实验室"的签约仪式。

2013年 获颁香港大学名誉社会科学博士学位。《敦煌石窟全集》第一卷《莫高窟第266—275窟考古报告》荣获甘肃省第十三届社科优秀成果一等奖。担任第十二届全国政治协商委员会妇联界委员。赴北京大学参加"北京大学—敦煌研究院教学科研创新基地"签约仪式。作为全国劳模代表参加了"用辛勤劳动托起中国梦——2013年庆祝五一国际劳动节活动",受到了习近平总书记等党和国家领导人的亲切接见。应邀率团参加由日本东京艺术大学主办、日本中国文化交流协会协办的"敦煌研究院与东京艺术大学——交流的现在与未来"的学术会议。参加"世界遗产地游客管理与承载量国际研讨会"，发表论文《莫高窟保护和开放面临的挑战、思考与对策》。任中央文史研究馆主编的《中国地域文化通览》编审研讨会副编审，主要负责其中的甘肃卷、宁夏卷的编审，《中国地域文化通览》由中华书局出版。为香港《亚洲艺术》杂志撰写《敦煌莫高窟南区窟前考古发现的颜料、调色碗残留颜料及相关问题》。应香港理工大学邀请，在香港理工大学蒋震剧院做题为《樊锦诗院长为你解读敦煌莫高窟220窟南壁、东壁》的讲座。在香港大学黄丽松堂做题为《从敦煌文物看东西贸易和文化交流》的讲座。

2014年 荣获"全国三八红旗手标兵"荣誉称号。敦煌莫高窟保护利用设施工程项目和莫高窟数字展示中心竣工验收，莫高窟数字展示中心正式向社会开放。主持敦煌研究院建院70周年系列活动。应邀参加外交部和甘肃省人民政府共同主办的"亚洲合作对话（ACD）——丝绸之路务实合作论坛"，并发表题为《文化交流融会，文明共存共荣——敦煌文化艺术遗产对现代国际文化交流发展的启示》的演讲。应美国敦煌基金会邀请，赴美国参加美国敦煌基金会理事会，并开展敦煌文化弘扬和筹款活动，以及在美国休斯敦莱斯大学发表了题为《樊锦诗解读敦煌》的报告。出版个人论文集《陇上学人丛书：樊锦诗卷》。

2015年 卸任当了17年之久的敦煌研究院院长职务，任敦煌研究院名誉院长、敦煌吐鲁番学会名誉会长。应日本京都大学人文科学研究所邀请，参加"敦煌学国际学术研讨会"，发表论文《〈敦煌石窟全集〉考古报告编撰的探索》。为智慧树网北京大学共享课程《艺术与审美》跨校直播课课堂讲授了题为《灿烂佛宫——丝绸之路和敦煌莫高窟》的讲座。参加国务院参事室和中央文史研究馆"当前历史文化遗产保护中的主要问题和建议"调研组对敦煌莫高窟的保护、利用和管理情况的调研活动。参加全国政协教科文卫体委员会"发挥中华优秀传统文化在培育和践行社会主义核心价值观中的作用"专题调研，先后到兰州市大雁滩社区文化活动中心、金城关文化博览园、七里河小学、八路军驻兰办事处纪念馆、敦煌市博物馆、敦煌莫高窟等地进行实地考察调研。参加中央文史研究馆组织的"'海上丝绸之路'申报世界文化遗产"考察活动，考察了福建省福州、莆田、厦门、泉州、漳州的市、县、镇、村二十多处遗址、遗存和博物馆，向中央文史研究馆提交了《关于海上丝绸之路申遗福建省遗存考察几点想法的汇报》。

2016年 被北京大学人文社会科学研究院聘为特邀访问教授。在《光明日报》发表《莫高窟坚守者：保护传承世界遗产的文化自觉与担当》《敦煌学的历史、传承和突破发展》二文。在《求是》发表《永远的敦煌》一文。在北京参加由习近平总书记主持召开的"哲学社会科学工作座谈会"，代表史学界做了题为《推动敦煌学发展，为"一带一路"做贡献》的发言。在俄罗斯圣彼得堡参加"敦煌手书遗产"国际会议，发表题为《敦煌图像与文献反映的古代波斯文化影响》的演讲。参加在美国洛杉矶盖蒂中心举办的"敦煌石窟寺——中国丝绸之路上的佛教艺术"展览新闻发布会和开幕式；"回顾樊锦诗一生在莫高窟的贡献座谈会"，发表题为《简述对敦煌莫高窟保护管理工作的探索和实践》的演讲。参加中央文史研究馆组织的"世界文化遗产地的保护管理与科学利用"，在陕西秦始皇陵博物院，湖北武当山，河北清东陵、金三陵、承德避暑山庄等世界文化遗产地考察调研，参与起草了《世界文化遗产保护管理与合理利用存在问题及对策建议》。

2017年　参加全国政协十二届第四次会议、第五次会议，先后提交《关于加强文化遗产保护与传承科技工作》《关于加快推进文物科技保护创新》两份提案，均被全国政协提案委员会列为重点提案，并荣获第十二届全国政协优秀提案，后来被国家采纳，列入国家"十三五"规划。在北京为国家图书馆举办的"部级领导干部讲座"做题为《敦煌莫高窟和藏经洞的价值及其现代文化角色》的演讲。应邀出席由中国古迹遗址保护协会主办的"ICOMOS·国际古迹遗址日"主场活动"文化遗产与可持续旅游论坛"，做《实现文化遗产保护和利用双赢———以敦煌莫高窟为例》主题发言。参加全国政协举办的"坚定文化自信，讲好中国故事"专题协商会，做了题为《坚定文化自信，讲讲敦煌故事》的发言。《莫高窟第266—275窟考古报告》获第七届吴玉章人文社会科学奖优秀奖。为纪念北京大学建校120周年，撰写《从北大到敦煌》纪念文章，发表于北京大学出版社出版的《精神的魅力》。受中央电视台之邀，参加《朗读者》节目的录制。

2017年7月29日　彭金章先生在上海去世。

2018年　1月31日出席由国务院总理李克强主持召开的"听取对政府工作报告的意见建议座谈会"，并做题为《要加强文化遗产保护与利用，提升中华优秀传统文化国际影响力》的发言。参加中央电视台《国家记忆》之《传薪者——守护敦煌　樊锦诗》专题栏目录制。参加中国文物保护基金会、天水市政府主办的第十届"薪火相传——文化遗产筑梦者"颁奖典礼,并获"终身成就奖",成为继著名文物专家谢辰生、罗哲文后第三位获得该奖项的业内人士。为《三联生活周刊》录制《敦煌,璀璨的艺术宝库》音频节目。

为2018年香港"数码敦煌——天上人间的故事"展览,撰文《敦煌石窟与香港敦煌之友的情缘》;为"平山郁夫的丝路世界——平山郁夫丝绸之路美术馆的文物精品"展览,撰文《平山郁夫先生的广阔丝路世界》。

出席庆祝改革开放40周年"我们的四十年"文艺晚会,受到习近平总书记等党和国家领导人的接见。出席"庆祝改革开放40周年大会",被党中央、国务院授予"改革先锋"称号,颁授"改革先锋"奖章、奖状,获"文物有效保护的探索者"称号。

办理退休手续。

2019年　参加由中宣部、教育部和共青团中央共同组织开展的"改革先锋进校园"宣讲活动。荣获"改革开放40年感动甘肃人物——'工行杯'陇人骄子"荣誉称号。应中央电视台中国首档青年电视公开课《开讲啦》栏目之邀,做了主题为《跨越千年的敦煌之美》演讲的录制。出席甘肃省纪念三八国际劳动妇女节109周年"倾情礼赞新中国·巾帼奋进新时代"主题活动,并荣获"陇原巾帼先锋"奖。

《我心归处是敦煌:樊锦诗自述》出版。

后　记

一

　　这本书完稿之后，一直没有合适的书名，想了很多名字，都不合适。

　　2019年春天，我和樊锦诗老师在燕南园和出版社的几位编辑商定书名和版式。为了打开思路，编辑找来了许多人物传记。

　　我看着身边瘦小的樊老师，想到我们朝夕相处的日日夜夜，想到她神情疲惫、手不释卷的样子，想到四年前在莫高窟送别我的那个身影，耳边始终回响着她说过的那句话："只有在敦煌，我的心才能安下来。"

　　这本书的终篇是"莫高窟人的墓地在宕泉河畔"，我明白她的心。

　　宕泉河边安葬着包括常书鸿、段文杰先生在内的二十七人，他们是第一代坚守敦煌的莫高窟人。这个墓地很隐蔽，在远处几乎看不见。这些人来自五湖四海，最终心归敦煌……如有神明授意的那样，我脱口而出："心归何处？书名就叫《我心归处是敦煌》吧！"大家沉默下来，接着是赞许。樊老师看着我说："嗯，还是你懂我！"

　　2014年夏天，我初到敦煌，也初见樊锦诗。那次会面，匆匆而别，我没有想到命运会在我们俩之间安排下如此深厚的缘分和情谊，我会成为这个世界上"懂她的人"，她也成为这个世界上"懂我的人"。那年暑假，北京大学艺术学院的几位老师到莫高窟考察，樊老师亲自接待了我们这群北大校友，不仅安排我们参观洞窟，还安排我们和敦煌研究院的专家进行了座谈。记得那次座谈会就在敦煌研究院的小会议厅举行，那是我第一次面对面听樊老师讲述敦煌研究院的历史，以及壁画保护和传承的艰辛，也是我第一次被"莫高窟人"坚守大漠、甘于奉献的精神深深触动。

临别之际，她对我们说："这次你们在敦煌的时间比较短，没有看好。期待你们下一次再来敦煌，在这里住上一段时间，这样就可以慢慢看。有时间的话还可以去榆林窟看看。"

从2014—2016年，樊老师多次向我们发出邀请。那段时间，北京大学美学与美育中心正在策划人文学的书系，计划访谈一些能够代表时代精神、代表中国当代人文精神的学者，出版一系列书籍。当我们和樊老师交流这个想法时，她很快就答应接受我们的访谈。2016年暑假，我们再次赴敦煌考察。此行的任务有两项，一是深入研究敦煌艺术，二是完成对樊老师的访谈。

从2016年6月25日到7月5日，我们在莫高窟和榆林窟考察了整整十天。

二

莫高窟的清净令人心生敬畏。

许多洞窟都有着沿墙角一字排开的禅修窟，这是数千年来历代僧侣在此禅修的明证。如今人去窟空，对于颇有悟性和慧根的人而言，目击空空的禅窟或有如棒喝一样的启示。即便不能顿悟，眼前也一定会浮现当年那些枯瘦如柴的禅僧，在阴暗寒冷的洞子里默坐冥想的情景，心中必定生出一种谦恭和敬意。在莫高窟，那一尊尊苦修佛并不是虚假的幻想，而是一种日常的真实。

在敦煌研究院工作的人时时让我想起出家人。他们把自己的生命完全交付给敦煌的流沙和千佛洞方圆百里上匆匆消逝的光影，在一种貌似荒寒的人生景致中等待一个又一个莫高窟的春天。他们虽然不念经、不拜佛，但是临摹壁画、修复洞窟、保护遗址、宣传讲解，这些日常生活在我看来无异于出家人的修行。

莫高窟是一种考验，只有那些最终经受住考验的人才能修得正果。

夏夜的傍晚，太阳还没有落下时，莫高窟上空明澈无比的蓝天令人陶醉。游客散去之后，位于鸣沙山东麓、宕泉河西岸的莫高窟就显得格外神圣。那些开凿在长长的石壁上，如蜂房一般密密麻麻的石窟群蔚为壮观，那看似灰头土脸的外表下隐藏着圣洁而又神秘的伟大文明。走近石窟，就能强烈地感觉到每一个洞窟透出五彩斑斓的神光。

敦煌日照时间长，特别是夏天，晚上九十点钟天还是亮的。白天我们按年代参观洞窟，晚上我们就天南海北地聊天。每天傍晚六点左右，樊老师就会准时来到莫高山庄。七月的敦煌，正是"李广杏"成熟的季节。每次她来的时候，手里都会提上一袋子洗好的"李广杏"。这是敦煌才有的水果，是她特意在当地农民那里买来的。据说每年只有这一个月的时间，才能在敦煌品尝到这种格外美味的黄杏。

为了这个访谈，我拟出了一百多个问题。但真正进入访谈，我拟出的题目基本失效。她的健谈，她阅历的丰富，思路的开阔，还有那些从来不为人知的往事，远远超出我的预想，似乎每一个小问题都可以打开她记忆的宝藏。樊老师的讲述有她自然内在的逻辑，只需一点触发便能源源不断地喷涌而出。而我要做的就是把她所说的话全部记录下来。近六十年的敦煌生活，她对那里的每一寸土、每一棵树、每一方壁画都如此熟悉，从莫高窟的历史、洞窟壁画艺术到考古保护工作的方方面面，她都如数家珍。

我们每天平均采访三到四个小时，最多的时候，樊老师一口气说了五个小时。我边听边做笔记，以最快的速度记录谈话内容，以便后期整理。我负责提问和记录，董书海博士负责录音。十天后，当我们离开敦煌时，已经积累了将近二十万字的访谈稿。

樊老师有每晚散步的习惯。她最喜欢从家里走到九层楼，听听悬在檐下的铃铎，听听晚风掠过白杨的声音，然后在满天繁星升起之时，踩着月光，散步回家。离开敦煌前的一天晚上，她提议大家一起散步去九层楼。

散步的时候她告诉我，沿着道路两旁的是银白杨，因为起风时会发出噼里啪啦的声音，当地人管这种树叫"鬼拍掌"。冬天的时候，树叶落光，枝干直指蓝天，就更加气宇轩昂了。那是我第一次眼睁睁看着夜晚的寂静缓缓降临，那是一种无边无际的寂寞覆盖下来的感觉。远处是宕泉河，再远处是宕泉河河谷地带星星点点的绿洲，绿洲的外面是戈壁，戈壁的再远处是人迹罕至的荒野和山脉。人在这样的地方，就好像坠入了一个无尽的时空深渊，有一种无助感和失落感。她说，过去有位前辈对她说过一句话，要想在莫高窟生活，首要的功夫是要耐受得住这里的寂寞。

也是在那天晚上，她对我说，大家都认为她留在敦煌是自己选择的，其实她有几次想过离开敦煌。我问她："最后为什么留下来？"她说："这是一个人的命。"鸠摩罗什当年随吕光滞留凉州达十七年，也是在一种并非自己选择的情形下开始佛法的弘扬，而樊锦诗是随历史与命运的风浪流徙至此。不同的是鸠摩罗什当年是东去长安，后来在"草堂寺"负责佛经的翻译工作；而樊锦诗是西来敦煌，在"莫高窟"守护人类的神圣遗产。好在有彭金章这匹"天马"，在她最艰难的时候，"伴她西行"，不离不弃，陪伴左右，和她一起守护千年莫高，一直到他生命的终点。

夜幕降临时，九层楼的四周愈发安静，安静得仿佛都能听到彼此的心跳。我们的耳畔是随风传来的一阵阵叮叮当当的铃声，断断续续，若隐若现，似有若无……樊老师说那是九层楼的铃铎。铃铎的声音跃动在黑夜和白天交替之际，让人感到仿佛游走在变幻莫测的梦境。直到满天星斗闪耀在我们的头顶，微风从耳际拂过，那壁画里飞天弹奏的音乐也好像弥漫在我们的周围……

我突然明白了樊锦诗愿意一辈子留在敦煌的原因了。尘世间人们苦苦追求心灵的安顿，在这里无需寻找。只要九层楼的铃铎响起，世界就安静了，时间就停止了，永恒就在此刻。

三

我把录音和访谈稿带回了北京，很快就整理出了文字稿。

从内容来看，这已经具备做成一个访谈录或口述史的基础。但口述文字要落实到书面，存在一些显而易见的问题。第一，访谈涉及的问题比较分散，需要条分缕析、理出层次、分出章节；第二，关于壁画艺术、石窟考古、遗产保护等许多具体的例子只是口头提到，年代、数据、事件的详细经过在口述过程中无法做到完全准确和翔实，有些问题只是点到为止，需要事后一一查实补充；第三，谈话中有的内容比较充分，有些内容比较单薄，需要事后翻阅资料、查漏补缺；此外，口头表达避免不了口语化，而其中涉及的敦煌历史、敦煌艺术、敦煌学、考古学以及遗产保护等问题却是专业性、学术性极强的话题，必须确保知识性的内容准确无误……如此一来，我深感访谈的稿件离最终成书距离遥远。究竟如何来处理这二十万字的采访稿，成了我面临的一个难题。

我把口述的内容整理出十三个部分，分别涵盖了童年、大学、实习、历史、学术、劫难、至爱、艺术、保护、管理、抢救、考古报告和莫高精神，这就是这本书十三章的最初框架结构。这个框架不仅包含了樊锦诗的个人命运、人生经历，还涉及敦煌的历史、艺术、学术以及敦煌保护管理等各方面的问题。但是，我不能确定樊老师是否同意这样的框架。当我忐忑不安地给她看全书的框架设计时，她的话让我心中的这块石头落了地。她说："我很赞同你的设想。我没有什么传奇故事，我的人生意义正是和敦煌联系在一起的，我和敦煌是不可分的。我樊锦诗个人的经历应该和具体的时代联系在一起，你的想法也是我所希望的。"

　　然而，这本书是一次跨度极大的多学科尝试。写樊锦诗和敦煌，涉及敦煌艺术、敦煌学、考古学、文物保护等多个我从来没有接触过的学科领域，还有历史学、宗教学，以及关于"一带一路"沿线国家，各种文明和敦煌之间的交融互动……对我个人而言是个挑战。

　　完成此书，除了跨学科的难度之外，还有各章内容的不平衡，有的充实，有的薄弱，有些章节内容只有数千字。怎么办？樊老师远在敦煌，我在北京，不可能每天和她通电话，也不可能把所有的问题全部抛给她，毕竟她重任在身，不能因为这本书占用她全部的时间。并且大多数写作中遇到的问题是无法通过电话采访解决的，必须查阅相关资料，才能加以丰富和充实。

　　我找来了樊老师全部的著作、论文以及讲演，希望可以把以往她曾经思考过的重要问题融入她个人的传记。通过阅读她所有的文章，我理清了她在学术上始终关切的核心问题，在敦煌学研究上已经或试图突破的问题，在遗产保护方面主要抓住的问题，以及她在时代转型时把握的重大问题。直到我对她的学术思想、思维方式、表达方式越来越熟悉。书中有的地方或许她只是说到几句话，提到曾经发生的一件小事，但在我看来很重要，我就进一步查找相关资料，尽量恢复她自己也已经淡忘的那些往事。我在写这些往事的时候，就好像听到她本人在我耳边叙述。这些文字不像是我写出来的，而像是她以特有的语气、思路和节奏说给我听的。

比如樊老师回忆苏秉琦先生，她只是简单提到毕业之际苏先生找她去朗润园谈话的往事，至于谈了什么，为什么找她谈话，这些记忆都已经非常模糊了。如何从历史角度来把握苏秉琦和樊锦诗的这一次谈话，如何写好苏秉琦先生？我需要重新学习苏秉琦先生的考古报告和考古思想，并为此翻看了苏秉琦先生长子苏恺之撰写的《我的父亲苏秉琦：一个考古学家和他的时代》。我觉得只有在自己的意识中复活一个活生生的苏秉琦，才能真正理解并懂得苏先生为什么要找樊锦诗做一次谈话。仅仅这一章，我就需要对苏秉琦先生考古学的研究成果、他对中国考古学的贡献、他的考古学理念、他何以成为考古大家等诸多方面进行必要的研究。没想到，樊老师看到这一章时非常感动，她说："谢谢你！我以前觉得苏先生很了不起，现在我更加觉得苏先生了不起，我的一生能有这样的老师真是幸运！"

为了更好地了解1958年樊老师入学时候的北大，帮助她回忆起当时的真实情况，我们还特意去北京大学档案馆借出了樊锦诗在校期间的学籍卡以及各门功课的成绩，查看了北京大学历史学系和考古系的相关历史档案，查阅了1958年左右入学的北大校友的回忆录，力求真实地再现樊老师大学期间每个学期的课程学习、下工厂劳动、食堂伙食等情况，力求还原樊锦诗在北大求学的那段生活。当我把那些档案复印给她的时候，她惊喜地说："这些资料你都是从哪儿挖出来的？"

此外，关于她如何度过最艰难的岁月，从哪里汲取精神动力，一直是我反复思考的问题。这些问题没有任何资料可考，需要我自己用心去探寻。樊老师最喜欢第259窟的禅定佛和第158窟的涅槃佛，她心灵的答案就藏在这些伟大艺术之中。当我介绍敦煌的壁画和雕塑时，不是从陈述敦煌艺术知识的角度来讲敦煌，而是从存在的角度体悟樊锦诗和敦煌艺术之间的生命关联，这需要我阐释敦煌艺术的意义，敦煌艺术如何以潜移默化的方式影响了樊锦诗的整个生命。在这个过程中，我的艺术学理论的专业积累，我的艺术阐释学的学术思考，帮助我完成了这项难度最大的工作。

比如谈第158窟的涅槃佛。"涅槃"最难谈清楚，樊锦诗所领悟的"涅槃真意"很难谈清楚。樊老师对这个洞窟情有独钟，我就要阐明她何以对这个洞窟情有独钟，在她最痛苦的时候为何喜欢去这个洞窟看看，这尊涅槃佛究竟给予她什么启示？这一节写出之后，我发给了樊老师，她很快就给我回了电话，电话里说："顾老师，你这一章我给我的儿子看了，我的儿子回了我一句话，他说：'妈妈，你这本书交给她写没有错，这位顾老师真下功夫。'"

这本书也不仅是樊锦诗个人的传记，书的内容涉及对几代敦煌人的回忆，这既是樊锦诗个人的奋斗史，也照应着敦煌研究院的发展史，是守望莫高窟的一份历史见证。第一，樊锦诗现阶段的思考，遗产保护在未来所要面对的严峻问题，都在这本书里得到了真实的呈现。第二，樊锦诗是第一个做出了莫高窟考古报告的人。从考古学的角度来说，《莫高窟第266—275窟考古报告》作为中国考古学的当代成果，意义重大。樊锦诗在书中毫无保留地贡献了她关于石窟寺考古的全部思想和观念。第三,关于世界遗产的保护,如何在遗产保护过程中建设数字化保护工程?很多高科技的保护工作是如何一步步发展起来的?樊锦诗的回忆也具有档案的价值。这一探索过程倾注了她毕生的心血,书中对此也进行了总结。

四

2017年春天,彭金章老师查出晚期胰腺癌,这是不治之症,这件事犹如晴天霹雳。

樊老师本来希望能够由她本人逐章校对书稿后再出版。但是由于彭老师在上海治疗期间,樊老师心力交瘁,我在这种情况下就不好意思再提出校对书稿的事情了。初稿完成后,出版的事就暂时搁置下来了。樊老师一边陪护在彭老师身边,一边还要为敦煌的工作四处奔波。她当时已是一位八旬老人了,我们都非常担心她的身体,每次通话我就在电话里安慰她。那段时间我们几乎每天都通电话,我感到她为彭老师的病情非常着急、痛苦和焦虑。她始终觉得自己对不起老彭,因为忙于工作,自己没有尽到做妻子的责任,这一辈子老彭为自己、为这个家付出太多了。

他们夫妇最后一次来到北大,我记得很清楚,那一天是2016年9月8日,北大人文学院的院长邓小南教授(邓广铭先生的女儿)请樊老师做关于敦煌保护的演讲,樊、彭两位老师共同参加了这次活动。那是我第一次也是最后一次聆听彭老师热情洋溢的发言。他说起两地分居的艰难,说起他引以为豪的敦煌北区考古发掘,说起和樊老师的爱情，"相识未名湖，相爱珞珈山，相守莫高窟"，说起自己无悔的一生……场面令人感动和难忘，那一天很多与会者都落泪了。那一次会后，他们俩一同去蓝旗营看望宿白先生。

2017年7月29日，彭老师去世。葬礼异常朴素，她没有惊动任何人。2018年2月1日，宿白先生也去世了。

2017年中秋节那天，我的手机上显示了樊老师发来的一条短信，她说："今天是中秋，我一个人在九层楼下散步，今天莫高窟的月亮非常圆，每逢佳节倍思亲，我现在非常想念你……"当时我的眼泪就止不住往外涌。我知道痛失爱人的樊老师心里，已经把我当成了自己的亲人。我拨通了她的电话，听到了九层楼夜晚的风声，风中传来她疲惫的、令人心疼的声音。她说自己每天整理彭老师的遗物，一边还整理了一些供我参考的研究材料和关于敦煌学的书，准备打包整理好寄给我。

我从2016年下半年开始对全书进行核对和修改，准备择时与樊老师核对书稿。没有想到的是2017年初，我父亲确诊为晚期肺癌，之后的一年我陷入了极度的忙乱和焦虑中。2018年7月，我父亲去世，整整一年我无暇顾及其他事情。出版的时间一推再推。令我永远难忘的是，从我父亲生病到去世的这段时间，樊老师每隔两三天就会来一个电话宽慰我、鼓励我。她刚刚失去了亲爱的丈夫，而我失去了最疼爱我的父亲，失去至亲的悲伤可以想见。她在电话里反复劝我要想开，要往前看，我从她的安慰里获得力量和信心。2018年大年三十，我知道樊老师一个人在敦煌过，没有彭老师在一起过年，一定很孤单，便给她去了电话。她告诉我，她把老彭的照片放在餐桌前,她和老彭一起吃了年夜饭,她对老彭说:"老彭,晚上咱俩一起看春晚。"

2019年3月,樊老师对我说:"顾老师,我想好了,我要到北京去住一段时间,我觉得我应该全力配合你校对书稿。"我知道她是心疼我太累了,但是我很担心她是否抽得出时间,因为2019年初,她刚刚荣获"改革先锋"的称号,有许多许多活动等着她参加。但是她执意要来北大和我一起修订书稿,并且不让我告诉任何人她在北京。就这样,从3月到6月,我们先后躲在北大勺园和中关新园,朝夕相处,手不释卷,除了吃饭,其余时间都在核对书稿,终于把这本书一章一章地修改完毕。

在这个过程中,需要感谢的人太多。王旭东院长多次前来探望,赵声良院长和苏伯民、张先堂两位副院长参与了对部分章节的核对工作。赵声良院长亲自审阅书稿并提出重要建议;苏伯民副院长就涉及石窟保护问题的第九、十章给出了专业性的建议;张先堂副院长为第五章内容提供了很多新的资料,并参与校对核实了第四、五、八章。董书海博士负责前期的会议和录音;敦煌研究院的杨雪梅同志为此书提供了许多材料和照片;敦煌研究院的许强同志协助做了许多工作,他和马翠芸同志还负责护送樊老师往来敦煌和北京;数字中心的吴健和孙志军同志提供了珍贵的照片,孙志军同志还拍摄了封面照片。特别要感谢我的两位学生王一哲和刘灿。王一哲负责安排落实樊老师在京校稿期间一切生活上的问题,在后期还协助查阅材料、核对书稿。刘灿协助我补录和整理了部分章节的回忆内容,查找档案和相关文献资料。在此过程中,大家和樊老师结下了深厚的情谊。还要感谢樊老师的两位儿子，他们是如此信任我，凡是我想了解的，对我知无不言，为我提供了许多材料，让我了解到一个真实的母亲和妻子。特别要感谢译林出版社的顾爱彬社长和编辑团队，给了我们极大的理解、宽容、信任和支持。

2019年5月28日完稿的那天，樊老师提出一定要做东请大家吃个饭。那天，她特意带上她的钱包，请我们在北大"怡园"中餐厅吃了顿丰盛的午餐。

五

这本书前后写了将近四年。对我来说，最大的收获是樊老师对我的言传身教。

这四年的时光有幸和樊老师在一起，从师生关系，到忘年之交，尤其是最后校对书稿的这段时间，我就好像跟着樊老师又读了一期研究生。她把自己对于敦煌很多问题的思考毫无保留地告诉我，把关于人生的经验毫无保留地传授给我，让我在这个过程中零距离地接近她、了解她、认识她，体会她最真实的内在心灵节奏和精神世界。

写作这本书的过程，让我真正走近樊锦诗，懂得樊锦诗。

她和双胞胎姐姐六个半月就出生，奇迹般地活了下来；她得过小儿麻痹症，几乎瘫痪，幸好没有落下后遗症；她遭遇过青霉素过敏，死而复生；她经历过父亲的非正常死亡，经受过含冤受辱的日子；她也忍受过夫妻两地分居十九年的艰难岁月……她能够活下来，还能活出她希望于自己的那个样子，做出一番令人动容的事业，是一个奇迹。她那两条瘦弱的腿，从上海走到了北京，从北京走到了西北，去到了万里之遥的敦煌，走过荒漠和戈壁，走过许多常人难以想象的坎坷和崎岖，这一走就是五十多年。

樊锦诗是善于观察、善于学习、善于自我约束的那种人。也许她在她父亲那里学会了谦虚和果敢，继承了父亲温柔敦厚的文人气质，以及在决定了任何事情之后，永不更改的决心；在母亲那里学到了安静慈悲以及简朴的生活方式；在她的老师苏秉琦和宿白等先生那里，她懂得个体作为社会的一员，应该尽自己最大的努力，使自己在社会和整个的人生中实现自己的价值，摒除任何矜骄之心；她也在敦煌的前辈那里学会了意志的坚定，懂得了在任何时候都要学会坚持和隐忍，懂得了信赖自己的真心，懂得了要有大的作为，必定要经历大的磨难，以艰苦求卓绝，在任何的艰难和痛苦中镇定如常，如如不动。

而所有这些在她身上所体现的美德，都是她生命中所敬慕的那些人以人格的方式传导给她的，每一位接触樊锦诗的人都可以在她柔弱的躯体里感受到一种至刚的力量，感觉到一种坚定、谦逊、温和的精神气质。子夏曰："君子有三变：望之俨然，即之也温，听其言也厉。"（《论语·子张》）意思是说，君子的气质有三种变化：远望他的外表，很严肃；近距离接触他，很温和；听他说话，很严厉。樊锦诗就是那种达到大道似水、至柔至刚、刚柔并济的人。

她在人格方面，自有一种甜美、宁静、淡然和尊严。正是这样一种和谐呈现，让我们看到她与她所从事和坚守的事业融为一体。她所在的地方就是敦煌，就是莫高窟，就是考古保护事业；而敦煌的所在就是她的所在，她的名字就代表着莫高窟。她选择敦煌和莫高窟作为自己心灵的归宿，敦煌和莫高窟选择了樊锦诗向世人言说它的沧桑、寂寞、瑰丽和永恒。

也许当一个人真正了悟时，他的内心才会升起一种持续的欢乐和发自内心的喜悦，因为这是从心灵深处生发出一种迷惘的解脱和无惑的快乐，而这样一种无惑的快乐是其他世俗意义上的快乐所无法比拟和超越的。古罗马哲人塞涅卡说："正是心智让我们变得富有，在最蛮荒的旷野中，心智与我们一起流放，在找到维系身体所需要的一切后，它饱尝着对自己精神产品的享受。"

我在《樊锦诗和宿白的师生情缘》这篇文章里，曾用"守一不移"四字来概括樊锦诗一生的追求和意义。这个"一"就是莫高窟，她来了就再也没有离开过；这个"一"是她作为北大人的自觉和自律，离开北大以后，一直在她身上传承和保留了的北大精神；这个"一"还是知识分子的良知，她从没有忘却也没有背叛过。所以，她的一生就是"守一不移"的觉悟的人生。唯有莫高窟的保护，才是她确证自己存在的最好方式和全部目的。用她自己的话来讲就是：躺下醒来都是莫高窟，就连梦中也是莫高窟。正是这种坚贞和执着，使她"饱尝着对自己精神产品的享受"，在世人面前呈现为这样的一个纯粹的人。

樊锦诗没有为自己的孩子们留下什么遗产，她捐出了所有个人获得的奖金用于敦煌的保护。她从来不留恋美食和华服，不留恋金钱和名利。她穿衣只求舒适便可，一件结婚时候置办的外套穿了四十多年，里子全磨坏了也不舍得扔；吃饭必须餐餐光盘，不仅要求自己，也要求所有和她一起吃饭的人；酸奶喝完了，必须用清水把酸奶瓶涮干净，空瓶子带回去当药瓶子继续用；酒店里没有用完的小肥皂，必须带到下一个地方接着用；离开酒店的时候一定把里里外外打扫干净，她说这是对服务员的尊重……我曾问她："你为什么这么节省？"她说："我经历过困难的日子，觉得不应该铺张浪费。但主要原因是父亲去世之后，家里很困难，母亲和两个弟弟都没有工作，我的大部分工资都要寄回上海家里，慢慢就养成了紧衣缩食的习惯。"

樊锦诗是过着最质朴的生活的那一类人。对于这样质朴的人而言，质朴生活源自心灵最深处的自觉。她唯一感兴趣的就是不断向世界介绍她心爱的莫高窟，介绍她所从事的莫高窟保护事业，仿佛她人生的全部意义都是在这一件事情上面。能够遇见这样的人，并且与这样的人行路和思考，是一种具有神圣意义的体验。她好像习惯于把每一件事当成人生的最后一件事情去做，时刻履行在有限的人生中的责任，能够完全控制并实现着自己的品质，按照自己的要求去严格地塑造自己，成为自己真正的造物主。

在樊锦诗的身上，呈现着一种少有的气质，单纯中的深厚，宁静中的高贵，深沉中的甜美。当我这样感觉她的神气的时候，我发现，这正是我面对敦煌壁画时候的关于美的体验。壁画穿越历史的美，那种沧桑中的清雅和灿烂，在这里以一种奇妙的方式渗透在一个人的气度之中。她的高贵来自她思想的严肃、庄重和纯正；而那种深沉也许来自长年的关于文物保护的忧思，来自她对于莫高窟这一人类绝无仅有的宝库的现在和未来的强烈责任；而她的童真，年届八十却依然如少女一般纯真的笑容，是伟大的艺术和神圣的使命所赋予她的那种安宁和静谧的心灵所造就的。

她一生的成就都源自她的心，她一生最高的成就就是她的心！

顾春芳

2019 年 8 月于北京大学燕南园